U0520058

THE ECONOMICS OF
LAWMAKING

立法学经典译丛
赵雪纲 主编

立法的经济学

弗朗西斯科·帕雷西　文希·冯　主编

赵一单　译

商务印书馆
The Commercial Press

Francesco Parisi and Vincy Fon
THE ECONOMICS OF LAWMAKING
Copyright © 2009 by Oxford University Press, Inc.
本书根据牛津大学出版社 2009 年版译出

The Economics of Lawmaking was originally published in English in 2009. This translation is published by arrangement with Oxford University Press. The Commercial Press, Ltd. is solely responsible for this translation from the original work and Oxford University Press shall have no liability for any errors, omissions or inaccuracies or ambiguities in such translation or for any losses caused by reliance thereon.

立法学经典译丛
总　序

一

柏拉图在《法律篇》的开头之处就通过雅典来客之口问道："告诉我，你们的法律是谁制定（安排）的？是某位神？还是某个人？"①这种以追问立法者及其立法方式开端的思考方式，奠定了后世西方思想家探究立法问题的基本模式。又由于古犹太人首先以摩西传达的上帝诫命为其律法，故承继犹太信仰核心的基督教思想家对立法问题的思考，尤重立法者及其法律的"制定"问题。阿奎那在阐述法律的核心要素时，将立法者（legislator）、理性（reason）、公共善（common good）和颁布（promulgation）四者作为判断一条规则具有法律品质的标准。② 在柏拉图或者阿奎那这样的古典思想家那里，立法者到底应该是谁的问题，大体又可以分为两层来理解：第一层是，立法者应该是神还是人；第二层是，如果立法者是人，那应该是什么样的人。在古人那里，似乎只有神

---

① 柏拉图：《法律篇》，张智仁、何勤华译，孙增霖校，上海人民出版社2001年版，第1页。
② 圣托马斯·阿奎纳：《神学大全》第六册《论法律与恩宠》，周克勤总编，刘俊馀译，中华道明会、碧岳学社2008年版，第1—7页。

所制定的法律，才是最不可能偏离正义的，而人所制定的法律则不一定如此。故而宙斯的儿子米诺斯"每隔九年……就到他父亲宙斯那里去请教，根据神谕"为克里特城邦制定法律。而摩西这样的先知，也是从上帝那里领受了祂借着天使所颁布的法律（旧约的法律），更不要说神子耶稣直接颁布新约法律的故事了。职是之故，人类立法者（human legislator），一定至少是半神之人，甚至本身就是神自身，否则他便不能参悟神道，并将永无谬误的神圣之法传达给人类。按柏拉图的看法，似乎只有神明亲自立法或通过半神之人传达自己的法律，这法律才能"像一个弓箭手那样始终瞄准唯一的目标"，即美德。① 故而古人之追问立法者应该是神是人，其实是在关注人类立法者的限度以及人法的目的和方向问题。

然而，启蒙思想家却认为，神明和通神之人，甚至神样的人（god-like person），其自身之存否尚可质疑，因此，人类或者国家，只能可靠地从普通人那里寻得权威，以立言制法。普通人是芸芸众生，因此，启蒙思想家寻找到的这个人类立法者，不再是那个单数的神样的人，而是成了复数的"人们"（persons），而且他们还用一个单数的"人民"（a people）将这个复数的"人们"总括起来，树之为最高的、唯一正当的人类立法者。在这个探寻人类立法者的过程中，一位并非启蒙家的教士马西略发挥了重要的过渡作用。按照施特劳斯的理解，马西略的主张是，"在任何一个共和国中，最根本的政治权威……是人类立法者，也就是人民，全体公民"。因而"立法权应当属于那些凭借自身能力就能够制定出理想法律的人，这只能是全体公民"。进而，人法才是唯一能够被真正称为

---

① 参见柏拉图：《法律篇》，张智仁、何勤华译，孙增霖校，上海人民出版社2001年版，第109页。

法律的东西,因其立法者是人,而其目的在于为人类自身谋得身体上的福祉。①

如果说马西略类似现代人民主权理论的人类立法者思想是出于反教权目的而"被迫"表达的话,那么一百五十多年之后的马基雅维利基于反神学的抱负而阐述的专制君主为唯一立法者的学说,就不仅使得世俗之人成了唯一合格的立法者,而且使得专制君主命令之外的其他一切规则彻底丧失了法律的品质。霍布斯在一百二十年后接续并完善了马基雅维利的这一主张。尽管霍布斯还在讲自然法的戒律,但他明确提出,"正式来说,所谓法律是有权管辖他人的人所说的话",因此称自然法为法律"是不恰当的"。②霍布斯的此观点,首开了后世"法律就是主权者的命令"这一实证法学立场的端绪。他的这种让主权者握有几乎全部权力的理论,对后世的议会主权观念影响深远。后来,经过斯宾诺莎、洛克等人的论述,不仅上帝为人立法的观念遭到了彻底的否弃,人类立法者成了唯一正当的立法者,而且人类立法者所定法律的目的只能是霍布斯式的"使生命与国家皆得安全"③、"为人民谋福利"④。当斯宾诺莎和洛克出于维护自由的信念而将民主政体视为几乎是最佳政体时,现代人民立法者的观念就呼之欲出了!⑤ 上承马西略、斯宾诺莎和洛克的卢梭完成了人民是唯一的主权者、唯一的立法者这理论上

---

① 参见列奥·施特劳斯:《帕多瓦的马西利乌斯》,载列奥·施特劳斯:《古今自由主义》,马志娟译,江苏人民出版社2010年版,第215—236页。
② 霍布斯:《利维坦》,黎思复、黎廷弼译,杨昌裕校,商务印书馆1985年版,第122页。
③ 斯宾诺莎:《神学政治论》,温锡增译,商务印书馆1963年版,第66页以下。
④ 洛克:《政府论(下篇)》,叶启芳、瞿菊农译,商务印书馆1964年版,第89页。
⑤ 参见斯宾诺莎:《神学政治论》,温锡增译,商务印书馆1963年版,第216—219页;洛克:《政府论(下篇)》,叶启芳、瞿菊农译,商务印书馆1964年版,第80—98页。

的最后一步。① 立法者终于由神而到半神之人、由半神之人而到独裁的君主,最终变成了人民,这是古今立法者身份之变,也是正当政体或最佳政体观念之变的紧要"时刻"——我们或可称之为"卢梭时刻"。

二

人民是唯一的主权者,也应是唯一的立法者,可是,作为集体的人民如何立法?就连创构人民主权理论的卢梭在这一点上也深感为难。"我们不能想象人民无休无止地开大会来讨论公共事务"②,尤其"常常是并不知道自己应该要些什么的盲目的群众……又怎么能亲自来执行像立法体系这样一桩既重大又困难的事业呢?"③摩西或者穆罕默德这样的伟大人物立法自是容易,他们以神道设教、代神明立言颁法即可,无须代表。但人民这样的立法者总是难以持续地制定法律,除非通过人民的代表机构。而卢梭又完全不相信人民能被"代表",也不认为代表机构能享有国家主权并获得立法者的资格,人民的议员"不是也不可能是人民的代表,他们只不过是人民的办事员罢了"④,即便议员制定法律,他们似乎也只不过是"编订法律的人",而编订法律的人"不应该有任何的立法权力"⑤。这是卢梭的理论难题,只不过在实践中,英国代议制彼时已在欧陆产生广泛影响,尤其受到孟德斯鸠等人的大力推崇。因此,到了十八世纪的时候,尽管人们在"谁应操有主权,谁应行使立法

---

① 参见汉娜·阿伦特:《论革命》,陈周旺译,译林出版社 2019 年版,第 181 页。
② 卢梭:《社会契约论》,何兆武译,商务印书馆 1980 年版,第 84 页。
③ 卢梭:《社会契约论》,何兆武译,商务印书馆 1980 年版,第 48 页。
④ 卢梭:《社会契约论》,何兆武译,商务印书馆 1980 年版,第 120 页。
⑤ 卢梭:《社会契约论》,何兆武译,商务印书馆 1980 年版,第 53 页。

权力"这样的问题上还有争议,但代议机构应具有主权者和立法者的身份这一观念,已然产生了极大影响。而且,尽管卢梭反对代议制度,但其人民主权观念却在经过法国大革命之后,愈加与议会制度结合在一起,进一步确定了议会主权即人民主权的观念。人民成为现代立法活动的至高之"神",具有极为重要的理论和实践意义。

由此看来,虽然代议机构在英国历史中出现得早,代议制度实践在欧洲历史中也长,①但将代议机构视为一国人民的代表机构,视为享有至高权力的立法者,却是人民主权观念确立之后的事情。后来,经过欧洲1848年的革命运动,到了十九世纪中期,主要处理代议制实践问题的密尔的《代议制政府》一纸风行,为体现人民主权的代议制度确立了更为坚实的基础。在"理想上最好的政府形式是代议制政府"一章的结尾之处,密尔讲过一段很有名的话:

> 显然能够充分满足所有要求的唯一政府是全体人民参加的政府;任何参加,即使是参加最小的公共职务也是有益的;这种参加的范围大小应到处和社会一般进步程度所允许的范围一样;只有容许所有的人在国家主权中都有一份才是可以想望的。但是既然在面积和人口超过一个小市镇的社会里除公共事务的某些极次要的部分外所有的人亲自参加公共事务是不可能的,从而就可得出结论说,一个完善政府的理想类型一定是代议制政府了。②

密尔这里所说的意思是,鉴于直接民主制不可能在现实中实现,因

---

① 参见弗朗索瓦·基佐:《欧洲代议制政府的历史起源》,张清津、袁淑娟译,复旦大学出版社2016年版。
② 密尔:《代议制政府》,汪瑄译,商务印书馆1984年版,第55页。

此只有能够最大程度地体现民主性的代议制政府,才是唯一可能的最佳政府形式。而且,密尔所说的代议制政府,主要就是指作为全体人民之代表的立法机构。其实,早于密尔的《代议制政府》一书十年时间,基佐在他的《欧洲代议制政府的历史起源》中批判卢梭的意志论代表理论时,就将代议制中的代表推上了至高地位,认为他们代表的不是个体的意志,而是公共理性、公共道德,因此代表构成的团体才能体现最高统治权所要求的理性、道德、真理和正义,也因此,代议机构才能享有最高的立法之权。①

三

既然代议机构理所当然地享有了最高立法权力,成了事实上的立法者,那么,这种在现代人看来来之不易的机构,又应该立出什么样的法律?换言之,某些启蒙思想家将立法者由专制君主替换成代表人民的代议机构,目的是想让它制定什么样的法律?

中世纪的英格兰议会对后世代议制理论和实践产生了深远影响,孟德斯鸠对英格兰中世纪形成的这一传统深表赞赏,他的理由在于,因为这种制度有助于实现人民的"自由"——自由在孟德斯鸠眼里是好政治的主要标准。"世界上还有一个国家,它的政制的直接目的就是政治自由。"②英格兰这个国家不仅以政治自由为其立国目的,而且在光荣革命后还设计出了颇让孟德斯鸠赞叹的权力分立和制衡制度来实现政治自由。孟德斯鸠进而论述道,自由之国的"每个人都被认为具有自由的

---

① 参见弗朗索瓦·基佐:《欧洲代议制政府的历史起源》,张清津、袁淑娟译,复旦大学出版社 2016 年版,第 300—313 页。
② 孟德斯鸠:《论法的精神》,张雁深译,商务印书馆 1961 年版,第 155 页。

精神",都应该自治,"所以立法权应该由人民集体享有",但这在实际上又很难做到,"因此人民必须通过他们的代表来做一切他们自己所不能做的事情"。① 由此看来,将代议机构视为卢梭主权在民意义上的最高立法机关,或许孟德斯鸠尚不具此意,但立法权从根本上说应由人民集体享有而且立法的目的应为实现人民的自由,则是两个人的共同看法。

那么,促进和保护自由应是现代代议机构立法的唯一目的吗? 不是!

密尔认为,历史上曾经存在专制君主和专断权力,有时也被用作猛药来消除国家的弊病,但是,只有当专制权力被用来"消除妨害民族享有自由的障碍时才是可以原谅的"②。也就是说,只有在人民的自由受到威胁而有丧失的危险时,专制权力才可以作为恢复自由的临时手段而被使用。在常态下,对于维护自由来说,平民政府无疑才是最佳的手段。而且,平民政府不仅有利于实现自由,还能促进民族性格的健康发展和进步,进而使国家达至普遍繁荣之境。"一切自由社会,比之任何其他社会,或者比自由社会在丧失自由以后,既更能免除社会的不公正和犯罪,又可达到更辉煌的繁荣。……自由国家的较高的繁荣明显得无法否认。"③原来如此! 平民-代议制政府、自由社会、公正秩序、繁荣昌盛,是具有密切关联的事物。由此可以看到,孟德斯鸠、密尔等人论证代议制政府的正当性,是与论证国家和法律所欲实现的新目的——自由、公正、繁荣——连在一起的。当国家和法律所欲达至的目的经过启蒙思想家的不懈论述和宣传发生了根本变化时,能够建立起这样的新国家、能够制定出这样的新法律的政府形式也就必须发生根本变化,

---

① 孟德斯鸠:《论法的精神》,张雁深译,商务印书馆1961年版,第158页。
② 密尔:《代议制政府》,汪瑄译,商务印书馆1984年版,第43页。
③ 密尔:《代议制政府》,汪瑄译,商务印书馆1984年版,第46页。

这就是从君主制向民主制的转变,从君主一人立法向民众全体立法的转变——由于民众全体立法在实践操作中的困难,代议制政府形式和代议制立法于是就有了唯一的正当性。而且,原来"像一个弓箭手那样始终瞄准唯一的目标"的法律,所瞄准的那个唯一目标是美德,所以法律才须由神明自身或半神之人来制定,当法律的目标成为自由的公正,尤其是繁荣的"共富"(commonwelth),所以,立法者也就必须变成代表全体民众之想望(desires)的代议机构。国家和法律在根本目标上的古今之变,带来了国家治理方式、立法者和立法方式上的彻底改变!

四

可是,代议制终究不是全民民主,代议机构在制定法律时也不易常能听取人民的意见。如果人民选出的代表是精英还好(熊彼特的精英民主理论),因为精英毕竟代表着更高的理性和美德。但若人民选出的少数代表僭取人民的至高政治地位,篡夺人民的利益,限制人民的自由,那该怎么办?因此,直到今日仍然有人认为:"代议制事实上具备某些民主特征。但其寡头特征也是不容置疑的……(因此)代议制政府的制度安排是民主属性和非民主属性的组合。"[①]因此,代议制"在创始之初被视作民主的对立物"可能是更有道理的,而在今天"被视为民主的表现形式之一"很有可能也是成问题的。[②] 但是,毕竟我们可以通过更合理的制度设计来逐步改善代议制和代议机构立法所存在的问题,

---

① 伯纳德·曼宁:《代议制政府的原则》,史春玉译,中国社会科学出版社2019年版,第215页。
② 伯纳德·曼宁:《代议制政府的原则》,史春玉译,中国社会科学出版社2019年版,第214页。

因此达尔的看法还只是对代议机构立法所做的一般性批判,尚不致毁掉其根基。而二十世纪的另外两位政治立场迥异的思想家对代议制或议会民主制所做的批判,则让我们对代议机构立法的常态做法,甚至对人民主权理念本身也会产生深刻的疑虑。

第一个就是自由主义大师哈耶克。他认为人类社会自有其规律(法律),而人类按照自己的意志进行人为立法,有时固然有大大增强人类力量之功,但更多的时候却会带来糟糕的后果甚至灾难,因此他说:"立法这种发明赋予了人类一种威力无比的工具——它是人类为了实现某种善所需要的工具,但是人类却还没有学会控制它,并确保它不产生大恶。"①哈耶克引述别人的话说,得到人民主权观念加持的代议机构运用技艺来立法,更是一种现代的"发明,可能会产生某种严重的后果,与火的发现或火药的发明所具有的那种严重后果一样"②。因此,哈耶克坚决反对"法律乃是主权者的命令……一切法律都必须由正当选举产生的人民代表制定"这一观点,③因为这种观点极易导致一种普遍的信念,即"所有的法律都是,都能够是,也都应当是立法者随心所欲发明的产物"④。具体到代议制中,这种观点和信念假定人民可以"一起行动",而且人民一起行动时"在道德上也要比个人采取单独行动更可取"⑤,进一步地,它又推定人民的代议机构是全知全能的,并因此而享

---

① 弗里德利希·冯·哈耶克:《法律、立法与自由》(第一卷),邓正来等译,中国大百科全书出版社 2022 年版,第 182 页。
② 弗里德利希·冯·哈耶克:《法律、立法与自由》(第一卷),中国大百科全书出版社 2022 年版,第 210—211 页。
③ 参见弗里德利希·冯·哈耶克:《自由秩序原理》(上),邓正来译,生活·读书·新知三联书店 1997 年版,第 377 页。
④ 弗里德利希·冯·哈耶克:《法律、立法与自由》(第一卷),中国大百科全书出版社 2022 年版,第 184 页。
⑤ 弗里德利希·冯·哈耶克:《法律、立法与自由》(第三卷),中国大百科全书出版社 2022 年版,第 62 页。

有不受限制的主权(unlimited sovereignty),可以随心所欲地制定一切法律。在哈耶克看来,这种观念只不过是现代人的臆想。

哈耶克提醒人们要警惕这种观念:最高立法者的意志就是法律,只有最高立法者的意志才是法律。原因在于,作为最高立法者的代议机构据此观念制定的法律极有可能侵犯人的自由。但这还不是最为糟糕的事情。当随着行政事务越来越多而民选议会过多承担了政府治理的任务时,议会的主要事务就会变成帮助国家机器能够正常有序地运转,这在哈耶克看来才是糟糕透顶之事。即便我们承认议会是最高立法者,这种改变议会和议员性质,让议会为行政机关背书,让政治决定立法的实践,会使立法机构将其真正的立法任务彻底抛弃,会使议会和议员不关注立法而关注政府治理任务,会使得议会和议员不能再代表普遍利益,而会趋向"变成他们各自选民利益的代言人"。①

政治治理任务的主要特征是命令的即时化,而非法律的恒稳性。洛克说:"谁拥有立法权或最高权力,谁就有义务根据既已确立的、向全国人民颁布周知的、长期有效的法律来实行统治,而不得以即时性的命令来实行统治。"哈耶克据此认为,洛克眼里的立法机构成立的目的是制定法律以捍卫、保障社会成员的权利和自由,限制任何社会成员尤其是任何机构的权力和支配权。而现代代议机构立法权的政治化在很大程度上可以使之堕落成专断、绝对的权力,更要命的是,这种专断和绝对的立法权在这时其实只不过成了政治性权力的附庸。②哈耶克最终对现代立法事业提出警示说:"真正的立法从根本上说是一项需要远见

---

① 弗里德利希·冯·哈耶克:《法律、立法与自由》(第一卷),中国大百科全书出版社2022年版,第51页。
② 参见弗里德利希·冯·哈耶克:《自由秩序原理》(上),邓正来译,生活·读书·新知三联书店1997年版,第214—215页。

的任务……立法必须是一项持续不断的任务,亦即一项必须持之不懈地以渐进方式去努力改进法律并使之与新情势相适应的任务。"① 但这种新情势,却绝不应是政治性权力"创造"出来的。

施米特作为二十世纪的一个非自由主义者甚至反自由主义者,对议会立法从另一个方向上提出了深刻的批判。他像哈耶克一样认为,议会的愈加政治化和行政化是一个现实——"今天,议会主义是作为执政方法和政治体制而存在的"②。而这种现实在他看来是现代大众民主愈加发展的后果。因为大众民主愈是发展,议会这样的立法机构就愈是成为一种"商议和协调"机构,而离其"说服对手相信一种正确做法或者真理"的机构性质愈远,③于是卢梭式的"公意"也就愈加不可能从议会中产生出来,而正确的法律因之也就愈加不可能从议会中制定出来。当"议会从拥有明确真理的机构变成一种单纯的实际操作工具"时,"某种工艺流程"就成了它展示自身存在的最重要的东西。"于是,议会便走到了尽头。"④ 而且,当议会立法越来越为党派性的委员会操控时,"议会就变成了一个官署",而不再是一个"在公开辩论的基础上作出决断的场所了"。⑤ 于是,议会作为立法机构的正当性基础也便深遭侵蚀。施米特早在作于 1923 年的《当今议会制的思想史

---

① 弗里德利希·冯·哈耶克:《立法、法律与自由》(第三卷),邓正来等译,中国大百科全书出版社 2022 年版,第 64 页。
② 卡尔·施米特:《议会主义与现代大众民主的对立》,载卡尔·施米特:《论断与概念:在与魏玛、日内瓦、凡尔赛的斗争中(1923—1939)》,朱雁冰译,上海人民出版社 2006 年版,第 49 页。
③ 卡尔·施米特:《议会主义与现代大众民主的对立》,载卡尔·施米特:《论断与概念:在与魏玛、日内瓦、凡尔赛的斗争中(1923—1939)》,朱雁冰译,上海人民出版社 2006 年版,第 49 页。
④ 卡尔·施米特:《议会主义与现代大众民主的对立》,载卡尔·施米特:《论断与概念:在与魏玛、日内瓦、凡尔赛的斗争中(1923—1939)》,朱雁冰译,上海人民出版社 2006 年版,第 53 页。
⑤ 参见卡尔·施米特:《宪法学说》,刘锋译,上海人民出版社 2005 年版,第 342 页。

状况》"导言"中就说过：

> 比例代表制和党派代表式选票的制度，破坏了选民与议员之间的关系，使结帮拉派成了议会中不可缺少的统治手段，使所谓的代表原则成了无稽之谈。此外，真正的事务不是出现在全体参加的公开会议上，而是出现在委员会里，甚至不一定出现在议会的委员会里；重大决策是在宗派领袖的秘密会议甚至议会外的委员会做出的……这样一来，整个议会制度最终变成了一件掩盖党派统治和经济利益的可怜外衣。①

当议会的立法不得不越来越"跟委员会甚至越来越小的委员会合作"时，作为人民代表机构的议会整体，就变成了"一种纯粹的门面"，议会在此意义上也就丧失了其"自身的理(ratio)"。②

更糟糕的还不止于此。在施米特看来，应将辩论作为其根本活动方式的议会，不仅对自身的这一根本之"理"不再坚持，而且它自己也越来越认为不可能通过公开辩论获得绝对意义上的真理和正确，它认为通过辩论能够获得部分相对真理已经是不错的了。这样，议会就"从一种其正确性不言自明的制度变成了一种单纯实用的技术性手段"，于是，"议会也就完结了"。③

这样的议会制定出来的法律，毫不尊贵，也无庄严。因为法律应该

---

① 卡尔·施米特：《当今议会制的思想史状况》，载卡尔·施米特：《政治的浪漫派》，冯克利、刘锋译，上海人民出版社2004年版，第173页。
② 参见卡尔·施米特：《当今议会制的思想史状况》，载卡尔·施米特：《政治的浪漫派》，冯克利、刘锋译，上海人民出版社2004年版，第200页。
③ 参见卡尔·施米特：《当今议会制的思想史状况》，载卡尔·施米特：《政治的浪漫派》，冯克利、刘锋译，上海人民出版社2004年版，第164页。

是"与纯粹的权威(Autorias)相对的真理(Veritas)……与单纯的具体命令相对的普遍正确的规范"①,若现代法律只能从议会获得一个权威的外壳而不能从中获得真理品质,那么,我们还要议会制度干什么呢?在施米特看来,这样一种议会制理念,摧毁了卢梭式"自身同质的"人民保障其意志的正义和理性的"所有属性",而只让议会成了一个个人利益的协调场域,从中只能产生价值中立的、功能主义-形式的法律。由此,施米特说,布尔什维克主义对现代议会制的批判,才有其甚大的合理性,而马克思主义思想中的专政理念,也才在某种程度上具有了道德上的正当性。② 施米特引用托洛茨基的话说:"相对真理的意识绝不可能赋予人们运用暴力和流血牺牲的勇气。"③因为只有一个以追求绝对真理和永恒正义的法律为目标的议会,才能树立起"立法的尊严"!

五

柏克说过,认为"法律从制定它的机构中便能够获致权威而与制定者的品质无关",是一种威胁人类社会的秩序和和谐、安全和幸福的极大谬误。④ 我们从哈耶克、施米特等二十世纪思想家对议会立法的反思和批判那里,仍然可以听到柏克此种观念的回声。所以,立法者到底应该是谁、立法者应该制定什么样的法律、如何保证立法者制定良好的法

---

① 卡尔·施米特:《当今议会制的思想史状况》,载卡尔·施米特:《政治的浪漫派》,冯克利、刘峰译,上海人民出版社2004年版,第195页。
② 参见卡尔·施米特:《当今议会制的思想史状况》,载卡尔·施米特:《政治的浪漫派》,冯克利、刘峰译,上海人民出版社2004年版,第200页及以下。
③ 卡尔·施米特:《当今议会制的思想史状况》,载卡尔·施米特:《政治的浪漫派》,冯克利、刘峰译,上海人民出版社2004年版,第210页。
④ 参见弗里德利希·冯·哈耶克:《自由秩序原理》(上),邓正来译,生活·读书·新知三联书店1997年版,第378页。

律等等这些问题,既是古人的问题,同样也是启蒙以来的现代立法理论所关注的问题。也可以说,这些基本问题,是一代代思想家论述立法的经典著作不断重新提出而且持久为后世心怀天下者所深思的问题。今日自不例外,也不应例外!

然而,代议机构自卢梭之后在实践中已经成为人民主权代表机构而能代表人民制定法律,且其制定的法律之目的和方向已然确定,那么对今日的我们来说,上述立法的诸基本问题似乎就只剩下了一个,那就是不断探索代议机构制定法律的正确方式,精心设计立法程序并将之确定为制度性的过程,以保证法律"来自人民、为了人民"的品质。由此,现代的立法学也就从根本上与柏拉图式的、亚里士多德式的古典立法学区分开来,[①]它无须再承担寻找立法者的任务,也不再承担探究制定何种性质、什么种类的法律的任务,而主要成了寻找和建构合理的立法过程的学问。正因如此,十九世纪后期尤其是二十世纪以来,关于立法过程的学术研究、制度设计之类的著作,遂多如过江之鲫,不可胜数。这些关于议会立法过程乃至议会议事规则的著作,对于人民主权理论已然确立起来的二十世纪来说,确实具有不小的意义,因为人民的法律在很大程度上确需由此合理的过程和精确的程序规则产生出来。

然而,如果我们的眼光仅仅停留在对这些程序性原理和细则的研究之上,而放弃对现代立法基础理论的持续性反思,恐有深陷技术泥潭之虞。而要反思现代立法的问题和现代立法研究的方向,不将视野扩展到整个现代立法理论的奠基时代甚至古代立法理论的形成时期,恐怕也不易真正深入。因此我们才不厌其烦地追溯立法理论的古今变化

---

① 参见赵雪纲:《亚里士多德论立法学》,《中国社会科学报》2021年4月28日;另参见林志猛编:《立法与德性:柏拉图〈法义〉发微》,张清江、林志猛等译,华夏出版社2019年版。

过程，以期凸显古今立法思想家在立法者、立法目的、立法方式等问题上持有的有时相似、有时迥异的看法，从而为我们思考今日世界的重大立法问题提供一孔之见。也是因此之故，我们才组织编译了这套"立法学经典译丛"，以图稍稍展现这些问题的基本脉络，从而推动关注今日中国乃至世界立法的人们进一步思考现代立法的种种问题。在我们组织移译的八部著作中，哈林顿的《立法的技艺》和边沁的《立法理论》，就其作者、创作年代和后世影响来看当之无愧已成"经典"；而其他六部仍属当代专家探研现代立法理论、考究议会立法过程和立法技术的出色著作，它们能否成为立法学研究的"经典"，尚待来日评判。但是，就我们切欲唤起研究者和立法者研读立法学经典著作的兴趣这一大愿而言，总称其为"经典"，实亦恰当！

感谢中国政法大学法学院——尤其是焦洪昌和薛小建两位先生——对立法学研究工作的一贯支持，正是法学院提供的学术资助才使本译丛的出版成为可能；对于侯淑雯先生和各位译者，我们也要奉上真诚的敬意，并对他们付出的辛劳致以谢忱！

赵雪纲
二〇二二年九月十八日

献给我的父母拉斐尔·帕雷西和卡拉·斯迪诺·斯塔拉斯,是他们向我展现了严谨分析之美和简洁思考之力量。

——弗朗西斯科·帕雷西

献给先父明乔·冯,是他启发和鼓励我成为一名学者;也献给我的母亲 K.C. 奥,是她以让我注意到我兄弟的成就的方式来引导我努力工作。

——文希·冯

目　录

致　谢 ·· 1

导　论 ·· 7

第一部分　通过法律制定的立法：成文法

第一章　通过法律制定的立法：导论 ·· 13
　　一、立法的最优具体性 ··· 14
　　二、立法的最优时机 ·· 15
　　三、立法的最优地理范围 ··· 17
第二章　法律的最优具体性：规则与标准 ·· 20
　　一、规则、标准，以及法律具体性的最优程度 ························· 21
　　二、伴随着废弃的立法与司法中的经济学 ······························ 24
　　三、分析情境化 ··· 35
　　四、法典的演化结构 ··· 40
第三章　法律干预的最优时机：不确定性下的立法 ························· 47
　　一、作为投资的立法:方法论前提 ·· 50
　　二、立法中的最优时机 ·· 55

三、立法中等待的价值:若干扩展 ………………………… 63
　　四、结论 …………………………………………………… 70
第四章　法律的最优地理范围:辅助性与法律统一 ………… 72
　　一、中央集权化、权力下放与辅助性 …………………… 73
　　二、辅助性的哲学:从人权到政治妥协 ………………… 77
　　三、一个有关辅助性的简单模型 ………………………… 79
　　四、辅助性原则与统一化 ………………………………… 83
　　五、动态化的辅助性与路径依赖 ………………………… 89
　　六、相互认可与规则竞争:反思规则的最优地理范围 …… 95

第二部分　通过裁判的立法:法官法

第五章　通过裁判的立法:导论 ……………………………… 101
　　一、普通法的效率假说 …………………………………… 101
　　二、法律演化:不同的先例原则之下的司法路径依赖 …… 107
　　三、通过裁判的法律演化:法官法的经济学 …………… 112
第六章　诉讼和法律救济的演化 …………………………… 115
　　一、案件选择与法律演化 ………………………………… 116
　　二、一个诉讼和法律演化的逆向选择模型 ……………… 118
　　三、反思普通法的演化 …………………………………… 129
第七章　司法路径依赖与法律变化 ………………………… 131
　　一、法律演化和救济与责任的变动边界 ………………… 132
　　二、案件选择和法律演化 ………………………………… 135
　　三、路径依赖与法律演化 ………………………………… 146

第八章 法律先例的理论:"遵循先例"和"法院惯例" …… 149
一、"法院惯例"原则之下的法律演化 …… 151
二、法律稳定与法官法的演化 …… 166

第三部分 通过实践的立法:习惯法

第九章 通过实践的立法:导论 …… 171
一、定义习惯:习惯是什么 …… 172
二、实践中的习惯:习惯如何发挥作用 …… 174
三、习惯法的经济学 …… 177

第十章 促进习惯法的产生 …… 181
一、习惯的信息 …… 184
二、对于合作问题的最优习惯 …… 186
三、角色可逆性之下的习惯形成 …… 188
四、随机无知之下的习惯形成 …… 192
五、团体规模、协调问题和贴现率的相关性 …… 195
六、习惯生成的限制 …… 201
附录 …… 202

第十一章 习惯法和接合理论 …… 204
一、一个习惯法形成模型 …… 206
二、多边习惯、不确定性与迟延承认 …… 216
三、习惯形成中的信念和行为:时机与接合的相关性 …… 221
四、习惯法的限制 …… 232

第十二章　习惯法中的稳定与变化 …… 235
一、国际习惯法与持久反对者原则 …… 236
二、伴随着持久反对者的习惯形成 …… 241
三、国际习惯法中的事后反对者原则 …… 246
四、伴随着事后反对者的习惯：理论上的考虑 …… 249
五、习惯法中的变化与稳定 …… 260
六、总结 …… 263

第四部分　通过协商的立法：条约法

第十三章　通过协商的立法：导论 …… 267
一、条约概说 …… 267
二、《维也纳公约》之下的条约 …… 268
三、通过协商的立法：条约法的经济学 …… 270

第十四章　条约的形成和加入 …… 273
一、国际条约的形成和加入 …… 274
二、国际条约的形成：一种经济学的分析 …… 280
三、条约法的形式和实质 …… 297

第十五章　批准和保留：互惠的影响 …… 301
一、《维也纳公约》关于条约保留的规定 …… 303
二、一个批准国际条约的模型 …… 305
三、《维也纳公约》第21条对条约批准的影响 …… 314

第十六章　条约法的隐藏偏见 …… 316
一、《维也纳条约法公约》之下的保留 …… 317

二、异质国家间的条约保留 322
三、《维也纳公约》之下保留的不对称效应 338

结　论 341
一、立法成本 341
二、代理成本与政治代表 345
三、法律稳定性 347
四、迈向立法的制度性设计 348

参考文献 350

索　引 369

致　谢

　　所谓的法经济学传统之中的学者,通常都会对法学研究采取一种规范性或者实证性的进路。这两种进路都聚焦于法律作为行为控制工具的角色上,并将立法过程和制度视为外源性的(exogenous)。相关文献——其发展自法学、经济学和公共选择理论的交汇融合——中所呈现的更为晚近的趋势,则为立法的制度性设计增添了经济分析。这些文献回顾了立法的传统概念,将立法过程和制度视为内源性的(endogenous)。法律另外的渊源是基于它们各自在法秩序创制过程中的优势而被评估的。我们希望能够通过本书推进前述文献传统,为多种可供选择的立法过程提供一个全面的研究,其将强调制定法、法官法、习惯法和国际法的应用在一个法秩序创制过程中的各自优势和适当角色。①

　　本书是各位作者多年共同努力的成果。我们要感谢我们共同的朋友,同时也是曾经的老师大卫·利维(David Levy),他在1999年的一次假期派对上提出了合作的主意。在不同的时间点上,大卫·利维都是我们的经济学教授,他了解我们的互补技能(以及各自的弱点)。他的建议引致了这一卓有成效的合作成果以及各位作者之间的友谊。在我

---

① 本书中区别使用了 lawmaking 和 legislation 两个词。一般来说在中文里这两个词都可以翻译为"立法",但是在本书的语境中,lawmaking 是一个更为上位的概念,而 legislation 则是 lawmaking 的诸多下位形式中的一种,尤其是在由权威机关制定的意义上与法官法(judge-made law)相区分。因此当两者同时出现时,译者将 lawmaking 译为"立法",将 legislation 译为"制定法"。——译者注

们刚刚开始合作的时候,还远没有计划撰写一部有关立法的经济学的著作。我们先前的研究和教学兴趣差异相当大,我们中的一位在法学院里讲授比较法和国际法,另一位则在经济系里讲授数理经济学和经济学理论的课程。我们的背景为我们在这一合作过程中所选择的研究问题提供了不同的理解视角和层次。随着一个又一个主题的推进,我们开始意识到我们所选择去分析的诸多问题都遵循着一个清晰的逻辑结构,我们最终也为了本书的写作而决定用一种更为系统的方式推进这一结构。

本书中的部分章节此前曾以某些形式出版过,除非另有提及,它们均由现有的作者共同撰写。弗朗西斯科·帕雷西(Francesco Parisi)在保留了原始论文的结构及其中的数学公式的前提下,对原始论文进行了汇编,以便提升全书在分析上的统一性和表达上的融贯性。我们要感谢著作权人允许在本书中重新发表我们的论文。第二章的前三节基于我们的论文《论法律规则的最优具体性》(On the Optimal Specificity of Legal Rules),该文原先发表于2007年的《制度经济学杂志》(Journal of Institutional Economics)上,由剑桥大学出版社持有版权。第二章的第四节是基于弗朗西斯科·帕雷西的一篇论文,该文原先以《欧洲私法的统一:一种经济学的分析》(Harmonization of European Private Law: An Economic Analysis)为题,收录在M. 布萨尼(M. Bussani)和F. 维洛(F. Werro)主编的《欧洲私法手册》(European Private Law: A Handbook, Staemphi Publications Ltd., 2008)一书中,由斯泰普希出版公司持有版权。第三章基于一份材料,这份材料原先以《立法中等待的价值》(The Value of Waiting in Lawmaking)为题发表于2004年的《欧洲法经济学杂志》(European Journal of Law and Economics)上,由施普林格(Springer)出版公司持有版权。妮塔·盖伊(Nita Ghei)是该文的合作作者,我们

致 谢

也感谢她允许将该文收录于本书中。第四章由弗朗西斯科·帕雷西与埃马努埃拉·卡尔博纳拉(Emanuela Carbonara)、芭芭拉·鲁比(Barbara Luppi)合作撰写,本章基于一篇工作论文,该文原先以《适得其反的辅助性原则》(Self-Defeating Subsidiarity)为题发表于《明尼苏达法学研究论文》(Minnesota Legal Studies Research Paper)第8—15页。我们要感谢埃马努埃拉·卡尔博纳拉和芭芭拉·鲁比允许我们将该文收录于本书中。第六章基于我们的论文《诉讼与法律救济的演化》(Litigation and the Evolution of Legal Remedies),曾发表于《公共选择》(Public Choice),由施普林格出版公司持有版权。第七章原先以《诉讼、司法路径依赖与法律变化》(Litigation, Judicial Path Dependence, and Legal Change)为题发表于2005年的《欧洲法经济学杂志》上,由施普林格出版公司持有版权。本·德普特(Ben Depoorter)是该文的合作作者,我们要感谢他允许我们将该文收录在本书中。第八章基于我们的论文《大陆法系中的司法先例:一种动态分析》(Judicial Precedents in Civil Law Systems: A Dynamic Analysis),发表于2006年的《国际法经济学评论》(International Review of Law and Economics),由爱思唯尔(Elsevier)公司持有版权。第十章基于发表于2008年的《社会经济学杂志》(Journal of Socio-Economics)的《角色可逆性、随机无知和社会合作》(Role Reversibility, Stochastic Ignorance, and Social Cooperation)一文,由爱思唯尔公司持有版权。第十一章基于我们的论文《国际习惯法与接合理论:一种经济学分析》(International Customary Law and Articulation Theories: An Economic Analysis),发表于2007年的《国际法律与管理评论》(International Law and Management Review),由杨百翰大学国际法与管理学系持有版权。第十二章基于我们的论文《国际习惯法中的稳定与变革》(Stability and Change in International Customary Law),即将发表于2009年的《最高法院经济学评论》(Supreme Court Economic Review)①,由芝加哥大学出版社持有版权。该文的一个较早版本获得了由加州大学伯克利分校授予的2004年度法经济学最佳工作坊论文加尔文奖(Garvin Prize)。第十四章此前以《国际条约的形成》(Formation of International Treaties)为题发表于2007年的《法经济学评论》(Review of Law and Economics),由BE出版社持有版权。第十五章基于我们的论文《条约批准的经济学》(The Economics of Treaty Ratification),原先发表于2008年的《法、经济学与政策杂志》(Journal of Law, Economics and Policy),由该杂志持有版权。第十六章基于一篇工作坊论文,曾以《国际条约法上〈维也纳条约法公约〉中的隐藏偏见》(The Hidden Bias of the Vienna Convention on the International Law of Treaties)为题发行,即将发表于2009年的《法经济学评论》(Review of Law and Economics),由BE出版社持有版权。本书剩余的章节即第一、五、九和十三章,以及导论和结语部分的章节,均由弗朗西斯科·帕雷西撰写,他希望借此机会向罗伯特·库特(Robert Cooter)和皮耶罗·特里马尔奇(Pietro Trimarchi)两位教授致以个人的谢意,以感谢他们的友谊和学术上的指导。

  本书的完成离不开我们的家人和朋友在这些年的研究过程中所给予的支持。我们要特别感谢我们的伴侣,感谢她们的鼓励和毫不动摇的支持,以及接受我们由于共同工作而对她们的长时间失陪。曾经为收录在本书中的论文的未发表版本提供过评论和建议的同事难以一一列举,我们特别想要感谢亚历珊德拉·阿库里(Alessandra Arcuri)、丹尼尔·贝诺列尔(Daniel Benoliel)、暗利·本-沙哈拉(Omri Ben-Shahar)、

---

① 本书英文原版出版于2009年,当时此文还未发表于2009年的《最高法院经济学评论》上。——译者注

致　谢

丽萨·伯恩斯坦(Lisa Bernstein)、玛格丽特·布里尼格(Margaret Brinig)、弗兰克·巴克利(Frank Buckley)、圭多·卡拉布雷塞(Guido Calabresi)、埃马努埃拉·卡尔博纳拉、劳埃德·科恩(Loyd Cohen)、罗伯特·库特、泰勒·科文(Tyler Cowen)、安东尼·达马托(Anthony D'Amato)、朱塞佩·达里-马蒂亚西(Giuseppe Dari-Mattiacci)、格里特·德格斯特(Gerrit DeGeest)、本·德普尔(Ben Depoorter)、詹卢卡·菲奥伦蒂尼(Gianluca Fiorentini)、路易吉·弗兰佐尼(Luigi Franzoni)、努诺·加罗帕(Nuno Garoupa)、克拉尔·希尔(Claire Hill)、布鲁斯·小林(Bruce Kobayashi)、尤金·康托罗维奇(Eugene Kontorovich)、艾扬·麦凯(Ejan Mackaay)、理查德·麦克亚当(Richard McAdams)、布雷特·麦克唐纳(Brett McDonnell)、雅各布·努西姆(Jacob Nussim)、纪德·恩泽里布(Jide Nzelibe)、丹尼尔·波尔斯比(Daniel Polsby)、埃里克·波斯纳(Eric Posner)、理查德·波斯纳(Richard Posner)、菲利克斯·莱茵沙根(Felix Reinshagen)、查尔斯·罗利(Charles Rowley)、艾伦·赛克斯(Alan Sykes)、保罗·鲁宾(Paul Rubin)、托马斯·乌伦(Thomas Ulen)、乔治·冯·旺根海姆(Georg Von Wangenheim)、理查德·瓦格纳(Richard Wagner)、大卫·韦斯布罗特(David Weissbrodt)和托德·泽维基(Todd Zywicki),感谢他们的宝贵评论和富有建设性的批评意见。我们也要特别感谢丹·米科夫(Dan Milkove)和朱莉·亨特(Julie Hunt)在本书成型过程中所提供的帮助和仔细的建议,感谢凯瑟琳·瑟甫琴科(Catherine Sevcenko)分享了她对相关文献的广泛知识,感谢本·维克(Ben Week)、约书亚·卢森科(Joshua Rusenko)、伊恩·彼得(Ian Beed)和马特·赫尔姆(Matt Hurm)在研究与编辑方面提供的帮助。

作为我们专业中的一项惯习,本书的前身经历了一个严格的审稿过程,现有的版本已经体现了由匿名审稿者所建议(在实质内容和组织结构方面的)的修改。本书的现有版本极大地受益于他们的付出。最后,我们要感谢以下学术活动的参与者:美国法经济学学会 2004 年、2005 年和 2006 年年会;在加拿大多伦多大学举办的第十四届约翰·M. 奥林(John M. Olin)法经济学会议;位于德国耶拿的马克斯·普朗克研究所举办的经济学动态工作坊;比利时根特大学的 CASLE 法经济学工作坊;乔治梅森大学的利维法经济学工作坊;欧洲法经济学学会 2005 年年会;美国司法部的经济分析工作坊。我们也要感谢以下机构或组织的成员:纽约大学经济系教员工作坊、加州大学伯克利分校法学院、阿姆斯特丹大学经济系、汉堡大学研究生院、艾克斯-马赛大学、西北大学法学院、明尼苏达大学法学院、芝加哥大学法学院国际法与经济学工作坊。感谢他们在前述活动中对本书的各个部分所提供的富有价值的评论、批评和建议。

导 论

所有的法学学者在他们研究生涯的某些时刻都会深思有关法律渊源的一些基础性问题：法律应当如何被制定？应当由谁制定？尽管法律渊源在理论和实践层面都具有相当的重要性，但是在现有的法经济学文献中，它并没有得到一种系统化的对待。本书试图弥补这一短板，为立法的制度性理论提供一些全新的见解。我们考虑了四种不同的立法方式，并将其分别描述为：(1) 通过法律制定的立法；(2) 通过裁判的立法；(3) 通过实践的立法；(4) 通过协商的立法。

根据所讨论的法律体系的不同，本书所考虑的法律渊源也具有不同的重要程度。例如，广为人知的是，制定法和司法先例在大陆法系与普通法系中所扮演的角色存在着实质性的历史差异。在早期的法律体系中，对于成文制定法的使用极其稀少，法律的习惯渊源则享有更大的比重。有时候，习惯法渊源无法再为新出现的法律问题提供解决方案，也无法再满足社会的变动需求。在此种情形下，对于先例的承认和遵循就有相当的必要性了。而随着制定法的逐步扩展，将先例承认为一种法律渊源不再具有实践必要性。在这一历史背景之下，诸法律体系发展出了一系列教义，以便在制定法在场的情况下确定习惯规则和司法决定的有效角色。在过去的几十年间，我们也见证了国际条约作用的扩张，这些作用体现为对国内法的实质领域产生影响。这一切在法学图景中所引发的变革，以及这些法律渊源在当代诸法律体系中所扮演角色的持久多样性，从许多方面激励我们去检视这一愈发重要的立法方式。

本书的目的在于为多重法律渊源的相对优势和各自的局限性提供深入的见解。我们考虑了这些法律渊源的一些定性特征，并在经济分析和公共选择理论的形式化方法的帮助下对其进行了检验。尽管在文献中并没有关于如何识别相关主题的确定规则，我们依旧在分析中取得了进展。本书的问题选择和结构组织远远谈不上容易，其极大地受益于来自众多不知名的读者和匿名审稿者所提供的前期反馈。在最终选定主题之时，我们力图在系统呈现这些主题和关注它们的实践关联性这两种需求之间寻求一种平衡。我们希望我们所选择的进路和取得的发现能够阐明那些与立法的制度性设计相关的重要问题。

本书分为四个部分，每个部分都集中关注前述四种立法方式中的一种。在每一个部分，我们都会针对主要问题提供简要介绍，并对相关文献做简要综述。在第一部分，我们将考虑那些依赖于政治性集体决策的法律渊源，例如制定法、法典以及行政规定。在该部分的正文中，我们将相关分析组织为三个章节，分别考虑：(1)法律规则的最优具体性（第二章）；(2)在不确定性下进行立法时法律干预的最优时机（第三章）；(3)在考虑到权力下放和法律统一的问题时法律的最优地理范围（第四章）。在第二部分，我们将考虑那些源自司法裁判的法律渊源，例如司法先例和法官法。我们在该部分的正文中同样将相关分析组织为三个章节，分别考虑：(1)诉讼中法律救济的演化所存在的偏见（第六章）；(2)法官法中诉讼与司法路径所依赖的角色（第七章）；(3)司法先例的多重原则——例如遵循先例和法院惯例——对于法律变革的动态所造成的影响（第八章）。在第三部分，我们将考虑那些源自实践的法律渊源，例如习惯法和其他自发性的法律渊源。这部分正文中的三个章节将分别考虑:(1)什么样的条件对于培育习惯法的生成是最为适宜的(第十章);(2)接合理论在习惯法形成过程中的角色(第十一章);(3)习惯法的动态变化(第十二章)。在第四部分,我们将考虑那些源自明确协商的立法,例如国际条约和公约。三个实质章节将覆盖如下议题:(1)形成和加入国际条约的过程(第十四章);(2)对国际条约的批准和保留(第十五章);(3)1969年《维也纳条约法公约》的影响,以及当这一条约包含了异质的国家时可能造成的偏见(第十六章)。

在本书中,我们的研究结果是通过讨论它们的一些规范性推论来加以检验的。我们透过经济分析和公共选择理论的棱镜,对立法的制度性设计中的重要问题进行了考虑,进而回顾了法律渊源的传统呈现方式。我们的分析从公共选择理论出发,强调了若干关键问题,它们包括:(1)立法成本的最小化问题;(2)代表中的代理问题;(3)集体决策结果的稳定性问题。读者在阅读本书之时,应当牢记这些对立法的制度性设计造成影响的因素,书中将证明这些因素有助于识别那些多样化的法律渊源的共同性和差异性。我们对于法学分析所采取的功能主义进路有望重新阐明法律的形成过程,并强调制定法、法官法、习惯法和国际法在法秩序形成过程中的各自优势及合适的应用界限。

第一部分

通过法律制定的立法：成文法

第一章　通过法律制定的立法：导论

　　法系间的不同通常反映了立法的政治经济学的不同意识形态和观念。在最近几十年，现代国家在各种法律渊源中赋予了成文制定法越来越高的重要性，但是成文法相较于其他法律命令渊源的优越性并不是普遍的。普通法系和大陆法系之间的常规区分基于一种法律传统的二分法构想。按照这种常规的思考方式，大陆法传统的法系倾向于赋予成文和制定的法律渊源更大的比重。通常来说，这些法系在历史上都源于一个承认了某一成文法综合体（例如，《民法大全》）之权威的法律传统。与之相对应，普通法传统则由亚里士多德所开创的决疑式推理（casuistic reasoning）传统演化而来，此种传统由如下的模式所构成：将一个待决定的案件与一个范例案件（即一个先例）进行比较。与一部事先写就因而可以或多或少超越时间、保持稳定的法典不同，（普通法传统下的）法律将会随着法官持续不断地根据已决案件的先例价值选择参照其中的一些而非另一些而发生演化。

　　在绝大多数的法律传统中，法律实用主义引发了大部分的争论，传统的教义原则不再被视为能够在立法性和司法性的法律渊源之间的平衡中提供明确的指引。在最近几十年，这一实用主义使得世界诸法系之间出现了可观的方法论意义上的合流。在普通法系中，制定法干预的不断扩展已经开始逐渐侵蚀法官法传统上的主导地位；而在大陆法系中，司法决定的做出被赋予了越来越大的分量，制定法与判例法也或多或少地彼此欣然共存。

在接下来的三章里,我们将会对制定法式立法(legislative lawmaking)的三个相互关联的面向进行检视。立法者可以在不同的变量中做出选择:一部法律的具体性、法律干预和法律修正的时机,以及法律应用的地理范围。这些内在关联的选择代表了任何一个立法者试图将立法的净现值最大化的过程中的那些关键因素。

一、立法的最优具体性

关于具体性的最优程度这一问题,我们应该考虑到,立法者会在他们所制定的法律中吸收具体的规则或者更为原则性的标准,使得法律呈现出不同的细节程度,进而指引法官的司法决策过程。在现有的文献中,有关法律具体性的最优程度的问题最先为埃利希(Ehrlich)和波斯纳(Posner)以及施瓦茨(Schwartz)和斯科特(Scott)所讨论,他们围绕着规则与标准的二分法完成了他们具有开创性的论文。埃利希和波斯纳(1974)提供了一个静态的形式化最优模型。施瓦茨和斯科特(1995)则将私人立法者语境中的规则制定模拟成一个单次多阶段博弈(a single-shot, multistage game)。他们构建了一个有关法律过程的理论,该理论主张,在法律制定的过程中(法律的)精确度很大程度上建基于最小化社会成本的愿望之上。埃利希和波斯纳意识到具体的法律规则与一般性法律原则分别位于光谱的两端,并阐明了决定具体性的最优程度的标准,该标准将成本最小化作为最主要的考虑因素。他们讨论了精确度为法律系统所带来的益处,包括可预测性的提高、诉讼支出的相应减少、纠纷解决速度的提升,以及与裁判相关的信息成本的降低。但是精确度也包含了相应的成本:(1)规则形成的成本,考虑到成文决定的高交易成本,这一成本往往也是相当高的;(2)同时源自规则的包容过度效应(over-inclusive effect)和包容不足效应(under-inclusive effect)的低配置效率;(3)给外行人造成的信息负担——相比起那些采用了技术性语言的具体性规则来说,他们更能够理解一般性的标准。

在第二章中,我们借助现代投资理论(一种将一部法律类比为一项投资的理论)的分析工具讨论了这一问题,在不同的环境条件下研究了规则或者标准的具体性与功能性的最优程度。在不确定性存在的情况下,我们可以将法律体系视为做出投资决定,它将会产生既有的立法成本,同时也会带来不确定的未来收益。立法成本至少部分是沉没成本(也就是说,如果已颁布的规则在事后被证明是无效或者不可取的,那么相应的立法成本是无法收回的),同时规制环境的外源性变化也会随着时间而影响立法所带来的收益(例如,社会或者经济的变化可能会使得已颁布的规则过时)。我们提供了一个有关法律最优具体性的基础模型,澄清了在一部法律的最优具体性下法律废弃与诉讼量之间的相关性。接下来,我们考虑了编纂风格、法官的专业化以及现实的复杂性对于立法文书的最优选择所带来的影响。在本章的结论部分,我们根据在法律的各个领域中形塑了当代立法过程的更为复杂的制度性现实,对我们所得出的结论的意义进行了再次检视。

二、立法的最优时机

在第三章中,我们应用了现代投资理论的工具来考虑法律干预的最佳时机问题。延续前一章的分析,我们观察到,政治行动者和立法机关经常会诉诸净现值的计算,以便支持拟议的立法变革。基于将法律视为生产资产中一项投资的想法,我们识别出了若干有关净现值计算的误导性应用。当已发生成本随着时间的流动产生收益时,法律体系可以被视为做出投资决定。就像其他任何投资决定一样,时机是立法者需要决定的一个事项:立法创新或者对现有规则的修订可以被推迟。考虑到投资在短期内会丧失的利益,此类投资决定的延迟往往都会产生成本。我们的分析集中关注立法中等待的价值,描绘上述各种因素间的相互作用,进而识别法律干预最优时机的决定条件。借助期权定价理论的见解,我们观察到立法中最优时机的选择应当考虑到立法决定中的类期权特征(option-like characteristics)。这意味着净现值方法对于不确定性条件下立法决定的处理而言是不适宜的。我们在考虑到推迟法律干预的期权价值的情况下对于所得到的不同结果进行了描绘,展现了其所导致的立法选择如何取决于规制环境的各种参数。紧随(这一)基础模型之后的是两个扩展:在第一个扩展中,我们考虑了源自新法直接实施的若干学习和信息收益;在第二个扩展中,我们考虑了影响立法选择的政治性时机偏好。

6 　　法律规则的最优时机和最优具体性这两个问题显然是相互关联的。立法者有两个控制变量:首先是创新(或者推迟干涉)的选项;其次是选择在事前就对规则进行完全的具体化(即选择一项"规则"),或者以一般性条款的形式来陈述法律,这就需要在事后对该法律进行解释(即选择一项"标准")。被较好地具体化的规则可能需要较多的前期投资,因为它们在信息的原始获取上需要较大的支出。但是选择了被较好地具体化的规则,也有可能降低后期的操作成本。一项标准对于原始投资的需求较小,但是在它的解释和实施过程中可能会需要更大的支出。推迟法律干预的期权价值在这两种情形中会发生变化。当不确定性和沉没投资成本存在之时,立法者需要在以下两者之间进行权衡:由一项具体化规则的实施而获得的规模经济与由作为放弃选项(forgone option)的推迟立法决定所产生的增加价值。此时立法者所面临的双重最优化问题就是,在考虑上述因素的情况下决定最优的具体性程度和干预时机。对于第二章所讨论的最优具体性问题和第三章所讨论的最优时机问题的理解，构成了对于这一双重立法问题的理解的一部分，在其中，时机和具体性被允许同时发生变化。确实，在任何时间点上，立法者都是通过控制时机和法律的具体程度来决定他们的立法行为的，他们很有可能会意识到这两个变量之间的内在关联。对于这些相互关联的立法问题的解决方案也产生了一些影响，这些影响涉及不同的法律、社会、经济条件下的立法模式。这里的假设是法律体系通过吸纳不同的立法模式来回应外源性的变化，进而最大化法律干预的价值。这一假设为进一步的研究提供了基础，后续研究将会分析由具体的公共选择失败所导致的与此类最优立法模式之间的可能偏离。

三、立法的最优地理范围

我们将通过考虑那些影响了法律规则的最优地理范围的因素来结束对通过法律制定的立法的分析。关于法律的最优地理范围的问题，在许多方面与相关文献中的两种趋势相关，这两种趋势分别处理了联邦主义和法律统一的问题。在国际政治地理学当下的转型过程中，可以观察到两种截然相反的趋势：一种趋向于分权、权力下放和地方自治，另一种则趋向于法律统一和协调。这些趋势代表了与国家法的传统属地原则之间的对称偏离。

在欧盟法的演化结构中，权力下放、分权和区域主义的观念被用来合法化一个庞大联邦内部地方主体的存在和自主性。与此同时，欧盟的立法者们也可能向着(法律的)协调、统一以及欧盟法部分领域的法典化迈出了重要的步伐。法律协调和统一的工具不断出现，以推动横跨政治上不同的地理实体的法律体系趋向一致。这两种现象都显示了法律的地理范围是如何日渐与民主国家的政治边界相脱钩的。实体法的协调与法律制度的选择是导致该结果的补充手段。从福利的视角来看,法律统一可能是可欲的,因为它能够减少个别系统/个人系统可能强加于其他法律制度之上的外部性问题。统一立法中外部效应的消除反过来很有可能导致那些使全球福利而非国内福利最大化的法律选择。将法律作为一种产品的比喻为有关法律的竞争性供给的一般理论提供了灵感[罗曼诺(Romano)1985]。在一个无摩擦的法律竞争的理想世界中,个体可以在多样化的法律制度中进行选择,就像消费者可以在市场上相互竞争的产品与服务之中进行选择一样。法律规则的竞争性供给,再加上相互承认和选择自由的制度性元规则,将会导致竞争性法律平衡,这一平衡在理想层面可以最大化法律主体的总体福利。从公共福利的视角来看,提升法律的多样性对立法者的恣意施加了有效的约束。就像需求驱动的竞争性市场对供给者没有根据的生产选择施加了限制一样,法律选择的自由也限缩了立法者缺乏根据的裁量空间。不符合消费者偏好的规则将不会在这一平衡中被选择。对于降低多方议价的交易成本来说,关于实施法律规定选择的自由规则,可以被视为是有帮助的。在这一基础上,法经济学家提出了一个可验证的假设:法律选择给予了国家一种参与竞争的激励,这种竞争通过提供高效的法律规则来开展[利布斯坦(Ribstein)1993]。该效率假设假定了选择的自由程度与法律规则的效率之间存在着相关性。这一相关性得到了小林(Kobayashi)和利布斯坦(1997)的成功验证。与这种立场相反,也有学者提出了外部性论证来确定法律统一的收益。在参与选择法律决定的各方之中会产生负外部性。相关文献已经确定了协议性法律选择(contractual choice of law)产生外部效应的三种情形:(1)法律选择可能施加给协议当事人之外的第三方的外部效应;(2)法律选择可能施加给法院所在国(forum state)的外部效应;(3)法律选择可能施加给司法体系的外部效应[帕雷西(Parisi)和奥哈拉(O'Hara) 1997；帕雷西和利布斯坦 1997]。

在第四章中，我们提出了一个包含前述文献所讨论的某些问题的权力下放模型。根据《马斯特里赫特条约》(Maastrict Treaty)所引入的旨在限制欧盟"中央政府"对成员国政策干涉的权力下放原则，中央立法应当具有权力下放的功能，仅仅执行那些无法在地方层面被有效执行的任务[斯万尼(Swaine) 2001]。经验性证据表明，在欧盟内部，实质性的统一化和集中化已经发生在那些偏好异质性(heterogeneity of preference)占据主导的领域(例如，社会保障或者农业政策)，而另外一些被强大的规模经济所形塑的领域则仍然保留了地方管理(例如，防务和环境保护)。在这些领域中，所有关于中央化最优程度的规范性描述都一直是令人费解的。

我们认为，理论的规范性描述与现有的政策责任分配之间的差异，可以用《欧盟条约》中所存在的权力下放原则来解释。规模经济与范围经济在政策提供和监管功能中的同时存在，会导致一些自相矛盾的结果。首先，权力下放原则可能会更偏向于中央集权化(centralization)而非对中央集权化加以限制。我们的模型使得我们能够提出一个猜想，根据这个猜想，对于权力下放原则的碎片化应用将会触发路径依赖式的中央集权化，并最终使得权力下放变为一项适得其反的原则。其次，权力下放原则的应用为中央集权化的战略性操作留下了充足的空间。随着权力下放原则的充分成熟，未来的学者将有机会对这一问题进行经验性的调查研究。我们的研究结果还进一步为跨国法律环境改变过程中的立法规范性理论提供了基础，同时也为欧盟语境下和其他过渡型法律体系中正在进行的法律改革提供了一些政策建议。

第二章　法律的最优具体性：规则与标准[*]

当立法者在制定法律之时，他们需要处理法律的具体性程度。在制定新法之时，立法者无法有效地预见可能适用到该法的所有特殊情况。这使得立法在本质上只能是一般性的，也使得立法的不完整性成为一种实践的必然。在古希腊，亚里士多德(350 B.C.：bk. V，§ 10)就意识到了不完整法律的不可避免性。但是有些时候，立法的不完整性不仅仅是一个不可避免之必然的问题。不完整的法律规则可能被有意识地制定出来，以便最优化立法与裁判的功能，借此可以将一些本需要由立法者提前执行的任务交由司法系统。在这一设定中，杰里米·边沁(Jeremy Bentham)(1776)处理了法律的最优具体性问题，为现代的规则与标准之间的论证提供了沃土。边沁提出了一个双层法律系统的设想，在这一设想中，公众从一般性的标准中了解法律，而法官则通过为个案创设规则的方式执行这些标准。这为刻意的法律不完整性所可能发挥的作用提供了一个良好的范例。

自边沁以来，当代的法理论学者一直尝试提出相应的原则，借以确定法律具体性的最优程度。在考虑相关的标准之时，法经济学的学者们利用了来自最优决定理论、公共选择理论以及宪法政治经济学(con-

---

* 本章前三节基于一篇先前已经发表的论文：文希·冯、弗朗西斯科·帕雷西：《论法律规则的最优具体性》，《制度经济学杂志》第 3 卷，2007 年，第 147—164 页。第四节基于一篇先前已经发表的论文：弗朗西斯科·帕雷西：《欧洲私法的统一：一种经济学的分析》，载布萨尼、维洛主编：《欧洲私法手册》(斯泰普希出版公司 2008 年版)。

stitutional political economy)的工具。这一系列文献——尽管离纯粹的理论化尚有一段距离——已经在欧洲和以色列的语境下获得了与日俱增的实践重要性。在欧洲,某些法领域正在进行的统一工作提出了如何在不同的立法工具中做出选择的问题。一些新法典的预备工作,例如欧洲民法典的草案和以色列的新民法典,都提出了这些法典应当具体到什么程度的重要问题。

本章从整体上推进了相关文献的研究,并且专门提供了一个在多样化的法律和制度语境下识别法律规则具体性的最优程度的框架。第一节通过对于相关文献的简要回顾,对这一问题进行介绍。第二节提出了一个关于法律最优具体性的模型,以此来分析法律废弃、诉讼的数量、法律传统与法典形式、法官的专业化以及现实的复杂性等因素是如何影响对于最优法律工具的选择的。第三节回顾了理论部分所提出的结果,分析了这一模型在更为复杂的制度情境中的意义,其中包括了仁慈的计划(benevolent planning)的缺失,以及立法者对于法律具体性的机械化运用所产生的危险。第四节提供了一些历史性和比较性的例证与识别区域,在其中我们的主张可以经由未来的经验研究而得到验证。

一、 规则、标准,以及法律具体性的最优程度

在法经济学的相关文献中,学者们对于"标准"和"规则"之间的区别给予了极大的关注。标准和规则可以被可视化为一个代表了法律精确程度的光谱的两端。① 标准是一种法律或者社会准则,裁判者会在具

---

① 尽管文献中的某些观点将规则和标准之间的选择模型化为一个二元选择,而非光谱上的两端,但是其他观点只有在缓和与简化模型之时才会把规则和标准模型化为二元选择,因为它们意识到规则和标准是用于例证法律具体性的学术术语[例如,卡普洛(Kaplow)1992 和 1995]。

体的环境下用它来判断某一个行为。在这一意义上,标准是受环境影响的;它们是开放的(open-ended),允许裁判者做出一个诸如某个驾驶员是否在给定的情境下施加了"合理的注意"这样的事实具体化(fact-specific)决定。标准——例如合理性——是非常直觉化的,这使得它们很容易为普通公众所理解。与此相对应,规则脱离了裁判者对于环境的考量,而这种考量对于一个依据标准所做出的决定而言是具有相关性的。规则比标准更为具体化,它们会提出一些诸如某个驾驶员是否超过了时速 55 英里的限速规定这样的"亮线测试"(bright-line tests)。这往往会导致,一个规则的精确表述与被规制行为变动不居的事实模式之间总是无法完美地相适应。

当立法者在规则和标准之间进行选择时,他们必须考虑规则和标准应当在何时,以及基于何种成本,被应用于具体的情境。例如,规则会要求提前确定法律的内容,这是由其形成过程中的较高具体性程度所导致的。立法者必须提前开展研究来决定其所要创设的合适规则。就此而言,颁布规则对立法者来说要比颁布标准成本更高,因为后者所要求的具体性程度较低。但是,具体性程度更低的法律会给司法和行政主体的法律实施与决策带来更高的成本。对于法律顾问的预测或者裁判者的应用而言,标准所带来的成本是更高的,因为相较于规则而言,标准要求在指引更少的情况下决定法律的内容。①因此,假设在一起交通事故中,驾驶员以超过 55 英里的时速驾驶,在"时速 55 英里"的规则之下,责任能够被自动判定。但是,如果在一个诸如"合理性"的标准之下,法官或者陪审团就需要对事故发生时

---

① 埃利希和波斯纳(1974)提出了这一概念,即总成本应当最终控制一个立法者的决定。卡普洛(1992)则进一步澄清了此处讨论的多个问题。

的事实和情况进行判定,从而决定驾驶员是否负有责任。从长远的角度来看,标准的应用会是更为事实具体化的,但自然也会是连贯性更少的。因此,从事前的视角出发,规则为法律主体提供了更好的指引;而从事后的视角出发,标准可能更容易适用于变化多端的案件情况。

总体而言,学者们假定以标准的形式被表述出来的法律给司法机关和行政机关在实施法律时留下了更大的裁量余地。另一方面,表现为规则的法律通过更高层级的细节被具体化,因此给法律实施留下了更小的裁量余地。存在于事前的法律规则和个体案件情况之间的不完美适应,可能会产生社会损失。从一个效率性的视角来看,标准允许根据案件庭审的情况对于法律进行"事后剪裁",从而减少包容过度和包容不足的问题。当被规制的行为存在更高的异质性且监管环境中存在更快速的变化之时,这些问题会表现得更为严重。①

在我们的分析中,我们将法律的价值视为法律精确性的一个函数。规则能够提前将确定性、连续性和可预测性给予私主体,并且提高司法的经济性,因为它能够在每次一项法律被应用之时,将对于事实和环境的细节化考虑之需求予以最小化[沙利文(Sullivan) 1992]。个体和商业机构往往需要获取专业的法律建议来判断某个行为是否违反了法律。② 而当某一个行为者所做出的行动之影响在细节化的规则中被清晰地具体化之时,律师将能够更为容易地提供法律建议。得益于细节化的规则所提供的可接近性和可预测性,相较于一个由标准所主导的

---

① 在这一语境中,埃利希和波斯纳(1974)预测规则将会被更为频繁地适用于由同质行为所形塑的法律领域中。
② 在解决穷人接近司法这一重要问题时,卡拉布雷西(Calabresi)(1979)提出了法律规则的具体性程度和针对律师——或者缺乏针对律师——的需求之间的问题。

制度体系而言,更多的个体能够在一个由规则所主导的制度体系下变得知情。这是法律具体性的一项价值。在规则之下,个体会更倾向于根据法律的训诫来调整他们的行为。而在一个诸如合理性这样的标准之下,什么才是"合理的"会随着具体环境而变化多端。对于标准的适用,那些经验不足的法律行为者可能会需要做一些猜测。因此,对于正在决定如何行动的个体来说,阐释标准的含义似乎是成本更高的,因为只有在个体行动之后,标准才会被赋予内容和实质意义。当法律表现为精确的规则之时,它的预见和威慑功能将会变得更有效率。这是法律具体性的另一个优点。

在相关文献中,学者们经常指出,当监管环境随着时间受到外源性变化的影响之时,法律可能会需要被更频繁地修正[例如,埃利希和波斯纳 1974;兰德斯(Landes)和波斯纳 1976]。换句话说,监管环境中的变化将会导致法律的废弃。更为具体化的规则以更快的速度被废弃这一事实,提示了法律规则具体性的最优程度应当取决于监管环境的预期变化速率。但是现有的模型并没有对法律具体性的最优程度作为监管环境的预期变化速率的一个函数进行精确的方程化。我们拓展了现有文献的研究结果,来考虑废弃和频繁性是如何在选择法律的最优细节时相互影响的。我们也考虑了在选择合适的立法工具时其他因素的相关性。

二、伴随着废弃的立法与司法中的经济学

我们将立法的过程视为一个同时具有固定成本和可变成本的生产函数。法律的创设可以被设想为在法律命令的生产过程中进行固定成本的投资。立法者通过在生产过程中分配固定资本来选择法律的具体

性程度。① 在法律公布之后,每当它被适用时都会产生一个可变的司法成本。通常而言,更高的法律具体性程度会增加公布的成本,但是所需要的法院和行政机关的实施成本也会更少。也就是说,法律越是具体,其固定投资就会越高,而可变的实施成本则会越低。很明显,法律被应用得更为频繁,总的可变成本就会更高。

对于法律具体性的最优程度的选择,应当在考虑到立法的固定成本和司法的可变成本的情况下最大化法律的价值。除此前的文献所讨论过的成本和收益之外,我们将聚焦于一些此前尚未被重点关注的因素。

(一) 模型

我们的法律最优具体性模型包含了以下变量:法律应用的频繁性、法律废弃的速率、新的法律在既有的法律体系内部的协调与统一成本、法院的专门化程度以及监管环境的复杂性。我们将会考察这些变量在选择法律最优具体性的过程中的影响。

假设一部法律的平均价值为 V,该价值会随着社会贴现率(social discount rate)而适当地贴现,而这又取决于在该法律的形成过程中所选择的具体性程度(s)和预期的废弃速率(ω)。跟随已有文献的研究,我们假定随着某一法律事项被具体化为更多的细节,从法律中所获得的价值也会随之增加。例如,当一部法律更为具体之时,它对于主体的阐释而言就是成本更低的,从而以一个递减的速率增加着法律的价值($V_s > 0$ 且 $V_{ss} < 0$)。②而随着废弃的速率逐渐提高,法律的价值会明显地

---

① 我们参考了采用规则与标准之间普遍区别的规则具体性程度。正如埃林豪斯(Ellinghaus)和赖特(Wright)(2005)所指出的那样,这一区别可以定性地类比于欧洲学者所采用的规则与一般性原则之间的区别。

② 这与埃利希和波斯纳(1974)一致。

降低($V_\omega < 0$)。我们假定具体性程度的边际价值会随着废弃速率的提高而降低($V_{s\omega} < 0$)。如果将法律规则的应用频繁性计为 N,则该法律规则的总价值将会是 $N \cdot V(s, \omega)$。

对于立法而言,有两部分的成本:固定的公布成本以及可变的司法成本。我们将会依次讨论这两部分的成本。

固定的公布成本 F 无疑取决于法律的具体性程度:法律越是具体化,就需要越多的事前研究,因此,法律的具体性程度越高,其固定成本也就越高($F_s>0$)。进一步来看,公布的边际成本会随着具体性程度的提高而提高($F_{ss}>0$)。固定成本的第二个影响因素是协调新法与既有法律或者使其能够符合其他制度性约束的需求。我们将其称为在"立法 λ"中的协调成本或困难度,并且假定 $F_\lambda>0$。在一个由追求综合性和协调性的法典编纂所形塑的大陆法系中,考虑到要使新法与法典中已经包含的其他规则和原则相协调,颁布一部会修改既有法典中规定的法律是成本很高的。立法 λ 中的困难程度可能包括:在不同的政治派别间讨价还价以达成共识之需求,制度性约束的存在,或者法律颁布所需要遵循的宪法性程序。基于较高的具体化程度的公布成本,会随着立法协调困难度的提高而提高($F_{s\lambda}>0$)。固定成本的第三个影响因素是监管环境的复杂程度 κ。我们假定公布成本会随着监管环境的复杂程度的提高而提高($F_\kappa>0$)。$F_{s\kappa}>0$ 也被进一步假定。我们的假定取决于以下两个原因中的任意一个:第一,随着现实情况变得更为复杂,对复杂环境中的偶然性进行具体化的困难程度会更为明显,因此具体性的附加固定成本也会变得更高。立法者需要说明大量的偶然事件之间的复杂关联,对于某一个法律规则将会适用的事实情景进行具体化。第二,随着法律体系变得更为复杂,使新的法律规则能够与一个由预先存在的法律规则所组成的更为复杂的体系相协调的需求将会产生,这会提升由具体的法律干涉所导致的固定公布成本。立法者需要避免法律冲突,确定新的法律如何能够与预先存在的法律联系起来(例如,废止一部先前的法律,或者在既有的法律中设置一个例外),确定一部新法在面对先前法律之时的适用时机(例如,溯及性适用与非溯及性适用),以及确定新法适用的地域范围。

立法的第二部分成本与司法裁判相关。假设 N 是法律应用的频繁性,则总的司法成本为 $N \cdot C$,其中 C 是司法成本的集合,且会随着社会贴现率的提高而适当地贴现。司法成本 C 取决于具体性程度 s、法院的专门化程度 σ,以及现实情况的复杂程度 κ。

首先,更高的具体性程度意味着更低的集合司法成本($C_s<0$)。在绝对值上,司法成本中的这一变化可以被设想为由规则的更高具体性程度所导致的司法成本的降低,或者可以更简单地被设想为一项源于法律中更为丰富细节的额外收益。① 随着具体性程度更高,由之带来的额外收益 $|C_s|$ 随之降低,这意味着一个更高的 C_s。因此,我们假定 $C_{ss}>0$。

其次,我们假定随着法院变得更为专门化,司法成本的集合将会降低($C_\sigma<0$)。当具体性程度更高的法律由一个专门的法院加以解释和适用的时候,由此带来的额外收益也会更高。换句话说,随着 σ 的提高,$|C_s|$ 降低,导致了 $C_{s\sigma}<0$。这一假设符合了这一简单的直觉:专门法官更适宜于解释和适用复杂的法律,因为他们对于与其主题管辖相关的法律体系有着更高的熟悉度。所以,举例来说,假定一名专门的税务法官比起一名仅有普通管辖权的法院里的法官更适宜于处理一个复杂的税法规则,看起来是合乎情理的。

---

① 在这里,我们搁置了更高的具体性程度的边际收益 V_S 的其他组成部分。

最后,随着现实情况变得更为复杂,司法成本的集合会随之提高($C_\kappa>0$)。当现实更为复杂之时,由更高的具体性程度所带来的额外收益也会更高。亦即,随着 κ 提高,$|C_s|$ 提高,导致了 $C_{s\kappa}<0$。

具体性的具体程度被选择以最大化净总值:

$$\max_s N \cdot V(s, \omega) - F(s, \lambda, \kappa) - N \cdot C(s, \sigma, \kappa)$$

有了前文所做出的假设,最优化问题的二阶充分条件也就得到了满足。特别是,更高的法律具体性程度会以一个递减的速率提高法律规则的价值($V_{ss}<0$),公布的边际成本会随着更高的具体性程度而提高($F_{ss}>0$),以及由规则的更高具体性程度所诱发的集合司法成本的降低会随之降低($C_{ss}>0$)的假定意味着 $N \cdot V_{ss} - F_{ss} - N \cdot C_{ss} < 0$。此时具体性的最优程度必须满足如下条件:

$$N \cdot V_s(s^*, \omega) - F_s(s^*, \lambda, \kappa) - N \cdot C_s(s^*, \sigma, \kappa) = 0 \qquad 2.1$$

现在,假定 λ、σ 和 κ 是固定的,并且聚焦于法律规则的应用频繁性 N 中的变化所带来的影响以及有关最优具体性程度 s^* 的废弃速率 ω。为此,有待满足的最优条件可以通过对方程(2.1)完全微分而获得:

$$dN \cdot V_s + N \cdot V_{ss} \cdot ds^* + N \cdot V_{s\omega} \cdot d\omega - F_{ss} \cdot ds^*$$
$$- dN \cdot C_s - N \cdot C_{s\omega} \cdot ds^* = 0 \qquad 2.2$$

方程(2.2)详细说明了由应用频繁性中的外源性变化 dN、废弃速率中的外源性变化 $d\omega$ 以及具体性程度中所需的最优变化 ds^* 产生的不同影响如何必须被平衡。将其中各项重新排列之后,我们获得了:

$$dN \cdot \underbrace{(V_s - C_s)}_{+} + d\omega \cdot (N \cdot V_{s\omega}) = ds^* \cdot |\underbrace{(N \cdot V_{ss} - F_{ss} - N \cdot C_{ss})}_{-}|$$

$$2.3$$

方程(2.3)必须满足于在面对法律应用的频繁性和废弃速率中的变化之时被选中的最优具体性程度。方程(2.3)中的第一项表明了由法律规则的应用容量的变化所引发的总影响。由于 $V_s - C_s > 0$,这一影响将会是积极的——比方说,如果法律规则的应用频繁性有一个增加。(2.3)中的第二项代表了由废弃速率中的变化所引发的总影响。这一影响将会是消极的——比方说,如果废弃速率有一个增加,即 $V_{s\omega} < 0$。因此,方程(2.3)明确了由 N 和 ω 中的变化所引发的总影响——积极的和/或消极的,都必须由选定的具体性程度 s^* 中的调整所平衡。

(二)司法中规模经济的相关性

与卡普洛(1992)的研究相一致,我们的研究结果表明,一部法律被应用的频繁性对于确定最优具体性程度而言是重要的。首先,考虑一个只有一种外源性变化的简单案例。如果在废弃的速率中没有变化($d\omega = 0$),则具体性程度的最优变化应当沿着与法律规则的应用频繁性中的变化相同的方向而进行($ds^*/dN > 0$)。①

对于频繁地产生于带有共同特性的设置中的法律问题而言,一个具有更高具体性程度的规则是可欲的。如果一部法律被频繁地应用,可变的司法成本将会趋向于比公布成本更高。因为一个规则比一个标准更为具体化,提前习得是更为容易的,因此也是成本更低的。这必然意味着当法律被频繁应用之时,相比起标准而言,规则会更有效率。

相反,如果法律问题极少产生,环境也是变动不居的,那么设计一项能够考虑到所有相关偶然性的规则将会需要相当高的固定成本,并且可能导致浪费——因为此类假想环境中的绝大多数永远不会在现实

① $ds^*/dN = (V_S - C_S)/|(N \cdot V_{SS} - F_{SS} - N \cdot C_{SS})| > 0$.

情境中发生。因此,当频繁性程度较低时,标准(比规则)更为适宜。

(三)废弃问题

环境随着时间而变化,这导致部分法律被废弃。当我们采取规则模式之时,法律规制的一项重要成本就是调整废弃法律使之能够紧跟社会、经济或者技术变化的步伐。对于标准而言,废弃并不像规则中的情况那样是一个那么严重的问题。由于标准比规则要更为宽泛,因此相对而言标准不太会受到时间变迁的影响,如此一来它也就更能适应变动不居的环境。除非最佳行为准则随着时间发生了极其重大的变化,否则合理性概念仍然是有用的。因此,当有一个稳定的环境之时,我们会期望有具体化的规则;当有一个较快的变化速率之时,我们会期望有一般性的标准。

现有的文献指出,具体的规则对于监管环境中外源性的、不可预见的变化更为敏感,因此更易于废弃(埃利希和波斯纳 1974)。我们的模型表明,如果我们预期到环境中的波动性以及法律秩序中连续性的废弃,那么立法者应当选取较低的具体性程度。我们的模型还进一步澄清了,如果在法律规则的应用频繁性程度中没有变化($dN=0$),那么具体性程度中的最优变化必须沿着与废弃率中的变化相反的方向而进行($ds^*/d\omega<0$)。①

(四)司法与废弃中的规模经济

接下来,让我们考虑如下的情景:废弃的速率和法律问题的应用频繁性程度都会发生变化。在这样的情景中,最优具体性的变化所产生的总体影响通常来说是不可知的。可以想象多种多样的可能性。当法律规则的应用频繁性程度上升,而废弃的速率下降之时,由这些外源性

---

① $d\omega/ds^* = (N \cdot V_{S\omega})/|(N \cdot V_{SS} - F_{SS} - N \cdot C_{SS})| < 0.$

第一部分　通过法律制定的立法：成文法

变化所引发的积极影响通过彼此强化产生了一个积极的变化，提升了最优具体性程度。这也许指向了这样一种情境：某些具体的法律新领域变得更为稳固，随之而来的是法律应用的频繁性程度和监管环境的稳定性程度的双重提升。随着一个法律的新领域在相关性上有所巩固和成长，法律制定中更为丰富的细节变得可欲。同样，当法律的应用频繁性程度下降，而废弃的速率上升之时，二者所产生的影响同样强化了彼此，并且导致了最优具体性程度的降低。

当废弃速率和法律问题的应用频繁性程度中的变化沿着同一方向进行时，两个影响彼此之间产生抗衡。根据这些变化的相对大小和比例效果，最优具体性程度可能上升，也可能降低。例如，考虑一个法律应用的频繁性程度和废弃速率同时上升的情境。这有可能是一个法律正在蓬勃发展的领域，因此法律问题频繁性中的提升也会伴随着监管环境中的不稳定和变化。这两类因素沿着不同的方向产生影响。当积极影响——由法律应用的频繁性程度的上升所引发，超过消极影响——由废弃速率的上升所引发——之时，此种情况简写为 $N\uparrow$ 和 $\omega\uparrow$，最优具体性程度也随之上升（$s^*\uparrow$）。由 N 中的变化所引发的相对较大和较为积极的影响也许可以被归因于 dN 大小中的较大提升，或者归因于司法裁决的边际净值 V_s-C_s 中较大、较为积极的比例因子，抑或同时归因于这两者。由废弃速率中的变化所引发的相对较弱和较为消极的影响也许可以被归因于废弃速率 $d\omega$ 中的较小增长，或者由废弃所导致的边际价值 $N \cdot V_{S\omega}$ 中的较小降低，抑或同时归因于这两者。

对于应用频繁性和废弃速率沿着同一方向发生变化的其他情境，考虑对于最优具体性程度 s^* 的总体影响是直截了当的。在图 2.1 中，我们简述了在 ω 和 N 同时改变的不同场景中最优具体性程度的变化。

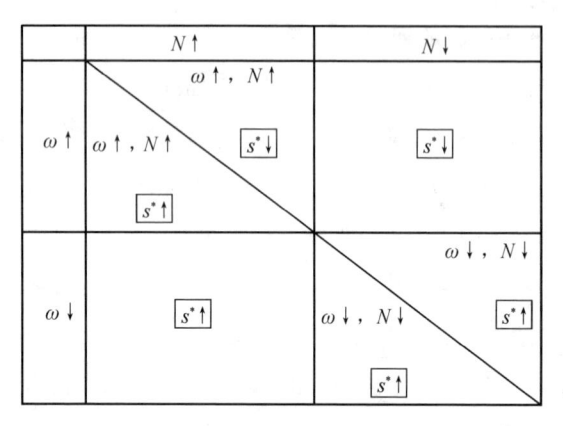

	$N\uparrow$	$N\downarrow$
$\omega\uparrow$	$\omega\uparrow, N\uparrow$ $\boxed{s^*\downarrow}$ $\omega\uparrow, N\uparrow$ $\boxed{s^*\uparrow}$	$\boxed{s^*\downarrow}$
$\omega\downarrow$	$\boxed{s^*\uparrow}$	$\omega\downarrow, N\downarrow$ $\boxed{s^*\uparrow}$ $\omega\downarrow, N\downarrow$ $\boxed{s^*\uparrow}$

图 2.1　法律规则最优具体性程度中的变化

来源:这张图将主体部分划分成四个象限,其中第二象限(西北)和第四象限(东南)被进一步划分成两个三角。每一个三角都指定了变量 N 和 ω 的移动,并且给出了受此影响的 s^* 的移动(在方框中)。在第一象限(东北)和第三象限(西南)中,没有给定变量 N 和 ω 的任何移动,只提供了 s^* 的确定移动(在方框中)。

(五)具有专门法院和复杂监管环境的大陆法系中法律规则的最优细节

在聚焦完由应用频繁性程度的变化和废弃速率所引发的对于法律规则最优具体性程度的影响之后,现在我们将注意力转向由其他的外源性变量所导致的影响。我们来考虑不同的法系所使用的方法论进路、专门法院的存在以及监管环境的复杂程度是如何在法律制定的过程中影响最优的细节程度的。

关于方法论进路的影响,对于大陆法系中所独有的"法典化"概念进行深入思考就显得尤为重要。在大陆法系中,法典化着眼于提供一套综合性、融贯性的原则与规则的集合,从而能够应用于演绎解释技术[梅利曼(Merryman)1969]。就像一个数学定理与推论的集合一样,法律被组织成一种严格的原则与规则格式,被安排成一个金字塔般的样式,从宽泛到具体,从一般性规则到特殊性例外。大陆法系中这一法典化的概念源自17与18世纪法国学者的努力,以及随后的激发了现代欧洲法典化的理性法学(rational jurisprudence)。对一部法典中任何一个具体规定的变动都会导致相当多的问题。对于规定的修正通常都需要与法典中其他规则和原则相协调与配合,进而还会对其他法典中的规定产生连锁影响。事实上,大陆法系中对法典的修正并不频繁。相比较而言,那些虽然同属大陆法系但是引入了普通立法(ordinary legislation)的地方,修正会更频繁一些。进一步来看,当修正确实发生之后,它们都是由专家委员会所提出的,而专家委员会试图以一种系统化的方式对法典中的整个章节进行修改,避免零碎的干预。

在给定了这些体系具体化(system-specific)的方法论约束之后,在大陆法系的法典化中,立法修正(legislative revisions)的成本要比采取其他形式的立法或法典化的成本更高。使用第一个用于净值最优化问题的命令条件(order condition),即公式(2.1),我们可以研究法典化方法是如何影响最优具体性程度的。相关的比较数据结果可以直接获取:$ds^*/d\lambda<0$。① 这揭示了当编纂和修正一项法律规则越来越困难之时(λ增加),一个较低的具体性程度是可欲的。因此,我们应当更少地观察标准的细节,而更多地观察标准的使用。

会影响法律规则的最优细节程度的另外一个元素是法院的专门化程度。绝大多数大陆法系的法域都会设有专门法庭来处理给定的法律问题之组合。例如,在一个普通的大陆法系法院中(法庭、上诉法院和最高法院),会组成专门的群体(通常被称为法院的"部门"或"分支")来处理具体的、经常性的法律问题。因此,绝大部分法院都会有一个专门处理劳动纠纷的部门,再有一个专门处理破产进程的部门,另有一个

---

① $ds^*/d\lambda = F_{S\lambda}/(NV_{SS} - F_{SS} - NC_{SS}) < 0$.

处理合同纠纷的,还有一个处理继承纠纷的,等等。在其他情形中,还会创设专门的管辖范围(jurisdiction)——例如,由税务法院来处理专门的法律问题之组合。

进一步来看,有些法律只会影响具体的领域,这些领域只会落入一个专门法官群体的管辖范围之中。一部税法会被一位税务法官最为频繁地应用,它很少有机会和其他法律一起被提交至其他类型法院的纠纷中,成为相关的法律。因此,这些应用机会较为狭窄的法律的最优具体性可以结合专门法院加以评定。另一方面,其他法律所影响的事务会落入多种多样不同类型法院的管辖范围之中,例如有关法律行为能力或胁迫的法律很有可能与几乎每一个法律领域产生关联,因此这些应用机会较为广阔的法律的最优具体性需要结合整个司法体系加以考虑。

因此,我们想要观察一下专门法院的存在是如何影响法律的最优具体性的。对于这一结果的解释,我们参考了那些主要落入专门法院管辖范围的法律的具体性。相关的比较数据结果可以直接获取到: $ds^*/d\sigma > 0$。① 随着法律被更为专业化的法院应用和解释(σ提高),其最优具体性程度也随之提升。在这些情形中,我们应当期待看到详细的法律规定被更多地运用,并且期待观察到更多的规则。

最后,我们来讨论监管环境的复杂性程度对于最优具体性的选择所产生的影响。回想一下,一个更为复杂的现实情况将会提升立法的固定成本,并且增加司法成本。立法固定成本的提升有助于降低具体性程度(法律应当被制定得更像标准),而司法成本的提升有助于提高具体性程度(法律应当被制定得更像规则)。

---

① $ds^*/d\sigma = NC_{S\sigma}/(NV_{SS} - F_{SS} - NC_{SS}) > 0$.

相关的比较数据结果显示,$ds^*/d\kappa$ 是不确定的。① 尽管如此,如果由具体性中的立法固定成本的增加所促发的力量能够压过由司法成本的增加所促发的力量,那么随着现实情况变得更为复杂,最优具体性程度会随之降低。② 直观地来说,随着监管环境复杂性程度的提升,当立法成本要低于司法成本之时,更多地使用规则将会成为必要之事。另一方面,司法人力资源的提升将会降低司法成本,进而使得为了回应监管环境复杂性程度提升而使用具体性程度较低的法律这件事得以正当化。

三、分析情境化

立法者可以选择以不同的具体性程度来制定法律。我们考虑了可能对法律的最优具体性程度产生影响的因素,包括法律废弃的相关性、诉讼的数量、法官的专业化程度,以及监管环境的复杂性程度。为了使这些因素可控,我们的模型相对于现实进行了必要的简化,以便使每一类影响能够互不干涉(如果不这么做的话,它们有可能被实践中多种多样的力量所混淆)。基于对这些局限的认识,我们将我们的结论置于更为复杂的制度性实践中加以思考,这些实践在诸多法律领域中形塑了现代的立法过程。

(一) 立法信息与法律实验

立法者经常在尚未获取有关规制事项的当下或者未来情况的充分信息之时,就采取法律干预的措施。当立法者缺少有关规制事项的当下信息之时,他们会采用标准,因为他们期望通过立法的实施,相关信

---

① $ds^*/d\kappa = (F_{S_\kappa} + NC_{S_\kappa})/(NV_{SS} - F_{SS} - NC_{SS})$.
② 注意,如果 $F_{S_\kappa} > -NC_{S_\kappa}$,则 $ds^*/d\kappa < 0$;如果 $F_{S_\kappa} < -NC_{S_\kappa}$,则 $ds^*/d\kappa > 0$。

息会被揭示出来。根据在这一初始阶段所获取的信息,旨在提升具体性程度的法律修正可以在稍后被实施。标准对于处理有关未来事件的立法不确定性而言,也是有帮助的。对于意外状况来说,标准是更为适用的,因为法官通过适应性裁决,可以更为容易地处理监管环境中遇到的意外状况。

标准意味着法院的事后监管。我们的模型忽视了司法性立法(judicial lawmaking)在实验和逐步增加法律确定性等方面所具有的内在价值。正如在法经济学的研究中众所周知的——芝加哥学派有关普通法效率的假说就是一个例子——考虑到法院的案件经验,其在设计和实验多样化的规则方面可能具有制度优势。当对抗过程和反复不断的案件判决呈现出那些原本对于第三方而言是不可获取的信息,进而使得法院能够更好地明确某一法律的适用领域之时,这确实会是一个优势。但是,当提交至法院的案件选择过程被偏见所影响(冯、帕雷西和德普特 2005),或者意识形态化的决策被加以考虑(冯和帕雷西 2003a)之时,法院相对于立法者的这一制度优势将会消失。此外,事后偏见(hindsight bias)经常导致法院偏离Ⅰ类错误和Ⅱ类错误之间的最优平衡[拉林斯基(Rachlinski) 2000]。①

我们的模型假设,更高的具体性程度将会导致整个系统的更高确定性和可预测性。显然,其中也存在着收益递减——相对标准而言,过高的具体性和复杂性可能会最终导致更低的可预测性。与具体化的规则不同(一条限速规则适用于具体种类的交通工具),标准通常具有更

---

① 在这一情境中的Ⅰ类错误和Ⅱ类错误意味着一个规则被适用于其本不应该被适用的案件之中,或者该规则未被适用于其本应该被适用的情形中。从规范的角度而言,这一平衡应当从事前的角度进行,但是事后偏见使得法院很难不被下的事实所影响——在法庭上,风险已经实际发生并导致了规则的过度包容性(over-inclusiveness)(拉林斯基 2000)。

为宽泛的适用范围(一条安全速度标准适用于所有的交通方式)。规则在可预测性方面的优势可能会由于规则边界的不确定性(骑马应当被限速规则所涵盖吗?),或者人们并不清楚何种规则是可适用的(电动自行车应当适用自行车的限速规定,还是可以投机取巧地适用针对摩托车的更高限速?)而快速消失。

具体性和裁判成本之间的假定关系(相对于笼统的标准而言,具体的规则更容易得到裁判,其成本也更低)忽视了另外一个相关的社会成本:法律主体所面对的信息成本。与法院和专业的律师不同,作为法律主体的大众可能会发现,比起在一个由详尽的规则所织就的复杂网络中艰难前行,他们更容易感知到一项法律标准对他们的行为提出了什么要求。此外,作为一个典型化事实,标准和规则的起草模式是大为不同的。标准通常以一种能够为外行人所理解的平白语言所制订,而规则经常使用需要教义性解释技巧的法定术语。

(二) 超越仁慈的立法者

我们有关法律干预的典型化模型假定立法者会仁慈地行动,而没有考虑政治失败的影响以及立法者、法院和法律主体的自私行为。从公共选择或社会选择的视角来看,当代理问题被加以考虑之时,法律具体性可能有优势,也可能有劣势。例如,马赫尼(Mahoney)和桑奇里科(Sanchirico)(2005)认为,标准可以成为一项工具,立法者能够借之使得游说的效率更低。但是这产生了一个前后矛盾的问题,因为游说能够为立法者带来政治收益。因此,作为一种使立法者从游说中所获的租金(rent)最大化的方式,预先承诺制定规则而非标准,可能更为符合立法者的利益。因而,只有类似于宪法或者其他制度性约束的高位阶规则,才有可能适应于产生能够降低具体利益游说之风险的有效长期约束。

当法律干预被用于随着时间的推移提供选择性的收益之时,规则尤其是被包含在法典内的规则,可能会成为立法者的一个更为有效的工具,帮助他们在面对政治交替和不稳定的多数联盟之时提高政治决策的持久性[马洪(Majone) 2001]。立法中的具体性由此提高了立法租金(legislative rent)的现有价值。在面对法律主体的策略性行动之时,对于立法具体性程度的选择也是紧密相关的。个人和商业机构都会花费精力去寻找围绕着具体法律命令的出路,对于法律主体试图避开法律约束的各类尝试而言,标准是一个更为稳固的存在[温格纳(Wegner) 1997]。因此,在面对法律主体的此类"有害的"创造力之时,立法者可能会选择(制定)标准(而非规则),以保护其法律制定的有效性。立法者必须来衡量具体性的成本和收益,因为更高的具体性程度虽然能够在面对事后的政治变化之时确保立法的持久性,但也会使其在面对个人和商业机构采取避开法律规定的有效性的策略性行动之时,变得更为脆弱。

法律的具体性对于政府不同分支所存在的目标错位而言,也是紧密相关的。标准将立法权威传递给法院。当法院和立法者有不同的政治结构之时,法律具体性可能成为一个紧密相关的政治工具。一般化的标准允许法院去抵抗立法,而具体化的规则却有可能降低法院"腐蚀"立法的能力。

在立法性渊源(legislative sources)和法官法渊源(judge-made sources)相互竞争,形成一种法律秩序的混合型管辖范围中,法律具体性的效果应当结合策略性的司法干预加以考虑。对一项新近制定的标准的解释和未来应用,会受到首起适用案例的很大影响,这为策略性的裁决创造了一个机会——奉行干预主义的法院会竞争着适用新标准去做出裁决,以便影响未来类似案件中对该标准的解释。另一方面,规则在面对策略性的裁决之时,通常并不那么脆弱。

最后,立法者经常在具有强制力的法律和制度性约束之下采取行动。立法和规章可能要受制于更高位阶的规则(例如,宪法性规则、总统否决权和国际法)。由于强制性约束的存在,立法者可能会使用模糊的标准来避免与更高法律渊源之间的公开冲突——这种冲突可能会使得他们的立法努力归于无效。① 类似地,当立法者为不同选区相互冲突的需求服务之时,对于标准的使用也有可能被政治上的权宜之计所驱使。②

(三) 社会性时间偏好与政治性时间偏好

立法会在当下产生立法成本,随着时间的推移则会在产生收益的同时带来额外的成本。在计算替代性立法干预的净现值之时,贴现率成为一个关键性的因素。我们的模型假定,存在这样一位仁慈的立法者:他将当下的立法成本与未来的立法收益进行衡量,并且使用了适当的社会贴现率。立法的贴现值为我们的收益变量所隐性捕获和估算。尽管这一分析对于理解那些影响了法律最优具体性的因素来说是适当的,但考虑到立法者是一群投资期(time horizon)有限的政治活动者(political actors),一个更为现实的扩展应当允许政治贴现率与社会贴现率之间存在较大的差别。这可能会以很多方式影响成本-收益的计算。有趣的是,针对政治性时间偏好(political time-preference)对立法具体性的影响,我们的分析得出了不确定的结果。

立法者有限的投资期是否会导向对于标准而非规则的更多使用,

---

① 参见例如伊莫古特(Immergut)(1992)和策伯利斯(Tsebelis)(2002)在否决点的情境中有关标准使用的观点。
② 例如,模糊标准可能是一个用来满足相互矛盾的政治需求的方式[布鲁松(Brunsson) 1989],或是一种利用狭窄的政治机会之窗的方式[埃里蒂埃(Héritier) 1999]。

在很大程度上取决于情境。当立法者使用法律干预去提供那些取决于法律具体性程度的未来收益之时，一个更高的政治性时间偏好将会低效地导向低具体性程度。尽管立法的收益和裁决的成本都发生在未来，政治性贴现因素对于收益所产生的影响要高于对成本的影响。这是因为，假设法律干预是成本合理化的（cost-justified），预期的收益将会大于成本。因此，更高的政治性贴现率将会导向更低的具体性程度，以及对于标准的使用增加。换言之，如果法律干预的收益仅仅会随着时间的演进而被获取，一个短视的立法者可能会赋予立法的即时成本以较高的比重，从而倾向于使用一般化的标准。从一个制度性的视角来看，立法者的短视行为有可能会被诸如任期限制、较短的立法时期以及不稳定的多数联盟等制度性因素所加剧。

政治性贴现率也会影响法律变化的速率和法律规则的具体性程度。当一部新法制定之后，对于法院和法律主体来说，学习阶段会产生成本。一旦这一阶段结束，这些成本将会消退，而法律创新的净收益将会开始出现。视与立法者的投资期相关的学习阶段长度而定，法律创新有可能不被鼓励，而为了降低短期成本，相对于规则来说，标准可能成为首选。基于我们的分析的扩展研究可以根据可替代的社会性与规范性贴现率来考虑最优立法模式。

四、法典的演化结构

这一分析的结果可能会揭示具体私法领域立法中的历史性趋势，聚焦于欧洲的法典化所使用的细节程度。在将不同领域的法律编纂成法典的过程中，欧洲现代法典化的独特结构在其所使用的细节程度方面呈现出异质性，这一差异可以通过在我们的分析中得到确认的制度性和环境性变量加以解释。我们也可以进行一项类似的有关欧洲近期法典起草的分析,它同样能够揭示不同法律领域中法典编纂模式的变化。

欧洲国家所编纂的法典在几个世纪的过程中表现出相当大的弹性。1804年由法国皇帝拿破仑·波拿巴所制定的《法国民法典》(Code Civil)至今仍然屹立在法国私法的中心。其他许多国家在19世纪和20世纪初期制定的法典同样也是如此,例如《意大利民法典》(Codice Civile)和《德国民法典》(Bürgerliches Gesetzbuch)。《意大利民法典》于1865年生效,并且其效力一直维持到1942年。《德国民法典》于1900年生效,并且将许多结构和内容维持至今。

法律规则最优具体性程度的模型在一定程度上揭示了这些法典的结构以及不同的细节程度,它们被用于规制不同的法律领域。表2.1通过三部具有代表性的欧洲现代法典——它们都对随后世界各地的法典有着重大影响,以及两部法典草案——《欧洲民法典》和《以色列民法典》,说明了这一点。表2.1列举了不同的法典用以规制不同法律领域的条文的数量。规制同一法律领域的条文数量越多,也就意味着其具体性程度越高。

表2.1 民法典的演化结构

	财产	合同与买卖	侵权	代理	赠与与继承
《法国民法典》(1804)	194①	387②	5③	26④	389⑤

① 1804年《法国民法典》第516—710条。
② 1804年《法国民法典》第1101—1369及第1582—1701条。
③ 1804年《法国民法典》第1382—1386条。
④ 1804年《法国民法典》第1984—2010条。
⑤ 1804年《法国民法典》第711—1100条。

(续表)

	财产	合同与买卖	侵权	代理	赠与与继承
《意大利民法典》(1865)	278①	275②	5③	26④	376⑤
《德国民法典》(1900)	442⑥	273⑦	30⑧	17⑨	481⑩
《荷兰民法典》(1990)	335⑪	277⑫	21⑬	37⑭	247⑮
《以色列民法典》(2004年草案)	232⑯	385⑰	54⑱	14⑲	无信息可提供⑳

① 1865年《意大利民法典》第406—684条。
② 1865年《意大利民法典》第1097—1139、第1157—1377及第1447—1548条。
③ 1865年《意大利民法典》第1151—1156条。
④ 1865年《意大利民法典》第1737—1763条。
⑤ 1865年《意大利民法典》第720—1096条。
⑥ 1900年《德国民法典》第854—1296条。
⑦ 1900年《德国民法典》第241—514条。
⑧ 1900年《德国民法典》第823—853条。
⑨ 1900年《德国民法典》第164—181条。
⑩ 1900年《德国民法典》第516—534及第1922—2385条。
⑪ 1990年《荷兰民法典》第3:107—295及第5:1—147条。参见P.P.C.哈纳皮尔(P. P. C. Haanappel)和E.马凯(E. Mackaay)对法典的三语翻译(英语、法语及荷兰语)(Kluwer, Deventer, Pays-Bas et Boston, MA, 1990)。
⑫ 1900年《荷兰民法典》第6:1—161、6:213—279及7:1—50条。
⑬ 1900年《荷兰民法典》第6:161—183条(有些条文在一开始被留空了)。
⑭ 1900年《荷兰民法典》第3:60—79及7:400—418条。
⑮ 1900年《荷兰民法典》第4:1—233及7.3.1—7.3.12c条(有些规定自2003年1月1日起生效)。
⑯ 2004年《以色列民法典草案》第576—806及840—841条。
⑰ 2004年《以色列民法典草案》第114—228、241—435、498—520及520—575条。
⑱ 2004年《以色列民法典草案》第4、436—486及843条。
⑲ 2004年《以色列民法典草案》第99—113条。
⑳ 2004年《以色列民法典草案》中有11个条文(第229—240条)涉及赠与。《以色列民法典草案》并没有涵盖与继承法相关的问题,因为在这一问题上存在着相互冲突的宗教习惯和规则,因此很难找到一个在政治上可被接受的解决方案。以色列首席大法官巴拉克(Barak)——同时也是法典委员会的主席——明确地指出了这一点。参见拉贝洛主编:《纪念〈拿破仑民法典〉200周年会议论文集》,以色列海法大学,2004年5月20日—6月1日[Proceedings of the Conference for the 200th Anniversary of the CodeNapoleon, University of Haifa (Israel), May 30-June 1, 2004 (M. Rabello, ed.)]。

（续表）

	财产	合同与买卖	侵权	代理	赠与与继承
《欧洲民法典》（2004年草案）	无信息可提供①	267②	62③	48④	无信息可提供⑤

法国的法典是在封建时代结束之后制定的。封建主义的结束给财产结构带来了许多变化，从而产生了在财产法中进行创新的需求。这是一个回应财产权碎片化——这在封建时代是相当典型的[伴随着授予封地(infeudation)与次级分封(subinfeudation)的问题]——以及宣告绝对财产权概念的时期。财产法的基本原则正处于重新思考之中，财产法本身也处于变动过程之中。伴随着封建时代的结束，经济和制度方面发生急剧变化，过于详尽的财产规则将会面临过时的风险。这解释了与先前(以及随后)的政权相比，法国的财产权相对来说比较简单。在随后的《意大利民法典》和《德国民法典》中，财产法逐渐稳定下来，并且被更为详尽地规制。这经由如下的事实得到了展示：从1804年的《法国民法典》到1865年的《意大利民法典》，涉及财产法的条文数量有了大幅的增加，而到了1900年的《德国民法典》，条文数量增加了一倍多。考虑到财产法原则的发展演变以及尚未得到解决的历史诉求，《以色列民法典》中对于财产的规制可能也是同样的情况。

---

① 《欧洲民法典草案》并未涵盖与财产法相关的问题，相应的内容仍然由成员国的国内法加以规制。
② 这一数据统计自2004年6月的《欧洲民法典草案》，该草案可于http://www.sgecc.net获取(最后访问时间：2004年6月20日)。这些条文分布在《欧洲民法典》第2卷第2—8章、第3卷的第1—2章及第4—7章，以及第4卷的第1—2章。另外的46个仍有待委员会考虑的条文并未被包含在对2004年6月《欧洲民法典草案》的统计中。
③ 这些条文分布在《欧洲民法典草案》第5卷的第1—7章。
④ 这些条文分布在《欧洲民法典草案》的第3卷第3章，以及第4卷C的第1—2章。
⑤ 《欧洲民法典草案》并未涵盖与遗嘱和财产相关的问题，相应的内容仍然由成员国的国内法加以规制。

在合同与买卖法中则可以观察到一个相反的趋势。与意大利、德国以及欧洲其他国家的民法典相比,法国和以色列的民法典条文数量更多。考虑到法国和以色列各自在编纂民法典之时已经有了统一和稳定的商业传统,这一点是可以解释的。另一方面,19世纪的德国和意大利以及21世纪的欧洲将法典用作一种实现统一的工具——如若不然,相关的政权可能会分裂。在欧洲的语境下,较低的具体性程度还可以归因于语言和法律多样性的提升,以及简化合同与买卖法的需求。

从表2.1合同法与侵权法具体性程度的对比中可以观察到一个有趣的差异。在《法国民法典》中,合同法的条文数量是侵权法的77倍,整个侵权法的领域仅仅由5条简单的原则所支配,而且它们的具体性程度也相当低。到了《德国民法典》的时代,虽然侵权法的条文数量有所增加,但是其与合同法条文数量之间的差异仍然非常显著。当我们将其与更早的规制侵权责任的体系中所使用的高度细节[例如于公元533年制定的查士丁尼皇帝的《国法大全》(Corpus Juris Civilis)]相比,在(现代)起草侵权归责中所使用的极端简化主义就显得更令人震惊了。在以前的法律体系中,具体的诉因会被创设,以便对具体的侵权情形进行救济,在每一个单独的情形中都会有大量的详尽规则来规制责任。19世纪和20世纪初期法典的这一独有特征可以经由如下的事实得到解释:由工业革命所带来的冲击使得此前的事实具体化的侵权规则变得过时了。在这样一种动态的经济现实之中,侵权行为描述中的具体事实模式将会为反复不断的过时提供条件。尽管在此刻的现实之中,一些波动性(volatility)继续对事故世界进行描述,但是事故环境中的变化率(以及由此所导致的侵权法过时率)与工业革命时期相比可能要低很多。这也解释了为什么欧洲和以色列的民法典草案在侵权法领域展示了更高的细节化程度。

代理法的情况也是一样的。在 20 世纪早期,在一个从本土的农村经济向更为复杂的工业关系快速转变的世界中,代理法一方面变得高度相关,与此同时也处于一种极度不稳定的状态。任何对于此种动态现实的细节化规制都会面临快速过时的风险。这解释了 19 世纪和 20 世纪早期的立法者在规制这一法律领域时所使用的简约方式。随着这一现实情况在更为晚近的时候接近稳定,规则逐渐在数量上有所增长,并且在制定方式上也更为细致。

这些发现意味着立法者意识到,法律过时的机会增加,使得标准相对于具体的规则而言成为首选,避免给立法机关带来为了使现有规则适应外部环境中的新变化而进行立法修正的成本。因此欧洲的民法典在不同的法律领域被形塑成不同的具体性程度——在稳定性较强的领域,具体性程度较高,而在变化较快的领域,具体性程度较低。

表 2.1 中的数据还进一步支持了如下结论:法律的具体性程度还受到有可能在相关法律领域得到裁决的案件数量的影响。更为频繁地运用规则,使得规则起草过程中更高的固定支出变得合理,因为这些支出能够有助于降低平均的裁决成本。在 19 世纪法典的历史情境中,这一点可以通过如下事实被观察到:更高的具体性程度被赋予继承法,尽管这一法律的范围相当狭窄。事实上,相对于法典中的其他领域——例如准合同法或隐私法——而言,继承法被赋予了一个相当突出的地位。

针对我们立法问题的解决方案,产生了若干有关在不同的法律、社会和经济条件下的立法模式的意义。这些意义对于实证和规范分析而言都是紧密相关的。从一个实证的视角来看,这些结论可以被用来提出一个可检验的假设:法律体系通过采取多样化的立法模式来回应外部环境中的外源性变化,从而最大化法律干预的价值。本章中所讨论的传闻与历史证据和这一假设是一致的。现代法典提供了有用的比较点,因为它们是在一个统一的环境之下被起草和制定的。欧洲国家的立法者可能意识到了外部环境中的波动性增加了法律过时的机会,这使得他们相对于规则而言更偏好标准,避免在外部环境中的发展变化使得先前制定的法律过时之后进行成本不菲的立法修正的需求。前文所展示的历史与比较图景应当通过进一步的经验分析加以确证,以便在经济模型的预测之下评估法典的这些演化模式的一致性。

  在规范的情境之下,对于我们结论的使用应当高度留意。模型必然会在假设的过程中排除很多制度性因素,而这些因素往往是现实的一个重要组成部分。对于确保不同的影响之间互不干涉并且以可预测或可解释的力量形成结果来说,这是必要的。在现实生活中,考虑到当下的环境,法典化的最优模式的选定应当建立在一个更为丰富的情境分析基础之上。尽管如此,我们仍可以在我们的典型化分析的基础之上为立法者提供一些一般化的标准,使其在选定最优的法律干预之时能够更多地关注环境中的变化。

第三章　法律干预的最优时机：
不确定性下的立法*

立法者在考虑制定新法之时需要着重关注的第二个问题与法律干预的时机有关。法律干预的时机选择与第二章——涉及法律的最优具体性程度——中所讨论的问题具有内在关联。尽管它们与政策目的之间具有基础性的关联,但是指引法律干预最优时机的经济原则仍较少被理解。现代投资理论为这一法律时机问题提供了富有价值的见解,这建立在通过一部法律与投资生产性资产这两件事具有相似性的基础之上。立法活动与实物资产中的投资活动分享了三个特征:(1)投资的不可逆性(沉没成本);(2)未来回报的不确定性;(3)投资时机中的自由裁量。立法的投资成本很大程度上都会沉没并且难以复原,如果一部新制定的法律在事后被证明是无效或不可欲的。大多数的立法决策通常都是在新法的未来收益尚不确定的情况之下做出的。被选定的法律可能被证明是无效的,或者在社会或经济环境中发生变化,这可能使得它们随着时间的演进而过时。在许多情形中,立法者对于立法干预的时机都有自由裁量的空间,决定在今天就进行投资意味着放弃了运用相同的资源在明天进行投资的选项。

净现值理论的传统应用忽视了推迟投资的选项,进而没能准确评

---

* 本章基于一篇先前已经发表的论文:弗朗西斯科·帕雷西、文希·冯、妮塔·盖伊:《立法中等待的价值》,《欧洲法经济学杂志》第18卷,2004年,第131—148页。

估即时投资的真实机会成本以及等待的潜在收益。每当投资不可逆转且又可推迟的时候,一个理性的投资者应当认真考虑从等待中获取的收益。类似地,在立法的语境中,将等待的价值纳入考虑,改变了有关立法最优时机的传统经验法则——依据这一法则,一位理性的立法者应当在法律创新的预期现值等于或多于其投资成本之时制定一个新规则。当法律干预的成本是不可逆的,且创新可被推迟之时,正确地评估等待的价值就是相当重要的。在本章中,我们将以这一前提为基础,研究在不确定性之下决定法律干预最优时机的因素。

第一节将立法问题表达为一个投资问题。我们将细致地考虑一位仁慈的计划者(a benevolent planner)的选择,他的偏好和激励与社会高度一致。在给定了等待至稍晚时候再制定法律的可能性之后,我们对影响立法最优时机的重要因素进行了讨论。第二节呈现了一个基础的模型,以展示立法中等待的价值。不确定性之下的一个简单的动态立法问题被用来描述最优时机问题的特征。这一模型也在监管环境的不同参数之下考虑了由一位仁慈的计划者所进行的立法,以展示在立法最优时机的问题上推迟法律干预这一选项的影响。我们探索了这些结果对于立法和司法政策的影响。在第三节里,我们考虑了这一基础模型的两个延伸。在第一个延伸中,我们允许从新法的即时实施中获取一些学习与信息收益。在第二个延伸中,我们通过允许监管者的主观贴现率与社会贴现率产生不同来介绍一个政治代理问题。随后,我们建议了一些未来可以进一步研究的区域。

尽管我们的模型是在缺失时间约束与代理问题的情况下细致地考虑由一位仁慈的立法者所做出的立法干预,但是它仍然提供了一个富有价值的基准,借此可以来衡量真实生活中立法者的行为。当推迟干预的选项存在之时,可能会有重要的例外情况。例如,在法官法的例子中,法院并没有推迟做出决定的特权,即便其对于是否要推翻一个先例享有完整的控制权。无论何时面对一个新的法律问题,法院都负有当庭(in the case at bar)做出一个决定的义务。这限缩了它们在创设一个新的先例的时机上的选择自由。

尽管有这样的一些制度性或策略性约束,在绝大多数情形下,法律干预中的推迟还是具有相当大的可行性的。但是,正如公共选择理论告诉我们的那样,存在着一些策略性和政治性的因素影响了法律干预的时机。例如,在某些情形中,一些策略性的考虑可能会导致对于一个立法联盟来说,及时做出行动很重要,这是为了在其他联盟可能做出干预之前抢占先机。类似地,在具体的制度性设定之下,最优的等待可能会违背时间一致性(time-consistency)。当立法机关被给定一笔具有约束力的预算之时,采用一项新规则将会产生机会成本,机会成本由在随后的时间段制定一项新规则的放弃可能性(forgone possibility)所代表。但是,如果随后的法律变化的成本由另外一个立法机关来承担,即刻进行立法的决定将会产生无法为当下的决策者所获取的外部性。这一问题已经在近年来的文献中被认识到[帕雷西和盖伊2005;格森(Gersen)和波斯纳2007]。文献表明,这可能会产生法律变化率,法律变化率会超过或者偏离社会最优速率(socially optimal rate)。① 由宪法所规定的、旨在迫使立法者将未来修正法律的成本内部化的新法和预算规则制定的等待期间,可以在政治不稳定的情况之下促进法律变化的最优速率。更为一般化地,我们的结果从一个宪法政治经济学的视角出发,提供了在宪法性与制度性约束的架构之下的一把相关钥匙(relevant key)。

---

① 格森和波斯纳(2007)认为,那些约束法律干预时机的规则(他们称之为"干预规则")应当被制定成能够减少代理问题并且降低审议病态的风险。

一、作为投资的立法：方法论前提

我们从把最优立法的法律问题类比为一个投资问题开始。对于这一问题的法学和经济学分析，可以从现代投资理论的方法论前提和实质性发现中受益良多。投资是由一个经济主体做出的选择，其基于对未来收益的预期而带来一个当下的成本［迪克西特（Dixit）和平迪克（Pindyck）1994］。一个法律体系可以被视为在当下的立法成本能够随着时间发展而产生收益之时做出投资决定。

传统上，投资理论建议，当一个投资能产生正收益净现值，亦即收益的现值超过了成本的现值之时，这个投资就应当进行。但是当投资是不可逆转的时，这一规则并没有生成最优的结果（迪克西特和平迪克1994）。正如新兴的投资文献所展示的，一位投资者推迟一项不可逆转的投资的能力可能会影响是否以及何时进行投资的决定。麦克唐纳德（McDonald）和西格尔（Siegel）(1986)、平迪克(1991)，以及其他学者都格外强调了推迟投资这一选项的价值。这暗示着"每当净现值是正的时候就进行投资"的规则应当加以修正，加入等待选项的价值。

这些投资文献所得出的结论对于立法中最优时机的选择而言具有重要的影响。通过对这些文献的借鉴，我们认为等待的价值应当被视作一项即时立法投资的成本的一部分。[①] 尽管投资决定中的迟延（delay）表现为成本，但是在给定了在不远的将来该投资失去的利益之后，立法者们可以控制法律干预的时机，以便从等待中发掘出收益。

正如前文所提及的，立法投资与其他投资决定在不同程度上具有

---

① 参见平迪克(1991)，他通过回顾这一领域的文献，强调了投资决定与执行期权决定之间的平衡。作为这些推进的一个结果，当下的投资文献通常将投资决定视为一个期权定价的问题。

三个重要的共同特征。第一,初始的立法成本基本上是沉没的,相应地,投资也是不可逆转的。这也就意味着,如果已制定的规则在事后被证明是无效或者不可欲的,那么立法的成本是不可能完全收回的。① 在这一意义上,立法投资是部分或者完全不可逆的。第二,立法的未来收益经常会存在不确定性。选定的规则在达成所期望的目标方面可能被证明是无效的,社会或者经济环境中的变化也可能降低法律干预的价值,即便是在非常短的时间内。第三,在许多投资决定里,都会有投资时机的选择,立法创新或者对现有规则的修正可以被推迟。

我们认为,这三个特征对于法律计划者做出最优的决定而言是至关重要的。以不确定性下的投资理论为基础,本章集中关注法律干预的最优时机问题,展示了上述这些因素在确定立法最优模式过程中的互动。

(一) 法律的价值与法律干预的收益

与生产性资产中的投资很相似,一部新法的采用要求有一个直接的投资成本(I)。与其他投资一样,法律的价值(V)是由该法未来收益的当前贴现率所给定的。在这一情景中,我们对法律的长期收益和短期收益进行了区分。

1. 长期收益

我们假定法律(资产)的价值会变化,并且总体上来说是随着时间增加的,尽管会存在一些不确定性。这一假设的依据在于如下事实:法律的价值是法律应用范围的一个函数,而后者本身总体上来说是与经济或社会的增长相关联的。我们将法律价值 V 的增长率和方差参数分别标记为 α 和 σ。我们可能会将 α 设想为长期增长率,而将 σ 设想为

---

① 事实上,撤销一项糟糕的立法会是一个成本高昂的过程,不管它表现为废除一部制定法还是在普通法中推翻一项先例。在每一种情形中,学习新规则(即便它意味着回到一项旧规则)以及相应地调整预期的成本都是可观的。

法律价值的波动性指标。在我们的模型中,我们假定法律的价值将会是一个遵循布朗运动(Brownian motion)的随机过程。因此,即便信息会随着时间的演进而不断到来,未来永远是不确定的。

2. 短期收益

就像真实的资产一样,一部法律会在当前阶段有一个回报,我们将其标记为 δ。这一短期收益源自在当下的时间段里采用一项法律规则。法律规则的采用有可能通过两种不同的方式产生短期收益。第一,在某一个先前没有被规制过的法律领域中,新的规则为先前未被规制的人类行为提供了一项确定的法律标准,因而产生了即刻的优势。第二,如果新的立法落入一个已经被规制的法律领域之中,新法可能为立法者提供了一个改善现有规则的机会,后者可能随着环境的变化而变得更低。当法律干预被推迟之时,这些短期收益就被放弃了。因此,将这一短期回报率设想为即时法律干预的收益(即立法中的一个等待成本)是合适的。①

总结来说,采用一部新法会有一个短期收益 δ,它是一个即时支付率。这与投资问题中所获得的股息率(dividend rate)具有可比性。类似地,采用一部新法会有一个长期收益 α,这是法律价值的预期增长率,非常类似于传统投资问题中投资的预期升值率。

(二) 立法中的沉没成本

在立法的语境中,如果已制定的规则随着时间被证明是不可欲的,

---

① 当立法旨在阻止不可逆转的损失时,短期收益可能会是显著的,因为可能存在着若干不可逆转的收益,这些收益在某种程度上抵消了法律干预的沉没成本。例如,设想一下有关濒危物种保护或者臭氧层保护的法律干预的情形,在这些情形中,及时的干预可能会产生在事后无法获得的收益。类似地,解决一个具体的时机问题的量化困难可能会随着社会对于法律、道德或者伦理原则的估值变化以及法律干预之于个体偏好和价值的演化的动态效应而被加剧。

那么法律创新的实施所需要的大量立法(或者司法)成本将会沉没并且难以收回。① 第一,存在着明显的法律干预成本,其中包括了直接的立法和政治成本、发布和告知成本。第二,存在着法院、执法机构、律师以及普通公众等主体的学习成本。② 与制定一部新法相关的成本的确包括了传播信息(卡普洛 1992)与获取有关新法的信息(埃利希和波斯纳 1974)的成本。除此之外,由施瓦茨和斯科特(1995)所发现的经由私人立法机关的立法过程也应当被纳入考虑范围。如果一部法律被废除的话,在给定学习过该法的有限价值之后,这些成本会相当高,并且其中的绝大部分成本都是不可逆转的。第三,每当法律创新导致法律权利的现有设置发生变化之时,其中都会产生裁决成本。第四,在法律的变化中,可能会存在制度性成本。例如,在给定律师和其他代理人的专业化中的损失价值(lost value)以及执法机构的其他沉没投资之后,可能会存在着与现有规则的停止运作相关的沉没成本。

正如我们将在第二节中所展示的那样,立法成本的不可逆性对于我们理解最优的立法行为而言有着重要的影响。这要求立法者对于源自新法的实施与监管环境中的变化——这有可能导致法律过时——的未来成本和收益上的不确定性保持敏感。任何有关最优立法的模型,如果没有考虑推迟创新的期权价值的话,它必然显性或隐性地假定了

---

① 在通常的产业组织学文献中,只要资本在公司或者产业意义上是具体的,并且当其被运用到一个不同的公司或者产业之中会产生一个显著较低的价值,那么这项投资就会被视为是不可逆转的。在法经济学的文献中——也可参见贝尔德(Baird)和莫里森(Morrison)(2001),则考虑了破产决定的不可逆转性和清算的最优时机。

② 这些原则适用于更广范围的问题,这些问题包含了在不确定性和沉没成本等情形中的法律干预。类似的问题也有可能出现在如下的情形中:个体、公司或者机构在受制于法律变革时面临短期的组织性成本。这些成本的绝大部分都会沉没,因为如果法律规则恢复到先前的形式,这些成本是无法复原的。在评估法律规则变化的最优时机和频率之时,立法者应当考虑到这些私人的调整成本,并且应当衡量在此刻进行投资而非推迟法律干预的机会成本。

法律体系可以避免前述的所有沉没成本,并且可以在没有沉没支出的情况下废除或制定法律。但是,在绝大多数的现实生活应用中,在监管或法律创新之中的大量沉没成本必然要求对立法语境中过于简单的净现值规则进行修正。

（三）立法中的等待成本

在直接投资成本 I 之外,还有一个采用新法的隐性成本,其源自放弃推迟干预的机会。如果法律没有在当下通过,就会有一个选项是在未来通过它。当存在沉没的投资成本之时,在未来进行投资的选项(给定了使用相同的投资在随后的时间段通过法律的放弃机会)就产生了一个机会成本。应当指出的是,这一额外的元素使得这一模型更为接近现实生活中的政治,在现实中,对于同一规则的频繁修正要么是不可行的,要么会产生严重的声誉成本——考虑到不稳定的立法不可避免地会导致公众的厌恶。[①] 因此在直接投资成本 I 之外,还应当考虑这一机会成本。在本章中,我们将这一机会成本称为"等待价值",并且会就该成本如何影响法律干预的最优时机展开讨论。

（四）社会贴现率

第二节中呈现的模型以一位仁慈的、风险中性的(risk-neutral)立法者为原型,考虑了立法最优时机的问题。这样的一位立法者面对着一个与无风险的市场贴现率相同的贴现率。立法中最优的政府投资分配要求 $\alpha + \delta$ 至少等同于这样的市场回报。直觉告诉我们,一位仁慈的法律计划者应当将立法投资限制在这些投资的回报率,即 $\alpha + \delta$ 与市场回

[①] 考虑到部分立法者身上的约束性预算、时间或者政治限制,采用一项新规则是有机会成本的,该成本由事后制定一项新规则的放弃可能性所代表。立法者在他们的活动中面临着这样的约束,这使得不受约束的最优情况的理想模型难以描述真实生活中的立法问题。

报率相等的那个点上。任何立法投资,如果其产出少于这一回报率的话,考虑到能够获得更多回报的市场投资的机会成本,事实上就会造成有价值的政府资源配置不当。① 我们假定,由一位仁慈的计划者进行的政府资源和立法投资的最优配置取决于决定了市场中其他投资决策的相同的利润最大化实践(profit maximization exercise)。换句话说,有限的立法资源会被用于最佳的立法计划,这非常类似于一个传统投资问题中的情境。在第三节中,我们将会放松这一假设的限制,引入另外一个变量来反映政治代理问题以及由此而生的政治时间偏好中的差异。政治代理问题的引入暗示着立法者的"政治"贴现率可能会与社会贴现率有所不同。

二、立法中的最优时机

在本节中,我们提出一个基础的立法模型,该模型使用不可逆性的特征以及等待的相关价值,来检验在一个不确定的世界中采用一项法律规则的选择时机。② 我们设想了一个只有单一的最高裁决者和唯一的立法权威的世界。外部环境的变化速率是随机的。立法者可以选择最优的立法工具并且控制法律干预的时机。③ 立法者拥有随时改变法律的选择权。对于新的环境来说新法永远是更为适宜的,并且因此是更为有效的。立法者也总是拥有等待至另一个时间段改变法律的选择

---

① 类似地,任何超过了市场回报的回报率 $\alpha+\delta$ 都有可能反过来表明在立法中的投资过少。

② 本节的分析延续了迪克西特和平迪克(1994)、迪克西特(1992)的研究,以及对在不确定性之下的投资工作的研究。

③ 就立法者而言,他们在规则的具体性程度方面没有自由裁量空间。在后续的扩展中,规则和标准之间的区别应当被重新引入,以便研究最优时机和法律规则的具体性之间的权衡。

权。法律计划者的问题是如何决定法律干预的最优时机。

(一) 一个基础模型

为了使分析易于处理,我们假定法律的价值 V 是一个遵循几何布朗运动的随机过程:

$$dV = \alpha V dt + \sigma V dz \qquad 3.1$$

其中 dz 是一个平均值为零、方差为 dt 的标准维纳过程(Wiener process)的增量。在每一个期间,V 会以固定的百分比增加或减少。① 变化的步骤是等比例的。当每一步的时间段都非常短之时,未来(以 t 代表)的价值 V_t 的对数分布大致是正常的。因此现有的价值 V 是已知的,但是未来的价值会随着方差 σ^2——它会随着投资期的推移而线性增长——而永远维持不确定的状态。

我们将这一问题转化成一个二进制的动态变化问题。在每一个时间 t 上,使 $P_t(V_t)$ 成为法律采用机会的最优收益(optimal payoff)的净现值。立法者可以决定采用新的法律,终止等待;或者选择推迟法律干预,维持现状。如果立法机关选择终止等待,采用新的法律,终止的收益将会是 $V_t - I$。另一方面,如果立法机关选择等待,则当前阶段不会有即时的收益流。但是其中会有一个等待的价值,这是由下一个阶段的预期未来(最优)采用收益——贴现至当下的期间——所给定的:$\frac{1}{1+\alpha+\delta}E[P_{t+1}(V_{t+1})]$。考虑到反复出现的在即时法律干预与等待至任一时间点之间的选择,这一阶段的最优收益价值 $P_t(V_t)$ 将会始终等于两个选择中较高的那一个价值。由此,最优停止问题由贝尔曼方程(Bellman equation)所给定:

---

① 这些步骤构成了一个几何系列。因此这被称为是一个几何的或者成比例的布朗运动。

第一部分 通过法律制定的立法:成文法

$$P_t(V_t) = \max\{V_t - I, \frac{1}{1+\alpha+\delta}E[P_{t+1}(V_{t+1})]\} \qquad 3.2$$

由于这一问题的随机本质,精确的采用时机无法被发现。但是我们可以将这一问题转化成寻找价值 V 的一个阈值——我们可以将其称为 V^*,这样只要 $V \geqslant V^*$,采用法律就是最优的。当价值跌至这一临界水平之下时,一位谋求最优的立法者就应当维持现状,也就是推迟法律创新。为了帮助理解这一问题,我们将原始的贝尔曼方程投射成一个离散模式。但是我们仍然以连续的模式在推进解决这一问题。尤其是在进行等待是最优选择的连续区域中,法律采用问题的最优收益,即方程(3.2)等号的左边,应当与预期的未来收益,即方程(3.2)右边等号的第二项相等。这就是:

$$(\alpha + \delta)Pdt = E(dP) \qquad 3.3$$

请注意这里的最优收益价值,当它与连续区域内的价值相等时,所代表的是等待以采用新法的机会成本。应用伊藤引理(Ito's lemma)以扩展 dP,并且回想 V 遵循几何布朗运动,此时我们有了:[①]

[①] 本节中所呈现的模型采用了一个几何布朗运动。在真实世界的应用中,准确的随机过程究竟是什么样的,以及何种函数形式应当被使用,这些问题可能并不会永远是清晰的。例如,在法律干预的某些领域中,固定过程可能被适当地使用,而在其他的非固定过程中则可能会提供一个更好的契合度。选择几何布朗运动,可能对于比方说某些涉及技术创新和新科学发展的情形来说是明智的,而其他的规制环境可能更适宜由其他的随机函数形式所代表。有人可能会提出,例如从长远来看,失业率或者犯罪率可能会遵循一个均值回复(mean-reverting)的过程,其中的均值反映了失业或者犯罪的长期均衡预期值。在这一方面,重要的是牢记迪克西特和平迪克(1994:77—78)针对同时依赖于理论考虑和历史数据来决定——基于任何程度的信心——一个给定的变量是否应当被假定遵循了一个固定或者非固定过程的需求所提出的警告。尽管选择一个具体的随机形式对于生成精确的结果来说是必要的,但对于我们的分析目的来说,随机变量的具体化对于定性结果而言并非关键的。在有关投资的理论文献中,对不同的随机假定之下的多样化结果的一个回复,也可参见平迪克(1991)。

$$E(dP) = \frac{1}{2}\sigma^2 V^2 P''(V)dt + \alpha V P'(V)dt \qquad 3.4$$

将(3.4)代入(3.3)之后,会给出如下的二阶微分方程:

$$\frac{1}{2}\sigma^2 V^2 P''(V) + \alpha V P'(V) - (\alpha + \delta)P(V) = 0 \qquad 3.5$$

在这一微分方程之外,最优价值 P 还必须满足以下的边界条件:

$$P(0) = 0, P(V^*) = V^* - I, P'(V^*) = 1 \qquad 3.6$$

第一个边界条件明确了,由于 $V=0$,采用法律的选项没有价值。第二个边界条件是"价值匹配"(value-matching)条件:在阈值 V^* 之处,通过法律的最优价值是 V^*-I。第三个边界条件则是"平滑粘贴"(smooth-pasting)条件:在阈值 V^* 之处,采用法律的机会成本与即时投资事件中的净收益相遇,这两个函数应当持续且平滑地相遇。

很容易加以验证:当 $\beta>1$ 时,$P(V) = AV^\beta$ 是方程(3.5)的解。① 请注意,$P(V) = AV^\beta$ 是等待的价值(即时法律干预中的机会成本)。并请进一步注意 β 满足如下的方程:

$$\frac{1}{2}\sigma^2 \beta(\beta - 1) + \alpha\beta - (\alpha + \delta) = 0 \qquad 3.7$$

使用方程(3.6)中的"价值匹配"和"平滑粘贴"条件,A 和 β 可以在 $P(V) = AV^\beta$ 的解中被确定。特别是,最优的阈值 V^* 被如下方程所给定:

$$V^* = \frac{\beta}{\beta - 1}I \qquad 3.8$$

---

① 注意,(3.5)的解应当是 $P(V) = A'V^\chi + AV^\beta$,其中 $\chi < 0$ 且 $\beta > 1$。但是,因为如果 V 为零,则等待的机会成本应该为零,我们有了 $A' = 0$。由此,(3.5) 的合适解为 $P(V) = AV^\beta$,其中 $\beta > 1$。将 P,P' 和 P'' 直接代入(3.5),显示 β 必须满足二次方程(3.7)。

在图 3.1 中，曲线 VW 代表 AV^β，即等待的价值。直线 NB 代表 V−I，也就是即时立法中的净收益。

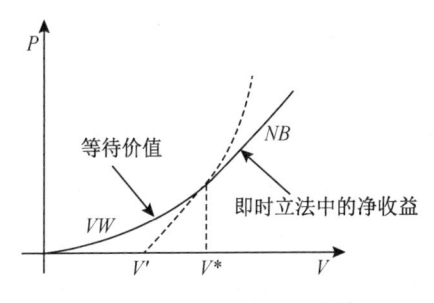

图 3.1　立法中的最优等待

在 V^* 左侧的任意一点上，等待的价值都超过了法律干预的净收益。因此 $P(V)=AV^\beta$，即曲线 VW 的实线部分是相关的，因为推迟干预是更优的选择。在 V^* 之后的所有点上，法律干预的净收益超过了等待的价值，使得即时的法律干预变得可欲。因此 $P(V)=V-I$，或者 NB 的实线部分此刻是相关的，因为法律干预在这一区域变得可欲。①在 V^* 的临界值上，即时法律干预的机会成本与即时投资的成本相等。换言之，这意味着采用这一新法的价值与其全部成本相等，即 $V^*=I+AV^{*\beta}$，其中 $AV^{*\beta}$ 是等待的价值。在这一临界值上，立法者不管是选择此刻就采用一部新法，还是等待在稍晚的时候采用一项更为有效的规则，都不会有什么差别。V^* 点的"平滑粘贴"条件由如下事实所代表：在 V^* 这个点上，平滑曲线(等待曲线的机会成本)与直线(即时立法的净收益)相切。

在这一点上，很容易将最优价值 V^* 与由简单的净现值规则产生的临界价值 V' 进行对比。V' 左边的点相当于负的净现值，因此它意味着

---

① 事实上，曲线 VW 的虚线部分不再能够作为立法中等待价值的有效解释，否则会产生一个悖论式的结果：在没有进行任何法律干预之时，等待永远会比立法更好。

不管是在简单的净现值规则之下,还是在本章中所呈现的与此不同的等待价值规则之下,没有立法是可欲的。V'和V^*之间的点意味着如下的情形:根据传统的简单净现值规则,立法会是可欲的;但是如果法律干预可以被推迟,那么在当下不会要求任何立法。最后,V^*右边的所有点意味着,无论是在传统的简单净现值规则之下,还是在我们的等待价值规则之下,立法都会是可欲的。

(二) 最优等待的决定因素

有四个相关的变量会影响法律干预的最优时机。第一个有关的变量是投资成本不可逆转的程度。从直觉上而言,某个主体会期望等待的价值随着不可逆转的程度而增加。第二个有关的变量是体系中不确定性的程度。不确定性越大,放弃等待这一选项的成本也就越大。第三个有关的变量是随着时间的推移之后法律的价值。法律的这一预期价值越高,等待的价值也就越高。例如,在一个由快速变革的技术所支配的领域——比如互联网领域——中进行立法,就会有较高的等待价值。因为这一领域的重要性与日俱增,而此时所进行的立法可能会给系统留下在将来低效的法律。从另一方面来说,法律干预的短期收益越高,等待的净价值就会越低。因此比方说像环境立法,它有可能带来大量的即时收益,而拖延则有可能产生不可逆转的损失。这会减少等待的价值。因此,法律创新的即时价值越高,就越有可能即时采用新的规则。

模型的比较静态分析证实了上述直觉。简单的比较静态分析表明:①

---

① 回想一下,β由方程(3.7)所定义。将方程(3.7)的左侧定义为Q,则方程(3.7)$Q=0$意味着$\partial Q/\partial \beta \cdot \partial \beta/\partial \sigma + \partial Q/\partial \sigma = 0$。很容易看出$\partial Q/\partial \beta > 0$且$\beta > 1$。从(3.7)中也可知$\partial Q/\partial \sigma > 0$。由此我们可以知道$\partial \beta/\partial \sigma < 0$。从(3.8)中我们看到$\partial V^*/\partial \sigma = \partial V^*/\partial \beta \cdot \partial \beta/\partial \sigma$及$\partial V^*/\partial \beta < 0$。由此,我们可以得出结论$\partial V^*/\partial \sigma > 0$。类似地,可以通过类似的方式发现$\partial V^*/\partial \alpha > 0$和$\partial V^*/\partial \delta > 0$。

第一部分 通过法律制定的立法:成文法

$$\frac{\partial V^*}{\partial I} > 0, \frac{\partial V^*}{\partial \sigma} > 0, \frac{\partial V^*}{\partial \alpha} > 0, \frac{\partial V^*}{\partial \delta} < 0 \qquad 3.9$$

方程(3.9)中的敏感性结果表明,立法中的最优等待会依据立法支出的沉没程度、监管环境中的不确定性程度或者来自法律干预的预期收益的反差,以及法律价值的预期增长率——例如法律随着时间更为重要——而增加。最后(一个有关的变量是),更少的等待是由法律干预的短期收益中的增加所控制的。

(三) 法律干预的时机与期权定价模拟

正如前文所讨论的,立法者所面对的普遍问题是选择正确的时机以转换至新的法律。对于立法者来说,一个极端的可能性是,每当外部环境中发生一次变化,就对法律进行一次修改;另一个极端则是永远也不修改法律。前一个选项意味着每一次转换都要承担沉没成本,这会令人望而却步;后一个选项则会使得原本有效的法律变得过时且低效,因为它们不再能够满足原本被设计去服务的社会需求。在这两个极端之间,应当存在一个可选择的点的区间,其中转换所带来的收益会超过其带来的沉没成本。

这一观点在法律的语境中的重要性取决于如下事实:通过等待,立法者保留了在未来做出更为明智的立法改变的机会,而不是简单地选择在未来完全弃权。① 推迟不可逆转的投资的机会可以被类比为金融看涨期权(financial call option)。② 在我们的立法投资应用中,我们应当

---

① 在实物或者金融投资方面,为这一期权分配一个美元价值会是相对比较容易的。
② 在投资学的文献中,许多研究者,包括平迪克(1988)和迪克西特(1989),都探讨了与金融期权之间的类比。特别是平迪克(1991)观察到一个不可逆转的投资机会就像一个看涨期权,其使得持有人有机会支付履约价,并接受考虑该价格的资产。与沉默投资类似,看涨期权的履约也是不可逆转的。正如平迪克(1991:1111)所指出的:"尽管资产可以被出售给另一个投资者,但是一个人无法恢复期权或者被支付以履行期权的金钱。"

注意到,与绝大多数金融期权不同,立法的机会总是可获取的,因此可以和没有到期日的永久期权(perpetual)相类比。① 如同金融期权一样,只要来自立法投资的未来收益是不确定的,推迟法律干预的机会本质上就是有价值的。②

当一个立法者决定立法之时,他/她行使(或者"杀死")了他/她的立法期权,放弃了等待那些可能影响法律干预的可欲性的新事件和信息的可能性。通过决定做出干预,立法者耗尽了所有的期权价值。因此,法律创新只有在如下情形中才应当被采取:立法的预期价值超过立法的成本,且这个差值与保持立法期权存活的价值相等。面对不确定性的存在,这一结果在相当程度上修正了一个准则,即只要立法的预期收益的现值超过立法的预期成本,就可以继续进行法律创新。事实上,面对沉没成本和不确定性的存在,这样一种对于净现值规则的不完整应用很可能会导致非最优的决定。

因此,忽视了等待原则的价值的立法指引会产生严重的错误。最为重要的是——正如本节中所展示的那样,当立法中包含了更高的沉没投资成本,以及监管环境中存在更多的不确定性,或者法律随着时间变得更为重要之时,立法中等待的价值就会提高。另一方面,当来自法律干预的短期收益更高之时,更少的等待会是更优的选择。

其中的一些结果所得出的结论是对于海纳(Heiner)(1986)在司法驱动型法律创新的语境下所得出的结论的补充,③同时有关监管的政治

---

① 最早的有关不可逆转投资的模型之一是由麦克唐纳德和西格尔提出来的,他们指出,投资机会等价于永续看涨期权。
② 我们的模型可以很容易被修正以显示即便在缺少不确定性的情况之下仍然可能有等待的价值。
③ 本章的结论与海纳(1986)对于遵循先例原则的经济学解释相一致,尽管该解释的起源与本章结论非常不同。

经济学的一般智慧强调了法律体系中稳定性和确定性的重要性[巴罗(Barro) 1991]。① 但是本节分析的结果表明，立法中存在着一个等待的期权价值，它独立于法官和立法者的不完美决策或对于稳定法律的社会偏好。即便立法者在不确定性下行动时具有完美的决策能力，如果他们有推迟自己决定的选项，那么他们也有可能理性地选择推迟法律干预。如果这些传统的有关推迟干预的论证——例如当立法者所拥有的并不是完美的认知能力时(例如，海纳 1986)，或者当社会从本质上更为看重法律中的稳定性和确定性时——中的任何一个也在场的话，那么这一最优推迟策略显然会被进一步强化。

三、立法中等待的价值：若干扩展

第二节中所呈现的模型展现了一个计划好的法律变化如何可以被视为一项期权，进而被数量化。这一见解可以被延伸至一系列在不确定性之下进行立法的场景之中。在下文中，我们将探索一些延伸情况，并且为这一主题的后续研究提供一些想法。这些延伸解决了现实世界中的问题，从而允许我们讨论监管政策的一些额外影响。

（一）试行与错误，以及法律实验的收益

在前文所呈现的有关立法的一般化模型中，我们假定不会有学习。也就是说，来自法律干预的未来收益永远是不确定的，并且不确定性程度不取决于法律干预是否实际发生。我们的模型因此假定排除了由法律实验生成的可能信息收益。在现实生活中，即便是一项不成功的法

---

① 正如在经济发展文献中所表明的那样，政治和经济不稳定的一个主要成本可能表现为它对于投资的抑制作用。

律创新,也会偶然地产生了信息收益,因为它公开了原本试图采取的法律解决方案的内在价值,并且降低了在未来发生类似法律错误的风险。立法实验有可能确实提供了有关替代性法律规则的净收益(或者缺乏)的富有价值的信息。① 换言之,通过"投资"(即采用一部法律),有时某个主体可能能够以一个更快的速度学习到相关的信息,相较于在没有这种投资的情况下。

以往立法行动所具有的这种积极信息价值的可能性会对本章第二节所得出的结果造成影响,因为当下的法律创新产生了相关的信息,这些信息减少了未来法律选择价值的不确定性。② 有关学习价值的考虑可能会导向有悖常理的结果。例如,看起来自相矛盾的是:即便是预期现值为负的法律提案,也有可能是值得提出的,只要由此种形式的法律实验所产生的外部信息收益足够大。

这些结果可能部分抵消了我们的基础模型所表明的趋势。正如我们在前文中所看到的,在学习缺失的情况下,即时法律行动的期权价值产生了一个有关法律创新最优时机的测试,后者要比净现值规则更为严格。这是我们所称的立法中的"等待价值"。如果我们将从以往错误中所获取的学习价值纳入考虑,上述结果可能会朝着另外一个方向发生相当程度的转变。伴随着学习,考虑到从过往经验所获取的外部信息收益,我们可能会提出一项更为宽松的法律创新最优时机测试。我

---

① 这是在美国将立法保留给各州而非联邦政府时所提出的一个理由。其中的考虑是,各州会竞相提供立法,并且最有效率的立法最终将会脱颖而出,即便在通往有效率的立法的路径上会有重复的立法投资。例如,可参见小林和利布斯坦(2001)所提出的一个在网络隐私的规制中支持"各州间竞争"的论证。

② 在标准的投资学文献中,罗伯茨(Roberts)和韦茨曼(Weitzman)(1981)提出了一个允许在多阶段的投资过程中进行学习的顺序投资模型,其结果偏离了标准的净现值路径,同时也偏离了基础的期权定价结果。

们也许可以将这些收益视为立法中的"实验价值"。①

为了确认"实验价值"论证的范围(以及界限),我们需要辨识两种学习的模式。第一,如果潜在的事实随机地发生演变,学习的价值就由观察到未知事实的机会所给定。在此种"学习"只有在与实际的法律创新和实验的结合时才可获取的程度上(例如,评估某一给定的法律对于人类行为的影响的唯一方式是运用这一法律进行实验),推迟的法律干预将会使得这样的信息收益无法被获取。第二,学习可以独立于任何的随机不确定性。有关学习的模型中隐含的并且最为关键的假定是,潜在的事实并不会随机演变。最优法律规则的特性可能不为人所知(至少也要等到所有可能的规则都被尝试过之后),但是此类规则的特性——不管它可能是什么样的——并不会随着时间的推移而随机地发生演变。同样在这一情形中,如果信息的唯一来源是实际的试行和错误,那么从等待中就不会获得任何东西。与此相反,考虑到创新的信息价值,推迟进行实验会有一个机会成本。②

这两种形式的立法收益可以被包含在我们的基础模型里的立法短期收益(δ)之中。③ 正如我们的比较静态分析所显示的,当δ增加之时,确定即时行动的阈值V^*降低,从而证成了更快的法律干预的合理性。

(二) 政治代理问题与急于立法

我们的基础模型预设了一位仁慈的计划者,他的偏好和激励与社

---

① 有趣的是,在缺少学习的情况下,考虑到等待选项的放弃价值,一个简单的净现值规则的使用可以允许一个没有效率的法律创新。与之相反,在存在学习的情况下,净现值规则会拒绝有效率的法律创新的提议。

② 关于在缺少成本和收益的概率性"随机游走"(random walks)之时最优投资的研究,可参见罗伯茨和韦茨曼(1981),其应用于研发和探索项目。这是小林和利布斯坦(2001)以及其他学者所使用的"各州间竞争"合理性的基础。

③ 另一方面,当这样的学习可以独立于法律创新发生之时,不应当对学习收益加以额外的考虑。

会高度一致。但是在现实世界的政治中，推迟法律干预的私人成本和社会成本有可能会不同。有关这一问题的一个更为复杂的方程应当允许立法者的主观贴现率与社会贴现率不同。这一基础模型的规范性结果由此可以和其他结果形成鲜明对比——在后者的情形中，法律计划者的偏好和主观投资期与作为一个整体的社会偏好不同，从而解释为什么在具体的立法领域中我们更有可能观察到对社会性最优等待规则的偏离。

在前述的分析中，所有的等待成本都是社会相关的成本，例如失去了在短期内对一个具体的法律领域进行治理的机会，以及法律价值的长期增长的机会。但是在立法的过程中，政治选择也有可能被其他一些并不反映社会偏好的因素所驱动。政治家通常只有有限的任期，并且/或者还要面临连任的约束。正如公共选择理论告诉我们的那样，一些策略性的原因使得政治活动者会操纵政治干预的时机，以便其最大化连任的机会［米勒（Mueller）1989；奥尔森（Olson）1965；格罗斯曼（Grossman）和赫尔普曼（Helpman）1996］。这些制度性约束经常会影响法律干预的时机，为作为个体的立法者增加推迟干预的政治成本。这个额外的成本对于立法者来说是私人的或者政治性的成本，一个例子是作为个体的立法者会丧失制定那些可能减损他们的声誉或者对具体利益集团的影响力的法律的机会。类似地，在法官法的情形中，作为个体的法官也会面临失去创设一项改变法律的（law-changing）立法先例的机会的私人成本，没有能够将等待的社会收益完全内部化。

法律干预的时机选择中私人与社会激励之间的差异是政治代理问题所造成的不可避免的影响。这些政治代理问题的引入意味着立法者的贴现率可能与社会贴现率不同。在这里，我们引入另外一个变量 π，以反映这样的政治时间偏好。这样一来，在法律干预的时机选择中就有三个相关的贴现因素，而不是两个。这意味着在立法过程中所使用

的总贴现率应当是 $\alpha+\delta+\pi$，而不是 $\alpha+\delta$。这表明 $\alpha+\delta$ 可以低于社会回报率，但是立法者在新法中进行投资的行为仍然可以是主观上理性的。反过来，与社会最优相比，这有可能导致过少的等待与过多的立法。

（三）未来研究

第二节中所呈现的模型将一个计划好的法律变化视为一项期权，并且对期权进行了相应的量化。这一见解应当被延伸至一系列在不确定性之下进行立法的场景之中。在下文中，我们探索了其中一些场景。

1. 时机与具体性的权衡

关于法律规则的采用，有两个相互关联的问题：采用法律规则的时机，以及规则的具体性程度（在第二章中进行了讨论）。法经济学学者将这两个问题视为彼此独立的，他们经常聚焦在最优具体性程度的问题（例如，规则与标准）上，并且假定在法律规则实施的时机选择中没有任何自由。这样一个简化的假设在使问题更易于处理的方面是有用的。尽管如此，它仍然应当被适度宽松化，以便检验法律规则的时机和具体性之间的重要关联。在本章中，我们聚焦于法律规则采用中相关的最优时机问题，通过这样的操作，我们其实进行了另外一种简化——将法律规则的具体性程度视为一个常量。针对立法者享有进行创新（或者推迟干预）的选项，同时可以选择不同的具体性程度的情形，未来的研究应当更为精确地考虑立法干预中时机和具体性之间的权衡。在这一语境中，法律规则的较低具体性程度可以被视为一种推迟立法的模式，因为更为完整的法律具体化将会在稍晚的时候通过法律实践和法官解释①

---

① 此处的"法官解释"所对应的原文是 judicial interpretation，直译应为"司法解释"，但为了避免与我国语境下的"司法解释"产生混淆，故译为"法官解释"。——译者注

来实现。①

考虑到一项具体性程度较高的规则的各种沉没投资成本要比一项一般化的标准的同类成本更高,在存在不确定性的情况下,推迟法律干预的期权价值在具有更高具体性程度的规则的情形中可能会更高。立法者面对着如何处理如下两者之间关系的问题:通过具体化规则的实施可获取的规模经济与推迟立法决定的放弃选择的增加价值。此时立法者所面临的双重最优问题就是要决定最优的具体性程度和最优的干预时机,同时还需要考虑不可逆转性、不确定性,以及前文所讨论的其他因素。② 在不确定性较高之时,在具体性程度较高的规则中所进行的投资的预期价值很可能会相对于一般化的标准有所降低,而面对着监管环境中波动性的增加,相关主体会期望看到更多的标准和更少的规则。这些是可以作为未来研究工作基石的可检验的假说。

2. 增量法律干预与连续立法决策

许多的规制目标包含了需要按顺序实行的多阶法律干预[例如,一些纲领性的法律(programmatic laws)需要有实施立法以及/或者随后的政府干预,国际条约需要在国内批准以及随后在国内法层面的

---

① 在现有的文献中,法律规则的最优具体性程度的问题由埃利希和波斯纳(1974)以及施瓦茨和斯科特(1995)首先加以讨论,他们围绕着规则与标准的二分式区别构建了他们的开创性论文。埃利希和波斯纳(1974)提供了一个静态的正式最优模型。施瓦茨和斯科特(1995)在作为一个多阶段的单次博弈的私人立法者语境中对规则制定进行了模型化。但是,正如卡普洛(1992)所指出的(在仅有的另一项有关该主题的研究中——尽管从不同的角度来看,该研究具有类似程度的严谨性),同时拥有一项复杂的规则和一项简单的标准是有可能的。这实际上使用了一个不同的有关规则和标准的定义。卡普洛(1992)将法律规则的选择视为是给定的,并且考虑了一个个体是否会选择获取有关现有法律信息的问题。

② 一个相关的问题是,什么样的技术选择将会是最优的。立法者可以选择在规则中进行具体化,并且投资一个与该目的最为相称的立法技术。或者,立法者也可以选择创造一个能够同时容纳规则和标准的法律体系,这事实上也就是选择了一个允许灵活的产出的技术。在别的情形中,我们假定投资是不可逆转的,并且外部环境会以一种随机的方式发生变化。参见何华和平迪克(1992)有关一个在投资选择技术中类似问题的严谨讨论。

实施和协调]。① 如上所述的连续性立法过程需要花费大量的时间才能够完成。此外,如果最终的立法创新的预期净收益减少的话,它们有可能在中途就被临时性或者永久性地废止。(当实施每一步的收益都是不确定之时)多阶规制目标是如何改变前文所讨论的单次法律干预的结果的呢?很有可能是在连续性的立法问题中,不确定性和不可逆转性的影响变得更为重要。一项法律制定发挥实效所需要的时间越长(不管这一推迟是因为法律实施中的时滞还是一个复杂的多阶规制过程),当它最终生效之时,存在于创新价值之上的不确定性就会越大。因为法律的价值在其完成之时更为不确定,需要有一个更高的来自规制的预期贴现收益来正当化法律干预。②

但是这也可能有助于解释为什么实现那些经常伴随着多阶的、连续性的立法被追求的目标虽然有价值但很困难。裁军条约[尼科尔森](Nicholson) 1989]和贸易条约——例如最终产生了世界贸易组织的《关税与贸易总协定》——是两个能够说明这一点的例子。一般来说,从这两种条约中所获得的收益都是巨大的。与此同时,其中也有着强烈的叛变激励(strong incentives to defect),使得最终的目标在达成之时是不确定的。因此这样的条约经常被设置成一种需要采取多步举措加以实施的模式。③

---

① 多数投资学文献都聚焦于允许成本和收入边缘化的连续投资变量。立法则很少具有这样的连续性和可分性的属性,但是这一因素并未改变投资的基本规则。立法者必须考虑在眼下进行创新而非等待以选择立法的最优时机的机会成本。

② 这一问题与麦吉德(Majd)和平迪克(1987)所提出的问题具有一些相似之处,在他们的问题中,一家公司持续投资直至项目完成。

③ 例如,《乌拉圭回合协议》规定十年内逐步淘汰各种贸易壁垒,包括《多种纤维协定》(Multi Fiber Agreement)。它也给了一段较长的时间来实施其他法律,例如那些在《与贸易有关的知识产权协定》之下被要求的与知识产权相关的法律。较长的时间范围增加了最终价值的不确定性。但是政治成本和其他成本是如此之大,以至于多阶段的实施对于首先达成协议通常而言是必要的。

这一点也与和法律规则的最优具体性程度相关的其他问题联系在了一起。现代投资文献的一个关键见解是分阶段的投资可以增加投资的价值。这意味着先设定标准然后(在经历若干学习之后)实施规则可能是一条最优的立法进路。

四、结论

在本章中,我们通过应用一些现代投资文献中的关键结果,对立法决策的最优时机问题进行了讨论。存在着一个与行使采用一部新法的选择权相关的"隐藏"机会成本。这一成本以及相应的等待价值在如下的情形中会特别大:(1)如果对于法律的未来收益存在着巨大的不确定性;(2)如果法律在事后被废止的话,会产生巨大的难以收回的实施成本;(3)法律的价值和重要性有可能随着时间增加。

有关最优时机的基础模型随后被延伸至两个有可能导致更少等待的情形。第一,如果一部法律的实施可以告知决策者是否要采用未来的法律,那么这一学习的价值应当被包含于此刻正在加以考虑的法律的"现值"(present value)的演化之中。在第一种情形中,更少的等待是社会性最优的(socially optimal),因为法律干预的信息价值是一种社会收益。第二,如果立法者有一个不同于社会贴现因子的政治贴现因子,则也可以有一个较高的法律创新速率。在第二种情形中,创新的较高速率是社会性低效的(socially inefficient),因为更快的立法制定在给立法者生成私人收益的同时,也会给社会造成一项外部成本。这些情形提供了替代性的假说来解释为什么在立法中可能没有那么多的最优等待。还有一些其他的延伸被建议用于未来的研究,其中包括了持续或增量立法的可用性,以及法律规则的时机和具体性的同时选择。

本章中的分析表明,相比于通常在简单的净现值标准之下所认为的情况，不确定性在立法的最优时机问题中可能是一个更为关键的决定因素。对于规制和司法行为的解释，以及对于立法和立法政策的制度性设计来说，这一点同时具有实证和规范层面的双重影响。本章在很大程度上聚焦于应当指引立法和法律创新的标准。我们希望我们的分析为不同立法环境之下立法中潜在的机会成本的重要性提供了见解。敏感性结果和多样化的延伸提供了可检验的假说，后者可以被用于评估在给定的立法领域中法律创新速率的历史趋势。本章的结果提供了一个富有价值的基准，借此可以对与立法活动相关的证据进行检验。例如，较为稳定的、更替较少的政权应当更有可能去遵循法律变化的最优模式，身处其中的行动者不会面临有任期限制的机构和政治机关应当更为频繁地解释不确定性之下法律干预的机会成本与立法中等待的期权价值。与此相对应，政治联盟中的不稳定性、任期限制、具体的利益压力以及腐败的存在，会对政治行动者解释立法等待的期权价值的意愿造成负面影响。在此类情形中，法律干预中的推迟有可能会给政治行动者带来私人成本，而后者将会支配等待的收益。这样的体系应当会经历一个更高频率的法律变化。最后，后续的研究应当更为明确地考虑这一假设，即法律体系通过演化的制度性约束，发展出了促使法院和立法者解释立法投资的期权价值的工具。

第四章　法律的最优地理范围：
辅助性与法律统一*

立法者在计划他们的法律干预时所面临的第三个问题与法律的应用范围有关。因为政治单位经常被划分成更小的单位，规则可以在不同的层级上被制定和实施——或者是由中央政府，或者是由地方政府。在一个具体的层级上分配给定的政策功能，应当考虑哪些因素？这些因素又是如何影响多层级政府的成长与演化的呢？在本章中，我们将通过参考现有的经济学文献，并在一个辅助性与规则竞争模型的帮助之下对这一问题进行思考。在讨论完规模经济、范围经济和偏好异质性在决定法律干预最优程度过程中的相互作用之后，我们的分析表明，辅助性原则可以像一堵针对渐进式集权化的防火墙那样发挥混合性的影响。

我们的辅助性模型揭示了一旦某些功能变得中央集权化，进一步的中央集权化就会变得更为容易，并且通常是不可避免的。与其预期功能相反，辅助性原则的零星应用会触发一场中央集权化的路径依赖式"雪崩"，使得辅助性转变为一项适得其反的原则声明。

---

* 本章与埃马努埃拉·卡尔博纳拉和芭芭拉·鲁比合作写作，基于埃马努埃拉·卡尔博纳拉、芭芭拉·鲁比和弗朗西斯科·帕雷西的一篇论文，该文原先以《适得其反的辅助性原则》为题发表在《明尼苏达法学研究论文》第8—15页。

一、中央集权化、权力下放与辅助性

联邦政府与国家联盟所面临的一个基础性问题是在联邦(中央)政府与地方政府之间分配政策责任(即政策的产生与实施)。有大量的文献试图确定政策责任集权化的最优程度,本章则聚焦于集权化的成本与收益之间的权衡。

阿莱西那(Alesina)、安杰洛尼(Angeloni)和艾绰(Etro)(2005a)在这一领域中做出了富有助益的贡献,他们的论文将中央集权化的收益描述为在政策责任的中央分配中利用规模经济的可能性。它从原则上讨论了那些与地区间的偏好异质性相关的统一成本。通过平衡伴随着公民不同偏好的规模经济所产生的收益,中央集权化的最优程度应当满足以下条件:规模经济占据主导地位的所有功能应当集中在中央层面,而与高偏好异质性相关的所有功能应当保留在地方层面。

在一篇与此相关的论文中,阿莱西那、安杰洛尼和舒克内希特(Schuknecht)(2005)为欧盟(EU)在1971—2000年间的政策制定角色的扩展提供了经验证据。他们发现,归因于中央层面(例如,归因于欧盟委员会、欧洲议会或者欧洲人权法院)的功能范围明显地扩张了,"大为偏离了欧共体(EEC)的原始要求",后者仅仅是建立了一个自由市场区并对贸易政策进行了统一。[①] 此外,他们还发现,相较于前述文献中所设定的规模经济与偏好异质性之间的最优平衡,在欧盟内部,有一些事物似乎在使政策责任的分配过程偏离这一平衡。在偏好异质性占据主导的领域(例如,社会保护或者农业政策),发生了大量的统一化与集权化;而在其他的一些由较强的规模经济所形塑的领域,则维持着地方

---

① 阿莱西那、安杰洛尼和舒克内希特(2005:276)。

主导(例如,防务与环境保护)。

在本章的讨论中,我们将论证存在于最优平衡与现有的政策责任分配之间的差异可以通过欧盟条约中辅助性原则的存在加以解释。

根据辅助性原则,规制应当在尽可能低的政府层级被做出。在短期内,辅助性原则可能确实能完成其预定的目标。但是我们的结论表明,从长期来看,如果坚持辅助性原则,有可能会触发一套导致中央集权化"雪崩"的机制。

我们通过假定在政策的创设与执行过程中同时存在规模经济与范围经济来开始我们的分析。在一个实体中,当生产给定产出 Y 的成本比在两个或更多实体中生产 Y 的成本之和更低时,规模经济即存在。在我们的设定中,规模经济的存在意味着,面向所有成员单位将政策责任分配至中央层面,将会产生比将政策责任分配至地方层面更低的成本。例如,有证据显示,规模经济存在于类似于共同市场政策、货币政策和环境保护这样的领域中(阿莱西那、安杰洛尼和舒克内希特 2005)。

当同时创设和执行两个或更多的政策要比分别如此操作花费更少的成本之时,范围经济即存在。在我们的框架中,范围经济意味着将一个或更多的政策责任转移至中央层面,同时将其他的功能保留在地方层面,这表明那些留在地方层面的政策责任的成本将会更高。[①] 通常来说,当一个政策责任需要一些可以在不付出额外成本的情况能够被用于其他政策责任的固定资源之时,范围经济即存在。我们认为范围经济存在于许多政策领域之中,例如对于银行业和保险业的监管可能会

---

① 鉴于我们假定范围经济同时存在于地方和中央层面,如果我们将一些职能予以下放,"在细节上做必要的变更"(mutatis mutandis)之后,同样会是如此。

共享很多共同的成本。如果同一个中央政策团队①能够以比多重执法更低的成本来执行那些应用于这两个行业的政策,地方实体将会更有效率。由此提出了一个似是而非的(plausible)假设,即在一个具体的政策领域中,中央集权化的政策责任将会产生范围经济。

范围经济的假设与更为传统的规模经济假设一起导致了一些有趣却又自相矛盾的结果。

首先,我们展示了与其预定目标相反,辅助性有可能触发一种偏向中央集权化的机制。这一机制具有高的路径依赖性,并且一旦启动的话,即便是在地方偏好高度异质性的领域中,也有可能导致强烈的集权化。反过来,只要导向集权化的机制没有被触发,辅助性原则就会朝着限制集权化和保护地方政策责任的方向发挥作用。但是考虑到促发集权化的机制是路径依赖的,不同的集权化程度有可能基于政策责任分配所采用的具体过程而产生。因此辅助性原则的应用会给政策责任分配过程的策略性操纵留下空间,并且可能解释一些以欧盟为代表的异常现象,例如环境保护的低集权化——在该领域中,具体的利益团体试图避免集权化的政策。

尽管辅助性原则还是太过于"年轻",以至于无法对我们的假设进行显著的经验验证,但是我们有关"一旦某些功能变得集权化了,更多的集权化就会变得更为容易且不可避免"的猜想,仍然得到了阿莱西那、安杰洛尼和舒克内希特(2005)所提出的初步证据的支持,他们将最为强烈的集权化时期追溯至20世纪90年代。事实上,辅助性原则正是在1991年由《马斯特里赫特条约》正式引入欧盟的。

---

① 此处的原文是"police corp",直译为"警察队",与上下文不通,疑为"policy corp"之误,故按后者进行翻译。——译者注

在本章中,我们同样观察了规则竞争与集权化之间的相互作用。竞争偏好于成员单位之间监管设定的统一化。[1] 卡尔博纳拉和帕雷西(2007b)也提出,演化并不必然偏好于最优规则的扩散,表明当转换成本非常低的时候,规则竞争将会导致某一个规则的广泛采用。从20世纪80年代开始,在欧共体内部"相互认可原则"(Principle of Mutual Recognition)被越来越多地倡导和应用。[2] 根据相互认可原则,在一个成员国内被实施的规则必须在其他所有成员国内被视为合法。引入这一原则的主要意图在于阻止策略性和歧视性的规制,以便推动成员国之间的贸易。但是这一原则的功能性结果则在于促进了规则的竞争,并且降低了转换成本。我们展示了当规则竞争促进有效率的规则之时,规则竞争与辅助性的结合有可能产生减缓政策责任集权化趋势的效果。辅助性自身并不会推动政策责任向地方单位分配,但是当辅助性原则与规则竞争被联合应用之时,有可能达成这样的结果。这就是说,如果没有一个能够为国家监管者提供广泛责任的有效机制,地方层面的范围经济收益和偏好异质性并不足以超过中央层面的规模经济与范围经济的收益。事实上,当规则竞争触发一项没有效率的"逐底竞争"(race to the bottom)之时,辅助性原则之下的路径依赖演化将会有助于集权化,而非限制它。

与前述的有关集权化最优程度的文献不同,我们采用了一个动态

---

[1] 有关规则竞争的文献提出了一个"效率假说",根据这一假说,一个由选择自由和竞争供应所形塑的法律规则市场应当偏好于有效率的规则的演化和传播[在多种文献之中,可参见奥古斯(Ogus)(1999)及其中的参考文献]。

[2] 相互认可原则最早出现于1978年,当时的欧洲法院在卡斯·德第戎(Cassis de Dijon)一案中判决在一个成员国中被合法销售的产品应当在所有成员国中被允许销售。自此开始,相互认可原则被应用于为许多产品和服务设定标准,比如银行、保险和金融业[参见内文(Neven)1992]。

的框架。前述的文献则使用了静态的模型,其中的成本结构不会随着时间而发生变化。在我们的模型中,成本的结构会根据先前的集权化决定而发生演化。

本章的结构如下:第二节提供了有关辅助性原则及其特征的描述。第三节引入了一个有关辅助性的简单模型。第四节则观察了辅助性测试是如何在国家联盟中被执行的。第五节展示了在动态环境中辅助性原则的产出何以是路径依赖式的。我们还进一步展示了辅助性测试的结果如何可以被策略性地操纵——抑或是限制集权化,抑或是促进集权化。第六节通过模型化相互认可原则与辅助性原则之间的相互作用来得出结论,并且证明了这些原则的联合应用有可能限制在辅助性下所观察到的渐进式集权化问题。

二、辅助性的哲学:从人权到政治妥协

正如前文所介绍的,自1991年的《欧盟条约》(又称《马斯特里赫特条约》)开始,欧盟委员会就明确采用了辅助性原则。根据这一原则,政策责任必须被分配至尽可能低的政府层级。这一原则的目的在于减少集权化政策的数量,换句话说,辅助性原则被创设用来减缓政策责任的集权化。

"辅助性"这一概念有着历史性的根源。一些历史学家将其追溯至古希腊时期。辅助性原则在中世纪重新登场,被托马斯·阿奎纳和中世纪经院哲学所接纳。随后,它被许多政治家和政治学家所复兴,例如阿图西乌斯(Althusius)、孟德斯鸠、洛克、托克维尔和亚伯拉罕·林肯[罗扎(Carozza)2003]。美国在1781年制定的《邦联条款》在很大程度上依赖于辅助性原则,从而导致对各邦的尊重要高于对联邦政府的尊重。

天主教社会理论家在 19 世纪的末尾开始将辅助性的概念应用于社会生活。1891 年教宗利奥十三世(Pope Leo XIII)在他的《新事通谕》(*Rerum Novarum*)中收录了辅助性原则。在那个时间点上,辅助性的概念被提出,以作为去集权化资本主义和集权化马克思社会主义等反对主张的替代项。

数十年后,有关辅助性的观点发生了显著的变化,教宗庇护十一世(Pius XI)在他的《四十年通谕》(*Quadragesimo Anno*)中一个著名的段落里写道:"这一辅助性原则的功能如能得到更为忠实的遵循,使各种辅佐的组织之间存在着一种分级的井然秩序,整个社会组织的权威和效力便更能提高,而整个国家的状况也更能见得幸福而繁荣。"①[贝尔曼(Bermann) 1994]这些文字写就于 1931 年,当时的主要考虑是在极权主义兴起的背景之下保护社会,而非从国家的失败中保护各种社会团体。由此,辅助性原则从倡导国家和市民社会之间的合作式平衡转变为集权化的权威设置限制(卡罗扎 2003)。

辅助性原则似乎在一开始并没有被视为一种达成社会效率的方式或者一种政治妥协的工具——这两者是该原则随后被欧盟条约所吸收的原因。与之相反,辅助性原则曾经并且现在仍然主要是一个有关个人固有的和不可剥夺的尊严的宣言。它反映了这样一种信念:个人应当"在本体论上和道德上优先于国家或者其他社会团体"(卡罗扎 2003:42)。

在《欧盟条约》中,辅助性的概念更像是一个空壳,而非一个可操作的概念。该条约所给出的定义在第 5 条中:"在并未落入联盟专属权能

---

① 此处援引了由戴明我翻译、余伟华校对的《四十年通谕》译本,文字上略有调整。——译者注

的领域,只有在拟采取行动的目标无法由成员国得到充分的实现,并且基于拟采取行动的规模或影响之原因,能够由联盟得到更好的实现的情况下,联盟才可以根据辅助性原则采取行动。联盟的任何行动都不应当超越实现本条约的目标所必需的程度。"

这一原则应当如何被应用到实践中?一项有效的辅助性测试——其能够有效地捍卫单个国家的主权,但又在有效的时候鼓励合作和超国家层面的干预——应当如何被构建?

这一测试如何构建(即辅助性原则适用的方式)对于妥当地保证辅助性原则的功能来说是极为关键的。正如卡罗扎(2003)所有效地指出的那样,辅助性就其本身而言是一个自相矛盾的原则,因为它意在限制来自更高层面的干预,但是也正当化了这些干预。政治学家和哲学家经常不同意适用这一原则的恰当方式,并且当辅助性原则以不同的方式被适用时,其会产生非常不同的结果。我们有关辅助性的简单模型试图去平衡辅助性原则的这些相互竞争的目标,并且解释出现这一自相矛盾的混乱的原因。

三、一个有关辅助性的简单模型

在本节中,我们将引入一个简单的模型来解释辅助性测试是如何在经济学的框架中发挥作用的。我们对依据辅助性原则做出的将政策责任分配至地方层面或者中央层面的决策加以模型化。正如前文所论证的,规则的最优地理范围可以从规模经济和范围经济的角度加以考虑。

我们考虑一个单独的联邦政府(或者像欧盟一样的一个国家联盟),其被划分成有限数量的地区(例如,在欧盟的例子里即为国家)。首先,我们来分析最为简单的可能情形:一个仅仅被划分成两个地区的联邦政府,标记为 $i=1,2$。而且,我们考虑只有一种政策领域(比方说,金融或者共同市场政策)的情形。联邦政府和它的所有地区需要决定政策责任应当被分配到联邦政府(中央)的层面还是地方层面。为了简化分析,我们也假定其中的设定只包含了两种政策功能(比方说,金融监管和银行监管)。两种功能——标记为 $f_j(j=1,2)$——在一开始都被分配至地方层面。每一个地区(在国家联盟的例子里即为国家)都被要求决定是将这些功能保留在地方层面更为便利,还是分配至中央层面更为便利。

为了将政策责任分配至地方层面,每一个地区都要承担成本。对于地区 $i(i=1,2)$,其成本函数 C_i^R 是:

$$C_i^R(f_1, f_2) = C_i^{1R}(f_1, f_2) + C_i^{2R}(f_1, f_2) \qquad 4.1$$

方程(4.1)表示的是当地区 i 对功能 f_1 和 f_2 都进行监管之时所承担的总成本,它是由对每一个单独的功能进行监管的成本之和所给定的。变量 f_j 是一个指示函数,当功能被分配至同一层面(都在地方或者都在中央)时,它的值为 1,否则即为 0。[①]

当政策责任被分配至中央层面,联邦政府需要为所有的地区提供监管,并且面临一个监管的成本。假设,比方说中央政府提供功能 1,而功能 2 被留给地方。此时联邦政府为所有地区提供功能 1 的成本是:

$$C^{1C}(2f_1, 0) \qquad 4.2$$

---

① 在这一简单模型中,我们假定中央和地方政府之间的合作并不可行。一项监管职能或者被有效地分配至中央层面,或者被分配至地方层面。去除这一假定将会意味着功能可以取 0 和 1 之间的值,其中 0 意味着某一个具体的层面(比方说中央或者地方)没有实施该职能,而 1 意味着该职能被完整地实施。一个中间值意味着两个层面之间的合作。我们将此类扩展留给未来的研究。

注意到以下这一点是很重要的：将一项具体的功能分配至中央层面或地方层面的决定会受到两个反补贴激励因素——规模经济和范围经济的影响。

我们的论证——经常被用来支持集权化和统一化——是，将政策责任分配至中央层面会导致规模经济，进而减少提供具体功能的总成本。① 规模经济的概念在本文的语境中经常被宽松地使用，以便纳入由统一化产生的收益，该收益更容易经由集权化的政策责任而获得。②

在应用辅助性测试之时，一些规模经济已然存在的政策功能最好与其他功能一起在同一政府层面——或者是中央，或者是地方——被实施，这一点应当被牢记于心。这两类政府功能之间的功能性协同作用（functional synergies）会产生富有价值的范围经济。通过在同一政府层级实施两个或更多的功能而产生的范围经济，一般而言归因于汇集信息的机会、共享组织化基础设施，或者将两个或更多的政府功能之间的其他行政外部性予以内部化（例如，同一主体事项的监管和实施，不同种类但互相关联的主体事项的监管）。

由此，我们可以在中央和地方的成本函数中代表规模经济与范围经济。为了在中央层面能够有规模经济，将某一政策功能（比方说功能1）分配至该层面的成本应当低于将政策责任分配至每一个地区的成本之和。经分析之后，这可以被写作：

---

① 参见舍夫尔（Schäfer）（2006）。规模经济的理念同样包含在《欧盟条约》（TEU 或者《马斯特里赫特条约》）第 5 条中，该条指出共同体必须通过证明"规模经济或者跨境外部性"中任一的存在来表明在地方层面进行干预的需要。

② 为了简化符号并且不丧失一般性，在我们的辅助性模型中，我们将参考规模经济的概念，将成本驱动的经济和协调驱动的经济同时包含于其中。

$$C^{1C}(2f_1,0) < C_1^{1R}(f_1,0) + C_2^{1R}(f_1,0)$$
$$C^{2C}(0,2f_2) < C_1^{2R}(0,f_2) + C_2^{2R}(0,f_2)$$
4.3

以及

$$\sum_{j=1}^{2} C^{jC}(2f_1,2f_2) < \sum_{j=1}^{2}[C_1^{jR}(f_1,f_2) + C_2^{jR}(f_1,f_2)]$$
4.4

另一方面，为了使范围经济能够存在，中央层面和地方层面的成本函数各自必须满足如下的条件：

$$C^{1C}(2f_1,2f_2) < C^{1C}(2f_1,0)$$
$$C^{2C}(2f_1,2f_2) < C^{2C}(0,2f_2)$$
4.5

$$C_i^{1R}(f_1,f_2) < C_i^{1R}(f_1,0)$$
$$C_i^{2R}(f_1,f_2) < C_i^{2R}(0,f_2)$$
4.6

其中 $i=1,2$。方程(4.5)和(4.6)意味着，在同一政府层面——中央或者地方——实施所有的功能，将会花费更少的成本。

现在让我们假定联邦政府愿意对一个给定的政策功能(比方说功能1)进行中央集权化。将一个功能从地方转移至中央政府的决策会产生金融、社会和政治成本，这些成本与功能的组织管理中必要的变化相关(例如，与公共官员的角色转换相关的人力资源成本、针对新的官僚基础设施的实物资本投资、组织性的震动，以及对弈地方共同体的政治和社会成本)。[①]

我们将这些在不同层级之间重新分配政府功能时所面临的转换成本标记为 k^R。更为具体地来说，我们将 $k_i^R(j)$ 定义为地区 i 遵循将功能 j

---

① 在这一方面，发生在法国和荷兰的负面公投——它们否决了欧洲宪法——是这些国家认为它们的转换成本高得令人无法忍受的一个信号。

分配至中央层面的决策时所经历的转换成本。这一转换成本 $k_i^R(j)$ 被假定会随着被分配至中央层面的功能数量而(略有)下降。换言之,当其他功能在先前已经被分配至中央层面之时,每个地区所经历的转换成本将会更低。① 经分析之后,中央集权化成本的(略有)下降可以被表述为:②

$$k_i^R(f_1 \mid f_2) \leqslant k_i^R(f_1 \mid 0) \qquad 4.7$$

这意味着当功能 2 已经被中央集权化之时,由功能 1 的转换所导致的转换成本将会更低。

四、辅助性原则与统一化

在介绍完上述简单模型中的所有元素之后,我们就能够给出一个形式化的辅助性原则了。为了将一个给定的功能中央集权化,需要通过一个"辅助性测试"。这一测试大体上可以分为三个步骤:③ 1. 辨别某一功能是否落入共享权能的领域(如果专属于联邦政府,或者专属于欧盟,则这一测试不再适用);2. 应用一个成本-收益分析(同时考虑规模经济与范围经济)以评估该给定功能的最优分配层面;3. 如果步骤 1

---

① 这一假定反映了如下的理念:一个地区的政治和法律职能的中央集权化与统一化的程度越高,将更多的职能转移到中央层面的成本就会越低。这一假定与作为法律和政治变化的金融成本的转换成本的界定是一致的。对于一个给定地区的管理越是中央集权化,进一步提升中央集权化程度的成本就会越低。对与之相反的假定的探索也会很有意思,并且这一假定将会与作为社会和政治成本的转换成本的界定更为一致。我们将在第五节第(二)小节中对此进行简要的讨论。

② 注意,这是一个有关转换成本的动态行为的假定,它对于此类成本在一个或多个功能被同时转换之时的大小没有影响。在该种情形中,假定转换成本会随着同时被转移的功能数量的增加而增长似乎是合理的。

③ 参见佩克曼斯(Pelkmans)(2006)。如果政府的不同层级之间的合作被允许,这一测试应当包含第四个步骤,并且第三个步骤将会被改变。在新的第三步中,合作的可能性将被验证。接着,在第四步中,只要合作可行,最优的中央集权化程度将会被确立。

得到了确认,且步骤2表明将这一功能中央集权化是有效率的,则中央集权化可以发生。否则,这一功能应当被保留在地方层面。

基于我们模型的目的,我们假定步骤1已经由统治联盟或者联邦的法律规则和制度性规则外生地解决了。接下来的分析提出了一个旨在采取辅助性测试中剩下的步骤2和3的经济学框架,对一个给定政策功能的中央集权化的成本和收益进行评估,并且将这一功能分配至最优的政府层级。为了描述辅助性测试应当如何被应用到我们的模型中,假设在一开始功能 f_1 和 f_2 都被分配在地方层面,且中央政府希望在中央层面执行其中的某一项功能。假设中央政府想要对功能1进行中央集权化,而此刻该功能被分配在所有地区的地方层面。

辅助性测试需要对拟采取的中央集权化进行成本-收益分析。在中央集权化的情形中,联邦政府必须承担向所有地区提供该功能的总成本,但是与此同时也可以享受规模经济的收益。单个地区需要承担转换成本,且先前存在的一些范围经济有可能被放弃。如果源自规模经济的收益能够超过转换成本加上范围经济的放弃成本的总和,辅助性测试即被满足,该功能就可以被中央集权化。

假定中央政府计划将功能1予以中央集权化,则辅助性测试的步骤2可以被分析化地写作如下:

$$C^{1C}(2f_1,0) + C_1^{2R}(0,f_2) + C_2^{2R}(0,f_2) + [k_1^R(f_1 \mid 0) + k_2^R(f_1 \mid 0)] \leq$$
$$\sum_{j=1}^{2} [C_1^{jR}(f_1,f_2) + C_2^{jR}(f_1,f_2)] \quad 4.8$$

方程(4.8)从一位将总[卡尔多-希克斯(Kaldor-Hicks)]福利最大化的仁慈的中央计划者的视角呈现了辅助性测试。这一方程等同于由因曼(Inman)和鲁宾菲尔德(Rubinfeld)(1998)所定义的"中央集权化联邦主义"(centralized federalism)的理念。但是,如果在进行辅助性测试的时候,将相关地区的个别收益纳入考虑,就有可能导致不同的结果。考虑这样的一个情形:所有的政策功能起初都被分配在地方层面,同时是否要中央集权化的决策是由地方层面做出的。这就是所谓的"去中央集权化联邦主义"的情形,此时由地方来决定是否要将它们的一些(甚至是全部)功能转移至一个中央政府。① 当中央集权化的决策是由地方来做出的时候,中央集权化的结果将会必然取决于被用以将各个地方的偏好汇集成一个集体结果(collective outcome)的决策规则。如果单个的地方需要投票以便批准从地方到中央层面的权力转换,则拟采取的中央集权化的结果将会取决于被采用的投票规则。如果投票规则要求绝对一致而非简单多数的话,这一测试的结果可能会有所不同,我们可以在下一节中看到这一点。②

如果辅助性测试在地方层面实施,且中央集权化的发生需要所有地方的一致同意,则辅助性测试应当由每个地区 i 单独进行。与帕累托测试相类似,一致性原则意味着,只有当从地方到中央的功能转换不会减少任何一个受影响地区的收益之时,中央集权化才有可能发生。为了从地区 i 的视角构想辅助性测试,我们应考虑到,当功能 f_1 在地方层面被提供,地区 i 承受成本 $C_i^{1R}(f_1,f_2)$;相反,如果功能 f_1 在中央层面被提供,地区 i 承受转换成本 $k_i^R(f_1|0)$。此外,地区 i 还需要承受在中央层面提供功能 1 的总成本中的一部分 S_i。在最简单的只有两个地区的情形中,忽视地区间的不对称,每个地区所承受的成本份额相当于 $\frac{1}{2}C^{1C}(2f_1,0)$。

---

① 参见因曼和鲁宾菲尔德(1998)。
② 由欧盟委员会在 2006 年 5 月 10 日所提出,并且受到欧洲理事会"欢迎"的"早期警告机制"(Early Warning Mechanism)看起来像是一个朝着基于一致性的机制的行动——如果不是朝着一种分权联邦制的形式的话。早期警告机制将会使国家议会成为"辅助性监察者"(subsidiarity watchdogs)。根据这一机制,国家议会有权力对于它们认为违反了辅助性原则的欧盟立法提案提出异议[参见库珀(Cooper) 2006]。

在一般化的情形中,每个地区都承受总成本 $S_i[C^{1C}(2f_1,0)]$ $(i=1,2)$ 中的一部分,该总成本根据领土面积、人口、国内生产总值以及其他社会或政治因素而确定。显然,每个地区所承受的份额是确定的,因此 $S_1[C^{1C}(2f_1,0)] + S_2[C^{1C}(2f_1,0)] = C^{1C}(2f_1,0)$。

从单个地区的视角来看,当 f_1 的中央集权化政策责任的分担成本加上责任转换的转换成本再加上在地方提供功能 2 的成本小于在地方提供所有功能的总成本之时,中央集权化就是可欲的。经分析,当且仅当如下条件被满足之时,地区 i 才会将功能 1 分配至中央层面:

$$S_1[C^{1C}(2f_1,0)] + k_i^R(f_1 \mid 0) + C_i^{2R}(0,f_2) \leqslant \sum_{j=1}^{2} C_i^{jR}(f_1,f_2), i=1,2$$

4.9

在一致性原则之下,当且仅当所有地区同意之时,功能 1 才会被分配至中央层面。经分析,这等价于进行了一个帕累托测试,检测方程(4.9)是否对所有受影响的地区都适用。应当注意到,方程(4.9)中的测试非常难通过,因为范围经济的存在导致成本 $C_i^{jR}(f_1,f_2)$ 非常低。总体上而言,当少数功能在中央层面实施之时,基于辅助性测试的中央化将要比后期的阶段更为困难——此时更多的功能将会被分配至中央层面,且地方层面被放弃的范围经济将会相对较小。成本函数的这一特征将会在后续的章节中发挥关键性的作用,在那里我们将会分析策略性地运用辅助性原则的可能性。值得一提的是,对于多数同意规则的情形而言,考虑到转换成本和在地区间提供功能的成本的分配,方程(4.9)必须满足于中等区域。①

现在我们可以运用我们的模型来分析辅助性测试是如何进行的,

---

① 显然,多数投票情形的一个扩展需要有两个以上的地区。

第一部分　通过法律制定的立法：成文法

并且来理解在辅助性原则之下将功能重新分配至中央层面的过程。这一测试可以中央集权化，也可以在地方层面进行，并且在不同的投票规则之下，结果也会有很大的不同。一般而言，在地方层面进行的测试所受到的拘束是更大的。

首先，如果方程（4.9）中的测试在所有地区均被满足，那么方程（4.8）中的中央集权化辅助性测试也能够被满足。这一结果是比较直观的：如果所有的地区都从中央集权化里受益的话，那么合计的收益必然要超过合计的成本。

为了弄清楚为什么会是这样，将表达式（4.9）中的两个不等式提取出来：

$$S_1[C^{1C}(2f_1,0)] + k_1^R(f_1 \mid 0) + C_1^{2R}(0,f_2) \leq \sum_{j=1}^{2} C_1^{jR}(f_1,f_2)$$

$$S_1[C^{1C}(2f_1,0)] + k_2^R(f_1 \mid 0) + C_2^{2R}(0,f_2) \leq \sum_{j=1}^{2} C_2^{jR}(f_1,f_2)$$

4.10

将这两个表达式的左边和右边分别加在一起，得到了：

$$S_1[C^{1C}(2f_1,0)] + S_1[C^{1C}(2f_1,0)] + [k_1^R(f_1 \mid 0) + k_2^R(f_1 \mid 0)] +$$
$$C_1^{2R}(0,f_2) + C_2^{2R}(0,f_2) \leq \sum_{j=1}^{2} [C_1^{jR}(f_1,f_2) + C_2^{jR}(f_1,f_2)]$$

这正是（4.8）的表达式。

有意思的是，应当注意到，反过来则并不必然为真。方程（4.8）里的中央集权化辅助性测试的满足并不意味着方程（4.9）中两个不等式的类似满足。

为了证明这一点，我们可以很容易地找到一个成本份额规则 $S_i[C^{1C}(2f_1,0)](i=1,2)$，此时中央集权化测试能够通过。但是如果测试在地方进行的话,其中有一个地区将会投票反对中央集权化。①

考虑如下的例子:设 $C^{1C}(2f_1, 0) = 8, k_1^R(f_1 \mid 0) = 1, k_2^R(f_1 \mid 0) = 3, C_1^{1R}(f_1, f_2) = 7, C_1^{2R}(f_1, f_2) = 9, C_1^{2R}(f_1, f_2) = 6, C_2^{2R}(f_1, f_2) = 8, C_1^{2R}(0, f_2) = 7, C_2^{2R}(0, f_2) = 9$。根据这些赋值,方程(4.8)中的中央集权化辅助性测试得到了通过,因为 $8 + 7 + 9 + (1 + 3) < 7 + 9 + 6 + 8$。假设这一测试在地方层面进行,并且中央政府将会这样来设定成本的份额:$S_1[C^{1C}(2f_1, 0)] = 2, S_2[C^{1C}(2f_1, 0)] = 6$。此时第一个地区将会投票赞成功能1的中央集权化,而第二个地区将会投票反对。事实上,这一测试会在第一个地区得到通过,因为 $2 + 1 + 7 < 7 + 6$;而在第二个地区,由于 $6 + 3 + 9 > 9 + 8$,因此该测试没有通过。②

因此,在地方层面的测试是更为受限的。如果我们以福利的术语来思考这一问题,那么这一结果并不令人惊讶。表达式(4.9)中帕累托辅助性测试的满足保证了方程(4.8)中卡尔多-希克斯测试的满足,但是方程(4.8)中的卡尔多-希克斯辅助性测试并不意味着方程(4.9)中两个地区的帕累托测试也能得到类似的满足。

当地区根据多数同意规则对功能的中央集权化进行投票之时,这一问题就变得更为关键了。在那样的情形中,有更为多样的数值组合,在这些数值组合中,中央集权化的辅助性测试得到满足并不意味着地方测试得到满足。但是在那样的情形中,为了实现中央集权化,必须确保中央集权化测试的满足能够意味着中等区域的测试也得到满足。因

---

① 在一个存在两个地区的设定之下,要找到一个中央集权化测试被通过,同时国家拒绝地方层面的中央集权化的情形,显然不可能。

② 一个类似的结果——在这一结果中,不等式(4.8)中的满足并不意味着测试在地方层面得到通过——也可以在两个地区都必须平均地分摊一般性成本 $C^{1C}(2f_1, 0)$ 的情形中得到证明。

此,设计许多的数值,通过策略性地操纵成本份额规则来保证某一给定功能的中央集权化(或者缺乏),是可能发生的事。例如,考虑一个有三个地区的中央政府,其中的两个比第三个有更强的议价能力。我们可以看到在多数同意投票规则之下产生操纵和滥用的广阔潜在空间。在这样的情形中,可能的结果是较弱的地区将会以更加不利的成本分配而收尾。

五、 动态化的辅助性与路径依赖

在本节中,我们将考虑辅助性的两个影响。这两个影响都表明辅助性原则会导致一种路径依赖式的政策责任再分配,并且会像一堵针对渐进式集权化的防火墙那样发挥混合性的影响。

在第(一)小节所讨论的第一个应用里,我们有关辅助性的经济模型揭示了一旦某些功能被中央集权化,那么进一步的中央集权化会变得更为容易,并且经常是不可避免的。我们的模型显示,辅助性原则的零星应用会触发一种路径依赖式的中央集权化"雪崩"。零星决策的动态有可能使得辅助性转变为一种自败的原则声明。

在第(二)小节所讨论的第二个应用中,我们展示了作为一种对权力再分配的宪法约束的辅助性原则之应用可能会导致一种现状偏差(status quo bias),它会进一步固化现有的权力分配。模型显示,当辅助性测试阻碍某一功能向中央层面的转移,阻止了那一层面的规模经济应用和范围经济产生之时,现状偏差就会变得可能。

两种情形都显示辅助性测试的初始应用可能会给后续的决定带来路径依赖式的影响。随着现在还"年轻"的辅助性原则逐渐"上了岁数",未来的学者将有机会来调查这些路径依赖的任一形式能够在经验层面被观察到的程度。

(一)动态化的辅助性:渐进式中央集权化的悖论

在下文中我们将展示,当辅助性原则在一个动态的设定中被考虑之时,其将触发一种导致所有政策功能的统一化和完全中央集权化的渐进趋势。作为一种应对完全的中央集权化而被引入的保障措施,辅助性反而成了导致路径依赖式中央集权化的适得其反的原则:一旦某些功能被中央集权化了,更多的中央集权化通常是不可避免的。①

为了观察这一过程是如何发生的,假定辅助性测试在地方层面实施。② 使用我们的仅有两个地区的最为简化的假说模型,这两个地区需要决定是否将功能 1——当下其在地方层面实施——转移至中央层面。假设有关功能 1 转换的辅助性测试在两个地区都通过了,也就是说,经分析,表达式(4.9)中的不等式针对所有地区 $i=1,2$ 都被满足。作为结果,功能 1 将会被再分配至中央层面。应用于功能 1 的辅助性测试对于功能 2 没有直接的影响,后者因此将被保留在地方层面。

如果随后中央政府也希望将功能 2 转移至中央层面,这一中央集权化将需要依据一个新的辅助性测试加以评估。由此,每个地区需要评估 f_2 至中央层面的再分配。当且仅当在中央层面提供功能的分担成本加上转换成本的总和高于将这一功能保留在地方层面的成本之时,某个地区才会选择将这一功能保留在地方层面。

如果以下的条件得到满足,地区 i 将会偏向于对 f_2 的中央集权化:

$$S_i[C^{1C}(2f_1, 2f_2)] + S_i[C^{2C}(2f_1, 2f_2)] + k_i^R(f_2 \mid f_1) \leq$$

---

① 鉴于成本的结构会随着时间而演化,根据先前的中央化决定,政策责任的最终分配在我们的设定中将总是有效率的。

② 正如我们在前一节中所证明的,如果辅助性测试在地方层面得到通过,则其也会在中央层面得到通过,但是反之并不必然。这也是为什么我们选择假定这一测试是在地方层面进行的,因为我们所考虑的是测试中的成功意味着后续测试的成功机会更高的情形,并且我们希望结果能够尽可能地一般化。

第一部分　通过法律制定的立法:成文法

$$S_i[C^{1C}(2f_1, 0)] + C_i^{2R}(0, f_2) \qquad 4.11$$

如上所示,当且仅当所有的地区都同意如此做之时,功能 2 才会被分配至中央层面。经分析,方程(4.11)是条件(4.9)的类比,并且需要在所有地区得到验证。

在地区层面做出后续决策的过程中,规模经济与范围经济发挥了一个关键的作用。能够证明的是,在中央和地方层面的范围经济假定之下,只要不等式(4.9)被满足,不等式(4.11)也始终能被满足。根据(4.5)和(4.7)中的假设,$C^{1C}(2f_1, 2f_2) < C^{1C}(2f_1, 0)$,并且转换成本随着被分配至中央层面的功能数量而降低:$k_i^R(f_1 | f_2) \leq k_i^R(f_1 | 0)$。

此外,在 $S_1[C^{2C}(2f_1, 2f_2)] \leq C_i^{2R}(f_1, f_2)$ 的情形中,当不等式(4.9)被满足之时,不等式(4.11)也会被满足。这可以从如下的事实中推论得出:当分担的成本份额事实上高于由国家在地方层面实施这一功能所面对的成本之时,它们就会不愿意承担在中央层面实施功能 2 所带来的总成本的一部分。①

因此,一旦功能 1 通过了辅助性测试,将功能分配至中央层面就变得更为容易了。与引入辅助性测试的原初目标相反,我们展示了该测试并没有在减缓中央集权化进程的过程中发挥重要的作用。情况似乎反而是辅助性测试导致了过量的中央集权化,因为随着时间的演进,对于将政策责任保留在地方层面这一目的而言,辅助性测试成了一个愈发虚弱的工具。

完全中央集权化的悖论是在中央层面具有规模经济且中央层面和地方层面均具有范围经济的假定下建立的。如果我们假定至少有一些功能在中央层面提供了非规模经济(diseconomies of scale),结果就会发

---

① 这一条件在对称的情形中将总是会被满足,在该情形中,国家被相同的成本函数所形塑。

生变化。这一概念把握住了如下的理念：即便存在范围经济，有一些事情最好也是在地方层面进行，因为有些功能最好是与其他功能一起实施。举例而言，如果这两个功能分别是金融监管及其执行，我们可能会认为执行最好在地方层面（非规模经济），而监管最好在中央层面（规模经济）。在这个例子中，非规模经济的存在会对功能的中央集权化施加限制，这取决于在功能分配至中央层面的过程中范围经济与非规模经济的相对力量。但是对于"雪崩式"中央集权化的普遍偏见仍然存在。

第二个相关的假设是，当功能从地方转移至中央层面之时，由单个地区所承担的转换成本会随着已经转移的功能数量而降低。这是一个基于转换成本动态的假设，并且看起来与阿莱西那、安杰洛尼和舒客内希特（2005）提供的经验证据相一致：当绝大部分功能已经被分配至中央层面之时，考虑到单个地区相对于中央政府的政治力量在逐渐地减弱，对于进一步中央集权化的抵触程度将会降低。

这一假设本身可能会强化"现状偏差"的可能性。这是联盟的一种典型行为，它们通常会尝试抵制变革，即便是努力实现统一化甚至扩大联盟的变革（阿莱西那、安杰洛尼和艾绰 2005）。有趣的是，它也有可能产生一个完全相反的结果。

假设当更多的功能被中央集权化时，转换成本会增高。当转换成本的主要来源是政治的和社会的之时，就会出现这样一种情形：对于地方政府来说，让投票者接受对于他们主权权力的进一步消耗变得越来越困难。因此，当一些中央集权化已经发生之后，其中某一个辅助性测试在某个点上失败的可能性将会增加。在这样的情形中，我们将不会观察到完全的中央集权化。但是，随着辅助性原则的应用而驱动中央集权化的机制将会继续发挥作用，而且其速度并不必然会变慢。考虑一下有可能在转换成本和范围经济之间发生的动态权衡。设想转换成本随着先前已经被中央集权化的功能数量而增加,起初这样的转换成本会是相对较低的,并且这会促进早期的中央集权化,促进在中央层面的范围经济。如果中央层面范围经济的效果超过了转换成本的增长,我们也可以在这一类型的情形中观察到渐进式的中央集权化。

(二) 动态化的辅助性:现状偏差的情形

在这一节中,我们将检验作为对权力再分配的宪法约束的辅助性原则应用是否可能会导致现状偏差,这意味着一种对于现有的不同层级政府之间政策责任分配状况的固化,而非最优的再分配。如前所述,辅助性原则作为欧盟的一项宪法原则而被引入,旨在限制政府在中央层面的扩张,并且将政策形成和实施的权力与责任留在尽可能低地与效率性一致的政府层级(卡罗扎 2003)。

前文所展示的模型表明,当中央集权化的起始过程被辅助性测试阻止之时,现状偏差可能会发生。当辅助性测试阻止某一功能向中央层面转移之时,它事实上有可能阻止了中央层面范围经济的生成,而中央层面的范围经济有可能反过来促进中央政府对于其他功能的吸收。因此,辅助性测试的起始应用可能对后续的决策有一个重要的影响,导致一种路径依赖式的治理演化。与前一节所考虑的渐进性中央化的情形不同,在现在的这种情形中,我们可以观察到一个限制统一化和中央集权化的"保守趋势"。[1]

为了观察这在我们的模型框架中如何发生,考虑首先被提议中央集权化的功能是 f_2 的情形。相关的参数如上所述:如果功能 1 首先被提议中央集权化的话,它将能够通过测试。

---

[1] 当更多的中央集权化发生并因此增强了成功的机会之时,没有能够通过旧的辅助性测试在稍后的新测试中被再次提出总是可能的。但是,这有可能会使政治转换成本大幅增加,并且通常也会要求公共意见中的变化。

如果以下的条件在一个或者所有地区中被观察到：

$$C_i^{1R}(f_1,0) + S_i[C^{2C}(0,2f_2)] + k_i^R(f_2 \mid 0) > \sum_{j=1}^{2} C_i^{jR}(f_1,f_2) \quad 4.12$$

原本提议的功能 2 的中央化将会被辅助性测试所阻止。① 如果中央化的过程从功能 1 开始,且该功能成功地通过辅助性测试的话,结果会完全不同。f_1 的起始转移事实上会提供范围经济的前景,促进中央政府对于 f_2 的后续吸收。

这些结果应当与前面几节中验证过的结果联系在一起加以考虑。应注意到,辅助性原则的应用有可能导致一种路径依赖式的政策责任再分配。辅助性测试的时间顺序对于决定中央集权化的最终程度而言变得至关重要。路径依赖究竟会导致渐进式中央集权化还是保守的现状偏差,可能在很大程度上取决于决策的顺序,同时由辅助性的应用所决定的结果可能因此代表了地方的最大值而非全局的最大值。这一路径依赖为议程设定者的策略性操纵开启了大门。中央政府可能会提议将 f_1 予以中央集权化,以便创造范围经济的前景,进而提升在后续阶段吸收 f_2 的机会。类似地,反对中央集权化的群体可能会试图在一开始就抢占这些功能的渐进式中央集权化,通过辅助性测试来阻止 f_2 的中央集权化。这一策略性操纵会导致政府功能的次优分配。

作为一个初步的结论,我们可以说,辅助性原则的应用结果对于统一化的最终程度的影响是存在争议的。最终影响中的这样一种歧义会给代表中央政府或地方政府的策略性行为留下广阔的空间。

---

① 或者,如果辅助性测试在中央层面被实施的话,当满足如下不等式之时,这一测试将会失败：

$$C^{2C}(0,2f_2) + C_1^{1R}(f_1,0) + C_2^{1R}(f_1,0) + [k_1^R(f_2 \mid 0) + k_2^R(f_2 \mid 0)]$$
$$> \sum_{j=1}^{2} [C_1^{jR}(f_1,f_2) + C_2^{jR}(f_1,f_2)]$$

六、 相互认可与规则竞争：反思规则的最优地理范围

正如第五节中所讨论的，只要规模经济与范围经济同时存在，那么辅助性原则的动态应用可能反而导致促进渐进式的中央集权化而非限制它。在本节中，我们将展示辅助性原则的另一个影响。辅助性原则本来应当偏向于去中央集权化——只要它能够加强效率。规则竞争同样本来是有助于效率的——通过保证选出最优的规则。[①] 在一个由辅助性原则所形塑的宪法设定中纳入规则竞争，可能会限制导致渐进式中央集权化的趋势，这一趋势能够在简单的辅助性下被观察到。

当我们将规则竞争视为中央集权化的阻碍之时，将功能的分配看作如下两个部分会有所帮助：规则共享与功能的物理实施（physical performance of the function）。中央集权化会同时产生这两个结果，而规则竞争会在提供规则共享的同时将功能的实施保留在地方层面。通过制定这一不完整的措施（half-measure），地方控制的支持者创设出了一种看起来是对完整中央集权化的重要阻碍。这一问题在欧盟内尤其相关，其中辅助性原则与相互认可的结合已经为国家立法者之间的竞争创设了空间。相互承认事实上意味着一个成员国内部正在运作的规制必须在其他所有成员国内得到承认，并且只要其可适用就应当加以实施。相互认可的原则与法律原则的选择结合在一起，为一个法律规则的受控市场创造了条件。在具体的条件下，这一市场可能会产生一种有价值的机制，在这种机制中，根据相互认可原则，更为有效的国家规制会被其他国家所利用（内文1992）。

[①] 但是，这一点并未被给定：规则竞争总是会选出最优的规则。参见卡尔博纳拉和帕雷西（2007b）。

通常的断言是辅助性会偏好规则竞争,减缓中央集权化的进程(内文 1992)。我们试图在前面几节所提出的辅助性分析模型的框架内对这一断言进行检验。在前面几节所提出的模型框架内,考虑到辅助性原则与相互认可之间的相互作用,我们将对某一给定的功能予以中央集权化的决策加以模型化。

作为规则竞争的结果,在某个国家所制定的最有效率的规则会有更大的机会被其他国家通过法律移植或者适用法律选择规则(choice-of-law rules)等途径所采用。[①] 经由相互认可原则,一个类似的影响发生在欧盟内部:在国家层面实施的针对某一给定功能的最优规制会在联盟内部的其他国家也变得可用。这很有可能使得最有效率的规则通常会被采用,进而意味着在地方层面规制这一具体功能的成本将会降低。[②]

为了理解为什么会出现这种情况,相互认可原则可以用经济学的术语被解释为降低了跨国的规制成本。根据这一原则,在地方层面已有的关于某一功能的最优规制将会在联盟内的每一个国家中得到实施。这会带来规制成本的总体降低,因为每个国家将会以最低的可能成本在地方层面提供这些功能。在这一语境下,辨别由良性规则竞争的消失所给出的完全中央化的额外成本变得可能,它可以提供在地方层面——不过也可以及于中央层面——最小化规制成本的方式。

在只有两个地区和两个功能的简单的辅助性模型中,如果中央层面的规制成本加上转换成本要低于将功能 1 转移至中央层面的最小成本,那么地区 i 将会偏向于将功能 f_1 分配至中央层面。

[①] 在诸多论点中,这一论点被奥古斯(1999)所支持。
[②] 中央集权化是统一化的充分条件。如果一个政策功能被中央集权化了,则其监管也就被统一化了。而根据定义,反之则并不必然如此。使用规则竞争,地方层面可以和其他地区统一采纳最有效率的规则,从而在降低功能实施的成本的同时,还能将其作用维持在地方的控制之下。

第一部分　通过法律制定的立法:成文法

$$S_i[\,C^{1C}(2f_1,0)\,] + k_i^R(f_1\mid 0) + C_i^{2R}(0,f_2) \leqslant \min\{\sum_{j=1}^{2} C_i^{jR}(f_1,f_2)\}$$

4.13

其中 $\min\{\sum_{j=1}^{2} C_i^{jR}(f_1,f_2)\}$ 代表(在地区间)规制功能 1 的最小成本,如果考虑到功能 2 仍然被分配在地方层面的话。规则竞争由此降低了这一辅助性测试的分析表达式的右半部分,从而使得针对某一给定功能(在该情形中是 f_1)的中央集权化想要通过辅助性测试变得愈发困难。① 应当注意的是,在现实生活的应用中,对于实际数值的量化往往是很困难的,因为它需要与世界上的其他国家——其中某些国家的 $\min\{\sum_{j=1}^{2} C_i^{jR}(f_1,f_2)\}$ 只是一个假设——进行比较。这加剧了以一种客观的方式实施辅助性原则的困难程度,使它难以成为政治操纵的工具。

针对这些最终结果,人们可能会总结观察到这一点:在辅助性测试中纳入相互认可原则,可以为本章所界定的渐进式中央集权化的力量提供更为有效的约束。当我们在一个动态的设定中审视之时,辅助性就变成了一项虚弱的而且可能是适得其反的原则。相互认可与规则竞争成了重要的推论原则(corollary principles),它们旨在平衡动态辅助性的可能偏见。但是,鉴于规则市场中的潜在信任,这些结论只有在一定条件下才成立。如果规则竞争的机制被外部性——其触发了逐底竞争而非逐顶竞争(race to the top)——所影响,此时辅助性测试可能会驱使整个体系迈向完全的中央集权化。正如前文所论证的,这可能未必永远是最优的解决方案。但是尽管如此,它仍然可以被视为是次优的解决方案,以及规则竞争的故障体系的首选替代方案。

---

① 注意对于在中央层面实施的测试的表达式而言这也同样如此,此时(4.8)的右边会变成 $N \times \min\{\sum_{j=1}^{2} C_i^{jR}(f_1,f_2)\}$。

第二部分

通过裁判的立法：法官法

第五章　通过裁判的立法：导论

　　正如经济学研究市场的效率属性一样,法经济学的学者们也对普通法的效率属性进行了广泛的研究。公共选择学和法经济学的学者们对于制定法渊源和普通法渊源进行了对比,集中关注了普通法规则相对于制定法的优势[鲁宾(Rubin) 1982；伊斯特布鲁克(Easterbrook) 1983；罗利(Rowley) 1989；瓦格纳(Wagner) 1998]。在相关的文献中,法官、陪审团、律师和诉讼当事人之间的互动所产生的演化过程还对普通法的效率做出了进一步的解释[埃利希和波斯纳 1974；普利斯特(Priest) 1977；鲁宾 1977；波斯纳 1981；以及其他若干]。普通法——正如其经常被论证的——随着一种自然选择机制而演化。法官法的演化理论提供了一个有关法律是如何发展的描述。这些理论并未告诉我们任何经由司法创设的规则的内容,但是解释了为什么法律会像现在这样发展。

　　理解普通法裁判的过程对于辨别驱使法官法演化的动力而言是关键的一步。在接下来的三章中,我们考虑了"通过裁判的立法"的一些独有特征,并对影响法律演化的问题——从先例原则到各方有关是否首先提出诉请的决定——进行了讨论。

一、普通法的效率假说

　　法经济学的一个重要假定是普通法会导致高效的产出。根据这一假定——其被称为普通法的效率假说——法官法相较于制定法而言在创造高效的产出上具有一个比较优势,因为普通法规则经由裁判和先例的逐步增加形成了一种演化式的选择。一些重要的贡献者为这一假说提供了基础。但是,那些持有支持这一假说的先进理论的学者们经常在概念层面发生分歧。

在相关的文献中,有两条主要的脉络。① 第一条脉络聚焦于诉讼当事人的角色,以及他们对于有效率的先例的"需求";第二条脉络则聚焦于法官的角色,以及他们对于有效率的先例的"供给"。

(一)需求侧的解释

对于普通法效率的需求侧解释假定,普通法经常包含了案件选择的概念。简单来说,案件选择是各方基于他们的个人利益去选择是否要针对一起给定的纠纷进行完全的诉讼(与和解或者完全不提出诉请相对应)的想法。

一些早期的贡献者为普通法效率的需求侧解释提供了基础。兰德斯(1971)的早期工作首先暗示了这一假说,他将一个社会中的诉讼数量视为如何管理公共法院服务的一个函数。需求侧解释随后经由鲁宾(1977)和普利斯特(1977)得到了拓展,并在更晚的时候由普利斯特和卡尔文(Klein)(1984)进行了回顾。鲁宾(1977)论证指出,普通法的效率性可以经由如下事实得到最好的解释:应当注意到相对于有效率的规则而言,当事人更有可能针对没有效率的规则提起诉讼。他论证道,普通法向效率性演进的压力依赖于当事人创造先例的意愿,因为他们在未来的类似案件中具有利益。鲁宾由此考虑了三种基本的情形:

---

① 有关效率假说在其多种变型中主要表述的一个综合性介绍,参见鲁宾(2006),他也提出了若干针对这一假说的重要批评。

(1)双方当事人都对创造先例有兴趣；(2)只有一方当事人对创造先例有兴趣；(3)没有任何一方当事人有这样的兴趣。当双方当事人都对未来的类似案件有兴趣，且当前的法律规则是低效的之时，鲁宾宣称承担责任的一方会有迫使未来的诉讼进行下去的激励因素。各方将会继续利用法院，直到规则被改变。但是，如果现有的规则是有效率的，就不会有激励因素去改变它，因此它会维持有效的状态。当只有一方当事人对未来的类似案件有兴趣之时，提起诉讼的激励就取决于责任的分配。如果责任落在未来更有可能面临类似案件的一方身上，诉讼就有可能发生，而另外一方则没有提起进一步诉讼的激励因素。作为结果，先例随着有兴趣的一方的偏好而演化，不管规则本身是不是有效率的。在没有任何一方当事人对先例有兴趣的情形中，法律规则——不管其是否有效率——会维持有效，当事人会在法院之外解决纠纷，因为他们缺少改变现有规则的激励因素。鲁宾由此总结道，普通法的效率化建立在诉讼当事人的效用最大化决策（utility maximizing decisions）的基础之上，而非法官最大化效率性的意愿。

鲁宾的分析由普利斯特（1977）进行了扩展，后者提出了如下的想法：普通法倾向于发展独立于决策中的司法偏见的有效率的规则。普利斯特断言，即便在面对潜在的对于效率性产出的司法敌意（judicial hostility）之时，有效率的规则仍然会发展。但是他与鲁宾在效率趋势的来源上持有不同的看法，他拒绝了鲁宾所提出的如下结论——这一趋势只有在某起纠纷的双方当事人都对未来的类似案件有兴趣，进而有激励因素提起诉讼之时才会发生。他声称，诉讼是由低效规则的成本而非针对先例的意愿所驱使的。

根据普利斯特的分析，相较于高效的规则而言，低效的规则会使当事人产生更高的成本，进而会使得纠纷中的利益（stakes）更高。而当利益更高之时，诉讼相较于和解就更有可能发生。因此，在低效的规则之下所产生的纠纷会倾向于被提起诉讼，并且相较于在高效的规则之下产生的纠纷而言，前者会更为频繁地被反复提起诉讼。这意味着高效的规则倾向于是无争议的（uncontested），因为它们不太可能被审查，尤其是被对效率性产出怀有敌意的法官审查，它们会倾向于维持有效。进一步地，随着低效的规则被审查，法官可能会抛弃这些规则而偏爱更有效率的变种——后者反过来更不太可能被审查。法律体系由此延续了对有效率的法律规则的选择。

由鲁宾和普利斯特提出的理论的一个重要组成部分是选择何种纠纷会被提起诉讼的标准。只有确实被提起诉讼的纠纷，才能够生成法律先例。没有导致起诉的纠纷或者在最终的判决前就被解决的纠纷，不会对法律产生影响。普利斯特和卡尔文（1984）提出了一个有关诉讼过程的模型，该模型探索了被提起诉讼的纠纷和被和解的纠纷之间的关系。普利斯特和卡尔文展示了被选择提起诉讼而非和解的纠纷的组合构成了所有纠纷组合的一个既非随机又非代表性的样本。由此他们紧接着提出了一个选择假说：当双方当事人在诉讼中有相同的利益时，当事人的个体最大化决策会产生一种强烈的偏见，后者指向了庭审中原告（或者上诉审中的上诉人）的成功率——无关实体法是如何规定的。

其他几位贡献者也为法官法的经济学分析增添了一些重要的洞见。库特和科恩豪泽（Kornhauser）（1980）将法律的演化模型化为一个马尔可夫过程（Markov process），并且发现演化并不必然导致一个对有效率规则的演化式选择，但是总会导致更好的与更差的规则之间的一些平衡。根据库特和科恩豪泽（1980），即便我们允许一个更高比率的针对经济上低效率规则的诉讼，同时允许法官用高效率的规则去替换低效率的规则,也并不存在一个保证普通法会趋向于经济上有效率的平衡(economically efficient equilibria)的自动化机制。库特和鲁宾菲尔德(1989)从信息化的视角对普通法的纠纷解决进行了观察,他们对法律纠纷解决的相关经济模型进行了重新审视,试图将它们综合成一个新的模型,这个模型可以提供对法院的理解和法律规则中拟定修改的立法审议这两者来说都是必要的参考点。库特和鲁宾菲尔德使用一个有关诉讼、和解与审理的统一模型,对当事人在诉讼过程中前进之时所面临的激励因素进行了检验,基于可供当事人做出的决策进行了预测,并且讨论了一些由对于效率的追求所产生的担忧——它们弥漫于规范性的经济分析。兰德斯、鲁宾、普利斯特和卡尔文的理论(库特和鲁宾菲尔德在很大程度上也是)都包含了如下的假说:诉讼当事人的成本分析在形塑普通法的效率性的过程中发挥了重要的作用。

当考虑到诉讼在法律规则发展中的作用之时,重要的是注意到诉讼当事人的私人成本和收益并不必然与社会成本和收益相一致。这导致了私人激励与社会激励之间出现差异,而这种差异有可能破坏法官法的最优演化路径。沙维尔(Shavell)(1982)论证了在某些类型的诉讼中,一方当事人源自诉讼的私人收益会比较高,但是此类诉讼的社会成本也会较高,同时社会收益却会较低。在其他类型的诉讼中,诉讼的潜在社会收益可能会较高,但是一方当事人的私人成本会过高,以至于阻止他们提起诉讼。梅内尔(Menell)(1983)挑战了沙维尔的第二个结论,即差异化的成本和收益会使一些形式的诉讼"冷却"下来。他论证道,由于当事人仅仅承受诉讼的私人成本(而非社会成本),整体的趋势可能会是,相较于社会最优的程度而言,在更多的情形中会有更高比例的诉讼。但是梅内尔也论证道,这一效应有可能被被告影响诉讼结果的能力所覆盖。卡普洛(1986)回顾了沙维尔和梅内尔两人的研究工作,并且发现,即便梅内尔的论证是有说服力的,沙维尔有关诉讼的社会与私人成本和收益的理论仍然会保持不变。卡普洛还进一步完善了沙维尔的如下论证:由前述的差异性所导致的效率问题将很难——如果还不至于是不可能的话——通过立法得到解决。罗斯-阿克曼(Rose-Ackerman)和盖斯特菲德(Geistfeld)(1987)指出,梅内尔和卡普洛的理论只适用于特殊情况,并且随着政策的变迁[例如在诉讼中采用英国式的"败诉方支付费用"规则(English loser-pays rule)],沙维尔的差异性问题是可以得到纠正的。沙维尔(1997 和 1999)回顾了他的原始版本假说,并且指出该假说也会继续适用于这些情形:因为当事人在决定是否要提起诉讼的时候不会将社会成本或者潜在的社会收益考虑在内,提起诉讼(或者和解某一案件)的私人激励与社会激励因素是有差异的,而这一差异性很难得到弥补。

(二) 供给侧的解释

支持效率假说的供给侧理论可以在波斯纳(1994)有关司法行为的有趣研究中找到最佳的例证。波斯纳拒绝了如下的理论,即普通法朝向效率性的演进是由优秀法官促进公共利益的工作所致的。尽管这种理论可能能够解释部分法官的决策,但是这些仁慈的偏好不可能针对所有个体的法官被全面地假设。在这样一个虚弱的假设基础之上构建理论是一种错误。尽管人们通常相信,司法体系之所以被建构成这样,是为了保障法官的自主性,使他们免受经济激励的影响,但波斯纳却提出了一个有关联邦上诉法院法官行为的实证经济理论,并且使用了一个模型,在该模型中,司法效用(judicial utility)主要是一个有关收入、闲暇和司法投票的函数。他论证道,上诉法院的法官都是普通的、理性的人,他们的行为很难通过客观品质(中性的"公正")加以评估。除了金钱和闲暇之外,法官还有可能通过对某事的裁判获得效用。波斯纳相信,法官会从良好的职业声誉、声望中获得正效用,同时会从高等法院的撤销判决中获得负效用。最为重要的是,波斯纳相信,对于案件的投票是司法效用的一个关键来源,这归因于对律师和公众所接收的法官意见的尊重。法官在决定案件时的消费价值很显然被对于闲暇的偏好所平衡。在其他一些事项中,波斯纳指出,做出决策的消费收益与机会成本之间的平衡解释了为什么法官会坚持遵循先例,尽管不是严格地遵循。波斯纳(2006)再次考虑了法官的函数问题,他指出了法官作为政治行动者的角色,这一角色受到了双重意愿的激励:使世界成为一个更好的地方,以及进行"司法游戏"。波斯纳总结道,如果情绪和司法观点是有主观色彩的,并且会对司法决策的做出造成影响,那么就会有很强的理由去推动司法机构多元化。泽维基(Zywicki)(2003)考虑了供给侧理论中的另外一些变量,为普通法规则的效率供给提供了一个基于制度性因素的解释。泽维基所设定的三个条件包括:(1)普通法之下的"弱先例"(weak precedent)原则;(2)普通法成长期的多中心化法律秩序;(3)对私人秩序(private ordering)的强调,包括契约自由以及接受习惯。在当今时代,这些供给侧的条件不再以司法决策为典型代表。

接下来的三章建立在这些文献的基础之上,尤其关注了需求侧和供给侧解释之间的可能互动。对于法律先例的需求和供给的综合考虑,透露了在法律演化的平衡路径中偏见的可能性。这些结果表明,在现有的文献已经辨识出来的偏差之外,还存在其他的可能影响法官法效率演化的偏见。

二、法律演化:不同的先例原则之下的司法路径依赖

法律演化,即法律随着时间的推移所发生的变化,其在法官法的体系之下会取决于许多因素。其中的一个重要因素是司法路径依赖。司

法路径依赖指的是法官在案件中的决定会影响后续的涉及相同或者类似法律问题的案件中的法官决定。先例原则是司法路径依赖得以生成的一套机制。简单来说,先例原则是这样的一套法律原则:法官会依据它们认定先前的案件决定对于此刻在他们面前的案件来说是具有说服力的法律权威。(不同的)先例原则在先前的案件决定对于法官不同决定的说服力或约束力的程度和方式方面会有很大的不同。两个普通的先例原则分别是"遵循先例"(stare decisis)和"法院惯例"(jurisprudence constante)。正如前文所讨论的,"遵循先例"(其字面意思为遵照执行已决之事项)的法律原则意味着法院在就未决案件做出决定之时,应当在法律问题上坚持过往的法律先例。与之相对应,"法院惯例"原则意味着法官应当仅考虑他们自己必须要遵循(过往)决定中的统一趋势。司法决定在它们成熟到变成一系列占主导地位的先例之前,不会成为一种法律渊源[兰伯特(Lambert)和沃瑟曼(Wasserman) 1929;戴诺(Dainow) 1974;丹尼斯(Dennis) 1993]。重要的是要注意到这些原则不是彼此分离的,它们更应当被设想为由所有可能的先例原则所组成的一道光谱上的不同的点。在这道光谱的一端,某个单独的先前决定会对法官有完全的拘束力;而在另一端,先前决定完全不会约束法官。

尽管先例原则对于法官法的依赖程度有所不同,但是它们同时存在于大陆法系和普通法系之中。一些历史背景对于理解此类原则的作用会有帮助。先例原则最早在16世纪末被发现,当时英国的法院开始在程序和诉状方面坚持先前的习惯[贝尔曼和雷德(Reid) 1996:446]。但是,一直到17和18世纪,一个实质性的先例规则才在普通法系中发展出来。在那一时期,法院被委托以"寻找"法律的任务,而不是去"创造"法律。在布莱克斯通(Blackstone)(1764)看来,普通法的功能——其由原始的共同习俗和法院的角色所组成——在于发现并宣布这样的习俗,以及为其内容和存在提供有说服力的证据。承认同一法律原则的若干案件的存在增强了司法发现的说服力:当先例随着时间的推移而被一系列一致的决定所重申之时,它们就变得更有权威性了。在黑尔(Hale)(1713)看来,"一连串的司法决定始终将一个法律原则或法律规则应用于各种类似的事实情形,这是表明……此类原则或规则的存在与效力的'证据'"(贝尔曼和雷德 1996:448)。18 世纪晚期和 19 世纪初期,在边沁的实证主义影响之下,"遵循先例"从实践转变为原则,从而产生了先例约束力的普通法概念。到 19 世纪末,先例约束规则的概念被正式确立[埃文斯(Evans)1987:36—72]。整个先例体系不再被视为有说服力的法律证据,其自身已然变成了一种主要的法律渊源(德普特和帕雷西 2003)。

绝大部分的大陆法系都经历了一个相当不同的演化过程,它们将判例法贬谪为第二档的法律渊源。法典和专门的制定法才被承认为唯一而主要的法律渊源。在法国,"唯一合法的法律渊源是'法律'(the law)"[特罗珀(Troper)和格热戈尔奇克(Grzegorczyk)1997:107]。法律包含了由立法者所创设的制定法(statutes),并且被编纂在法典之中。"(法典作为唯一法律渊源)的原则由 1790 年 8 月 16—24 号的法律①所正式确立,并且禁止法院创设法律或者干涉立法。"(特罗珀和格热戈尔奇克 1997:117)

在 19 世纪的欧洲,分权原则被理解为是意味着"法院的功能在于解决被提交至它们面前的纠纷,而非创设法律或法规"[大卫(David)1972:180—181]。权力分立这一严格的历史观归因于对法院的普遍不信任,法院在法国大革命之前被国王所操纵。法律中确定性和完整性

---

① 法国 1790 年 8 月 16—24 号的法律即《法院组织法》。——译者注

的理念意味着立法规定需要以一种数学标准的方式被制定和解释，以避免任何司法裁量或任意决定的空间（帕雷西 1992）。在法国大革命之后，"司法的作用被认为仅仅是通过三段论的形式对制定法加以适用"（特罗珀和格热戈尔奇克 1997：103）。这些保障措施"将（司法判决）封闭在宪法框架之内，这一框架旨在防止判决成为法律规则"［卡尔波尼埃（Carbonnier）1969：95—96］。

但是，针对成文法中的确定性和完整性理念，欧洲的法学家们逐渐发展出了一套适宜的怀疑论。一位著名的欧洲法学家在评论法律逻辑的概念之时玩世不恭地写道："我不得不承认，随着时间的推移，我对于法律逻辑的不信任在增加。"［卡拉玛德雷（Calamandrei）1965：604］卡拉玛德雷的不信任在一系列近期的法律讨论中得以重现，这些讨论涉及在将成文法律规则应用到一个现实环境的持续变化模式时所面临的困难。随着滥用前革命时代政权的记忆开始褪色，有关司法角色的意识形态担忧得到了缓和。在大陆法系自身的司法实践中，它们逐渐开始坚持一种非正式的先例法制度，一系列的类似案件决定从中获取了作为一种法律渊源的解释力（persuasive force）。这一司法实践作为一种推动法律体系中确定性、一致性和稳定性的手段而出现——法典化没能达成这一目标，同时最小化了管理司法的成本。

这一司法发展的路径产生了"法院惯例"。依据这一原则，法院只有在先前的判例法中存在足够的一致性（uniformity）之时，才被要求将过往的决定纳入考虑之中（即针对同一法律问题在一个司法管辖权内做出不同的决定）。根据"法院惯例"原则，"法院的实践不会变成一种法律渊源，直到它被那些在单独的某一点上达成一致的先例经过不断重复而确定无疑地固定下来"（兰伯特 1929：14）。没有哪一项单独的决定会约束一个法院，也没有相关性会被给定去分裂（split）判例法。

一旦一致化的判例法发展起来,法院就开始将先例作为一种具有解释力的法律渊源加以对待,在达成一个决定的时候将它们纳入考虑之中。过往先例中的一致性程度越高,判例法的解释力也就越强。相当大的权威力量由此从有关任何给定法律问题的统一化决策趋势中产生。在法国法之下,这一教义性建构——其也被称为"指导性判决"(arrêt de principe)①——认为,一系列完全一致的决定都符合既定的法治(德普特和帕雷西 2003)。

在现代的法律体系中,"法院惯例"原则在法国(特罗珀和格热戈尔奇克 1997)、德国(戴诺 1974)、美国路易斯安那州(卡尔波尼埃 1969;丹尼斯 1993),以及其他的混合法域[麦考密克(MacCormick)和萨默斯(Summers)1997]中得到遵循。在法国,综合形成一种趋势或者一种"存续法学"(即法院惯例)的先例成为法律渊源。不存在引用或者明确提及某一先例的司法实践,但是一连串的先例成为了司法决策过程中的一个相关的并且往往是决定性的因素(特罗珀和格热戈尔奇克 1997)。"法院和学者都倾向于承认(一个案件)规则的存在以及先例的'指导性判决'性质,当它被其他一系列案例所遵循之时。"(特罗珀和格热戈尔奇克 1997:130)

沿着类似的路径,路易斯安那州的法律指出,当先例成为"既定法学"(settled jurisprudence)(即法院惯例)之时,它就成了一种法律渊源。正如路易斯安那州最高法院法官詹姆斯·邓尼斯(James Dennis)所指出的那样,当案例的一种主导趋势形成了一股伴随着相同推理的统一而又均质的裁决之时,这一教义(the doctrine)就符合了主导法学(pre-

---

① 在法国法律中,arrêt de principe 指的是最高法院的指导性判决,相当于中国最高人民法院的司法解释。——译者注

vailing jurisprudence)的说服性权威(persuasive authority)。"法院惯例"原则允许后续的法院将过往的司法趋势纳入考虑之中,并且正当化了在决定后续的案件之时依赖此类先例的正当性(丹尼斯 1993)。类似地,德国也采纳了如下的理念:针对某一具体主题的一系列决定会产生一种司法习惯。一系列主导性且已经持续了一段时间的先例被称为永久性裁决(德语为 staendige Rechtsprechung)(戴诺 1974)。这些例子对于为存在于大陆法系内部的法院决定的主导趋势赋予说服力的总体倾向来说是有代表性的。这些背景将为第七章和第八章中有关先例原则的分析提供一个重要的框架。

三、通过裁判的法律演化:法官法的经济学

在随后的各章中,我们将现有的关于"法官法的经济学"的法经济学文献加以扩展。在第六章中,我们分析了一个经常被忽视的有关诉讼的前提条件,并且设定了不同模式的法律变化有可能发生的环境。我们设想了一个法律演化的模型,在该模型中,法官有多样化的意识形态和倾向来扩大法律救济与诉因的领域。如果源自案件的预期净回报为正的话,当事人就会将案件提交至法院。案件的净预期值取决于案件的客观价值、法律的状况以及法官的意识形态倾向。由于原告对于是否要将案件提交至法院享有完全的控制权,案件选择会在法律规则和救济的演化中产生一个单调的(monotonic)上升趋势。法官意识形态中的差异和原告对于起诉决定的控制这两者的同时存在,也许可以解释具体的法律领域是如何被给予越来越高程度的救济保护和对原告行为的承认的。

在第七章中,我们更为明确地回顾了诉讼和案件选择在法律变化过程中的作用。我们检验了司法的路径依赖对于责任规则和法律救济

的强化的影响。我们认为,针对诉讼的纠纷选择受到了当事人选择范围的影响。我们检验了案件选择和诉讼在法律救济的演化中的作用。如果法官在意识形态或政策观点方面存在差异,并且当事人在最终决定之前对此有所了解,司法路径依赖可能会导致渐进式的法律救济强化或者收缩。赢/输比率(win-loss ratios)(如果当事人成功赢得诉讼,他们预期获得的数量/如果当事人未能成功赢得诉讼,他们预期失去的数量)中的增长向原告发出了如下的信号:当成功的可能性相当小之时,案件也可以被理性地起诉。其结果是,相当数量的消极先例——否认一种新的诉因或者对于一种现有救济的明确解释——会被创设出来。与此相对应,在其他情况之下,一个初始的司法创新可能会被法律先例的渐进式强化所遵循。早先有利的决定中的一个小部分会导致更为广泛的接受,最终会形成一个具有拘束力的教义。由于司法路径依赖的存在,个体原告的私人激励因素可能会偏离未来原告的激励因素:针对成功可能性较低的案件仍然提起诉讼,可能会对未来类似案件的成功可能性造成负面影响。我们的分析揭示了法律演化的过程,并且为针对不同先例原则之下的法律变化的未来研究提供了基础。这些结果与尼布莱特(Niblett)、波斯纳和施莱费尔(Shleifer)(2008)在近期所提出的经验证据是一致的,他们对于普通法是否真的在商事领域中趋向于效率性进行了检验,并且观察到了在许多方面与传统预测不一致的法律演化模式。①

在第八章中,我们使用一个模型来描述大陆法系中司法决策的动

---

① 由尼布莱特、波斯纳和施莱费尔(2008)提出的经验证据揭示了法律并未收敛到任何稳定的停止点(resting point),并且在不同的州会有不同的演化。作者检验了一份长达35年的来自465个上诉法院的上诉法院决定样本,得出结论认为法律并未收敛到任何稳定的停止点,并且在不同的州会有不同的演化。作者对于他们的发现做出了如下的解释:法律演化受到了原告诉请、当事人的相对经济实力以及不具有约束力的联邦先例的影响。

态过程。与普通法系不同,大陆法系在裁判中并没有采纳"遵循先例"原则。在针对任何给定的法律问题做出决定之时,先例扮演了一个具有解释力的角色。但是,当判例法中有足够程度的一致性之时,大陆法系的法院会将过往的决定纳入考虑之中。通常来说,当统一的判例法发展之时,法院会将先例视为一种"软"法律渊源加以对待,在达成决定之时会将它们纳入考虑之中。过往先例中的一致性程度越高,判例法的解释力也就越强。尽管大陆法系并不允许持有异议的法官针对多数意见发表异议,但与主流趋势不一致的案件仍然会被作为司法系统中异议的一个信号。这些案件会以多样化的方式影响未来的案件。对在大陆法系先例原则之下的判例法演化的描述,展示了我们有可能观察到法律救济的强化或收缩的条件,以及未决判例法的持久性的条件。这一分析为不同先例原则的比较分析提供了一个基准,同时为"法院造法"(judicial lawmaking)的制度性设计和在多样化的动态设定之下给予先例以最优权重的重要性提供了洞见。

第六章　诉讼和法律救济的演化[*]

在本章中,我们将考虑在法律先例的形成过程中经常被忽视的一个要素,并且回顾诉讼在法官法演化中的作用。正如第五章中所讨论的,在现有文献中一个众所周知的结论是法律纠纷中案件选择的过程会在法律演化的过程中发挥基础性的作用。在这里,我们来关注由波斯纳(2006)所做出的一个重要观察。他观察到司法意见和情绪在案件选择中发挥了具有相关性的作用——可能使得推动(意识形态)多样化的司法变得可欲的主观性。在本章中,我们对法官多样性的提高能够在多大程度上确实地避免普通法演化中的偏见进行了检验。我们在这一方面所得出的结果并不是非常鼓舞人心的。我们提出了一个关于诉讼的逆向选择理论,指出趋向于法律救济的不断扩大的趋势,以及更为一般化地说,在民事案件中法律先例的整个创设和变化过程,都是由一种无所不在的逆向选择机制所驱使的。在我们的模型中,双方当事人在案件中有对称性的利益,并且法官在意识形态上各有不同。原告基于在具体法院的成功可能性来决定是否要提起诉讼。正如在我们的模型中所展示的,一个意识形态多样化且均衡化的司法体系并不足以产生不含偏见的判例法。原告的结果选择会产生一种在倾向原告(pro-plaintiff)的管辖范围内提起诉讼的严重偏向。新的法律先例会在经过

---

[*] 本章基于如下这篇先前已经发表的论文:文希·冯、弗朗西斯科·帕雷西:《诉讼与法律救济的演化》,《公共选择》第116卷,2003年,第419—433页。

诉讼的案件的结果子集的基础之上被创设出来,并且伴随着一种由倾向原告的法官创设新的法律先例的更高可能性。

一、案件选择与法律演化

根据普通法的效率假说——正如在第五章中所讨论的,普通法规则试图有效率地分配资源,通常是以一种帕累托或卡尔多-希克斯的效率方式。在完成这一任务方面,相较于制定法而言,普通法规则享有一个比较优势,其原因在于经由裁判的演化式选择和先例的渐进式加速。① 普通法效率性的基础在于由"遵循先例"的普通法传统所引发的法律规则演化。鲁宾论证道,普通法的效率性可以经由如下事实得到最好的解释:相对于有效率的规则而言,当事人更有可能针对低效的规则进行诉讼。普通法向效率性演化的压力取决于当事人创设先例的意愿,因为他们对于未来的类似案件有兴趣。普利斯特(1977)阐述了一个类似的想法,但是与此同时他提出,在缺失重复诉讼的情况下,普通法也会趋向于效率性,因为诉讼是由低效规则的成本而非对先例的意愿所驱使的。作为一种适者生存式的论证,普利斯特指出,有效率的规则更不可能被审查,因此它们会倾向于维持有效。普利斯特和卡尔文(1984)提出了一个有关诉讼的模型,其聚焦于针对诉讼的案件选择基准,由此派生出了一个选择假说:当双方当事人在诉讼中有同等的利益时,当事人的个体最大化决策将会产生一个导向庭审中原告(或者上诉

---

① 但是,也请参见由一些公共选择理论学者[最为引人注目的是托洛克(Tullock)1980和1997]所提出的相反意见,他们关注到了普通法过程在法律规则形成中的普遍缺点。有关推进了普通法效率假说形成的开创性论文以及它们所受到的批评的一个回顾,参见波斯纳和帕雷西(1997)。

审中的上诉人)成功的强烈偏向。①

鲁宾、普利斯特以及普利斯特和卡尔文的理论为有关诉讼中逆向选择的理论提供了必要的元素。但是我们的模型在一些重要的方面与前述这些经过检验的模型有所不同。与鲁宾不同,我们的结果并不依赖于当事人创设先例的激励性因素。在我们的模型中,诉讼是由最大化源自案件的回报的尝试——而非对先例的意愿——所排他性地驱使的。原告是理性的,只要源自案件的预期净回报为正,他们就会决定将一起案件提交至法院。这意味着单次的诉讼和重复诉讼一样,都会对法律演化的过程做出贡献。我们的模型也和普利斯特的有所不同,我们承认低效的规则相较于高效的规则会给受其约束的当事人带来更高的成本,因此它们可能被更为频繁地提起诉讼——相较于在高效的规则之下产生的纠纷。但是,对于低效规则的回避只是当事人成本-收益计算中的一个很小因素。针对一起案件提起诉讼的机会首先是由原告控制的,这为逆向选择创造了一个机会。正如普利斯特和卡尔文的理论所指出的,被选择提起诉讼的纠纷组合构成了所有纠纷组合的一个既非随机又非代表性的样本。如同哈德菲尔德(Hadfield)(1992)所强调的,法官当然只能针对被起诉的案件做出裁判。但是,我们的选择假说与普利斯特和卡尔文以及哈德菲尔德的理论不同。沿着鲁宾和百利(Bailey)(1994)的路径,我们提出了一个有关法律演化的替代性模型,该模型将一些重要的公共选择元素纳入了考虑之中。与鲁宾和百利不

---

① 当双方当事人在诉讼中有同等的利益这一假定松动之时(例如,一方当事人是一个重复参与者,其在未来的类似案件中也有利益),诉讼中的成功率就会开始偏离被假定的基线,模型预测重复参与者会更为频繁地占据上风。普利斯特和卡尔文提供了大量的数据,这些数据有的来自他们自己的经验调查,有的来自从20世纪30年代开始的有关法律体系的主要经验研究。尽管他们警告不要断定这些数据确认了选择假说,但是由于测量问题,这些数据在很大程度上仍然是偏向于该假说的。

同——他们聚焦于律师在改变法律中的作用,我们考虑了法官的作用。在我们的模型中,法官拥有不同的意识形态观点,当事人基于在具体法院的成功可能性来决定是否要提起诉讼。正如我们的模型所展示的那样,当事人的理性决定产生了一种在自由主义式(即通常而言是倾向于原告的)的管辖范围内起诉的强烈偏向。这意味着相较于保守主义的(即通常而言是倾向于被告的)法官而言,自由主义的法官有更大的机会来创设新的法律先例。

二、 一个诉讼和法律演化的逆向选择模型

本节提供了一个有关法律演化的逆向选择模型,以解释法律救济的渐进式扩张,以及由此所导致的法律体系为原告的诉请提供越来越高程度的救济的趋势。我们对比较法制史中的一个典型化事实进行了分析:越来越多的原先不被法律承认并且不受救济的民事诉情,现在得到了法律保护和有效的法律救济(帕雷西 1992)。我们认为,在基于案件的法律体系中,责任不断扩大的趋势源于创设法律先例的过程。

我们考虑了一个有关民事诉讼的逆向选择模型。[①] 一个纠纷的当事人面对着对称性的利益。我们假定原告是理性的,而且只要源自案件的预期净回报为正,原告就会将案件提交至法院并提起诉讼。案件的预期价值受到法律的当前状态的影响——对于一些边缘案件来说,

---

① 在文献中,逆向选择模型通常而言包含了不对称信息。在我们的模型中没有不对称信息。逆向选择指向了如下的事实——控制的一方(原告)根据成功的可能性来选择案件,这很像买家选择将二手车投放在市场上。二手车市场中的不对称信息指的是非控制一方的缺失知识:买家并不清楚二手车的质量。在我们的模型中,没有缺失的知识。如果有什么的话,非控制一方(法官)对于他自己的意识形态拥有更好的信息。但是法官没有机会来启动一项诉讼,他无法就一起没有被起诉的案件做出决定。

还会受到法官的意识形态观点影响。我们假定法官有不同的政策视角,同时也有不同的扩大法律救济范围和承认新的诉因的倾向。法官承认法律和过往先例的约束力,但是他们的政策观点会影响新型或者边缘案件的结果。① 跟随着普利斯特和卡尔文,我们假定潜在的诉讼当事人对可能的决定形成了理性的评估——不管是基于法律先例还是意识形态偏见。原告(和他们的律师)会评估法官的政策观点,并且会在计算源自他们案件的预期回报之时将这样的意识形态要素纳入考虑。② 在给予理性选择的情况下,原告不太可能将没有得到现有案件支持的边缘案件提交至一个保守主义的或者倾向被告的法院,但是有可能将此类案件提交至一个自由主义的或者倾向原告的法院。③

(一) 边缘案件和司法裁量

边缘案件经常处在过往规则的支配领域之外,并且会产生新型或者边缘的法律问题。在此类情形中,法院对于案件的评估会受到主观政策考虑因素的影响:先例仅仅作为一种有说服力的法律渊源,这给法官在解释和应用先例规则的过程中留下了更大的自由度(波斯纳 1994;

---

① 在本章中,我们研究了这一传统问题,即纠纷的选择是如何影响法律规则的演化过程的。我们由此将我们的注意力集中在法官在决策过程中的活动上,因为法官是独自决定法律问题的。一个不同的逻辑可以解释陪审团损害赔偿的增长以及事实问题评估中的其他趋势。

② 在真实生活中,这一信息可能在起诉之前(例如,在独任法官法庭或者意识形态同质化的地区的情形中)或者起诉之后(例如,当事人知道哪一个法官被指派审理该案件,因而可以在最终决定之前放弃诉讼)被获取。在这两种情形中,对于法官倾向的理性评估都会影响是否要追求,或者是否继续诉讼的决定。只有那些通过了这一初始阶段的案件才有潜在可能导向法律先例的产生。

③ 这导致了我们模型中保守驱动的边缘先例的低比率。通过假定颤抖手错误(trembling-hand errors)可以实现同样的结果,伴随着保守主义法官与自由主义法官的边缘先例生产率差异。当存在这样一个假定之时,在我们的模型中,自由主义先例的流动将会构成自由主义先例的净效应。

德普特和帕雷西 2003）。① 不可避免的是，法官会根据他们的意识形态来灵活处理。边缘案件一旦被裁判，将会影响法律的未来状态。后续的案件将会依据过往的边缘先例所设定的新标准接受裁判。随着时间的推移，这会改变原告获得法律救济所必需的责任门槛 r_t。

保守主义和自由主义法官针对边缘案件的不对称倾向不应当被曲解。意识形态化的决策不是自由主义相对于保守主义所特有的一个属性。事实上，当有机会如此行为的时候，所有的法官都有可能将责任门槛推至离他们理想的点更近的地方。② 但是自由主义的法官有更大的机会去创设倾向原告的先例——相较于保守主义的法官所享有的创设倾向被告的先例的机会。这并不归因于改变法律边界的不同意愿，而

---

① 正如在第五章中所讨论的，法经济学确实曾经难以从经济学角度解释司法行为，因为联邦司法机关的结构被设计成要移除法官的经济激励。波斯纳（1994）提出了一个有关联邦上诉法官行为的实证经济学理论，他使用了一个模型，在该模型中司法效用主要是（法官）收入、闲暇以及司法投票的一个函数。波斯纳相信一个上诉法官的效用函数还包括了对于良好声望、受欢迎程度、威信的偏好，以及对于相反情况的回避。波斯纳支持这样一种观念，即司法就业的条件能够促使法官就其价值观进行投票，而在诸种条件之中，波斯纳相信效率性是尤其具有影响力的。波斯纳将司法决定类比为政治投票。在投票中有纯粹的效用，这一点被大众选举中的参与所证明，在大众选举中个体承担了一个净成本以便参与到这一政治过程之中。这一类比表明，归因于尊重法官从律师和公众处获得的意见，对于案件的投票是司法效用最为重要的来源之一。法官还会进一步从投票给谁或者投票支持什么的决定中派生出效用。法官会将这一效用与决策的机会成本进行平衡。波斯纳进一步指出，对于休闲的追求解释了为什么法官会坚持（尽管不是严格地）"遵循先例"。当严格坚持这一原则时，法官们将会失去自由裁量的效用，但是当法官的观点与现行法律一致或者当他们没有机会偏离先行法律之时，他们会强烈地偏好于使用先例作为减少他们决策工作的一种方式。

② 所谓的法律演化的不对称革命理论提出保守主义法官更倾向于尊重先例，而自由主义法官感觉受到先例规则的约束较少。这产生了普通法中不同的变化率，因为在法律中自由主义式的法律创新更有可能支配保守主义式的法律创新。由此，自由主义的司法意识形态与责任的扩张之间的任何相关性都会意味着法律救济的范围随着时间的扩张。正如上文所提及的，这一解释依赖于如下的假定，即保守主义法官比自由主义法官更倾向于信守法律先例。尽管这一假定可能需要经验确认，我们可以提供一个作为替代的假说，该假说认为不管法官对于过往先例的政治倾向如何，逆向选择机制都可能在具体的法律领域中发挥作用。有趣的是，这一选择机制并不必然会在法律体系中产生有效率的创新。

应当归因于法官裁判边缘案件的不同机会。

令 x 为代表一起潜在诉讼的客观法律价值的一个指数。它随着概率密度函数（probability density function）$f(x)$ 和累积分布函数（cumulative distribution function）$F(x)$ 而随机分布。

为了简洁，令 r 为裁决变量（ruling variable），或者更为精确地说，一个有关法律体系承认原告诉请的意愿的指数。这样的裁决变量是现有的先例存量的一个代表。随着承认新的诉请和诉因的法律先例的增加，裁决边际 r 会降低，因为如果一起案件以有利于原告的方式被决定，其所必需的客观法律价值会更低。在每一个时间段，令 r_t 为期间 t 内判例法的"当下"状态，其设定了一起诉讼以有利于原告的方式被裁决所必需的客观法律价值的最低程度。我们将把 r_t 称为时间 t 之时的责任门槛。

给定一个被提交至法院的具有客观法律价值 x 的案件，该案件的预期结果不仅仅取决于诉讼的价值，同时也取决于法官的意识形态倾向。令 i 为一个法官的意识形态倾向的代表指数，当指数 i 越高，则法官越自由主义。令 $\kappa_i(x)$ 代表法院的预期裁决，其中 $\kappa_C(x)$ 代表倾向被告或者保守主义法官的预期裁决，则 $\kappa_L(x)$ 代表倾向原告或更为自由主义的法官的预期裁决。①

假定 $\partial \kappa_i / \partial x > 0$。也就是说，在给定法官的意识形态倾向的情况之下，案件的客观法律价值程度越高，原告就越可以期待法院的判决对其有利。这是由于一个具有更高客观法律价值的诉请能够得到更多法律先例的支持，使得任何类型的法官都更容易做出有利于原告的决定。同时，我们有关一个自由主义的法官更有可能支持对诉讼做出裁决的

---

① 保守主义和自由主义的意识形态标签被用于说明目的。某些法律领域可能会与保守主义/自由主义和偏向被告/偏向原告之间的匹配相反。但是我们模型的定性动态不会被改变。

假定意味着 $\kappa_C(x) < \kappa_L(x)$。

因为 κ_i 是一个递增函数,因此存在着 κ_i 的反函数。反预期裁决曲线将表示为 x_i。由此,

$$\kappa_i(x) > r \Leftrightarrow x > x_i(r)$$

进一步地,

$$\kappa_C(x) < \kappa_L(x) \Leftrightarrow x_C(r) < x_L(r)$$

图 6.1 展示了两条相反的预期裁决曲线 $x_C(r)$ 和 $x_L(r)$。我们将会把这些曲线简称为预期裁决曲线。请注意,两条预期裁决曲线都是向上倾斜的,这一属性反映了如下事实:被提起诉讼的案件的客观法律价值越高,原告就越可以理性地期待法院会对其有利。

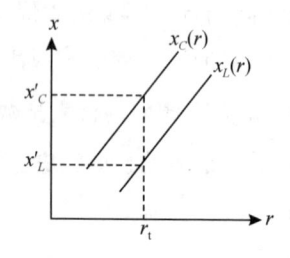

图 6.1　保守主义和自由主义法官的预期裁决曲线

请注意,一位典型的保守主义法官的预期裁决曲线 $x_C(r)$ 要比一位更为自由主义的法官的预期裁决曲线 $x_L(r)$ 更高。这意味着对于任何先例存量 r_t 而言,一起案件以有利于原告的方式被决定所需要的客观法律价值程度会在保守主义法官和自由主义法官之间发生变化。一位更为保守主义的法官会给诉讼设定一个更为严格的标准,使得"保守主义"的决定标准 x'_C 处于"自由主义"的决定标准 x'_L 之上。

因为一位保守主义法官的预期裁决曲线 $x_C(r)$ 在一位自由主义法

官的预期裁决曲线 $x_L(r)$ 之上,以有利于原告的方式被决定的诉讼组合要比由一位更为自由主义的法官所裁决的要少。为了观察这一点,设想一个责任门槛 r_t。所有具有价值 x——其高于或等同于 x'_c——的诉讼都会由保守主义的法官以有利于原告的方式做出裁决。类似地,所有具有价值 x——其高于或等同于 x'_L——的诉讼都会由自由主义的法官以有利于原告的方式做出裁决。

(二) 逆向选择与诉讼决定

原告(和他们的律师)有一定的能力去辨识法院的政策观点,并且知道当他们就一起边缘案件提起诉讼之时,胜诉的可能性是随着法官的自由主义属性而增加的。给定 r_t,即当下的责任门槛,考虑一下在提出了具有客观法律价值 x 的诉请的当事人身上会发生什么。如果他被一个保守主义法院的管辖范围所管辖,则当他向法院起诉之时会面临预期裁决曲线 $x_c(r)$。因此,如果案件的价值足够大,比方说要比 x'_c 大得多,基于当下的法律,他可以安全地期待一个有利于自己的裁决,因而他将会提起诉讼。另一方面,对于价值 x 要比 x'_c 低的案件来说,原告知道在当下的法律之下成功的机会受到相当的限制。正如下文将会讨论的,原告可能会决定不针对此类案件提起诉讼。由此,$\{x/x \geq x'_c\}$ 的组合代表了在一个保守主义的法院中有可能以有利于原告的方式被起诉和裁决的案件。①

---

① 注意,我们的选择机制假定排除了选择法院(forum shopping)的机会,因而这一机制所关注的是最为严格的情形,在此种情形中每个案件都有其天然的法院(管辖),诉讼当事人没有选择能够将诉讼转移到另一个不同的法院。如果原告被给予了一个选购法院的机会,我们的模型的结果将会得到强化。这会导致对于法律演化中偏见的潜在加深。有关逆向选择在选购法院中影响的一个讨论,参见帕雷西和利布斯坦(1998)、帕雷西和奥哈拉(1998)以及莫尔(Moore)和帕雷西(2002)。有关选购法院在法官法演化中影响的一个公共选择分析,也可参见鲁宾和卡伦(Curran)(2001)。

如果 $x>x'_L$，被一个自由主义法院的管辖范围所管辖的原告将会理性地提起诉讼，即便客观法律价值 x 跌至在一个保守主义法院成功所必需的标准之下，即 $x<x'_C$。这之所以是真的，是因为他们知道，相较于被更为保守主义的法院所管辖的同伴而言，自己面临着一个更为有利的环境。因此，在一个自由主义法院被起诉的案件范围要比在一个保守主义法院被起诉的案件范围更广。尤其是，$\{x/x \geq x'_L\}$ 的组合代表了当潜在的原告和他们的律师预期决定的标准将为 x'_L 之时会在一个自由主义的法院被起诉的所有案件。因此，一般来说，在一个自由主义法院被起诉的案件范围要比在一个保守主义法院被起诉的更广。这一点在图6.1中得到了展示。注意，在一个自由主义的法院被起诉的案件都是 x'_L 之上的点，同时所有在 x'_C 之下的点都代表了也将会在一个保守主义的法院被起诉的案件。

让我们从一位中间派法官（median judge）有关当下责任门槛 r_t——隐含在时间 t 之时先例的存量之中——的解释，即 $x^*(r_t)$ 开始。这样的一个解释标准被称为 x^*。自由主义法官和保守主义法官是按照各自的意识形态偏离一位中间派法官的政策观点（的程度）被描述的。这两类法官都有意愿用他们的意识形态来影响自己有关边缘案件的决定，将责任门槛推至离他们的理想政策更近的地方——趋向于更为宽松或更为严格的标准。

自由主义法官和保守主义法官的解释标准以中间派法官的政策观点 x^* 为基准，偏向相反的方向。我们可以将 l 和 c 设想为自由主义法官和保守主义法官的解释裁量空间。法官拥有不同的保留价值，作为他们愿意以有利于原告的方式做出决定的案件的最低法律价值。从现在开始，我们将 x^*-l 和 x^*+c 设想为那些结果取决于法官意识形态的案件之边界。这些价值代表了法官在适用和解释当下的法律 r_t 之时他们自由裁量空间的边界。

所有具有价值 x(其大于 x^*+c)的案件会被所有的法官以有利于原告的方式所决定——即便是那些最为保守主义的法官。类似地,所有具有价值 x(其小于 x^*-l)的案件会被所有的法官以不利于原告的方式所决定——即便是那些最为自由主义的法官。

在一个自由主义的管辖范围内,法官会更愿意以有利于原告的方式对一起案件做出裁判——相较于在一个保守主义管辖范围内的法官而言。诉讼当事人会有反映这些法院间差异的合理期待。但是,当事人无法在庭审之时观察到法官针对具体案件的真实观点。现在让我们考虑在一位自由主义法官面前的一起案件,其具有价值 x,且 $x^*-l < x < x^*$。因为 $x < x^*$,法官不能使用当下的先例存量来决定他的案件。又因为 $x^*-l < x$,该案件落入了法官的意识形态与政策观点能够影响案件结果的范围之中。即便缺乏过往的先例和法律权威,这位自由主义的法官仍有可能以有利于原告的方式做出裁决。具有较高价值 $x(x^*-l < x)$ 的案件有可能被起诉,因为理性的当事人会预期此类案件将以有利于他们的方式被决定。

当一位自由主义的法官以有利于原告的方式对一起价值高于 x^*-l 但低于 x^* 的案件做出裁判之时,他就是在设定一个更新且更自由主义的先例。

自由主义的决策对于法律状态的影响不会面临来自保守主义法院的反抗力量。考虑在一位保守主义法官面前的一起案件,其具有价值 x,且 $x^* < x < x^*+c$。尽管 $x^* < x$ 意味着一位中间法官可能会倾向原告做出裁决,而一位保守主义的法官将会希望以有利于被告的方式做出裁决,因为 $x < x^*+c$。但是因为 $x^* < x$,法官将无法仅仅通过调用当

下的先例存量来如此行为。当依据他的观点做出决定之时,这位法官将会创设一个更为严格的法律先例。知道这一点的话,一位理性的原告通常而言会决定不提起诉讼或者终止任何正在进行的诉讼。这就带走了保守主义法官在边缘案件中做出决定的机会。由此,保守主义决策的反抗力量基本上不会发生作用。具有价值 $x(x<x^*+c)$ 的案件不太可能在保守主义的法院被起诉,因为理性的原告会预期此类案件将以有利于被告的方式被决定。这导向了自由主义法院中边缘案件的较高裁判比率,同时也导向了产生一股新的自由主义式法律先例的偏流(biased flow)的可能性。

最后,注意到所有类型法官的解释标准都是当下先例存量的一个函数。有利于自由主义式决定的先例偏流将会随着时间的推移而影响未来法官的解释标准——不管是自由主义的还是保守主义的。这使得法律边界移动了目标——在给定下文将讨论的动态效应的情况下。

(三)法律先例和法律救济的扩张

尽管自由主义法官和保守主义的法官在决定边缘案件之时都同等地愿意被自己的意识形态所影响,如果诉讼当事人在案件中有同等利益的话,只有一个边缘案件的子集会被提交至法院。亦即,当案件的价值 x 属于 $x^*-l<x<x^*$ 之时,一起边缘案件只会在自由主义的管辖区域内被起诉。由此,令 M_t 代表在期间 t 之内"被起诉的边缘案件"的集合。这些是 $x<x^*$ 的边缘案件,也就是案件的法律价值位于中间派法官的解释标准之下。它们会在自由主义的法院被起诉:只有在那里被起诉的案件,才有机会以有利于原告的方式被裁决。在不缺失一般性(without loss of generality)的情况下,假定所有由原告起诉的案件的最低限制具有客观法律价值 $x^*-\Delta$,其中 Δ 是原告对于 l 的评估。亦即,

被起诉的边缘案件的集合是 $Mt = \{x/x^* - \Delta < x < x^*\}$。

在这里,我们将 Δ 视为对于自由主义法官意识形态的一个评估。有若干重要的因素可能会影响 Δ。由具体利益团体所提起的意识形态诉讼、基于政治说服目的的象征性诉讼、受到公众和大众媒体关注的案件、有可能推进政府现有的政治观点的案件,以及其他环境因素,可能会影响边缘案件被起诉的程度。这些因素之所以会影响边缘案件被起诉的比率,是因为它们也会对法官基于自己的政策或意识形态观点解释现有的先例存量的自由程度造成类似的影响。①

为了更好地理解这一模型,我们做出如下的简化假定:针对一些 A,x 均匀地分布于 $(0, A)$ 的区间内。新的先例为原告而设定的可能性随之由如下的方程所给定:

$$Pr\{new\ precedents\} = \min\{Pr\ (x^* - l < x < x^*,$$
$$Pr\ (x^* - \Delta < x < x^*\} = \min\left\{\frac{l}{A}, \frac{\Delta}{A}\right\}$$

由此,只要法官之间存在意识形态的差异且有原告愿意提起边缘案件的诉讼,产生有利于原告的新先例就是可能的。

因为设定新先例的可能性为正,在下一个时间段责任门槛会低于当下门槛的可能性也为正。由此,当 r_{t+1} 确实低于 r_t 之时,责任门槛就被放宽了。这影响了先例的存量——自由主义和保守主义的法官都会据此进行裁判。因而在下一个时间段,当面对一起低于 r_t 但高于 r_{t+1} 的诉讼之时,即便是最为保守主义的法官,也有可能以有利于当事人的方式做出裁决。随着时间的推移,新的先例会进入已经建立的法律体系之中。作为

---

① 不用说,额外的力量有可能影响司法自由裁量的程度。考虑到法官的任命和连任前景,他们可能会面临不同的激励和约束,进而影响他们以自由主义的方式解释法律的自由。

法律变化的结果,此前将会由保守主义的法院以有利于被告的方式决定的案件,现在将会以有利于原告的方式决定。图 6.2 展示了这一可能性。

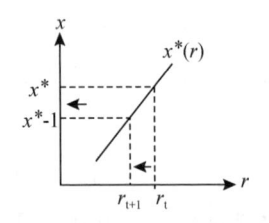

图 6.2　过往决定对当下案件的影响

在任何一个时间点上,假定当前时间段的责任门槛是 r_t 且中间法官的解释标准是 x^*。自由主义的法官将会以有利于原告的方式对处于 $x^* - l < x < x^*$ 范围内的案件进行裁判。随着时间的推移,这些新的自由主义式先例的汇流可能会导致法律中的一个变化。中间派法官的解释标准将会反过来被法律中的此类变化所影响——其可能的范围在 r_t 与 r_{t+1} 之间。因此,此前会以有利于被告的方式被决定的案件,现在将会以有利于原告的方式被决定。

随着时间继续推移,当责任门槛被放宽之时,额外地具有一个更低法律价值 x 的案件将会在自由主义的法院被起诉。随后,被提交至法院的案件范围进一步扩大,其中包括了此前不会得到法律救济的新情形。

有意思的是,我们可以来关注如果 l 没有随着时间发生变化(下滑)的话会发生什么。假设自由主义法官没有随着时间推移而变得更为自由主义并且放宽他们的临界值 l。在这一情形中,设定新先例的可能性趋近于零。当此种情况发生之时,责任门槛 r_t 将会稳定下来。

导致这一最终结果的假定自然需要回答这样一些经验问题:意识形态是绝对化的吗?或者它会随着时间的变化而发生变化吗?昨日的自由主义法官的意识形态观点与今日(或者明日)的自由主义标准相

比,会是更退步的吗?在不同的设定中,我们有可能找到不同的答案。考虑到什么构成了一个"极端"决定只是一个相对性的问题——后者取决于现有法律中类似进步和创新性先例的存在(或缺失),对于自由主义式司法干预的自我强化效果在某些情形中是合理的。这表明自由主义法官的解释标准有可能随着时间的推移而变得更为自由主义,同时临界值 l 也有可能因此随着时间而被例行地放宽。

三、反思普通法的演化

法经济学学者经常注意到法律救济的渐进式扩张,以及法律体系对原告的诉请提供更高程度救济的趋势。曾经不被纳入可赔偿伤害(compensable harm)考虑范围内的情形逐渐地受到法律保护。有趣的是,这一演化的过程似乎是由法律救济的单调扩张(monotonic expansion)所形塑的。在本章中,我们以有关众所周知的普通法效率假说的现有文献为基础,提出法律救济可获得性的不断增加这一典型化事实或许可以经由诉讼和法律演化的逆向选择理论得到解释。

正如在相关文献(例如,普利斯特和卡尔文 1984)中众所周知的,针对诉讼的纠纷选择会受到当事人策略性诉讼选择的偏见的影响。这一诉讼过程针对如下的案件产生了决定:此类案件既不是所有纠纷组合的一个随机样本,也不是一个代表性的样本。我们通过设想诉讼当事人在一起案件中面临着对称性的利益以及允许法官在他们的意识形态或者政策观点上存在差异,提出了这一见解。我们假定在绝大多数案件里,法官的政策观点是没有相关性的,因为当下的法律和案件的客观法律价值决定了结果。但是在某些情形中,我们允许法官的政策观点对结果产生影响。当事人是理性的,并且会基于在具体法院的成功可能性来决定是否要提起诉讼。当事人的这些理性决定产生了一种强烈的在倾向原告的管辖范围内就边缘案件提起诉讼的偏向。这意味着进步的(progressive)法官相较于保守主义的法官有更大的机会来创设新的法律先例。

在我们的图示中,这生成了法律体系中救济保护的一个潜在的单调增长。更为一般化地说,无所不在的逆向选择机制可能会影响创设和改变法律先例的整个过程。

尽管在我们使用的图示中双方当事人有着相同的利益,且原告控制着最初的起诉,但这一模型的本质对于法律演化的真实方向是不可知的。取决于最初的环境条件,逆向选择机制可能会将法律演化导向扩张或者收缩。运用适当的参数,这有可能被用来解释法律救济演化中的不同趋势。例如,我们的模型可以解释在一些法律领域中救济保护的扩张,在这些领域中,新的边缘案件的起诉和裁判管辖范围是由某一个或另一个当事人团体不对称地控制的(例如,侵权法领域的原告决定是否要将一起新案件提交至法院,而合同法领域的被告决定管辖范围的所在)。① 本章中所呈现的模型预测了在原告能够更好地控制是否以及在何处提起诉讼的越来越多的案件中,先例的存量将会更大地扩张救济保护的范围。在更为不寻常的情形中——被告能够更好地控制管辖范围,像这样的逆向选择机制可能会被削弱,在极限之处有可能观察到截然相反的结果。在第七章中,我们对这一分析进行了拓展,以便思考逆向选择和诉讼中不对称利益对于法律演化的动态过程所产生的联合影响。在第八章中,我们考虑了其他一些先例原则,以便检验它们是如何影响法律演化的。

---

① 有关这些程序性不对称对于诉讼的策略性激励的影响的进一步分析,参见莫尔和帕雷西(2002)。

第七章 司法路径依赖与法律变化[*]

由于普通法的本质,法律救济的边界和法律保护的领域会随着时间的推移而发生变化。曾经处于现有的法律救济领域之外的大量情形已经随着时间的演进被给予了救济保护。依循不同的先例原则,例如"法院惯例",类似的演化过程也对大陆法系中法律规则和救济的边界产生了影响。例如,侵权法中的诉因在普通法系和大陆法系之下都在数量和应用范围上经历了历史性增长[罗森(Lawson) 1955;罗森和马克西尼斯(Markesinis) 1982;帕雷西 1992]。然而在其他的法律领域中,法律救济的范围并没有经历类似的扩张。现有的法律演化理论并不能够解释这些变化,更不要说预测有可能诱发法律规则和救济范围变化的条件了。

在本章中,我们将研究案件选择的动态过程,以及它在不同的法律领域中产生不同的法律救济变化模式这一过程中的作用。我们对赢/输比率的重要性[本质上而言,(其所指的是)如果诉讼成功的话,原告将会赢取的事物/如果诉讼不成功的话,他将会丧失的事物]以及由此所产生的法律变化过程中法律诉请的成功前景进行了研究。第一节对现有的关于法律变化过程的解释进行了简要的评估,并且回顾了将纠纷的选择过程评估为法律规则的效率性演化的一种成分的开创性论文。这些前人的贡献虽然引人注目,但是都没能提供一个足以解释或

---

[*] 本章基于如下这篇先前已经发表的论文:文希・冯、弗朗西斯科・帕雷西、本・德普特:《诉讼、司法路径依赖与法律变化》,《欧洲法经济学杂志》第20卷,2005年,第43—56页。

者预测诉讼的不同结果——它们能够影响法律变化——的框架。第二节提出了一个模型,该模型评估了案件选择在不同的诉讼情境下对于法律演化所造成的影响,尤其强调了纠纷选择、案件中的诉讼利益和诉讼成本这三者之间的相互作用,以及它们对于法律变化的影响。法律中路径依赖的模型表明,在过往的案件中对于原告所提出的法律诉请的承认率影响了法律在未来的状态。在这一先例体系中,针对某一具体法律问题的消极判决的盛行比率会降低此类诉请在未来案件中成功的可能性。① 类似地,一个较高的诉请成功率和对于新型诉因的承认率会增加类似的诉请在未来案件中被承认和扩张的可能性。在一个路径依赖的体系中,法律的演化受到了积极判决和消极判决的比率的影响,后者反过来又取决于纠纷的一些关键参数之间的关系。更为特别的是,我们调查了法律先例的创设和改变过程是如何被诉讼利益、原告诉请的成功可能性以及附加于过往判例之上的制度性权重所影响的。第三节通过一些对于应用和未来拓展的简要考虑与建议事项总结了本章。

一、法律演化和救济与责任的变动边界

我们在有关纠纷选择和法律演化的现有文献的语境中建构了我们的分析。关于普通法的效率假说,一个众所周知的结果是法官法试图有效率地分配资源。这一主张在法经济学中产生了广泛的研究。根据这一假说——其首先由科斯(Coase)(1960)提及,随后由埃利希和波斯纳(1974)、鲁宾(1974)、普利斯特(1974)、波斯纳(1981)以及其他一些学者系统化并大为拓展——相较于制定法而言,经由司法所创设的

---

① 有关大陆法系和混合法系中"法院惯例"原则的先例体系的分析,参见丹尼斯(1993)、戴诺(1974)以及莫雷诺(Moreno)(1995)。有关先例规则的一个比较研究——包括了西班牙、芬兰、挪威、瑞典、德国、法国和英国,参见麦考密克和萨默斯(1997)。

法律在生成有效率的规则方面具有比较优势,其原因在于经由裁判的演化式选择和先例的渐进式加速。① 一些重要的贡献者为这一主张提供了基础,尽管提出相关的理论以支持这一假说的学者经常对于他们的概念基础产生分歧。

正如在第五章中所讨论的,诸如"遵循先例"和"法院惯例"的先例原则对于法官法的演化来说是基础性的成分。正如在第六章中所讨论的,鲁宾(1977)的主要论证是判例法向效率性演化的压力取决于当事人创设先例的意愿,因为他们对于未来的类似案件有兴趣。在给定这一激励因素的情况下,相较于有效率的规则,当事人更有可能针对低效的规则进行诉讼。普利斯特(1977)与之类似地阐述了如下的观念:即便面临着针对有效率的结果的潜在司法敌意,普通法仍然倾向于发展有效率的规则。但是在普利斯特的理论中,我们观察到了诉讼主要是由低效规则的成本而非对于明确先例的意愿所驱使的论证。根据普利斯特的分析,相较于有效率的规则,低效的规则会给当事人带来更高的成本,从而使得纠纷中的利益更大。而利益越大,当事人就越有可能提起诉讼而非和解。因此,在低效规则之下产生的纠纷倾向于随着时间推移被更为频繁地诉讼——相较于在有效率的规则之下产生的纠纷而言。由此所得出的推论是,有效率的规则倾向于是无争议的,并且经由这一机制,法律体系培育了对于更有效率的规则的选择。②

---

① 但是,也请参见由一些公共选择理论学者(最为引人注目的是托洛克 1980 和 1997)所提出的相反意见,他们关注到了普通法过程在法律规则形成中的普遍缺点。有关推进了普通法效率假说形成的开创性论文以及它们所受到的批评的一个回顾,参见波斯纳和帕雷西(1997)。

② 但是,也请参见沙维尔(1982、1997、1999)、梅内尔(1983)、卡普洛(1986)以及罗斯-阿克曼和盖斯特菲德(1987)的研究成果。这些学者检验了潜在诉讼当事人分化的私人激励与社会激励,表明当事人可能并不总是会以一种导向有效率的规则的方式来选择案件。

正如稍早前所讨论的,当事人据以选择是否要针对某一给定的纠纷起诉的标准是效率假说的重要成分。只有确实被提起诉讼的纠纷,才能够形成法律先例。普利斯特和卡尔文(1981)展示了当双方当事人在诉讼中有相同的利益之时,当事人的个体最大化决策就会产生一种强烈的导向庭审中原告(或者上诉审中的上诉人)成功率的偏向——不管实体法是如何规定的。①

在第六章中,我们以有关司法造法演化的现有文献为基础,研究了法律演化的模型,在该模型中,法官有多样化的意识形态和倾向,来拓展法律救济的范围和创设新的诉因。在第六章所呈现的模型中,原告基于在具体法院的成功可能性来决定是否要提起诉讼。在给定不同的法官意识形态的情况下,当事人的理性决定产生了一个强烈的在自由主义的管辖范围内起诉的偏向。这意味着自由主义法官相较于保守主义法官有更多的机会来创设新的法律先例。② 这一模型在一些重要的方面与先前的文献有所不同。与鲁宾(1977)不同,其结果并不取决于当事人创设先例的激励因素。针对诉讼的纠纷选择(即案件选择)也并非建立在如下的基础之上:当事人在未来的类似案件中有不对称的利益以及当事人由此有回避对己不利的先例的激励因素。相反,诉讼是

---

① 当双方当事人在诉讼中有同等的利益这一假定被松动之时(例如,一方当事人是一个重复参与者,其在未来的类似案件中也有利益),诉讼中的成功率就会开始偏离被假定的基线,模型预测重复参与者会更为频繁地占据上风。普利斯特和卡尔文(1984)使用了同时来自他们自己的经验调查和从20世纪30年代开始的有关法律体系的主要经验研究的数据。尽管他们警告不要断定这些数据确认了选择假说——之所以这么警告,主要是因为测量可能存在问题——这些数据仍然为选择假说提供了支持。

② 冯和帕雷西(2003a)提出的选择假说与普利斯特和卡尔文(1984)以及哈德菲尔德(1992)提出的假说有所不同。沿着鲁宾和百利(1994)的路径,冯和帕雷西提出了一个法律演化的替代性模型,该模型将一些重要的公共选择要素纳入考虑之中,例如法官和意识形态的作用。而鲁宾和百利聚焦于律师在改变法律方面的作用,冯和帕雷西则考虑了法官的意识形态的作用。

由最大化来自案件的收益这一尝试所排他性地驱使的。案件的净预期值取决于案件的客观价值、法律的状况以及法官的意识形态倾向。当法官的政策观点能够影响边缘案件中的决定之时,案件选择可能会产生一种强烈的在倾向原告的管辖区域内针对边缘案件提起诉讼的偏向(即选择法院)。这意味着相较于保守主义的法官而言,自由主义的法官有更大的机会来创设新的先例,而法律体系中的救济保护也会有一个潜在的增长。这一选择机制被表明对于法律变化的过程有一个潜在的逆向效应。更进一步地说,法官意识形态中的差异和原告的案件选择这两者的结合被展现出来,以在法律规则和救济的演化中产生一种导向产生更多救济保护的稳定趋势。

尽管提出诉请的决定中的"失败结算"(failed-settlement)条件被更多地强调,但是本章仍然着重指出了一个被经常忽视的条件的重要性:为了使一个诉讼威胁变得可信,预期的净司法奖励(judicial award)应当为正。本章依循先前的文献,假定提起诉讼的机会在一开始由原告所控制,从而为案件选择创造了一个机会。我们由此假定有可能导向诉讼的案件会有一个正的预期净回报,并且聚焦于这一被忽视的相关法律争议出现所需的"先决条件"对于先例演化的影响。

二、案件选择和法律演化

在本节中,我们将研究不同的诉讼利益和诉讼成本对当事人针对何种纠纷进行起诉的选择及由此所导致的法律演化过程所造成的影响。在研究了"法院惯例"的先例原则之下司法路径依赖的潜在作用之后,我们在无成本的诉讼和成本为正的诉讼这两种条件之下,对诉讼和案件选择进行了研究。这些元素有助于一般化地理解有关可能导向法律先例和司法救济的巩固(即使得诉因和救济保护的可获得性扩张的法律的制定和巩固)或者收缩的条件。

(一) 先例、"法院惯例"和司法路径依赖

现在我们来研究案件选择对于法律先例的形成所造成的影响,以及先例在"法院惯例"原则之下的作用——此时法官并不认为他自己以任何方式受到某个先前决定的约束。相反,正如前文所讨论的,在"法院惯例"原则之下,相当可观的权威力量会从一股巩固的趋势——它与针对某个具体点的决定有关——中产生,同时早先的司法决定一直要到它们足够成熟以至于变成一系列占主导地位的先例之时,才会成为一种法律渊源(兰伯特和沃瑟曼 1929:14)。

在这一先例原则之下,如果有关一些新型法律问题或者对现有诉因解释的积极裁判率下滑至临界门槛 π(这一门槛由法律体系制度性地决定)之下,在未来的纠纷中对于此类法律诉请的承认将会伴随着法律权威存在的增长而增长。这会在法律演化的过程中产生路径依赖,因为过往的司法裁决影响了此类规则在未来的判例法中延续的可能性。① 对于任何给定的案件价值而言,呈现在一个法院面前的新型法律问题的成功率也将取决于诉讼利益和诉讼成本。不同的要素组合将产生不同的案件选择结果,进而产生积极的主导先例与消极的主导先例的不同可能性。

接下来的讨论将会在一个"法院惯例"的机制语境之下被建构,对积极先例与消极先例的比率——而非积极的主导先例与消极的主导先例——的可能性进行观察。我们由此假定,当过往的诉讼产生一个低

---

① 有关法院中路径依赖的一个早先分析,参见科恩豪泽(1992),其识别出了裁判的二分性(即法院会产出"是"或"否"的决定,而无法表达一个"也许")与先例作为路径依赖的一个重要来源的力量之间的关键互动。另一相关的研究是科恩豪泽和萨格尔(Sager)(1986)的分析,其分解了多名法官组成的合议庭中"法院决定"的概念。

于 π 的积极先例比率之时,法律演化会诱发新型救济和诉因的渐进式巩固。接下来的分析考虑了 $\pi=1/2$ 的门槛,这意味着针对某一给定法律问题的先例中的大多数将被视为有说服力的权威,从而增加了未来类似案件的成功机会。在其他的制度性设定中,一个与 $\pi=1/2$ 的值不同的门槛将会意味着,为了影响有关未来类似案件的决定,必须要有超过简单多数的过往决定才行。

(二)案件选择:两类必要的诉讼条件

在我们的民事诉讼模型中,诉讼当事人面对着一起原告胜诉可能性为 p 的纠纷。沿着普利斯特和卡尔文(1984)以及冯和帕雷西(2003a)的研究,我们假定潜在的诉讼当事人会对诉讼成功的可能性形成理性的评估,并且会在评估他们的案件回报之时将其纳入考虑。当事人的预期会有一些误差范围——尽管是无偏差的(unbiased),这可以解释为什么有些纠纷被提起诉讼,而非在庭审前被和解。① 当法官决定以有利于原告的方式决定之时,司法建议为 W。而在以有利于被告的方式做出裁决的情形中,原告会遭受一个等同于 L 的偏见。这一偏见可以被解释为在未来类似案件中诉讼失败的净现值(如同在鲁宾 1977 中所讨论的那样),或者施加于原告身上的即时成本,或者由法院所施加的其他任何责任,例如法院的制裁或者被告的反诉。② 原告面临着 C 的直接诉讼成本(例如,诉讼费用、律师费用以及采取这一行动的成本)。一旦诉

---

① 在真实生活中,这一信息可能在起诉之前或者起诉之后可被获取。在这两种情形中,对于成功概率的理性评估都会影响是否要追求,或者是否要继续诉讼的决定。只有那些通过了这一初始阶段的案件才有潜在可能导向"造法式"法律先例的产生。

② 将损失 L 解释为在一个成功的反诉中可能判决给被告的损害赔偿金可能会受益于模型的一个扩展,在这一扩展中原告诉请的成功率独立于被告反诉请求的成功率。与鲁宾(1977)式的对于 L 的传统解释或者将 L 视为法院施加的制裁(例如,对于无意义诉讼的罚款)的可能解释不同,主要诉请与反诉请求的成功可能性并不是互补的。

讼被提起并且一个最终裁决被做出,这些成本将无法收回。①

原告在决定是否要追求诉讼之时是理性的。在一位潜在的原告提起一个法律诉讼之前,有两个必要的条件需要被满足。② 首先,预期的司法奖励应当要比诉讼成本中不可收回的部分更大。也就是说,预期净司法奖励应当为正。其次,预期净司法奖励应当超过由被告提供的任何和解(可能带来的回报)数量。

尽管在相关文献中(波斯纳 1973;普利斯特和卡尔文 1984;沙维尔 1993;小林 1996)后一个条件得到了更多的重视,但是在诉讼的选择中第一个条件仍然发挥着重要的作用。事实上,只有当第一个条件被满足之时,第二个条件才会变得相关。如果预期净回收低于诉讼成本,预期净回收就会为负,任何诉讼威胁都无法被可信地做出。其结果是,被告将不会提供和解。

由此,我们聚焦于这一经常被忽视的将纠纷转化成诉讼的"先决条件"的影响,以及它对于法律演化的作用。在这两个诉讼的必要条件都存在的情况下,最终将会导致司法先例的案件,被称为此类案件的一个子集。现有的聚焦于诉讼决定与和解决定的文献已经表明,普通法先例倾向于向效率性演化。我们通过展示"正预期净回报条件"(positive expected net return condition)如何可能在判例法的演化中产生偏向,补充了现有的文献。

正如前文所提及的,原告的诉讼威胁要想可信,条件是如果一起案

---

① 在许多真实生活的情形中,原告会面临着诉讼支出 C 的不同选择。反过来,不同的诉讼努力会影响成功的可能性 p 以及 W 和 L 的预期边际。接下来,我们假定当事人会理性地选择最为有效的诉讼努力。模型中的参数指向了诉讼中的这类支出选择,以及由此所导致的成功可能性和预期司法裁决。

② 我们感谢一位匿名评审人帮助我们澄清了诉讼问题的这两个面向。

件被起诉的话,其应当产生一个正的预期净司法奖励。① 诉讼的净预期回报由如下的方程所给定:

$$R = p \cdot W - (1-p) \cdot L - c \qquad 7.1$$

只要 R 的值为负,原告的诉讼威胁就不会可信,也不会有起诉或者司法裁决发生。为了阐明诉讼利益的大小对于决策问题的影响,我们着重强调赢/输比率(win-loss ratios, W/L),并且通过重述方程(7.1)来聚焦于标准化预期回报函数(normalized expected return function):

$$\frac{R}{L} = p \cdot \left(\frac{W}{L} + 1\right) - \left(\frac{C}{L} + 1\right) \qquad 7.2$$

我们的分析通过研究诉讼成本和诉讼利益对于法律演化过程的相关性,推进了相关研究。

(三) 无成本的诉讼

我们首先来考虑 $C=0$ 的无成本诉讼的简单情形,这能够有效地帮助我们来理解更为真实的有成本诉讼的情形。在不失一般性的情况下,我们将把注意力限缩于 $W>L$ 这一更为真实的情形。类似的分析也可以应用于 $W<L$ 的补充情形中。

图 7.1a 展示了作为胜利可能性 p 的函数的预期回报曲线。图 7.1b 则展示了诉讼决定,其中虚线曲线代表了无诉讼成本案件的零预期回报,表明在不同的赢/输比率和收支平衡的诉讼的胜利可能性之间存在着潜在的替代品。② 图 7.1a 中的点 B 和图 7.1b 中的点 B' 对应了

---

① 注意,我们的公式并没有包含放弃的交割支付,因为我们聚焦于作为一个可行争议前提条件的正净回报请求的存在。在这一方面,我们的模型不同于普利斯特和卡尔文(1984)的模型。

② 曲线的虚线部分代表了双曲线 $W/L = 1/p - 1$,其当预期回报 R/L 为零且 $C=0$ 之时,赢-输比率 W/L 和 p 之间的权衡。

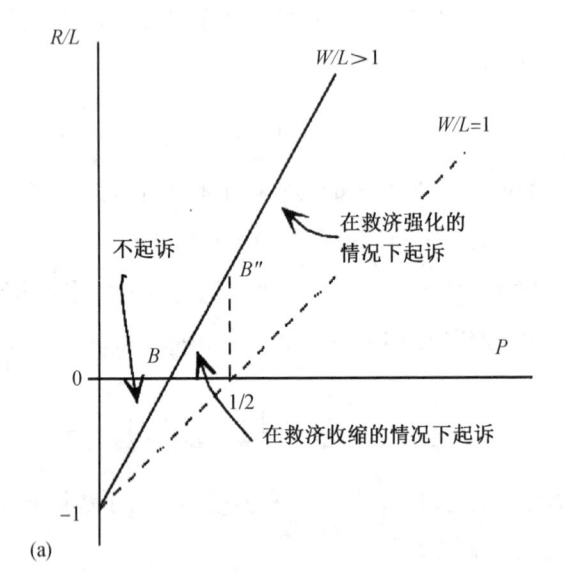

图 7.1a $C=0$ 时的预期回报

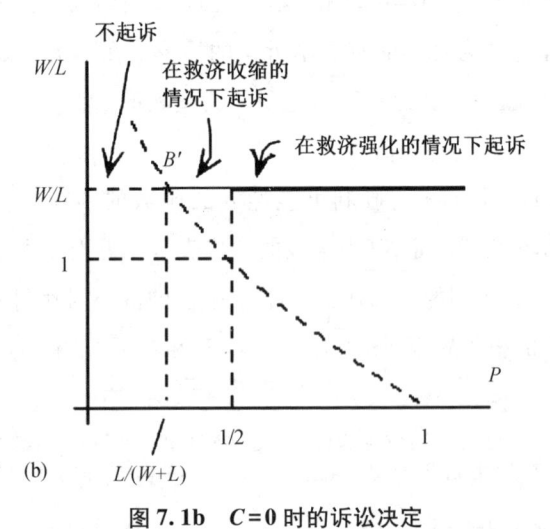

图 7.1b $C=0$ 时的诉讼决定

当 p 等于 $\frac{L}{W+L} = \frac{L}{1+W/L}$ 之时的零预期回报。对于所有的 $p < \frac{L}{1+W/L}$ 的案件来说,源自诉讼的预期回报均为负,原告会理性地避免提起诉讼。这些案件也可以被图 7.1b 中 B' 左边的点所代表。① 对于 $p > \frac{L}{1+W/L}$ 的案件来说,原告会提起诉讼,因为源自诉讼的预期回报为正。

为了理解诉讼利益对于法律演化过程的影响,意识到如下这一点是很重要的:即便成功的可能性低于 50%,一起案件仍然有可能被理性地提起诉讼。但是,尽管这在私人意义上是理性的,但针对低可能性的案件提起诉讼,可能会对未来类似案件的成功可能性带来消极的影响。当过往的诉讼产生一股消极先例超过积极先例的流量时,积极先例的百分比就跌至 $\pi = 1/2$ 的临界门槛之下,法律演化的过程也会在救济的范围中产生一个渐进式的收缩。在我们的模型中,被起诉了但是会导致救济收缩的案件由图 7.1a 中 B 和 B' 之间的点所代表。这些案件也可以由图 7.1b 中 W/L 实线的较浅部分所代表。

对于所有的 $p > \pi = 1/2$ 的案件来说,原告的成功可能性在相关门槛之上,司法裁决的扩张可能会发生。这之所以为真,是因为更为积极的先例会通过在判例法演化中由此所导致的路径依赖而生成。这些条件促进了在救济和法律保护的范围方面的扩张。

(四)有成本的诉讼

接下来,我们将注意力转向诉讼成本为正的案件,研究此类成本对于案件选择和演化过程的影响。图 7.2 展示了正诉讼成本的零预期回

---

① 图 7.1b 中零预期回报曲线西南方向的点代表了负预期回报。

报曲线(由标记为 $C>0$ 的较粗的双曲线所代表),以及零诉讼成本的零预期回报曲线(由标记为 $C=0$ 的较细的双曲线所代表)。① 图 7.2 中呈现了三种不同的赢/输比率。像之前一样,对于任何给定的赢/输比率来说,所有在零预期回报曲线左边的点对应了预期回报为负的案件。理性的原告将不会在这一区域起诉。由此,举例来说,在赢/输比率为 W^1/L 且诉讼成本为正的案件中,在竖轴和点 F 之间的区域内不会有诉讼出现。

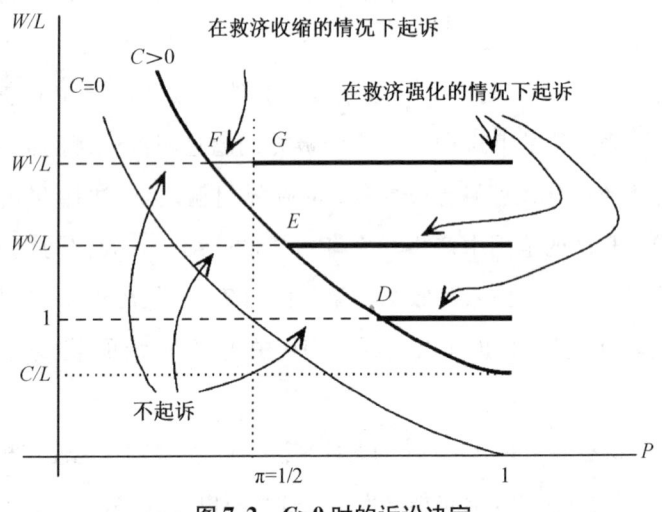

图 7.2 $C>0$ 时的诉讼决定

另一方面,对于任何给定的赢/输比率来说,所有在零预期回报曲线右边的点对应了预期回报为正的案件。这些案件是理性的原告会提起诉讼的潜在候选。在这样的预期回报为正的区域内,如果胜诉的可

---

① 正诉讼成本的零预期回报的方程是 $\frac{W}{L} = \frac{1}{P}\left(\frac{C}{L}+1\right) - 1$。注意,$C=0$ 时的零预期回报曲线与 P 轴在 $P=1$ 处相交,而 $C>0$ 时的零预期回报曲线则在 $P=1$ 时停止于 $W/L = C/L$ 之处。两条零预期回报曲线都渐进地趋近于纵轴。

能性大于临界门槛 $\pi = 1/2$,就获得了司法裁决的强化。当过往的诉讼产生一个低于 π 的积极先例百分比时,法律演化就会诱发法律规则和救济的渐进式强化。举例来说,给定图 7.2 中的中等赢/输比率 W^0/L,点 E 右边的区域就属于渐进式的强化。在这里,诱发诉讼所需要的成功可能性也足以诱发司法先例的强化,从而促成了司法救济和法律保护的强化。

与此同时,对于所有的可能性 p 位于零预期回报曲线之右但又位于临界门槛 $\pi = 1/2$ 之左的案件来说,它们将会被提起诉讼。但是,积极先例的较小百分比将会导向救济的一个收缩。举例来说,给定图 7.2 中的高赢/输比率 W^1/L,在点 F 和 G 之间的区域的特点就是诉讼积极(active)但是救济和法律保护的范围收缩。这之所以为真,是因为足以产生积极诉讼的成功可能性低于门槛 π,且收缩会作为消极先例比率较高的一个随着时间推移而产生的结果紧随其后出现。

(五)诉讼和法律变化

考虑这样的一种先例原则,只有当判例法中有足够程度的一致性之时,过往的决定才会被法院纳入考虑之中,这与"法院惯例"具有相似性。沿着冯和帕雷西(2004)的研究,我们假定没有哪个单独的决定能约束法院,也没有分量(weight)在这一体系中被给定去分裂法学(split jurisprudence)。尽管法官并不会在单个的先前例子(previous instance)中被单个的决定所约束,权威力量仍然会从针对某一给定法律问题的统合式趋势中产生。我们继续进一步假定诉讼当事人会对他们在诉讼中的成功可能性形成理性且不带偏见的评估。这确保了在原告所评估的胜诉可能性和案件(结果)确实支持了原告诉请的比率这两者之间的对应。这样事先的胜诉可能性可以被视为是积极先例的事后分数(ex post fractions)。

如果关于某一法律问题的积极裁判的分数(或者消极裁判的分数)超过了门槛,则在未来的纠纷中对于此类法律诉请的承认将会由于此类统合式(consolidated)的判例法得到促进(或者变得更为困难)。这在法律演化的过程中产生了路径依赖,因为一个有关过往司法裁决的统合式趋势会影响此类裁决在未来的判例法中被延续的可能性。在面对任何被呈现在法院面前的法律诉请之时,一种"法院惯例"的机制可以由此以两种方式演化。一个诉请可能会被足够高比率的案件所接受,从而产生一种占据主导地位的"积极"法学。当积极先例在过往案件中的密度超过临界门槛之时,它们就会成为有说服力的权威。另一种情形是,一个诉请可能会被足够高比率的案件所拒绝,产生一种占据主导地位的"消极"法学。当积极先例的密度跌至临界门槛以下时,消极先例将会影响未来的决定。①

图7.2也将当诉讼包含一个正诉讼成本 C 和一个固定损失 L 之时我们有关不同诉讼利益的发现集合在了一起。所有在零预期回报曲线(即收支平衡诉讼曲线)西南方向的点对应了会产生负预期收益并且因此不被起诉的案件。② 所有在零预期回报曲线东北方向的点对应了会产生正预期收益并且因此成为潜在起诉对象的案件。在这一起诉区域内,临界门槛 $\pi=1/2$ 以左的区域代表了救济范围会收缩的区域,而 $\pi=1/2$ 以右的区域则代表了积极的司法先例和法律救济会渐进式地扩张

---

① 出于现有分析的目的,我们假定临界门槛 π 由法律体系外生决定。显然,本章中的发现应当具有规范性的影响,并且阐明了临界门槛 π 的制度性最优选择。

② 这一无起诉区域由 $\left\{(p, W/L)/p < \dfrac{C/L+1}{W/L+1}\right\}$ 所给定。

的区域。①

在赢/输比率较高的情况下,即便成功的可能性较小,案件也会被理性地提起诉讼。其结果是,消极先例的数量可能会超过积极先例的数量。当积极裁判的比率跌至 π 以下时,第一批案件的起诉将会导致消极权威的固化。这一司法路径依赖的过程可能会诱发救济范围的一个渐进式收缩。与此相对应,如果积极裁判的可能性升至 π 以上,在一开始的起诉之后,救济的一个渐进式扩张可能会随之而来。图 7.2 描述了在这一法律演化的过程中一些相关的权衡:赢/输比率的提升使得更少的纠纷值得被起诉。这增加了救济收缩的区域。同时也很容易看到,在给定一个固定的赢/输比率的情况下,诉讼成本中的增加将需要一个更高的成功可能性以正当化诉讼。这反过来可能会缩小救济渐进式收缩的区域。

随着时间的推移,案件逐渐被起诉,p 的分布也随着案件相对于临界值 π 的下滑而改变。这将会改变当事人的预期成功率,进而会改变他们对未来的类似案件是否提起诉讼的决定。因此,一个给定诉请的成功可能性会根据在此前的期间内发生了什么而随着时间改变。② 最终,图 7.2 表明,扩张区域与收缩区域的相对大小极其依赖于 π 的制度性选择。更为一般化地说,过往先例的制度性分量中的变化可能会对以下事项产生实质性的影响:(1)有稳定的救济的区域范围;(2)法律演

---

① 救济范围中的收缩区域以及积极司法先例的渐进式扩张区域分别由 $\left\{(p, W/L) / \dfrac{C/L + 1}{W/L + 1} \leqslant p < \pi = \dfrac{1}{2}\right\}$ 和 $\left\{(p, W/L) / \dfrac{C/L + 1}{W/L + 1} \leqslant p \text{ 与 } \pi = \dfrac{1}{2} < p \leqslant 1\right\}$ 所给定。

② 在第八章,我们提出了一个先例演化的动态模型,其中法官受到判例法中近期司法趋势和潮流的影响。过往先例的均匀性程度越高,判例法的说服力就越强。判例法的演化基于对巩固和腐蚀的可能性以及法律规则稳定性的考虑而被模型化。有关动态设定中法官法的一个先前的贡献性研究,参见冯·瓦根海姆(von Wangenheim)(1993)。

化的过程有可能采取的方向。例如,一个新兴的法学趋势想要变成具有约束力的判例法所需要的案件一致性程度中的提升,可能会降低可获得的诉因和救济渐进式扩张的可能性。

三、路径依赖与法律演化

在相关文献中众所周知的是,针对诉讼的纠纷选择会受到当事人诉讼选择的偏向。沿着冯和帕雷西(2003a)的研究,我们在本章中对案件选择和诉讼在法律救济演化中的作用进行了检验。在第六章中,我们对法官的意识形态存在差异时的法律演化进行了研究。本章的结果并不依赖于法官的意识形态式决策。倒不如说,所有的法官——无关他们的意识形态——在权威的分量跌至一个由法律体系所外源性地决定的门槛以下之时,都会给予过往的决定以恭敬的分量。我们的分析揭示了救济范围的扩张并不必然是诉讼中逆向选择的结果。这一结果在很多方面对早先文献中所达到的结果做出了补充,并且为研究意识形态化司法干预和司法行动中的路径依赖这两者之间更为复杂的互动发挥了添砖加瓦的作用。

这一研究揭示了司法的路径依赖可能会导向法律救济的渐进式扩张或者收缩。赢/输比率的增加意味着当成功的可能性相当小的时候,案件也可以被理性地起诉。其结果是,大量的消极先例——它们坚决地拒绝承认新的诉因,或者对于某一现有救济的应用范围做出严格的解释——可能被创造出来。当积极裁决的比率跌至处于问题之中的法律体系认为在广泛的司法承认产生之下所需要的支持程度以下,在最初的一股诉讼浪潮之后,就有可能出现渐进式的内爆(implosion)。与此相对应,在其他的例子中,一个起始的法律创新可能会紧跟着法律先例的渐进式扩张。早期有利决定中的一小部分会导致更为广泛的接受,最终则会固化为一个有约束力的教义。

值得注意的是,在所有这样的案件之中,当事人的私人选择都会对法律的未来状态带来公共影响。由于司法路径依赖的存在,原告个体的私人激励因素可能会和未来原告的激励因素不同。其原因可能是如下之一。对于诉讼成功可能性较低的案件来说,提出一个诉请可能在私人层面上是理性的,但是对于未来的类似原告的利益来说是不利的:针对可能性较低案件的起诉,会对未来类似案件的成功可能性造成一个消极的影响;另一方面,针对成功可能性较高案件的起诉,尽管能够增加未来类似案件的成功可能性,但是由于过高的诉讼成本或者过低的赢/输比率,它可能在私人层面上不是理性的。在这两种案件中,外部性的存在都无法被此刻的当事人自己所完全内部化。对于现在和未来的原告的集体福祉来说,这有可能导向过多或过少的诉讼。但是,除非我们假定成功率系统地反映了对于救济的社会期望,由当下的原告创造给未来原告的跨时间(intertemporal)外部性就并不必然是与社会相关的,也不应提出规范性的结论。

在本章中,我们分析了一个经常被忽视的诉讼前提条件,并且设定了不同模式的法律变化有可能在其中发生的环境。我们研究了诉讼利益、正诉讼成本的存在,以及先例之于法律演化过程的分量这几者之间的相关性。我们的分析阐明了法律演化的过程,并且为有关不同的先例原则之下的法律变化的未来研究提供了基础。它为不同先例原则之间的比较分析提供了一个基准,同时为司法造法的制度性设计和在多样化的动态设定中给予先例以最优的权重提供了相应的见解。我们的案件选择模型的一个拓展应当验证在一个普通法的先例体系之下,一个类似的法律演化过程能否发挥作用。我们模型的一个修正版本可以被应用于"遵循先例"的先例原则,因为产生一个积极的而非消极的主导案例的可能性(同样)取决于那些被考虑过的要素。

在本章中,我们隐性地假定积极先例[即那些提供了一个救济或者承认了一个诉因(的先例)]与消极先例[即那些拒绝了一个救济或者诉因(的先例)]具有同等的分量。但是,当法律体系承认一个新的诉因或者扩张现有的救济之时(一个传统的普通法体系中的主导案件可能在许多方面被视为此种类别的例子),它可能会给予少数观点以更大的比重。在这样的情形中,标记了法律救济的扩张和法律救济的收缩这两种情形之间界限的门槛可能会变化。在我们的模型的语境中,门槛的不同定位也许可以解释在不同的法律体系中侵权责任演化的不同趋势。举例来说,相比于在美国,侵权救济的扩张在欧洲并没有那么明显[特林哈斯特(Tellinghast)等 1995]。这一典型化事实可以经由如下的事实得到解释:大陆法系中的先例阈值被转移到在普通法系中被接受的先例价值标准的右侧,因为在大陆法之下,没有哪个单独的主导案例或者主导案例的有限组合能够构成具有约束力的权威。在第八章中,我们扩展了我们的分析来研究不同的程序设定,以及评估积极先例和消极先例的影响。

第八章 法律先例的理论："遵循先例"和"法院惯例"*

"遵循先例"①和"法院惯例"②这两个先例原则是法律演化的基本成分。尽管在"遵循先例"原则之下的普通法演化得到了更多的关注（海纳1986；科恩豪泽1989；冯·瓦根海姆1993），在其他先例原则之下的法律演化仍然是一个开放的理论问题。在本章中，我们将研究在大陆法的"法院惯例"原则之下，法律规则可能会如何演化。

当下的理论无法解释为什么尽管强调法律确定性和稳定性，大陆法系在某些具体法律领域中的实践却表现出不稳定和不确定的特征。传统的解释聚焦于"遵循先例"的缺失[马太（Mattei）1988]、不同的司法文化、政治上的不稳定性，以及不同的分权程度（梅利曼1969）。接下来的分析则将提供一种基于司法先例演化的动态过程的解释。

我们对大陆法的先例原则之下的法律变化进行研究，考虑了法律

---

* 本章基于如下这篇先前已经发表的论文：文希·冯、弗朗西斯科·帕雷西：《大陆法系中的司法先例：一种动态分析》，《国际法经济学评论》第26卷，2006年，第519—539页。

① 正如第五章中所讨论的，"遵循先例"（其字面意思为遵照执行已决之事项）的法律原则意味着法院在就未决案件做出决定之时，应当在法律问题上坚持过往的法律先例。

② 正如在第五章中更为细致地讨论过的，"法院惯例"原则认为法官应当只考虑自己被约束去遵循统一的决策趋势。司法决定不会成为一种法律渊源，直到它们成熟到变成一系列占主导地位的先例（兰伯特和沃瑟曼1929；戴诺1974；丹尼斯1993）。有关大陆法系和混合法系中"法院惯例"的先例体系的一个进一步分析，参见莫雷诺（1995）。有关先例规则的一个比较研究——包括西班牙、芬兰、挪威、瑞典、德国、法国和英国——参见麦考密克和萨默斯（1997）。

中不同的法律救济扩张或收缩的模式。授予权利和法律保护的法律规则可能会随着时间的推移而演变,进而逐渐固化为既定的法律权利(legal entitlements)。另一方面,法律保护可能会逐渐被腐蚀,一些具体形式的法律保护可能会被废弃。① 最终,法律权利可能会得到一种复合程度的承认,并且这样的复合程度的保护可能会随着时间的推移而持续。我们聚焦于有可能决定这些法律演化的多元化模式的条件。

在简要地从比较和历史视角介绍法律先例的理论之后,我们将聚焦于此类演化的一个现代产品:"法院惯例"原则。尽管其成长于一个强调确定性和稳定性的体系之中,我们认为这一先例原则会潜在地导致相当不同的结果。在第一节中,我们引入了一个在不同的诉讼情境中评估"法院惯例"原则对于法律演化影响的模型。它着重指出了既定先例和司法潮流(judicial fads)在形塑未来的判例法方面的互动作用,同时它也解释了法律体系中的外源性冲击对于法律演化和法律稳定性的可能影响。我们构建了一个简单的法律中路径依赖的模型,在这一模型中,由原告在过往案件中提出的法律诉请比率会影响法律的未来状态。这一构建设想了一个在判例法中规定了最低程度一致性的法律体系。任何低于这一一致性程度的先例组合都会被视为"分裂的"(split)判例法,并且它们的法律渊源性质尚无法被断言。达到或者超过了所需的一致性程度的先例将会成为一种有解释力的法律渊源,并且会影响未来类似案件的决定。通过这种方式,很大一部分针对某一具体法律问题的肯定式先例(affirmative precedents)(例如承认了一种新的诉请或者新型诉因的案件)将会提高类似的诉请在未来被承认的

---

① 例如,在普通法系和大陆法系之下,侵权中的诉因在数量和适用范围上都有历史性的增长(罗森 1955;罗森和马克西尼斯 1982;帕雷西 1992)。不过在诸如合同和财产等其他法律领域中,法律救济的领域还没有经历类似的扩张。

可能性,而消极先例的盛行会降低未来案件中成功诉请的可能性。在这样的一个体系中,法律的状态取决于既定法律先例的存量和近期决定的态势。① 我们详尽地阐述了这一简单的框架以分析在问题的不同参数之下法律演化的功能。最为重要的是,我们表明法律先例的稳定性和变化受到了"法院惯例"原则的制度性门槛和既定先例与近期司法趋势的权重的影响。第二节通过一些对于应用和未来拓展的简要考虑与建议事项进行了总结。

我们的模型聚焦于单一司法体系内的先例演化,在这一体系中,先例在不同的司法分支之间有着一种管辖范围内(intrajurisdictional)而非管辖范围间(interjurisdictional)的效应。② 由此,这一分析可以适用于针对一个典型的大陆法系法域内多层级(multipanel)最高法院决定的先例原则,在其中,由法院的其他分支所做出的过往决定如果足够一致的话,它们就会是有解释力的。但是偏离仍然是可能的,并且在外源性冲击存在的情况下会经常被观察到。这一模型提供了一个可检验的假说,以解释大陆法系中的判例法的不同程度的一致性。

一、"法院惯例"原则之下的法律演化

正如第五章所更为详尽地讨论的那样,在普通法和大陆法各自传统之下的先例原则之间,存在着大量的历史性与概念性差异。两类法

---

① 兰德斯和波斯纳(1976)采用了一个类似的法律先例分析进路,他们将司法决定在先前所创设的法律先例视为"股本",该"股本"能够产生一个信息"流",而这一信息"流"会因新的不可预见的事件改变由现有先例所约束的情景而随着时间贬值。在这一设定中,新的资本投资会以创造新的先例的形式而进行。

② 多尔蒂(Daughety)和赖因加努姆(Reinganum)(1999)格外关注先例的跨司法管辖(interjurisdictional)面向,他们研究了其他上诉法院的决定对于某一上诉法院的"有说服力的影响"(persuasive influence)。

律传统都将法律先例视为是随着时间的推移在类似案件中所出现的一系列具有一致性的决定。但是，这些原则在这两类传统中以不同的方式运作。在下文中，我们对于"法院惯例"和"遵循先例"这两个先例原则之下的判例法演化进行了模型化，研究了巩固与腐蚀的可能性，以及法律规则的不稳定性。如下这一过程——大陆法系先例原则的不同变种如何通过要求过往决定中一致性的不同程度来影响法律体系的演化——将会变得清晰。

法经济学的学者们提出了各式各样的模型来研究先例的形成和普通法的演化。从前面几章开始回顾，由鲁宾（1977）、普利斯特（1977）、普利斯特和卡尔文（1984）、库特和鲁宾菲尔德（1989），以及冯、帕雷西和德普特（2005）提出的需求侧理论，界定诉讼当事人的成本分析会随着时间的推移而影响法律变化。[1] 其他聚焦于法律决策的供给侧的学者也达致了类似的结果。科斯（1960）、埃利希和波斯纳（1974），以及波斯纳（1994）集中关注司法在形塑有效率的普通法规则中的作用。[2] 随后的冯和帕雷西（2003a）的工作观察了这些变量的结合效应，研究了意识形态和逆向选择在法律演化中的作用。他们的模型表明，在法律体系中这一选择机制只能够潜在地影响法律规则和救济保护。[3]

---

[1] 正如普利斯特和卡尔文（1984）所注意到的，被选择进行诉讼的纠纷组合所构成的既不是所有纠纷的一个随机样本，也不是一个代表样本：法官只能够就其所看到的案件做出裁判。

[2] 在这一文献传统的早期贡献式研究中，也可参见兰德斯（1971）。

[3] 在第六章中，我们以有关法官法演化的现有文献为基础研究了一个模型，在该模型中，法官有多样的意识形态和倾向来扩展法律救济与诉因的领域范围。在那里所提出的选择假说不同于普利斯特和卡尔文（1984）及哈德菲尔德（1992）的假说。沿着鲁宾和百利（1994）以及冯和帕雷西（2003a）的路径，我们在第六章中提出了一个法律演化的替代性模型，该模型将一些重要的公共选择要素纳入考虑之中。但是，鲁宾和百利聚焦于律师在改变法律方面的作用，我们则考虑了法官意识形态的作用。

我们的模型在现有的供给侧模型之上增加了一个动态视角,观察了在大陆法的先例原则之下法律演化的动态可能的分化方式。不管法院的过往决定是否会受到当事人的案件选择或者法官偏好的影响,过往的先例都会影响未来的决定。由此我们研究了在大陆法法域中,先例的这些更为渐进、更为柔和的影响是如何发挥对法律演化的影响作用的。

我们研究了过往判例法中的一致性程度和诉讼中的成功可能性是如何诱发法律体系中的变化的。这些因素解释了在救济保护的程度和法律原则的渐进式扩张或收缩中的一些不同的演化模式。在检视"法院惯例"原则的过程中,我们观察了两种形式的法律先例。消极先例——它们拒绝承认一个被起诉的诉请或者拒绝对一项现有制定法的应用范围做出严格的解释——可能会固化为一项消极的司法规则,这些规则会消除与具体的法律问题相关的法律保护。积极先例——它们承认一个被起诉的诉请或者对与一项现有制定法的应用范围做出宽泛的解释——可能会巩固成为一项积极的司法规则,这些规则会在这样的一种情形中提供法律保护。

正如前文所提及的,在"法院惯例"原则之下,一位法官不会受到单个先前例子中单个决定的约束。① 权威力量从有关某一具体点的统一化决策趋势中产生。当法院的实践成为一系列主导性的先例之时,它就成了一种法律渊源。在这一先例原则的变种之下,如果与某一法律问题相关的积极裁判的部分(或者消极裁判的部分)超过了门槛的话,

---

① 例如,在路易斯安那州的判例法中通常来说是如此的。但是在至高条款[至高条款(Supremacy Clause)即美国宪法第 6 条第 2 款,该款规定宪法、联邦法律及美国对外条约为"全国之最高法律"。——译者注]之下,路易斯安那州的法官有时会受到美国联邦最高法院或者联邦第五巡回上诉法院所做出的某个决定的约束。

则在未来的纠纷中由这种综合性判例法的存在所导致的对于类似法律诉请的承认将会变得更为可能(或者更不可能)。① 这会在法律演化的过程中产生路径依赖,因为过往司法裁决中的综合趋势会影响此类裁决在未来的案例法中被延续的可能性。我们将这一门槛标记为 π。π 的值大于或者等于二分之一,并且由法律体系制度性地决定。在世界上绝大多数的法律体系中,对于门槛 π 的此类决定,通常都是由治理司法主体的制定法(statutes)和细则(bylaws)所确定的,偶尔也会受到宪法规定(constitutional provisions)的约束。对于门槛 π 的数值的选择,反映了立法权和司法权之间的具体分权概念,以及附加于法律体系中对于稳定性和灵活性需求的相对比重。

面对任何呈现在法院面前的法律诉请,一个"法院惯例"的机制会以三种可能的方式发生演化。一个诉请可能会被足够高比率的案件所接受,从而导致一种主导性的"积极"法学。一个诉请也可能被足够高比率的案件所拒绝,从而确立一种主导性的"消极"法学。最终,如果在法院的决定中没有足够的共识,法学就会成为"分裂的"(split),先例也就不会影响未来的法院决定。

即便在"法院惯例"原则之下,仍有少数案件(minority cases)在大陆法的决策中发挥了重要的信息作用。与普通法系不同,大陆法系通常并不允许法院针对多数决定发表异议。少数案件,即以与主导的决定趋势相对立的方式被决定的案件,因此成了法官可以发表与主导的司法趋势相反的观点的主要方式。少数案件由此传递了那些原本会被

---

① 例如,一个 $B = 1/2$ 的门槛意味着关于某一个具体法律问题的简单多数先例被视为具有说服性权威,进而提升了未来类似案件的成功机会。

埋藏在不透明的法院多数决定之下的信息。① 尽管并不能直接成为一种法律渊源,但是与主导趋势不一致的案件仍然可以作为一个司法机关之中所出现的异议的信号。尽管少数案件通常都会在上诉中失败,我们仍然允许这些案件发挥一个信号作用——信息化地影响未来的决定。

一些文献(冯·瓦根海姆 1993;多尔蒂和赖因加努姆 1999;以及利维 2005)通过对于法官激励因素的微观经济学分析,检视了司法行为。在本章中,我们将观察法院决定对于法律规则演化的动态微观经济学影响,聚焦于既定的判例法和近期的司法趋势是如何对未决案件的决定产生有说服力的影响的。②

现在我们来考虑一个民事诉讼的模型。诉讼当事人面临着原告的成功可能性为 p 的纠纷。在我们的术语中,这对应于做出一个积极裁判的可能性。在时期 $t-1$,令 p_{t-1} 为原告看到他的诉请在关于某一具体法律的法律基础之上被承认的可能性。在下一个时期 t,我们假定前一个时期的可能性已经实现,并且成了在上一个时期承认具体类别法律诉请的案件部分。也就是说,在 t 期间,p_t 是承认具体类别诉请的案件的当前流量(current flow)。令 L_t 代表在所有过往的时期内承认具体法律诉请的全体案件的一部分。由此,L_t 和 p_t 分别是在 t 期间确认救济的判例法的存量(stock)和流量(的一部分)。

---

① 在大部分大陆法系的司法传统中,案件的结果是简单地以不可避免的方式被起草和呈现的。法官意见并不会揭示法院在达成其决定的过程可能有过的疑虑,并且也不会给异议留下空间(梅利曼 1969;帕雷西 1992)。

② 过往判例对于当下法院决定的影响可能会随着法律体系而产生不同,并且可能同时受到制度性约束和法官激励因素的影响。多尔蒂和赖因加努姆(1999)通过一个贝叶斯推断(Bayesian updating)推导出了一致的决策;利维(2005)考虑了野心家式法官的具体激励因素。波斯纳(1994)也明确分析了法官在决策中的激励因素。诸如声望、被任命至高等法院以及晋升都在形塑法官对于一致性以及/或者偏离过往决定的偏好方面发挥了作用。

此类确认性判例法的存量在未来时期内的变化取决于 L_t 和 p_t。具体而言,让我们假定:

$$\dot{L}_t \begin{cases} < 0, \text{如果 } L_t > p_t \\ = 0, \text{如果 } L_t = p_t \\ > 0, \text{如果 } L_t < p_t \end{cases} \qquad 8.1$$

当 $L_t = p_t$ 之时,承认具体类别法律诉请的案件(积极的判例法)以与判例法的当前流量相同的比例而产生。当积极的判例法的流量部分以与当前存量部分相同的速率继续之时,在未来的存量价值 L_{t+1} 中就不会有变化。当 $L_t > p_t$ 之时,流量小于当前存量,从而减少了在未来的判例法存量中由此所导致的积极案例部分。这很像是一个边际值与一个平均值之间的相互作用。当流量 p_t(边际)小于存量 L_t(平均)之时,积极的判例法的未来部分(新的平均)就会下降。类似地,当 $p_t > L_t$ 之时,积极的判例法的流量部分超过了存量部分,积极的判例法存量的未来部分就会上升。

在对"法院惯例"原则的效果进行模型化之时,我们允许法官同时被既定的判例法(传统)和近期的司法趋势与潮流(时尚)所影响。为了回应多种多样的外源性因素,例如监管环境中的变化和社会价值的演化,近期的判例法会与过往的判例法有所不同,由内生因素所产生的趋势或者法官激励因素中的可能变化也是如此。

我们假定,任何给定类别的法律诉请的成功可能性受到了在近期和较早的判例法中都成功地在法院得到救济的类似诉请的部分即 p_t 和 L_t 的影响。另一方面,我们也假定,那些拒绝了呈现在法院面前的法律诉讼的过往消极案例,对于在未来的类似案件中达成决定而言,同样也是重要的元素。换言之,法官也受到了那些未向法律诉请提供救济的消极先例——同时包括案件的流量与存量 $1-p_t$ 和 $1-L_t$——的影响。

一位原告收获一份积极裁判的的可能性并不直接取决于积极和消极的判例法的流量 p_t 和 $1-p_t$。相反,这些流量的相对影响是最为重要的。因此,令 αp_t 代表来自积极的近期判例法的影响,$\beta(1-p_t)$ 代表来自消极的近期判例法的影响。积极和消极的近期判例法的相对影响 $\alpha p_t - \beta(1-p_t)$ 由此直接地影响了原告获得对诉请的承认的可能性。这一相对影响的力量代表了近期法学的影响程度。如果 $\alpha p_t - \beta(1-p_t)$ 对于新的决定的成功可能性的影响变得更大(变化的幅度更大),这就意味着一股更强的司法趋势或者潮流。沿着这一解释,可以方便地将这一相对影响变量称为司法潮流(judicial fashion)变量 F_t。亦即,$F_t = \alpha p_t - \beta(1-p_t)$。

与司法潮流 F_t 的非正式影响力不同,过往累积的判例法的影响是一种正式的法律影响,其并不简单地取决于 L_t 和 $1-L_t$。在"法院惯例"原则之下,除非过往的案件成熟到成为一系列主导性的先例,否则它们不会成为一种法律渊源。如果与某一法律问题相关的积极裁判率 L_t(或者消极裁判率 $1-L_t$)高于被制度性决定的门槛 π,对于此类法律诉请的承认(或者拒绝)将会受到法律权威存在的影响。过往累积的判例法的此种影响由此取决于 L_t 和 $1-L_t$ 与司法门槛 π 之间的差异。正如在前一个有关近期判例法的情形中,我们假定积极和消极的累积判例法之间的相对影响对一起案件得到救济的可能性造成了直接的影响。令 $\gamma(L_t - \pi)$ 和 $\delta((1-L_t)-\pi)$ 分别代表现有的积极和消极判例法的影响,则相对影响为 $\gamma(L_t - \pi) - \delta((1-L_t)-\pi)$。这一相对影响对于新起诉案件的成功可能性造成了直接的影响。这一积极和消极的累积判例法之间的相对影响 $\gamma(L_t - \pi) - \delta((1-L_t)-\pi)$ 对于未来类似案件的成功可能性造成的影响越大,就意味着法律体系给予了既定的司法传统以更多的尊重。为了方便起见,我们将这一过往判例法的相对影响称为司法传统(jurisprudential tradition)参数 T_t。亦即,$T_t = \gamma(L_t - \pi) - \delta((1 - L_t) - \pi)$。

接着,我们特别假定,一个被起诉的诉请得到承认的可能性中的变化是司法潮流变量和司法传统变量的一个具有如下属性的函数:

$$\dot{p}_t = g(\alpha p_t - \beta(1 - p_t), \gamma(L_t - \pi) - \delta((1 - L_t) - \pi)) \quad 8.2$$
$$= g(F_t, T_t)$$

其中,

$$\begin{cases} g(F_t, T_t) > 0, \text{如果 } F_t > 0 \text{ 且 } T_t > 0 \\ g(F_t, T_t) < 0, \text{如果 } F_t < 0 \text{ 且 } T_t < 0 \\ g(F_t, T_t) = 0 \qquad\qquad\qquad \text{否则} \end{cases} \quad 8.3$$

为了理解我们模型背后的逻辑,首先来考虑积极的案例法占据主导地位,即 $L_t \geq \pi$ 的情形。在这里,承认具体类别法律诉请的案件数量大大地超过了拒绝此类诉请的案件数量。积极先例的主导满足了制度性门槛 π。在这一情形中,我们假定积极判例法的影响要比消极判例法的影响大,即 $\gamma(L_t - \pi) > \delta((1 - L_t) - \pi)$,并且司法传统变量 T_t 为正。与此同时,我们假定司法潮流的发展如果符合一个预先存在的司法传统,则会强化规则,并且被赋予更大的比重——相较于那些以与此类既定的传统相对立的方式发展的案件潮流。当累积的积极判例法占据主导地位之时,近期的积极案例也会有一个相较于近期的消极案例而言更大的影响,即 $\alpha p_t > \beta(1 - p_t)$,并且司法潮流参数 F_t 也会为正。

因此,当 $L_t \geq \pi$ 之时,这一模型明确了 g 的第一个分支是有效的,即

$g(F_t,T_t)>0$,并且 $\dot{p}_t>0$。从直觉上而言,在一个有着主导性的积极判例法的"法院惯例"原则之下,司法传统获得了作为一种第二档法律渊源的解释力。当此种情况发生之时,由此类司法传统所支持的司法趋势将会给予法院一个额外的收益,即成为一个成长中的潮流的一部分。法官可以既符合潮流又通过遵循既定的传统来履行他们的司法义务。而对于和既定的传统相对立的案件潮流来说,情况并非如此,因为在潮流的吸引力和传统的法律效力之间将会产生冲突。因此在积极的判例法占据主导地位的情形中,预期司法潮流将会遵循和强化司法传统是理性的。

接下来考虑另外一个极端的情形,此时消极的判例法占据主导地位,即 $1-L_t \geq \pi$。在这里,拒绝承认具体类别法律诉请的案件数量大大超过了承认此类诉请的案件数量。消极先例的部分满足了制度性门槛,即 $1-L_t \geq \pi$。在此种情形中,消极判例法的作用要比积极判例法的作用大,因此 $\gamma(L_t-\pi)<\delta((1-L_t)-\pi)$ 且 $T_t<0$。类似地,来自近期消极案例的影响也超过了来自近期积极案例的影响,因此 $\alpha p_t<\beta(1-p_t)$ 且 $F_t<0$。要注意,$1-L_t \geq \pi$ 等价于 $1-\pi \geq L_t$。因此,当 $1-\pi \geq L_t$ 之时,这一模型明确了 $g(F_t,T_t)<0$ 且 $\dot{p}_t<0$。这是很直观的,因为一个消极的司法传统,就像一个积极的司法传统一样,能够获得作为一种第二档法律渊源的解释力。与这样一种法律传统一致的消极司法趋势允许法院成为潮流的一部分,同时又不会违反其遵守既定先例的义务。

最后,来考虑"分裂的"判例法的情形,此时积极的判例法和消极的判例法都不具有足以满足制度性门槛的主导地位。这等价于 $L_t<\pi$ 且 $1-\pi<L_t$ 的情形。也就是说,分裂的判例法的区域具有 $1-\pi<L_t<$

π 的特征。在这一分裂的判例法的区域中,"法院惯例"原则不再适用,法院可以在不受过往先例约束的情况下自由地重新决定一个案件。在我们的模型中,这意味着消极的累积判例法的影响与积极的累积判例法的影响是未知的。一个主导性的司法传统的缺失进一步意味着法院有更大的自由来遵循积极的或者消极的司法趋势。在这一区域中,积极的和消极的趋势都可以是有影响力的,因为它们都不会和既定的判例法产生冲突。于是,当 $1-\pi < L_t < \pi$ 之时,我们假定 $g(F_t, T_t) = 0$ 且 $\dot{p}_t = 0$。

为了以定性的方式总结我们有关可能性 p_t——其涉及获取对于一个新的诉请的承认——动态行为的规范,我们有了如下的结论:

$$\dot{p}_t \begin{cases} > 0, \text{如果 } \pi \leq L_t \\ = 0, \text{如果 } 1-\pi < L_t < \pi \\ < 0, \text{如果 } L_t \leq 1-\pi \end{cases} \quad 8.4$$

现在来考虑在图 8.1 中的相图(phase diagram)的帮助之下 L_t 和 p_t 的动态行为。从针对 L_t 的动态方程(8.1)可知,如果 $L_t = p_t$,则 $\dot{L}_t = 0$。沿着 $L_t - p_t$ 空间的 45 度线,L_t 不会随着时间而改变。当 $L_t > p_t$ 之时,则 $\dot{L}_t < 0$;在 45 度线之下,L_t 会随着时间减少并向左侧移动。类似地,当 $L_t < p_t$ 之时,$\dot{L}_t > 0$;在 45 度线之上,L_t 会随着时间增长并向右侧移动。由此,在 45 度线上只有一个点能够成为稳定的状态,尽管并非所有的点都是稳定的状态。

接下来考虑(8.4)中给定的 p_t 的动态行为。在 $L_t \geq \pi$ 的积极判例法占据主导的区域,$\dot{p}_t$ 为正,并且获取对于一个类似诉请的司法承认的可能性增加。由此,p_t 会向上移动并增长,直至其到达 1 之后再也无法继续增长。当这一情况发生之时,p_t 稳定下来。换言之,潜在稳定状态的组合(其中 $\dot{p}_t = 0$)被 $p_t = 1$ 之处的水平线所代表。在图 8.1 中,这由从 $L_t = \pi$ 到 $L_t = 1$ 的 $p_t = 1$ 中的较粗部分所代表。与 L_t 的动态行为进行比较,积极判例法占据主导的区域中的稳定状态就是 45 度线和 $p_t = 1$ 中较粗部分的交叉点,它由点 ($L_t = 1, p_t = 1$) 所代表,在这个点上,法律救济已经演化并巩固至一个稳定点。

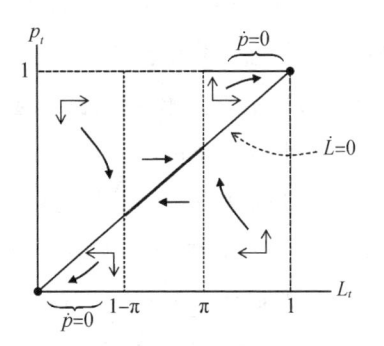

图 8.1 "法院惯例"的动态

在积极的判例法和消极的判例法均未占据主导且 $1 - \pi < L_t < \pi$ 的分裂的判例法的区域中,$\dot{p}_t$ 在任何一处均等于 0。在这一区域的任何一处,p_t 都不会随着时间增长或减少,也不会随着时间移动。随着 L_t 的动态行为,我们观察到在这一分裂的判例法的区域中存在着大量的稳定状态。它们由 45 度线在 $L_t = 1 - \pi$ 到 $L_t = \pi$ 之间的那一部分(即 45 度线上较粗的部分)中的所有点所代表。在这一区域中,分裂的先例和未决的判例法可以长期坚持下去。

最后,在 $1 - L_t \geq \pi$ 或者 $L_t \leq 1 - \pi$ 的消极判例法占据主导的区域中,$\dot{p}_t$ 为负并且获取对于一个诉请的司法承认的可能性随着时间的流逝而减少。由此,p_t 会一直减少至 0,随后其无法再继续减少。换言之,在这一区域中,潜在稳定状态的组合($\dot{p}_t = 0$)由 $p_t = 0$ 之处的水平线所代表,它由图 8.1 中从 $L_t = 0$ 到 $L_t = 1 - \pi$ 的 $p_t = 0$ 中的较粗部分所给定。与 L_t 的动态运动进行比较,在这一消极的判例法占据主导的区域中的稳定状态是原始的点($L_t = 0, p_t = 0$),其中消极的先例已经完全侵蚀了先前存在的法律救济。

在图 8.1 的帮助之下,现在很容易能看到从一个位于 45 度线之下的消极判例法占据主导的区域中的点开始,动态路径会随着时间的发展而趋近位于原点的稳定状态。类似地,从一个位于 45 度线之上的积极判例法占据主导的区域中的点开始,动态路径会随着时间趋近位于点(1,1)的稳定状态。同时,从一个过往和近期的先例都处于未决状态的点开始,且 L_t 和 p_t 位于 $1-\pi$ 和 π 之间,动态路径将会趋近位于 45 度线中间部分的稳定状态,并且会伴随着判例法中的持续分裂。

为了进一步理解"法院惯例"原则之下判例法的动态路径,以图 8.2 中积极的判例法占据主导的区域中的点 A 作为一个起始点。法院受到一连串积极先例的影响,获取对于一个诉请的承认的可能性增加。但是点 A 位于 45 度线之下。这意味着在近期案例中积极决定的部分要低于在过往累积下来的判例中所观察到的积极决定的部分,并且累积判例法的新部分仍在下降。潮流正在远离传统。这会导致一个朝向西北的短期移动。尽管存在这样的短期移动,积极的判例法会继续累积,而潮流最终也会在路径与 45 度线相交之时淡出。从那一刻起,潮流和传统成为自我强化的(self-reinforcing),对于法律诉请的积极承认也稳定在点(1,1)。

当起始点位于积极的判例法占据主导的区域之外时,也可以达致积极先例的巩固。以(图 8.2 中)位于消极的判例法占据主导的区域之中的点 B 为例,此时法院受到一连串消极先例的影响。获取对于一个诉请的承认的可能性随着时间的流逝而减少。但是点 B 显著地位于 45 度线之上。这意味着在近期案例中积极决定的部分要显著地高于在过往判例法中被观察到的部分。累积判例法的新部分 L_t 由此会快速增加,趋近于 $1-\pi$。一个朝向东南的短期运动会产生,受其影响,消极先例的部分 $1-L_t$ 会逐渐降低,直到它越过制度性门槛 π(在图 8.2 中,其表现为从点 B 开始的路径趋近并越过 $L_t=1-\pi$)。在那一点上,先前占据主导的消极判例法转变为分裂的判例法。法院不再受到过往司法传统的约束,可以依循它们的良好判决和其他近期决定所传递的信息重新决定案件。在从点 B 开始的路径处于中间区域的同时,其轨迹始终位于 45 度线之上。这暗示着积极的案例在持续生成,逐渐提升着积极的累积判例法的部分。这一过程会一直持续到路径越过制度性门槛 π 为止。在此处,这一趋势足以产生大量的积极先例,以获取积极的"法院惯例"的力量。尽管源自点 A 和点 B 的路径从不同且各处一方的区域出发,但是两者都导致了相同的均衡,对于法律诉请的积极承认也在点(1,1)处稳定了下来。

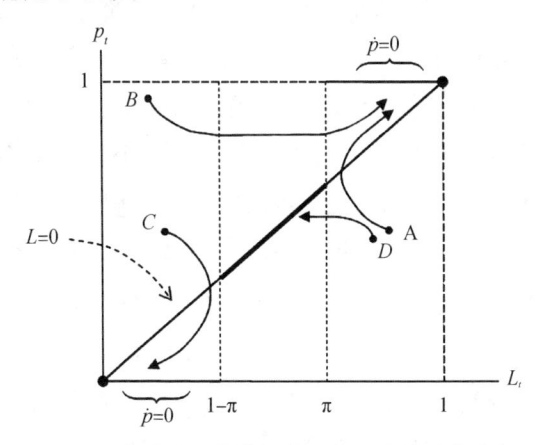

图8.2　大陆法系的先例中一些可能的动态路径

源自点 C 的路径也是从消极的法学占据主导的区域出发，但是它朝着一个相当不同的方向前进。在这一区域中，法院被消极的先例所影响，降低了随着时间获取对于一个诉请的承认的可能性。点 C 也位于 45 度线之下。近期案例中积极决定的部分要高于在过往的累积案例中被观察到的部分，从而随着时间的推移而增加了积极的累积判例法的新部分。与源自点 B 的路径的运动方式相似，引发一个短期运动的两股力量将路径 C 导向了东南。但是，尽管有这一短期趋势的存在，消极的判例法仍然会继续累积。最终该路径会与 45 度线相交，在这一相交点上，消极的判决会朝着点(0,0)开始巩固。

源自点 D 的路径展现出不同的轨迹，在这一轨迹中，一种起初由积极的判例法所主导的情形最终停止在分裂的和未决的判例法的区域中。在起始阶段，法院受到占据主导地位的积极判例法的影响，增加了随着时间的推移而获取对于一个诉请的承认的可能性。但是点 D 位于 45 度线之下，这意味着近期案例中积极决定部分要低于在过往的累积判例法中被观察到的部分，同时积极的累积判例法的新部分也减少了。联合的力量将运动导向西北，这与源自点 A 的路径的起始运动相类似。但是在这一情形中，积极先例的部分逐渐下降，直至其越过了制度性门槛 π。在那一点上，传统被侵蚀了，先前占据主导地位的积极判例法也转变成为分裂的判例法。法院不再受到过往的司法传统的约束。

源自点 D 的路径与源自点 B 的路径具有一些相似之处。在这两种情形中，司法潮流都侵蚀了既定的传统。但是在源自点 D 的路径中，司法潮流的力量尚不足以强大到将该路径推离分裂的和未决的判例法的中间区域。当这一轨迹到达了 45 度线的较粗部分之时，它就结束了。司法决定中的分裂状况可能会一直持续到出现一个外源性的冲击促发新的法学趋势——该法学趋势会最终固化为积极的或者消极的判例法——之时。

我们的分析还进一步揭示了,巩固与侵蚀这两种趋势相互对立的区域的控制领域(domain)关键取决于对 π 的制度性选择。更为一般地说,对于"法院惯例"的制度性选择中的一个变化,可能会对以扩张为特征的区域的控制领域造成实质性的影响,继而影响到法律演化所可能采取的进程的方向。例如,考虑"法院惯例"所要求的案例一致性程度中的提升将会对于路径 A 造成的影响。给定一个足够高的 π,路径 A 将会越过 $L_t = \pi$ 的线,导向在 45 度线较粗部分的某一个点上的分裂的法学。更为一般地说,π 的增加拓宽了分裂的和未决的判例法的中间区域。这是符合直觉的,因为 π 的增加意味着过往的决定需要更高的一致性,以便案例能够获得先例的价值。更高的一致性门槛暗示着更多的情形将会从过往判例法中的指导中被剥离。由此,制度性门槛中的提升扩张了分裂的法学的中间区域,同时经由过往的法学传统的扩张(或者侵蚀)在某一法律问题上达成一致的可能性也降低了。这揭示了一个有趣的悖论:对于一致性的更高的制度性需求(B 的更高的阈值)可能会降低裁判中的实际一致性。①

有趣的还在于注意到当存在一些对于系统的外源性冲击之时将会发生什么。例如,假定在当下的判例法之下,获取对于一个给定诉请的承认的可能性由图 8.2 中的点 A 所代表。一些随机的事件会发生,并将当前的状况由图 8.2 中的点 A 推向点 D。一个现实生活中的例子可以在由恐怖袭击所引发的对于隐私的司法保护的外源性冲击中被发现。正如图 8.2 所展示的,即便是一个将现有状态从点 A 移向点 D 的微小的干扰因素,都有可能对法律的演化造成非常大的影响。随着时

---

① 我们感谢匿名评审指出了这一有趣的悖论。

间的推移，这一冲击将会产生不确定性和分裂的判例法（该路径趋近于45度线），而非对于法律诉请的稳定的、积极的承认（在没有外源性冲击的情况下，该路径原本会趋近于东北角）。一个微小的干扰因素导致了长期的不确定性。回到我们现实生活的例子中，这有可能确实会成为隐私法未来的司法发展状况。

现在来想象一下，如果一个类似的冲击发生在不同的制度性设定之下——其具有一个较低的"法院惯例"门槛，将会发生什么？在这一设定中，分裂的法学的中间区域将由一个围绕着 1/2 的较为狭窄的带状区域所代表。① 一个将当前的状态从点 A 弹射至点 D 的冲击，可能不会导致分裂的判例法。当不确定性的区域（$1-\pi < L_t < \pi$）较小之时，图 8.2 中源自点 D 的动态路径会类似于源自点 A 的路径。在这一情形中，一个随机的冲击可能最终会延迟对于法律诉请的积极承认的稳定性，但不会阻止它。

二、法律稳定与法官法的演化

制度性约束的采用助长了法官法的稳定性，这对于推动稳定的预期而言可能是可欲的，但是有时这样的约束可能会阻碍司法实验和达成渐进式共识的机会。在本章中，我们研究不同的先例原则之下的法律变化，聚焦于可能会决定法律救济的巩固或者侵蚀的条件。我们有意识地避免提出基于本章的实证结果的规范性结论，因为一致性与效率性之间的相关性可能会以不同的方式发挥作用。

在我们的先例模型中，法律规则的稳定与变化受到既定法律先例

---

① 在 $B = 1/2$ 的有限情形中，模型将会有三个均衡，其中两个是稳定的（伴随着救济的扩张或者侵蚀），一个是不稳定的（伴随着 50% 的分裂的判例法）。

的存量、近期决定的流量、"法院惯例"的制度性门槛以及附加于既定先例和近期法学趋势之上的分量等因素的综合影响。我们尤其关注了在面对外源性冲击之时制度性门槛的相关性,因为不同的动态路径可能由不同的先例机制之下的一个类似冲击所产生。

大陆法系的先例原则需要过往判例法中不同程度的一致性。一以贯之的决策并不必然意味着效率性,而且一致性的社会价值也会随着时间和不同的情况而发生变化。当代法律的某些方面可能已经稳定下来,其他一些仍处于波动的状态之中。对于更为传统的法律问题来说,一致性可能是可欲的,因为其能够促进确定性,并且推动当事人法律预期的形成。如果法律问题较新,同时又面对着变动不居的环境,对于一致性的要求可能就是无益的,因为它排除了对于多样化法律解决方案的尝试,以及根据不断变化的情况制定法律规则的可能性。制度性的变量通过与其他外源性变量的互动,产生了不同的演化模式。有趣的是,我们的模型显示更高的门槛(即对于一致性的更高需求)事实上降低了裁判中的一致性。本章暗示了这一可检验的假说,即不确定的判例会显著地形塑大陆法系国家,只要它们采用更高的门槛。未来的研究应当通过跨国的比较来检验这一假说。

未来的拓展可以整合更多的因素来充实这一模型。例如,一个时间分量(time weight)的变量可以被添加至这一模型中,从而允许更为近期的案例相较于较早的案例享有更大的(或者更小的)影响力。这可以允许潮流更为(或者更不)频繁地超过传统。例如,如果技术进步或者监管环境中的其他变化导致传统的价值过时,近期的案例可能就会被给予更重要的分量。而在社会价值和传统危在旦夕的情形中,更早的主导性案例可能会被赋予更大的尊重。另一个拓展可能包含了如下的想法,即随着法律趋近于确定性,诉讼就会逐渐淡出。巩固或者侵蚀的最终阶段可能会因此而减缓下来。这也会允许一股诉讼潮流在诉讼较少的环境中产生较大的影响。还有一个拓展会聚焦于先例在更为复杂的体系中的角色的相关性。例如,这一模型可以被拓展来研究多个法院,这些法院在决定一起案件之时,会有不同的遵循司法潮流和既定传统的倾向。这一模型也可以被拓展来研究渗流理论(percolation theories)、法律先例跨越不同法域或者司法机关的影响。最终,我们的分析并没有对法院实质性选择的决定因素承诺任何具体的观点。在现实中,来到最终判决面前的案件经常构成了相关纠纷的争议子集(biased subset)。过往的决定受到当事人的案件选择和法官意识形态偏好的影响。有关多元化的先例原则对于法律演化之影响的研究由此可以在价值上(valuably)被拓展至研究确定的动态(identified dynamics)与案件裁判的其他潜在决定因素之间的可能互动。

第三部分

通过实践的立法：习惯法

第九章 通过实践的立法：导论

在接下来的三章中，我们将研究习惯法的形成与演进过程。法理学者将习惯法定义为一种出现在法律约束之外的实践，个体、组织或者国家会在他们（它们）的互动过程中出于一种法律义务感而自发地遵循这一实践。法律体系最终会采纳并强制实施这些为个体、团体或者国家行为者（state actors）所接受的规则。与单纯的社会规范不同，此时的习惯法被某些法律体系视为是适当的法律渊源，从而能够享受通常而言仅仅保留给制定法、法官法或者具有约束力的国际条约的集中强制实施和裁判。

习惯法的形成过程相当独特，与本书的第一和第二部分所讨论过的其他法律渊源的形成过程具有很大的不同。通过自愿地遵守新兴的行为标准，个体成员将会助力于管理其社会互动的规则的发展。法律的主体，而非法律主体的代表（制定法的情形）或者第三方决策者（法官法的情形），直接地通过他们自己的行为和实践助力于习惯法的形成过程。这一过程——我们可能会将之设想为"经由行动的直接立法"——与传统的立法过程有所不同，因为由其所产生的规则是经由共同体成员对于习惯的独立、自发的坚持而逐渐生成的，并不是经由政治的审议或者裁判。

在接下来的几章中，我们将在一个共同体内部的个体行为的语境和在一个国际层面上国家行为者的语境中来讨论习惯。

一、定义习惯：习惯是什么

那些赋予习惯规则——也包括国际法——以直接法律效力的法律体系，将习惯视为一种主要的——尽管并不是排他性的——法律渊源。在这样的法律传统中，法院将会强制实施习惯规则，就好像它们是由适当的立法权威所制定出来的那样。① 管理习惯法的形成的原则相对来说很少。正如前文所提及的，习惯法理论将习惯定义为一种出现在法律约束之外的实践，个体和组织会在他们（它们）的互动过程中出于法律义务感而自发地遵循这一实践。逐渐地，个体、团体或者国家行为者将会接受这些他们（它们）视之为自身集体福祉之必要条件的规范。

根据传统的理论，一个可执行的习惯源于两个形成要素：(1) 一个由一般或者新兴实践所构成的定量要素；(2) 一个反映在"规范会产生可欲的社会产出"之信念中的定性要素。

（一）定量要素

对于习惯法形成的定量要求，需要同时考虑到时间的长度和新兴实践的普遍性。关于时间，通常而言并没有一个普适的有关习惯规则形成的最短期限。习惯规则会从远古的实践与个体行为中演化而来。尽管如此，法国的法学在传统上会要求一项国际性习惯的形成需要经过 40 年的时间，而德国一般而言会要求 30 年的时间［托金（Tunkin）1961；马特斯科（Mateesco）1947］。很自然地，习惯的形成阶段越长，它就越不太可能有效地为正式法律或者条约协定提供一个具有可行性的替代品，也越不太可能适应随着时间而不断变化的环境。关于普遍性

---

① 法经济学文献在此前考虑了其他形式的私人习惯，这些习惯适用于具体行业的商业设定。其中最引人注目的是伯恩斯坦（Bernstein）(1995 和 2001) 研究了习惯在钻石和棉花产业中的运用。

的条件,国际法理论是相互矛盾的。查尼(Charney)(1986)提出国际关系的体系类似于一个处于自然状态下的个体的世界,反驳了如下理念——在具有约束力的习惯法形成之前,需要有全体参与者的一致同意。被广泛接受的国际法重述指的并不是普遍性(universality),而是一致性(consistency)和一般性(generality)[达马托(D'Amato) 1971;布朗利(Brownlie) 1990]。在由于行为中的波动导致识别一种一般化的实践变得不可能之处,一致性的要求就没有得到满足。类似地,国际法中更为晚近的案件在提升和广泛的接受程度方面重申了普遍性的要求,允许对于新兴的一般规范[或者自发性默认规则的本地集群(local clusters)]——它们被预计会随着时间的推移而变得更为普遍——的特殊考虑。对于处在国家或者地方层面的规则而言,社会规范转化的不同速度意味着,没有一种一般化的时间或者一致性要求能够被确定为一项习惯之效力的全面条件(across-the-board condition)。基于社会规范的随机起源,应当预计在对于实践的个体观察中会出现一些方差(variance)。在快速波动(rapid flux)的情形中,一个灵活的时间要求是尤其必要的,此时外源性的变化可能会影响潜在关系的激励结构。在第十一章中,我们将会为习惯过程的适当设计考虑这些问题,提供在裁判习惯规则的司法任务中有关应用的时机与充分一致性的指引。

(二) 定性要素

习惯规则的第二个形成要素通常由如下的术语所界定——"必要的法律意见"(opinio iuris ac necessitatis),其描述了一种存在于规范的可欲性(desirability)之中的普遍信念,以及"实践代表了社会行为的一种必要规范"的一般确信。这一要素经常根据必要的和强制的惯例(convention)被界定[凯尔森 1939 和 1945;达马托 1971;瓦尔登(Walden) 1977]。"必要的法律意见"的传统形成是有问题的,原因在于其循环性(circularity)。我们很难对此加以概念化:法律可以诞生自一种实践,一种已经被认为是法律本身所要求的实践。有关国家必须信任嵌于新兴实践之中的规范性原则("法律意见")的传统要求,可以被评价为一种社会义务的信念,其针对低效博弈而产生,旨在支持能够避免源自策略行为的累计损失的行为规则。①

二、实践中的习惯:习惯如何发挥作用

对于自发性规范的司法承认相当于将习惯视为法律事实的宣告性(declaratory)功能,其与构成性(constitutive)功能相对应。法律体系通过承认社会规范来发现法律,但它并不创设法律。最为明显的例证是国际法的体系,其中并没有一个中央性的立法权威,习惯作为一种主要的法律渊源紧紧站在条约身边。特别是《国际法院规约》(Statute of the International Court of Justice)的第 38 条第 1 款和《美国对外关系法》(Foreign Relations Law of the United States)重述的第 102 条支持了这一观点。②

每当它们在一个法律体系中被赋予合法身份,习惯规则通常被给予和其他主要法律渊源相同的效力。尽管经常从属于正式的制定法,习惯规则仍然能够从一种统一实践的合意(concurrence)和对于它们的

---

① 这一要求的实践重要性在于其限缩了可执行习惯的范围:只有那些被认可为社会可欲或者必要的实践才会最终变成可执行的习惯法。一旦有了这样一个共识,即一个集体的成员应当遵守一个具体的行为规则,当对于规则的一定程度的自发遵守可获得之时,一个法律习惯就会出现。作为结果,可观察到的均衡——它们要么被社会视为不可欲的(例如,一个囚徒困境或者一个不合作的结果),要么被视为不必要的(例如,一个亲切地问候邻居的普通实践)——将缺少法律义务的定性要素,进而无法产生可执行的法律规则。

② 《国际法院规约》第 38 条第 1 款规定:"法院对于陈诉各项争端,应依国际法裁判之,裁判时应适用……国际习惯,作为通例之证明而经接受为法律者。"类似地,《美国对外关系法》重述的第 102 条第 1 款规定:"一个国际法规则是被国际社会以如下形式所接受者:(a)以习惯法的形式。"

坚持是义务性的这样一种主观信念("法律意见")中获得强制力,而并不一定要被纳入任何书面的法律体系(瓦尔登 1977)。这一观点暗示着即便在获得了司法承认之后,习惯仍然是一种事实上的法律渊源(actual source of law)。由于这一原因,承认某一习惯的司法决定仅仅为习惯的存在提供了有说服力的证据,这些决定本身并不会成为法律渊源。反过来,这也阻止了"遵循先例"原则对于习惯法的具体化。

现代法律体系通常会承认如下的习惯法规则:它们或者是出现在实证立法的范围之内("根据习惯法"),或者是出现在没有被实证法所规训的领域("习惯法之外")。当习惯与制定法产生直接冲突("习惯 vs 制定法")之时,后者通常会优先于前者。但是在某些情况之下,一项习惯会取代之前的制定法("习惯废除"),一些论据也已经被提出来支持(习惯)与国际公法中已经过时的规定产生冲突的新兴实践(帕雷西 1998 和 2000)。

(一)接合

正如前文所讨论的,习惯通常经由个体、团体或者国家的行为而形成。但是,信念的陈述和表达也会在习惯的形成中发挥作用。关于信念的陈述和表达在习惯的形成中发挥作用的理论,被称为接合理论(articulation theories)。这些理论在国际法的语境中得到应用。达马托(1971 及后续)认为"接合"是国际习惯法的一个形成要素。在他的研究中,这一要素与国家实践和弃权结合在一起发挥作用。

根据接合理论,在探明"法律意见"的定性要素的过程中,国家对于信念的陈述和表达应当被认真考虑。在习惯形成的过程中,个体和国家可以通过接合那些他们(它们)将会同意受其约束的规范来示意他们(它们)打算遵循哪些规则。接合赋予了原本可能会是主观且无形的"法律意见"要素以有形性和客观性,从而允许信念在习惯行为之前或者与习惯行为结合在一起被表达。为了避免偏移的接合的影响,这些理论主张在冲突出现之前已经被表达的那些信念应当被赋予更大的比重。在第十一章所讨论的模型中,接合为国家提供了一种方式来对一项新兴习惯的内容和解释做出预先承诺。习惯的约束效应和强制执行性会取决于国家实践的发展,但是接合将会提供一个焦点来促进各国在某一具体新兴实践上的协调。我们将会在第十一章中更为深入地讨论接合理论及其对于习惯形成的影响。

(二)习惯中的变化:持久反对者原则与事后反对者原则

尽管习惯可以为所有的参与者创设具有约束力的规则,普遍规则的例外仍然存在于习惯法的形成过程中。国家可能会尝试通过反对一项习惯来获取普遍习惯法规则的豁免。一项没有被相关的个体或者国家组合所普遍遵循的习惯的影响是什么?有两种法律学说旨在回应此类情形:持久反对者原则与事后反对者原则。

持久反对者原则是由国家所提出的如下主张的结果,这类主张论证道,对于一项新兴习惯法规则的持久反对应当为反对国提供一个能够从规则中获取豁免的机会。这些主张导致了对于一项被称为持久反对者原则的承认,该原则给予了反对国通过反对一项国家性规范来部分或者完全避免该规范的约束力的机会。大部分近期的国际法文献都试图限缩持久反对者原则的范围。第十二章中的分析表明,面临着较高的遵守习惯成本的国家会控制习惯形成的程度。这些结果可能会为持久反对者原则的合格应用提供一个符合近期文献中立场的合理解释,以避免相对少数的高成本国家可能会阻止习惯出现的情况。

事后反对者原则应用于国家试图摆脱一项已经确立的习惯法规则的情形,其与持久反对者中的情形不同,后者是在一项规则的出现过程中就加以反对。在事后反对者原则之下,国家可以通过确保其他国家的默许来获取一项豁免以摆脱既存的习惯法规则。在第十二章中,我们会更为深入地讨论事后反对者原则对于习惯法形成和演化过程的影响。正如在其中将会看到的,在这一原则之下,可能会产生许多不同的结果。

三、习惯法的经济学

习惯法已经同时成为经济学文献和哲学文献的研究对象。最近的学者们在制度主义(institutionalism)的基础上对这一话题进行了讨论。这些贡献假设国家会在它们所处的国际关系中理性地追求自身的利益,利益会经常需要国际合作。阿博特(Abbott)(1989)研究了对于国际合作的"需求",分析了国际规则和组织所提供的收益。在"供给"侧,习惯与条约的形成机制提供了重要的工具,借助这些工具可以达成有益的国际合作。

在法经济学的文献中,有一个重要的讨论涉及习惯在法律命令渊源中的合适领域。在学院主义的讨论中,习惯法有很多支持者,但也有很多反对者。除了最常被批评的难接近性(inaccessibility)与不雅的碎片化(inelegant fragmentatio)的问题之外,反对者经常对于在一个有着异质化参与者的现代世界中习惯规则的有限范围进行抨击。特别是戈德史密斯(Goldsmith)和波斯纳在他们有关法律在国际合作中作用的怀疑论中主要背离了制度主义。关于习惯法,戈德史密斯和波斯纳(1999和2005)对于"法律意见"的概念以及随之产生的对于习惯法约束性质的循环解释提出了疑问,并且提出了一个更为复杂的因素方程——其中的因素会使得国家坚持国际习惯。根据戈德史密斯和波斯纳,只要习惯法达到了产生国家依赖(state reliance)的程度,其就成了国际法的一个相关渊源。但是国家遵守习惯的原因应当在别处加以探寻。戈德史

135 密斯和波斯纳通过研究一系列与他们的利益导向行为因素(interest-oriented behavior-factors)观点相一致的因素来解释对于习惯的遵守,这些因素涵盖了从强制到国家间单纯的利益巧合的范围。第十章中的分析研究了在多种可能的情景之下利益的巧合(或者缺失)影响习惯法形成的程度。康托罗维奇(Kontorovich)(2006)对于在涉及大量的异质国家之时国际习惯法生成有效规则的能力同样表示怀疑。其研究指出,许多现实情景是游离于习惯法的自发规范所可能触及的范围之外的。第十二章中的分析研究了国际公法中所使用的一些规则,这些规则旨在调和国家的需求与实践的部分不一致,并且展示了习惯如何可能在一个异质的世界中生成。

习惯法的支持者强调了习惯法形成过程的公共选择面向。习惯规则可以被视为由社会成员所进行的一项隐性的而且经常是非言语化的(nonverbalized)直接立法实践。习惯法规则与社会规范相类似,都源自那些决定了它们的内容与适用范围的去中心化过程[埃里克森(Ellickson) 1991]。法经济学分析的一项基础性洞见是指出,法律制裁是针对具体的法律相关行为所设定的"价格"。对于这一"作为价格的制裁"(sanction-as-prices)假说的一个常见批评是法律体系无法设定有效率的价格,因为不存在一个能够产生此类价格的市场过程。从法经济学的视角来看,习惯法可以被视为一个生成法律规则的过程,而这些法律规则类似于在一个部分均衡(partial equilibrium)框架内的价格机制(库特1994b)。

在接下来的三章中,我们将在以上文献的基础上做出推进,对于习惯法的形成与演化过程中的三个基本时刻进行研究。在第十章中,我们对习惯法的形成条件进行了讨论。我们研究了角色可逆性(role-reversibility)和随机无知(stochastic ignorance)在习惯形成中所发挥的作用。这些条件被用以最小化个体选择之于社会合作的策略性偏见。在角色可逆性之下,习惯法形成过程中的每一个参与者在得知他行动时的现状以及他在未来会扮演何种角色的事前概率(ex ante probabilities)时,都会将他的预期收益予以最大化。与之相对应,在随机无知之下,参与者是在不确定性的面纱之下做出决策的。在没有角色具体性(role-specific)的语境对个体判断造成影响的情况下,在随机无知之下生成的合作性习惯(cooperative customs)更有可能接近于最优(first-best)习惯,而非在角色可逆性条件之下被选择的习惯。

在第十一章中,我们对于不同机制之下的习惯法形成过程进行了模型化。我们从对于一个传统的习惯法模型的研究开始,在该模型中,法律规则源于过往的实践。一旦被实践所确立,法律习惯就能够得到互惠的应用(reciprocal application)。我们的模型揭示了,在选择是依次做出的,且参与者知道他们在策略选择之时的角色时,习惯形成过程的限制。在研究了互惠的影响之后,我们检验了接合理论的影响,后者允许参与者在他们各自的角色被揭示之前对一项策略进行公开的承诺。对于习惯形成的替代性机制的福利分析,揭示了习惯法形成的多样化过程的优势和限制。

在第十二章中,我们讨论了习惯规则随着时间发生变化的过程。尽管习惯法能够生成具有普遍约束力的规则,管理其形成的规则可以通过保留持久反对者,从而允许当事人获得相对于新兴的习惯法规范的豁免。此种反对的形式要求反对方采取明确的行动来反对一项新兴的实践,使其反对行为在实践固化为一项具有约束力的习惯规则之前广为人知。在习惯形成之后,表达反对的机会或者偏离习惯的机会会产生不同的影响。只有在规则的潜在收益默许了偏离的情况下,才能够获得一项相对于具有约束力的习惯的豁免。我们对于持久反对者原则和事后反对者原则在异质参与者涉足其中的习惯法形成与改变过程中的影响进行了模型化。通过注意到低成本国家阻止在习惯中已经就位的变化的能力,我们的分析部分地支持了那些对于在一个技术变化的世界中的习惯之惯性表示担忧的学者们[麦金尼斯(McGinnis)和索敏(Somin) 2007],并且提出了对于持久反对者原则与事后反对者原则的有条件的应用。

第十章　促进习惯法的产生[*]

著名的学者们对相关的条件进行了研究,在这些条件之下,正义原则能够从一个团体的成员间的自愿性互动与交流之中自发地生成。正如在一个契约设定中,习惯法的形成依赖于自愿的过程,经由这一过程,一个社群的成员可以通过自发地坚持新兴的行为标准来发展那些管理其社会互动的规则。乌尔曼-玛格利特(Ullmann-Margalit)(1977)提出,最优的社会规范会在"角色可逆性"的条件下生成。海萨尼(Harsanyi)(1955)和罗尔斯(Rawls)(1971)则提出,最优的社会规范会经由具有"非个人化"(impersonal)偏好的个体行动者的互动而产生。当给定关于未来的"随机无知"之时,对于个体偏好的非个人化要求就得到了满足——决策者将有均等的机会发现自己置身于任一可能的潜在社会位置,并且他们都能理性地选择一套规则以最大化其预期福利。[①]

尽管早期的研究已经为协调问题考虑了规范和习惯的产生[扬(Young)1993和1998;鲍尔斯(Bowles)和金蒂斯(Gintis)2001],仍有

---

[*] 本章基于如下这篇先前已经发表的论文:文希·冯·弗朗西斯科·帕雷西:《角色可逆性、随机无知和社会合作》,《社会经济学杂志》第37卷,2008年,第1061—1075页。

[①] 罗尔斯(1971)在他的正义理论中应用了海萨尼的随机无知模型。但是,罗尔斯式的"无知之幕"将一个风险规避的元素引入了世界各国之间的选择之中,从而改变了在海萨尼的原始模型之下所获得的结果,其倾向于平等的分配(即趋近于社会福利的纳什标准的结果)。一个更为广泛的研究,可参见罗默(Roemer)(1996和1998)。有关道德规范和原则的自发性形成的进一步分析,可参见森(Sen)(1977)、乌尔曼-玛格利特(1977)以及高蒂尔(Gauthier)(1986)。

许多工作留待完成,以便理解合作问题的条件——这些条件会促进高效习惯的产生和维持。近期的学者们已经达致了广为不同的结论,这些结论涉及习惯是否能够生成提升福利的(welfare-enhancing)规则。一些学者论证道,习惯应当被假定为是有效率的,法院应当承认并裁决这样的实践(库特 1994b 和 1996)。其他学者则认识到习惯法的潜在限制,识别出了习惯有可能提升福利的条件(帕雷西 1995 和 1998)。还有一些学者则提出了不太乐观的结论,这些结论与习惯法产生有效率且有约束力的规则的能力相关(戈德史密斯和波斯纳 1999)。①

在本章中,我们在一个合作问题的具体语境中,比较了在角色可逆性和随机无知的多样化环境之下的习惯形成。一个习惯的定量要素由一种行为模式所给定,该模式经由个体的独立或相互依存的行为或表述而生成,这些个体中的每一个都致力于追求其自身的利益。我们聚焦于在缺少先前存在的习惯或社会结构的情况下,个体在角色可逆性和随机无知这两个角度之下的最优选择。个体选择同意共享行为模式的形成,并且构成了新兴习惯的元素。一旦在合作问题的面前观察到行为的规律性,各方的预期也就相应地被形塑。生成的行为标准在那个点上成了在未来类似情况下的预期反应。沿着既有的文献,我们假定,习惯一旦生成,就会作为行为的一项有效约束而运作。②

---

① 相关文献中的其他重要贡献者聚焦于法律和社会规范之间的关系——这一关系与学者们所考虑的另一关系密切相关但又有所不同,因为习惯规则被视为一种适当的法律渊源,而社会规范和其他私人习惯则不是。有关这一主题最为重要的研究,参见波斯纳(1999 和 2000)以及伯恩斯坦(1993 和 1996)。有关参考性论文的一个全面收集,参见波斯纳(2007)。

② 在现有的文献中,对于习惯规范的遵从偶尔会被模型化为个体偏好的一个面向,或者对于个体行为的一个限制[拉宾(Rabin) 1995;扬 1993 和 1998]。在我们的具体语境中,我们可以假定第一方、第二方和第三方实施机制是在发挥作用的,这样就排除了对于事前被接受的规则的事后机会主义式的偏离。

在这一语境中，我们考虑了这样一个情景，其中的各方当事人起初在缺少预先存在的习惯的情况下选择他们的行为模式。当事人知道他们在初始阶段的行为或表述可能会导向约束其未来行为的习惯。由此，当事人选择的行为是那些能够被纳入由其初始行为所引发的成本与收益之贴现流（discounted flow）的行为。在角色可逆性的条件之下，做出行为之时的状态是为每一方当事人所知的，但是在未来时间段中的真实角色仅仅基于概率性的基础而被得知。行为者会基于他们有关未来互动的事前概率信息来最大化自身的预期收益。而在随机无知的条件之下，当事人是在一个海萨尼式（Harsanyi-type）的不确定性之幕（veil of uncertainty）之下做出他们的选择的。每一方当事人在做出决定之前都不知道当前的状态，也不知道他会在未来扮演什么样的角色。因此，他会基于自己有关未来的可能角色的事前概率信息来最大化自己的预期收益。我们对这些条件进行了检验，在这些条件之下，个体的当事人所做出的私人理性决策会趋近于社会最优。

角色可逆性和随机无知的机制都能够减少当事人选择的策略性偏见，因为它们都能够将决策者从自身行为的即时影响中分离出来。但是，随机无知和角色可逆性对于当事人所花费的功夫以及参与激励所造成的影响是不同的。相比于在角色可逆性之下做出选择，在随机无知之下做出选择的当事人更有可能会支持并承诺遵循一个合作习惯。此外，在随机无知之下，当事人也会愿意接受比他们在角色可逆性之下所接受的更高的合规负担（compliance burden）。这意味着随机无知在促进合规和参与合作习惯方面比角色可逆性更为有效。

我们还进一步讨论了团体规模对于习惯产生的影响，讨论的结果表明，团体规模的变化对于随机无知和角色可逆性这两种机制会造成不同的影响。当个体在规模较小的团体内部互动时，在这两种机制之下，合作习惯都更有可能产生,但是随机无知和角色可逆性会激发不同的努力水平。

一、 习惯的信息

正如前文所提及的,产生习惯和社会规范的社会过程依赖于社群成员的自愿参与。通过自发地坚持新兴的行为标准,个体成员为那些管理他们的社会互动的规则之发展做出了贡献。这些有关规则形成的社会过程与传统上的立法过程有所不同,在前一过程中,规则是从社群成员对于习惯的独立的、自发的坚持中逐渐产生的,而在后一过程中,规则是经由政治审议产生的。

有关习惯法的文献聚焦于非契约化机制(noncontractual mechanisms),并且对那些更容易被自发性法律所治理的情形进行了研究。在一个以完美的激励相容(perfect incentive alignment)为特征的环境中,合同与关系是自我执行的(self-enforcing)(卡尔文 1996)。在这样的环境中,合作既会产生自单次机会(one-shot)的设定,也会产生自当事人将会面临更高贴现因素的重复设定。在完美的激励相容之下,没有人有任何理由在事前挑战新兴的合作习惯,或者在事后违背这样的习惯,并且此时也没有法律实施的需要。

当激励不再相容但当事人面对对称的收益之时,那些能够促进合作并最大化集体福利的习惯,也能够最大化个体的预期收益。当事人不会在事前拒绝支持合作性习惯,因为这些习惯能够最大化所有团体成员的预期福利。[1] 每一个个体都有激励因素去同意一套能够最大化

---

[1] 冯和帕雷西(2003b 和 2006)表明同质参与者的存在对于最优习惯规则的出现而言是一个必要条件。从他们的模型中所得出的一个重要洞见是,即便异质的参与者对于他们的未来角色面临着事前的不确定性,他们的行为仍然会趋近于在同质参与者的理想情形中的行为。

其预期财富份额的规则,这样整个团体的累积福利也被最大化了。① 在这一情境中,库特(1994a 和 1994b)提出,当事前的个体激励与集体公共利益相容之时,习惯将会成功地演化。库特(1994b:224)将这一命题称为"相容定理"(alignment theorem)。

在当事人改变他们的未来角色,或者在随机的无知之幕(veil of ignorance)之下选择其行为模式时,私人与社会合作激励之间的相容被认为是存在的。我们对此进行了分析,并且验证了私人与社会合作激励相容存在的程度。这一分析部分地支持了一般性常识,强调了当习惯需要高成本的合规努力之时,策略性行为可能会削弱激励相容与合作成果。②

在不对称的当事人存在的情况下,当其必须决定是否要支持新兴的习惯以及参与到新兴的习惯实践之中时,困难会提前产生。在传统上,策略性偏好启示被视为是合作自发产生的一个阻碍。这一问题被认为在存在着不对称当事人的角色可逆性或随机无知的情形中被最小化了(帕雷西 1995)。关于角色可逆性,富勒(Fuller)(1969:24)观察到频繁的角色……转变促进了被相互承认和接受的义务的产生。富勒指出:"在一个经济贸易者的社会中……这样一个社会中的成员进入到直接和自愿的交换之中……最终,经济贸易者频繁地交换角色,此时是销

---

① 在缺少完美激励相容的情况下,贴现因子扮演了一个重要的角色。在现有的文献中,在有未来互动可能的情形中,贴现因子的作用是相当关键的。贴现因子捕捉了两个在分析意义上不同的元素。首先,它可以作为参与者时间偏好的一个函数。其次,贴现因子是未来互动可能性的一个代表。能够促进一个较高的未来互动可能性和一个较低的时间偏好的环境更有可能促发社会最优的均衡[阿克塞尔罗(Axelrod) 1981 和 1984]。

② 社会规范文献中一个相关的研究领域考虑了道德和内化的义务作为在冲突博弈中促发合作的方式的作用(例如,可参见高蒂尔 1986;乌尔曼-玛格利特 1977)。规范的内部化是自发式遵从的来源。例如,当个体对于其他个体偏离规则的行为表示不同意并加以惩罚之时,或者当规范被违反且他们直接地损失了效用之时,义务就被他们内部化了。

售者,彼时是购买者。从他们的交换中所产生的义务由此是可逆的,不仅仅是在理论上,也是在实践中。"① 类似地,随机无知被认为会促使每个成员同意一套有利于整个集体的规则,从而最大化个体成员的预期财富份额。因此,角色可逆性与随机无知的条件,加上那些产生了阻碍使用机会主义双重标准的抑制因素的行为标准,② 被认为会经由自发的过程促进最优习惯的产生。③

接下来,我们将正式分析这些主张,分别来对待角色可逆性条件与随机无知条件。

二、对于合作问题的最优习惯

在我们的程式设定中,合作性习惯会给具体的个体组织施加成本,同时为其他组织创造收益。我们采用了边沁式的福利标准,亦即所有当事人在所有时间段的收益之总和。我们选择了一个总收益最大化的框架,而非一些使用了乘法或者加权效用的社会福利函数,之所以如此,是希望在习惯的形成过程中隔离策略性行为的影响。因为对于边沁式的社会问题而言,重要的是所有当事人的总收益,因此每一个当事

---

① 作为对于一个反映了这些条件的环境的历史性呈现,我们可以设想中世纪商人法(lex mercatoria)的形成期,当时游历的商人们以买方和卖方的双重身份行事。当他们阐明一个对于作为卖方的自己有利的法律规则之时,其对于以买方身份行事的他们自己会有相反的效应,反之亦然。这一角色可逆性将一组原本会是相互冲突的激励因素(买方 vs 卖方)转变为趋向于对称且相互可欲的规则[也可参见本森(Benson) 1989 和 1990;以及格瑞夫(Greif) 1989]。
② 当然,对于一个给定规则的共识的出现并没有排除如下的可能性,当角色互换之时,某些个体会在事后以机会主义的方式偏离共识。这是一个典型的实施难题。当规则在角色反转之后被突破时,规范就在制裁个案(case-by-case)的机会主义方面发挥了一个附带性但仍然至关重要的作用。
③ 集体施加制裁的能力显然依赖于个体对其过往行为的责任。在这一设定中,本森(1992:5—7)探索了声望在重复市场互动情形中的作用,并观察到声望充当了过往行为的集体知识的一个来源。

人处于互动的接收一侧而非给予一侧的相对频率是不重要的。考虑到在不同的团体成员之间，成本与收益可能存在不均匀分配，并非所有有效率的习惯都有可能得到所有社会成员的支持和相容。由此我们对相关的条件进行了检验，在这些条件之下，有效率的习惯能够在一群当事人中得以保留。

考虑在缺少一项预先存在的规则的情况下的合作性习惯问题。在任何时候，对于合作性习惯的自愿参与都会给一部分当事人施加成本，同时给另一部分当事人带来收益。形象地说，想象一项有关救援的习惯规则：一方当事人面临着一起紧急事故，而其他当事人则面临着是否要自愿救援有需求的这一方当事人的抉择。我们假定救援会产生净社会收益，救援活动的成本会低于其收益。这使得救援在社会意义上是可欲的。

在每一个未来的时间段，随着一方当事人要求其他各方当事人进行救援，合作性习惯变得相关。令 e 为其他当事人在实施救援的习惯规则之时所消耗的努力程度。假定 ae^2 是由所有给予救援的当事人所产生的总救援社会成本，be 则是由单一的接受救援一方所享有的收益。由此，$be - ae^2$ 即为每一个时间段的社会净收益。

在每一个时间段给定 N 方当事人，并且假定只有一方当事人需要帮助，因此某一方当事人处于接收一侧的可能性为 $1/N$。作为该救援习惯规则的唯一受益方，这一方当事人得到了 be 的收益。由此，一方当事人被要求采取救援行动以实施该习惯的可能性是 $1-1/N$。救援任务中所有的 $N-1$ 位成员均等地共同承担了救援的成本 ae^2，每一方所支出的成本为 $ae^2/(N-1)$。

我们假定所有的当事人都是风险中性的（risk-neutral）。给定在救援规则之下个体参与者的努力程度 e，每一个时间段内的社会净收益

（即被救援个体的收益扣除救援者们所面临的总成本）变为：

$$SNB = be - ae^2$$

因为边沁式的社会福利函数加总了所有时间段内所有当事人的预期收益,每一个个体处于接收一侧或者给予一侧的可能性在社会问题中就变得不再相关。对于事后频率而非事前可能性或者事前预期的使用,不会改变社会问题的解决方案。

假定在每一个时间段内,从此刻一直到永恒,成本与收益函数都是相同的,且社会贴现率为 r^s。则未来时间段中社会收益的总贴现价值为：

$$p^s = \sum_{t=0}^{\infty} \frac{1}{(1+r^s)^t}(be - ae^2) = \frac{1+r^s}{r^s} \cdot (be - ae^2) \qquad 10.1$$

很容易看出,社会最优努力程度 e^s 是通过将每一个时间段的社会边际成本和边际收益等同起来加以确定的。也就是说,每一个参与者的社会性最优努力程度由如下方程所给定：

$$e^s = \frac{b}{2a} \qquad 10.2$$

三、角色可逆性之下的习惯形成

习惯的出现依赖于社群的成员们所做出的独立参与选择。作为个体的团体成员决定是否要参与一项创设习惯的活动,以及如果他们参与的话,要花费多大的功夫在这样的活动上。当一部分成员遵守这样一个创设习惯的活动之时,团体中的其他成员就会受益。

遵守一个给定的合作性习惯会产生超过总成本的总收益这一事实,并不能保证这一合作性习惯会被相关的个体决策者所遵守。我们由此对当事人的私人激励因素进行了研究,以识别在何种条件之下有效率的习惯能够经由社会成员的自愿互动而产生。

在角色可逆性的条件之下,当事人参与到行动之中,并且知晓在未来的时间段里可能会有与其他参与者之间的角色转换。行动之时的状态为每一个参与者所知,但是未来时间段中的真实角色仅仅基于一个概率性的基础而被得知。行动者们给予他们有关未来角色的事前概率信息来最大化自己的预期收益。由于遵守合作性习惯的行动选择完全依赖于活跃的参与者,我们聚焦于那些被要求通过在当下的时间段里花费功夫来坚持合作性习惯的参与者们的行动。

(一)角色可逆性之下的私人问题

假定 N 方当事人中的每一方均有 r 的贴现率,$r>0$。在时间段 0 中,考虑 $N-1$ 方当事人中的一位代表被要求去花费功夫救援处于需要中的一方当事人。作为代表的一名救援者假定所有当事人都参与其中并均等地共同承担了社会边际救援成本。① 由此,通过假定所有其他当事人联合参与到救援活动中,作为个体的救援者承受了 $ae^2/(N-1)$ 的成本,与此同时接受救援者获得了 be 的收益。

在时间段 0 之后,时间段 1 至永恒包含了角色转换的可能性。先前的救援者可能需要来自他人的帮助,反之亦然。看着不确定的未来,每一方当事人都会评估其能够从这一新兴的救援习惯规则中获益的可能性。我们假定在给定不确定性的情况下,异质的当事人面临着同质的事前预期。尽管在救援频率中可能存在事后的不同,每个个体都会基于团体的规模来评估事前的可能性。这使得我们能够聚焦于团体规

---

① 我们在稍后将放宽这一假定,考虑当救援者无法对称地依赖于救援中所有其他人的参与之时所产生的潜在协调问题中的困难。

模对于习惯生成所具有的影响。

在一个规模为 N 的团体中,当事人合理地推断其从新兴的合作性习惯中获益的事前可能性为 $1/N$。当他是受益者之时,他享有 be 的社会收益。当前的救援者也有可能在未来再次被要求去救援,其事前可能性为 $1-1/N$。当这种情况发生时,给予救援的一方再次与其他所有的救援者均等地共同承担社会成本,其所面对的成本是 $ae^2/(N-1)$。

由此,在未来的每一个时间段,当事人的预期收益由如下的方程所给定:

$$\frac{1}{N}be - \left(1 - \frac{1}{N}\right)\frac{ae^2}{N-1} = \frac{1}{N}(be - ae^2) \qquad 10.3$$

在贴现率为 r 的情况下,$N-1$ 方当事人中的每一方都会选择一个努力的程度来最大化其在所有时间段中的总预期收益。这一总收益包含了在当前时间段所产生的成本以及来自未来时间段的预期收益的总贴现价值:

$$\max_e P = -\frac{ae^2}{N-1} + \frac{1}{r} \cdot \frac{1}{N}(be - ae^2) \qquad 10.4$$

此时,在角色可逆性条件之下的最优努力程度 e^R 为:

$$e^R = \frac{(N-1)b}{2a(rN + N - 1)} \qquad 10.5$$

对于一个面对着是否要参与救援(该救援处于时间段 0 且为初始成本)的选择的当事人来说,如果他选择参与到救援活动中,则他的私人最优努力成本即为 e^R。

为了调查当事人是否应当参与救援,我们来考虑参与约束(participation constraint)。在我们的模型中,对于救援规则的参与约束表现为,如果当事人生活在一个不存在救援规则的世界里,他将会获得的收益。更为一般化地说,参与约束代表了合作性习惯确立之前的现状价值。

将(10.5)中的最优努力程度 e^R 代入(10.4)中的目标函数 P^R,这一操作提供了 P^R,即当事人的最优参与收益:

$$P^R \equiv P(e^R) = \frac{b^2(N-1)}{4arN(rN+N-1)} \qquad 10.6$$

为了使当事人参与到冒险之中,对于一些 k 来说,参与约束 $P^R \geq k$ 应当被满足。因此,P^R 的值越高,当事人就越有可能参与到救援的冒险之中。这意味着施加更低的参与成本(a)的救援习惯规则更有可能吸引初始的参与。① 类似地,当来自救援规则的潜在收益(b)较高之时,参与将会变得更为可能。当事人的贴现率(r)也和参与约束相关。一个较低的贴现率意味着初始的救援者赋予了未来潜在救援的收益以更大的价值,从而使得他更愿意加入到团体之中。

团体规模(N)的变化会带来两个反补贴效应(countervailing effects)。首先,一个更大的团体规模会通过将初始成本扩散至更多的人来降低参与的即时成本。其次,在一个较大的团体中,初始的救援者有更大的可能性在以对其有利的方式享受潜在救援的收益之前再次被卷入救援的给予一侧。这会挫伤其参与的积极性。比起第一个效应,第二个效应占据了主导地位。② 由此,当潜在参与者的数量增加之时,一个潜在的救援者就更不可能参与到团体之中。

(二)角色可逆性之下习惯的效率

为了评估在角色可逆性的初始条件之下习惯生成的效率,我们将

---

① 包络定理(envelope theorem)意味着 $\partial P^R/\partial a < 0, \partial P^R/\partial b > 0$,且 $\partial P^R/\partial r < 0$。
② 在附录中,$\partial P^R/\partial N < 0$ 得到了证明。

(10.5)中的私人最优努力程度 e^R 与(10.2)中的社会最优努力程度 e^S 进行比较,并且得到了:

$$e^R = \frac{(N-1)b}{2a(rN+N-1)} < e^S = \frac{b}{2a}$$

其为真,因为 $N-1 < rN+N-1$。由此,在角色可逆性之下的私人最优努力程度 e^R 就是社会最优努力程度 e^S 的一个分数。

四、随机无知之下的习惯形成

随机无知之下的选择范式经常与社会规范和司法/正义(justice)原则的生成联系在一起被加以检验。海萨尼(1955)的"不确定性之幕"和罗尔斯(1971)的"无知之幕"都表明,最优的社会规范可以经由具有"非个人化"偏好的个体行动者的互动而产生。对个体偏好的非个人化要求意味着所有的决策者将有均等的机会发现他们置身于任一初始的社会位置之上。在这样一种环境中,为了最大化他们自己的预期福祉,这些个体将会理性地选择一组同样能够最大化整个社会的福祉的规则。在接下来的几节中,我们将对合作性习惯的形成过程进行检验,在这一过程中,个体可以在知晓当某一习惯的应用成为必要时,该习惯究竟是会首先使他们受益还是首先使他们承受负担之前支持该习惯。

在接下来的演示中,随机无知的范式与先前检验过的角色可逆性范式在如下方面表现出不同:在合作性习惯之前产生的选择被应用于实践之中。在我们的救援模型中,个体们有机会在团体内部就合适的救援习惯进行讨论并达成共识。由此,在角色可逆性的范式之下,当事人在参与习惯形成过程之时,是知道他们当前的角色的,但是对于自己在未来每一个时间段内的角色则并没有完全的认知。然而在随机无知之下,个体在表达他们所偏好的习惯之时,既不知道当习惯第一次被应用之时他们所扮演的角色,也不知道他们将会在未来扮演什么样的角色。

(一) 随机无知之下的私人问题

角色可逆性和随机无知的概念已经被哲学家们和政治理论家们反复地研究过。我们的分析聚焦于这两种范式之间的信息差异。在我们的模型中,随机无知表现为一种海萨尼式的不确定性之幕,其中的每一个当事人都是在知晓他将来会扮演何种角色之前做出选择。当事人基于他们有关未来角色的事前概率信息来最大化他们的预期收益。

在一个角色可逆性情境之中的当事人,要比在随机无知之下的当事人知道得更多一点。一旦无知之幕被拉起,信息差异将会消失。在我们的模型中,角色可逆性与随机无知之间的区别由两个最大化问题之间的具有代表性的第一时间段差异所捕获。随机无知的形成与先前的角色可逆性问题有些类似,除了前者没有当前时间段的成本或者收益,因为当事人会坚持在事前就被选择的合作性习惯。与之前一样,每一方当事人假定接受一方的事前可能性为 $1/N$,给予一端的可能性则为 $1-1/N$。在当事人处于接受一端时,其所获得的收益为 be,此时位于给予一端的当事人与其他所有当事人均等地共担救援成本,他们所面临的成本是 $ae^2/(N-1)$。①

每一方当事人的预期收益等于(10.3)所给定的表达式。以 r 的贴现率贴现未来收益,当事人所面对的问题是:

$$\max_e P = \frac{1}{r} \cdot \frac{1}{N}(be - ae^2) \qquad 10.7$$

---

① 这一假定在稍后将被放宽,以考虑不完美协调和初始救援成本的不完整分配的情形。

在随机无知之下的最优努力程度 e^I 由如下的方程所给定：

$$e^I = \frac{b}{2a} \qquad 10.8$$

将 e^I 代入(10.7)的最大化问题的目标函数,得出了最优预期收益 P^I,其中：

$$P^I = P(e^I) = \frac{b^2}{4arN} \qquad 10.9$$

考虑对一些 k 而言的参与约束 $P^I \geq k$。从(10.9)中容易看出,随着 b 的增加,或者 a、r 或 N 的减少,P^I 会随之增加。因此,在随机无知的情形中,这些要素对于参与问题的定性影响就与角色可逆性的情形相类似。进一步地,由于当事人在随机无知之下并未面对一个前期的合规成本,在其他条件不变的情况下,当选择在不确定性之幕之下被做出时,参与约束更容易被保留。将(10.6)中角色可逆性之下的最优参与收益 P^R 和(10.9)中随机无知之下的最优参与收益 P^I 进行比较,可以看出 $P^R < P^I$。在我们的例子中,这意味着相较于带着未来角色可逆的预期参与一次实际的救援来说,当事人更有可能会坚持救援的习惯规则,如果该规则是在随机无知的条件之下被事前决定的。

(二)随机无知之下习惯的效率

上述的结果确认了如下的一般常识,即在随机无知之下所做出的选择是社会最优的。将(10.8)中在随机无知之下所选择的私人最优努力程度 e^I 与(10.2)中的社会最优努力程度 e^S 进行比较,我们发现它们是相同的。给定未来的不确定性和即时成本的缺失,当事人愿意去表达能够最大化他们的预期福祉的合作性习惯,而通过如此的行为,他们也最大化了整个社会的福祉。私人激励和社会激励的此种结合不会出现在角色可逆性的条件之下,除了在当事人的贴现率为零的有限情形中。

这些结果揭示了在本章中分别被检验过的角色可逆性与随机无知这两个框架之间的区别。当一个合作性习惯被应用之时,它会给具体的个体组织施加成本,同时为其他组织创造收益。尽管有效率的合作性习惯产生的收益会超过他们产生的成本,考虑到团体成员之间的初始成本负担不均衡,在角色可逆性之下,并非所有的此类习惯都能够得到社会成员的广泛支持和遵从。正如我们的模型中所显示的,当当事人在随机无知的条件下做出选择之时,对于参与的此类策略性扣缴(strategic withholding)不会发生,因此随机无知的情境避免了在角色可逆性的框架中存在于第一个时间段里的套牢问题(hold-up problems)。

这些差异对于设计那些能够促进有效率的习惯之生成的机制而言有重要的影响。无论何时,只要可行,对于具体习惯的共识都应当被提前促成,而不是等到要求应用合作性习惯的情形已经迫在眉睫之时。类似地,如果在当下没有被卷入其中的第三方有可能在稍后被习惯所影响,那么他们对于某一具体问题的意见可能会是真实社会偏好的有价值指标。这是因为这些第三方观察者的位置非常类似于在随机无知之下进行选择的主体。政策设计应当更加重视当下的中立观察者的意见,因为那些被直接卷入合作性习惯的给予侧或接受侧的当事人的观点有可能是有偏见或者短视的。

五、 团体规模、协调问题和贴现率的相关性

社会学和实验文献在研究习惯生成条件之时,强调了团体规模以

及社群是如何紧密结合在一起的。① 由此,我们运用我们的结果来进一步地研究角色可逆性和随机无知对于团体规模的敏感性。

(一)随机无知的情形

回想一下,随机无知情形中的社会最优和私人最优是相同的:$e^I = e^S = b2a$。当事人数量的增加对于私人的最优努力程度 e^I 不会造成影响。也就是说,在随机无知的情形之下,团体规模对于最优努力程度的决定而言是无关的。在我们的救援模型中,这意味着当事人将会倾向于去接合有效率的救援规则,而不管团体规模如何。但是,如果当事人在支持一项合作性习惯的时候面临着一个机会成本,团体规模可能会影响参与的决定。换言之,尽管团体规模可能会影响是否参与新兴习惯的意愿,但是它不会影响在参与新兴习惯之后努力程度的选择。从(10.9)所给定的最优价值 P^I 中,我们可以看到,随着团体规模的增长,参与约束就愈不可能被满足。由此,当事人越多,这些当事人就越不可能拥护一项新兴的合作性习惯。这些发现与社会学和人类学文献中的既定见解是一致的,根据社会学和人类学的研究,在随机无知的条件之下,对于习惯的生成而言,较小的、紧密结合的社群是更为适宜的环境。

(二)角色可逆性的情形

在当事人于角色可逆性的条件之下选择习惯之时,我们可以进行

---

① 奥尔森(1971)对于集体行动理论的原创性贡献为"合作在大集体环境中更不可能"这一命题提供了一个重要的基础。更为晚近的贡献则产生了与一般常识不一致的结果。德·克里默(De Cremer)和莱昂纳德里(Leonardelli)(2003)检验了"合作是由归属的需要所驱动的"这一理念,得出合作习惯在大团体环境中更有可能的结论。类似地,哈格(Haag)和拉格诺夫(Lagunoff)(2003)考虑了团体合作的规模和结构,同样指出在较大的团体中合作程度也会更高。实验文献支持了团体规模的传统理论,揭示了在绝大多数环境之下,当团体足够小,或者某些因素比如声望或者强制存在之时,合作更有可能发生。团体规模与合作之间的相关性也得到了心理学家的研究。谢里夫(Sherif)和霍夫兰德(Hovland)(1961)研究了团体规模对于沟通和合作态度的影响。谢里夫(1969)试图对团体规模的变化对于习惯发展的影响的相关理论进行量化等。

一项类似的有关团体规模之效应的研究。回想一下,在角色可逆性之下的私人最优努力程度 e^R 是社会最优努力程度 e^S 的一个分数。在 (10.5) 中求 e^R 在当事人数量为 N 之时的微分,我们有了:

$$\frac{\partial e^R}{\partial N} = \frac{2abr}{4a^2(rN + N - 1)^2} > 0$$

随着卷入其中的当事人数量的增加,在角色可逆性之下被选择的最优努力程度不断提高。更大规模的团体允许初始成本的更多传播,由此最小化了初始参与者的策略性行为,从而使得他们有意愿去采取更高的努力程度。这可以从如下的方程中得到明晰的呈现:

$$\lim_{N \to \infty} e^R = \frac{b}{2a(r + 1)} < e^S$$

这意味着团体规模对于努力程度的影响是有限的,而且不管团体的规模如何,努力程度 e^R 肯定会低于社会最优程度 e^S。

最后,尽管团体规模在努力程度的选择中发挥了有利的作用,但它仍然降低了参与新兴合作性习惯的可能性。① 由此,随着参与者的数量越多,新的参与者也就越不可能加入到这个团体之中。这是因为随着团体规模的扩大,成为新兴习惯的受益者的可能性也就会减小,并且考虑到参与中的机会成本以及即时相容成本的存在,这可能会使得参与程度低于便利的阈值之下。但是,决定参与到团体之中的当事人会愿意花费更多的精力来与合作性习惯相容,因为相容成本能够由此在更多的当事人中传播和分担。

---

① 附录中 $\partial P^R/\partial N < 0$ 的结果显示了这一点。

(三) 团体规模与习惯的生成

前文的分析表明,团体规模的扩大通常来说是不利于习惯生成的。也就是说,习惯生成在更大的团体中是更为困难的。这些发现与公共物品研究文献中众所周知的结果是一致的。我们的结果提升了对于传统文献的理解,揭示了角色可逆性与随机无知的环境对于团体规模的扩大有不同的敏感度,进而会产生不同的努力与参与积极性。比较角色可逆性与随机无知之下的最优努力和参与程度,我们可以看到:

$$e^R < e^I \text{ 且 } P^R < P^I$$

相比于在角色可逆性的条件之下,在随机无知之下参与约束更有可能被满足,努力程度也会更高。这意味着,如果是基于促成更大的相容努力和更为广泛的习惯参与之目的,随机无知提供了一个比角色可逆性更为有利的环境。

类似地,团体规模在随机无知和角色可逆性这两种机制之下有不同的影响。[①] 无论是在随机无知还是在角色可逆性之下,当个体在较小的团体中进行互动之时,对于习惯参与的鼓励是更为容易的。但是团体规模对于这两种机制之中的努力程度会有不同的影响。角色可逆性机制之中的相容程度对于团体规模的变化较为敏感。而类似的影响在随机无知的机制中是看不到的,在该机制中,做出努力的意愿并不会因为团体规模的变化而发生变化。

(四) 习惯生成中的协调问题与演化陷阱

为了研究习惯生成中可能出现的协调问题,团体规模的影响应当被再次加以审视。在一项新兴习惯中,参与的可欲性取决于其他团体

---

① 各自参与和努力程度的比较静态表明 $\partial P^R/\partial N < 0, \partial e^R/\partial N > 0$,且 $\partial e^I/\partial N = 0$。

成员的预期参与。如果救援者无法依赖于其他救援者的支持和广泛参与,考虑到在第一轮中初始成本的分配之缺失,上述有关团体规模之于参与约束的影响的结果可能会改变。例如,如果一位初始的救援者必须面对救援的所有成本以提供一个良好的范例,那么他可能会不太愿意实施救援,或者可能会采取一个次优的努力程度以最小化其所面对的成本。

为了理解先行者(first-mover)参与问题的边界,考虑一种受限的情形——初始救援者是单独行动的,没有机会去依靠其他成员的支持和成本分担。这位初始的救援者可能会参与到救援之中,以设立一个良好的范例。此时该救援者的预期是这样一个范例将会被随后各个时间段中的其他救援者所遵循,而在救援之时他承受了救援任务的全部成本。在这一情形中,当事人的问题可以被界定为:

$$\max_e P = -ae^2 + \frac{1}{r} \cdot \frac{1}{N}(be - ae^2)$$

私人的努力选择程度 $\tilde{e}$ 为:

$$\tilde{e} = \frac{b}{2a(rN+1)}$$

显然要 $\tilde{e}$ 小于 e^s。在这一情形中,团体规模对于努力程度和参与约束都有一个不利的影响。随着团体规模 N 扩大,私人的最优努力程度 $\tilde{e}$ 下降,对于参与约束的满足也更加困难,因为团体规模在没有降低当前成本的情况下对未来收益造成了影响。

这表明,在合作性习惯的可欲性缺少事前共识的情况下,那些希望成为确立新习惯之先驱者的主体将会面临一个初始的私人成本。参与者基于对未来收益的预期,愿意面对一个初始成本,并且会理性地采取救援行动,以避免形成一项不救援的习惯——这一习惯有可能在未来对他们造成伤害。但是,即便是在面对可欲的救援习惯之时,协调问题仍然可能产生。在完美的协调之下,如果救援者能够依靠其他人的参与,那么团体的每一个成员都有可能愿意参与救援;但是如果他对于其他人的选择是不确定的,那么他就有可能拒绝参与救援。这可能会导致在确立一项新习惯过程中的次优努力程度和次优参与程度。另一个观察这一问题的方式是以外部性的形式来进行思考。先行者的行动——如果没有得到其他人即时参与的支持——将会生成一个私人成本,并且产生一个被决策者部分地内部化的社会收益。初始成本越高,且对于这一成本的团体分担越少,则未被内部化的外部性也就会越大。外部性的存在意味着,旨在确立一项新的合作性习惯的初始行动是在次优的程度上被采取的。

(五)习惯生成中的贴现率

我们有关角色可逆性的模型显示,当私人当事方对于未来的贴现更少之时,源自合作性习惯的未来预期收益将会更大,从而弥补在当下所面对的成本。随着私人贴现率趋近于零,私人和社会激励之间的差距也越来越小:如果 $r \to 0$,则 $e^R \to e^S$。由此,私人最优会趋近于社会最优。考虑到私人行为者对于未来收益的贴现以及贴现率对于社会问题的无关性,私人最优与社会最优之间的差异可能会因为私人贴现率的提升而加剧。这一结果揭示了在如下的情形之中生成最优习惯实践的困难——此时的个体在角色可逆性之下互动,只有有限的时间范围,并且/或者仅仅部分地内部化了后代人从当前习惯中所获得的收益。

在随机无知的情形之下,私人贴现率在努力程度的个体决定中没有发挥什么作用。这表明随机无知的产出对于短视代理人的存在是更为耐受的。作为一个规范性的推论,当短视的决策有可能出现之时,让代理人在随机无知的条件之下进行选择可能是更为可欲的。这个条件起到了屏障的作用,将代理人隔离在他们自己的短视偏见之外。

六、 习惯生成的限制

现有的文献表明,虽然习惯生成的过程经常能够支持参与主体的合作性行为,但是个体的参与者可能会无法以最优的方式系统性地做出行为。此外,角色可逆性和随机无知被认为有助于生成有效率的习惯。在本章中,我们提出了一个习惯生成的模型,以比较随机无知和角色可逆性所提供的环境,两者都被设计成用来促成习惯的参与和最优相容。相关结果揭示了参与者对于一项新兴的合作性习惯表示支持的时机相对于遵守该习惯成为必需的时间的重要性。角色可逆性与随机无知之间的主要区别在于,角色可逆的过程需要一位先行者来触发习惯的生成,这只有在行动是必需的情境之下才有可能发生。在这样的设定中,行动者的偏好和所导致的行为会因即时情形而有偏差,因此任何一个在此类情境中开始的合作性习惯都不太可能是最优的(first-best)。与之相对应,在随机无知的条件之下被选择的习惯可以在抽象中被接合,从而脱离于即时行为的情境。当事人与角色具体的情境类型相分离,该类型会混淆和误导异质当事方中的习惯生成。最终,习惯在当事人对于他们的未来角色怀有不确定性之时经由信念的表达而生成,此时的习惯相比起在角色可逆性的条件之下经由初始行为被选择的习惯而言,更有可能接近于最优的情况,也更有可能满足在任何给定的时间点上当事人的参与约束。经济学模型表明,两类习惯生成过程的强度都取决于若干环境要素。

我们确定了角色可逆性与随机无知之间的重要区别。一些因素可能会限制上述条件生成社会最优习惯的能力。在这些因素之中,我们关注了团体规模的效应、习惯参与的成本和收益以及习惯生成上的私人贴现率。我们检验了角色可逆性和随机无知对于团体规模变化的敏感程度。在这两种机制之下,对于新兴习惯的参与都会受到团体规模扩大的消极影响。而相容程度尽管会在角色可逆性的机制之中受到团体规模的消极影响,但是在当事人于随机无知的机制中进行选择之时,不会受到影响。相比于随机无知之下的习惯生成而言,角色可逆的过程更为依赖于前述被研究过的参数,也因此更不利于有效率的习惯的生成。

接下来,在第十一章中,我们将会对接合理论在解决不确定性之下的习惯生成的相关问题方面的作用进行研究。尽管当事人并不知道谁将会首先从习惯中获益,他们还是可以面对成为互动关系中给予一方或者接受一方的不同的预期和可能性。相关的分析将会揭示团体成员之间不同的异质性程度对于有效率的习惯之生成和演化的关联性。我们在这些结果的基础之上,对于既有习惯在团体规模扩大和团体本身变得更为异质性的情况下的可持续性条件进行了研究。

附录

在角色可逆性的条件之下,作为代表的救援者所面临的问题由如下的方程所给定:

$$\max_{e} P = -\frac{ae^2}{N-1} + \frac{1}{r} \cdot \frac{1}{N}(be - ae^2)$$

请注意,界定了最优努力程度 $e^R = [(N-1)b]/[2a(rN+N-1)]$ 的一阶必要条件为:

第三部分 通过实践的立法:习惯法

$$\frac{-2ae}{N-1} + \frac{1}{rN}(b - 2ae) = 0$$

这一条件可以被改写为:

$$\frac{1}{rN}(b - ae) = \frac{2ae}{N-1} + \frac{ae}{rN} \qquad 10.10$$

由此,最优努力程度 e^R 必须满足方程(10.10)。接下来,最优价值函数可以通过在目标函数 P 中代入 e^R 而获得:

$$P^R = P(e^R) = -\frac{ae^{R2}}{N-1} + \frac{1}{r} \cdot \frac{1}{N}(be - ae^{R2})$$

经由包络定理(envelope theorem)可以获得:

$$\begin{aligned}
\frac{\partial P^R}{\partial N} &= \frac{ae^{R2}}{(N-1)^2} - \frac{1}{rN^2}(be^R - ae^{R2}) \\
&= \frac{ae^{R2}}{(N-1)^2} - \frac{e^R}{N}\left(\frac{1}{rN}(b - ae^R)\right) \\
&= \frac{ae^{R2}}{(N-1)^2} - \frac{e^R}{N}\left(\frac{2ae^R}{N-1} + \frac{ae^R}{rN}\right)
\end{aligned}$$

最后一个等式成立,是因为 e^R 是(10.10)的一阶条件的解。将最后一个方程简化之后,我们有了:

$$\begin{aligned}
\frac{\partial P^R}{\partial N} &= ae^{R2}\left(\frac{1}{(N-1)^2} - \frac{2}{N(N-1)} - \frac{1}{rN^2}\right) \\
&= \frac{ae^{R2}}{(N-1)^2 N^2 r}(Nr(2-N) - (N-1)^2) < 0
\end{aligned}$$

最后一个不等式成立,是因为至少有两方当事人参与其中:$N \geq 2$。由此,团体之中的当事人越少,通过参与习惯所产生的最优收益就会越高。

第十一章 习惯法和接合理论[*]

在本章中,我们将拓展第十章中的分析,以研究有关习惯法形成的新理论,尤其是重点关注接合所扮演的角色。[①] 在传统的习惯法之下,国际法的一项宗旨只有在同时满足如下两个条件的情况下才能变成一项可行的习惯:(1)在实践中广泛传播;(2)对于相关社群中的每一个成员来说,遵循该宗旨在个体意义上都是理性的。

在搜寻一个理性的国际法选择理论的过程中,法学者们近期对于传统上有关习惯法的解释进行了批评,他们认为这些解释是同义反复的,未能描述真实的实践,并且未能在习惯规则的裁决过程中提供有意义的规范性指引。最近,戈德史密斯和波斯纳(1999和2000)以及康托罗维奇(2006)对习惯法的传统理论进行了批评,提出在许多方面对于国际法的遵守源自一系列因素,习惯被遵循是基于利益的一致,而非

---

[*] 本章基于如下这篇先前已经发表的论文:文希·冯、弗朗西斯科·帕雷西:《国际习惯法与接合理论:一种经济学分析》,《国际法律与管理评论》第2卷,2007年,第201—233页。

[①] 根据这些理论,在探明习惯规则的存在与内容的过程中,国家有关信念的陈述和表达是相关的。达马托(1971和即将发表)将接合考虑为国际习惯法的一个形成性元素。在达马托看来,这一元素与国家的实践和弃权结合在一起运作。在本章中,我们将使用达马托的接合概念,但是会将这一概念推进至其预期范围之外。我们的接合过程模型允许国家提前或者与它们经由实践的行为同时表达对于潜在规则的共识。当接合发生在任何习惯实践之前时,接合可以替代实际行为,并通过其自身产生一个习惯法规则。在两种情形中,习惯都会在国家采取了与它们的规范性观点表达——该表达包含在国家的先前或者同时的接合之中——相一致的行动之时而产生。

法律责任感。① 我们首先来考虑,国家的规范利益的一致要达到何种程度,才足以生成有效率的习惯法规则。在将习惯法的形成过程予以模型化的过程中,我们着重关注了国家的信念接合所发挥的作用以及接合与行动的关键时机。

通过接合,意图的表达可以和实践同时甚至是先于实践而做出,这有可能让国家得以在任何具体的冲突事件发生之前发出信号,表明它们可能会希望习惯如何发展。接合的组件(component)以国家基于自身意图所发布的"公告"(announcement)的形式表现出来——这些公告有可能以单方面声明的形式出现,也有可能经由双边或多边的非正式谅解而做出。在习惯形成的两种版本——经由接合和不经由接合形成的习惯——之下,对于已出现的规范之遵守通过声誉约束(reputational constraints)得以维持,尽管并非尽善尽美。

在这一设定之下,我们在本章中将会看到,虽然不经由接合而形成的习惯往往也能够支持参与国之间的合作性行为,但是此类习惯的内容相比起通过接合的习惯所可能获取的内容而言,仍然可能会有系统性的不足。关键原因在于习惯的形成必然会需要一个"先行者",而这只有在行动是必要的情境之中才会发生。在这样的设定中,个体的偏好(以及由此所导致的行为)已经受到了即时情形的片面影响,因此任何一个从这样的情境中所生成的习惯都不太可能是最优的。与之相反,一个接合的习惯可以产生自抽象之中,脱离于即时的紧急情况的情境。国家因此能够和那些角色具体的情境类型相分离,后者会混淆且误导习惯的生成。因此,接合的习惯更有可能接近于最优,也比非接合

---

① 戈德史密斯和波斯纳(2005)更为广泛地挑战了国际法的传统理论,后者将习惯建立在国家的某些外源性义务感的基础之上。

的习惯更有可能满足国家在任何给定时间上的参与约束。经济学模型确认了两种类型的习惯的强度都取决于具有可预测效果的环境要素（例如，遵守习惯的成本相对于其他国家遵守习惯时所获得的收益、贴现率、参与者的数量、时间延迟以及不确定性）。进一步来看，脱离了接合而形成的习惯会倾向于更加依赖这些要素，也因此比接合的习惯更难以维持。

本章的结构如下所述：在第一节中，我们将呈现有关习惯法的传统教义，并且针对双边习惯的情形，将传统的习惯形成过程加以模型化。在第二节中，我们将双边习惯的模型扩展至多边习惯的情形，以及不确定性的情形和一项新兴习惯的形成与确认中的延迟。我们评估了国家的参与和努力激励是如何被这些条件的存在所影响的。参与和努力激励假定了在真实生活的条件之中，识别传统的习惯过程的限制具有特别的重要性。

我们在第三节中回顾了这些限制，检验了多元化的教义和习惯法的形成过程在弥补传统习惯法理论的缺陷方面所具有的潜在作用。在这里，我们通过允许国家在做出实际行动（即接合）之前来表达它们有关新兴习惯规则的共识，在习惯的形成过程中引入了一个变量。我们在此种多元化的教义之下对习惯的形成过程进行了模型化，进而确定了此类框架在不同的环境设定中的相关限制和优势。

一、一个习惯法形成模型

尽管我们对于何种类型的结果作为一种行为规范是可持续的，已经知之甚多，但是要理解此类行为规律是如何生成的，我们还需要做很多工作。在接下来的部分，我们将重点关注这一问题，在不同的法律教义和机制之下对习惯法的形成过程进行模型化。

第三部分 通过实践的立法:习惯法

根据第九章中所讨论过的习惯法理论,一个习惯规则的形成要素是由被称为"必要的法律意见"(opinio iuris ac necessitatis)的定性要素所给定的。这一拉丁术语指的是这样一种需要:习惯实践(定量要素)基于一种法律、社会或者道德义务的信念(定性要素)而被完成。遵循该习惯的人应当相信它代表了一种必要的和义务性的惯例(凯尔森 1939 和 1945;达马托 1971;瓦尔登 1977)。此种"法律意见"的形成受到了学者们的批评,理由在于其循环论证:习惯法可以从一种实践中生成,当且仅当该实践已经被认为是法律所要求的。在本章中,我们将考虑戈德史密斯和波斯纳(1999 和 2000)对于"法律意见"的批评,根据他们的观点,习惯法规则产生自利益的一致,而非法律责任感。我们在这一富有洞见的批评的基础之上,检验了国家的规范利益的一致需要达到何种程度才足以可能生成有效率的习惯法规则。

习惯规则产生自过往的实践。在将一项实践固化为一项具有约束力的习惯之前,国家在纯粹自愿的基础之上采取行动。① 有两类主要的因素会影响一个个体(或者国家)行动者参与具体行动的选择:(1)行动的即时成本和收益[即间接利益(circumstantial interest)];(2)通过确立一项习惯规则它们有可能获得的利益,这种利益会对未来具有约束力[即规范利益(normative interest)]。

将一项新兴的习惯与一种单纯的使用(mere usage)区分开来的是对当下的实践可能会导致有约束力的习惯规则的预期。对于已出现的习惯法规范的遵从,通过声誉约束得以维持。对于既定的习惯规则的单方面偏离,会给偏离的国家施加声誉成本。互惠遵守的预期则有助

---

① 但是,请参见戈德史密斯和波斯纳(2000)有关一个强大的国家使用胁迫来强加国际法规则的讨论。

于影响国家的行动。

在接下来的分析中,我们将会在一开始假定(对于习惯的)遵循是由这些声誉约束所保证的,随后则将放宽这一假定,以允许不确定性和不完美的遵循。这使得我们可以聚焦于不同的习惯形成机制之下新兴规范的"内容"。

间接利益和规范利益在影响一项给定行动方面的相对重要性,显然取决于具体的情形。在某些情形中,间接利益具有决定性的重要性:国家基于它们的即时利益(例如,在此时这样去做是符合其自身利益的)而参与到一项具体的行动中,无视这样的预期——此类行为可能会产生一项对于未来具有约束力的规则。在另外的一些情形中,规范利益占据主导地位:国家参与到具体的活动中,以确立一项管理将来互动的具有约束力的习惯。①

尽管在某些情形中,行为的动机可能会融合,但是在另外的一些情形中,间接利益与规范利益之间可能会存在一种紧张关系。② 在此种冲突存在的情况下,习惯法的形成过程就会产生协调问题。在本章中,我们将会在这一组情形中观察习惯法的形成过程。我们假定在每一个时刻,一个国家的间接利益都会与所有国家的共同规范利益存在冲突。具体来说,我们研究了这样一种习惯实践之情形,该习惯实践在每一个

---

① 我们对于出现的规则的长期稳定性并不做出主张。事实上,我们的分析与戈德史密斯和波斯纳(1999和2000)完全一致,他们论证了如果国家的规范利益改变的话,行为的规律性将会消失。但是在本章中我们允许规则具有某些短期的约束效果,限制国家为了追求它们的间接短期利益而偏离一项被接受的规则。

② 在某些例子中,遵循一个具体的实践会同时满足国家的间接利益和规范利益。换句话来说,参与可能在每个时间段都是帕累托最优的。所有的国家在每一个时间段都将从遵守习惯中获益。遵循新兴的习惯对于所有国家来说将总会是一个主导性策略。作为结果,这样的实践将会变成自我实施的(self-enforcing),因为没有国家会面临哪怕一个偏离它们的诱惑。因此,在这样的极端情况下,将此类实践承认为习惯法规则并加以实施是没有必要的。这些实践落在了现有分析的范围之外,因为它们不会产生策略性遵守问题。

实例中都给一个国家造成了成本,同时又给其他国家了带来了收益。此类习惯实践是可欲的,因为总收益超过了由各个国家所引发的总成本。我们首先将会研究双边实践的情形,随后则会将该分析扩展至多边实践。

在每一个时期,一个国家可以付出 e 的努力程度来为另一个国家创造一些收益。社会净收益是所有国家的成本与收益的总和。由此,源自 e 的社会净收益为:

$$SNB = -ae^2 + be \qquad 11.1$$

在这里,我们假定了努力的边际成本是增长的:$MC = 2ae$ 是 e 的一个单调函数。努力的边际收益被假定是恒定的且独立于 e:$MB = b$。在每一个时期,社会最优努力程度 e^s 都是通过将社会边际成本与边际收益等同起来加以确定的。也就是说,社会最优是由如下的方程所给定的:

$$e^s = \frac{b}{2a} \qquad 11.2$$

现在我们可以来考虑习惯法过程能够趋近于此类社会最优的程度。我们从标准的双边习惯问题开始。

(一)习惯的形成:双边情形

考虑这样一个情形:有两个国家面临着自愿参与的问题,此时并没有一项现成的习惯。自愿参与到一项新的实践中将会给其中一个国家施加成本,同时给另一个国家带来收益。作为一个例子,我们可以设想其中一个国家面临了紧急情况,此时另一个国家面临着是否要自愿救援前一个国家的决定。对于一项会净得某种程度上的成功的救援来说,活动的边际成本要小于其边际收益,由此保证了该救援是社会可欲的。

在时间段 0 中,一个国家面临着付出一定的努力以救援另一个国家的需求。如果其实施了救援,将会承受 ae^2 的成本,同时另一个国家将会获得 be 的收益。这些即时的成本和收益是国家的间接利益。请注意,国家的间接受益会有不同的呈现。在我们的例子中,救援者的间接利益为负,$-ae^2<0$,而被救援的国家则面对着一个正的间接利益,其由收益 $be>0$ 所代表。在我们的例子中,行动的选择掌握在救援者手中,而非被救援国手中,后者是收益的一个被动接受者。因此这足以充分地来考虑面临着负的间接利益的国家的参与和激励。①

多个国家置身于重复的互动之中。在初始的时间段 0 之后,从时间段 1 开始直至永恒,国家的角色会交换(角色反转)。它们的未来角色(在我们的例子中,作为救援者或者被救援者)仅仅基于一个概率性的基础而被获知。在每一个时间段内,都有某一个给定的国家将会成为其他国家行为的受益方的可能性 π(在我们的例子中,这由被救援的可能性所代表)。另一方面,也有某一个给定的国家会继续处在给予一侧的可能性 $1-\pi$(在我们的例子中,这将会是该国需要再次救援其他国家的可能性)。

我们从社会可欲的实践被遵循——受制于互惠——的情形开始思考。互惠同时延伸到了对于新兴实践的参与以及往复行为的质量或者努力程度中。这一起始点允许我们更为清晰地界定行动国的规范利益可能会导致行动与习惯实践的程度。我们假定无论国家所选定的努力程度为何,它都可以期待所付出的努力将会在自己需要被救援之时得到回报。② 因此,在未来的每一个时间段内,国家的预期收益都由如下

---

① 在习惯实践的更为一般化的情形中,这意味着假定排除了如下的情形——习惯实践的发起者可以为他们自己创造利益,而不管其他国家的参与和互惠遵守情况如何。

② 有关合作问题中互惠的一个更为一般化的模型,参见冯和帕雷西(2003b)。

的方程所给定：

$$\pi be - (1-\pi)ae^2$$

假定国家的贴现率为 $r, r>0$，则源自未来时间段的预期收益的总贴现价值为：①

$$\sum_{t=1}^{\infty} \frac{1}{(1+r)^t}(\pi be - (1-\pi)ae^2) = \frac{1}{r} \cdot (\pi be - (1-\pi)ae^2)$$

在时间段 0 面临着成为救援者的责任，同时在未来的某些时间段有可能成为被救援者或救援者的个体国家所面对的问题，可以由如下的方程所给定：

$$\max_e P = -ae^2 + \frac{1}{r}(\pi be - (1-\pi)ae^2) \qquad 11.3$$

容易看出，最优努力程度 e^c 由如下的方程所给定：

$$e^c = \frac{\pi b}{2a(r+1-\pi)} \qquad 11.4$$

将最优努力程度 e^c 代入国家的目标函数之中，可以得到如下的最大收益：

$$P^c = P(e^c) = \frac{\pi^2 b^2}{4ar(r+1-\pi)} \qquad 11.5$$

(二) 参与约束

基于这些前提，我们可以来考虑行动国的间接利益和规范利益有可能导致在新兴习惯实践中行动和参与的程度。在我们的具体例子

---

① 注意 $\sum_{t=0}^{\infty} 1/(1+r)^t = (1+r)/r$。

中,为了使国家愿意参加到救援的冒险之中,我们应当来验证参与约束是否得到了满足。尤其是,$P^C \geq k$ 必须针对某些 k 是成立的。从方程(11.5)中容易看出下述的比较静态是成立的:

$$\frac{\partial P^C}{\partial a} < 0, \frac{\partial P^C}{\partial b} > 0, \frac{\partial P^C}{\partial r} < 0, \frac{\partial P^C}{\partial \pi} > 0 ①$$

因此,假使其他条件相同(ceteris paribus),当活动的成本较高——由一个较大的 a 所代表——之时,参与约束就不太可能被满足。类似地,国家的贴现率 r 的增长也会使得参与约束不太可能被满足。这些结果是非常直观的,如果我们考虑到参与我们的新兴习惯实践会给对于未来收益的预期施加一个眼前的成本,而这一收益的现有价值会被一个较高的贴现率所削减。另一方面,如果源自互惠合作的收益 b 较高,而且如果在未来的时间段内成为受益一方的可能性 π 也较高,那么参与约束就更有可能被满足。

(三)激励问题

参与约束的实现代表了一项习惯出现的一个必要条件。但是有效率的习惯规范也会要求参与的国家在具体的活动中付出最优程度的努力。在这一小节中,我们将来观察习惯法的形成过程是否为参与国创设了最优的激励。

从(11.4)的最优努力程度中,首先观察到如下情形:

(i) If $\pi = 0, e^C = 0$

(ii) If $\pi = 1, e^C = b/2ar$

---

① 特别是 $\partial P^C/\partial a = (-\pi^2 b^2)/[4a^2 r(r+1-\pi)] < 0, \partial P^C/\partial b = \pi^2 b/[2ar(r+1-\pi)] > 0, \partial P^C/\partial r = [-\pi^2 b^2(2r+1-\pi)]/[4a^2 r(r+1-\pi)^2] < 0, \partial P^C/\partial \pi = [b^2[2\pi(r+1-\pi)+\pi^2]]/[4ar(r+1-\pi)^2] > 0$。

这些极端的情形是直观的。当从新兴的习惯中获益的可能性为零之时(例如,救援国知道它未来永远也不会需要从其他国家获取救援),此刻所付出的任何努力都会施加一个没有相应的未来收益的成本,因此救援国将会理性地选择为零的努力程度:$e^c = 0$。除非有假定的互惠存在,否则这肯定为真。(但是)互惠在这一情形中是没有意义的,因为行为国在未来永远也不会处于从互惠中受益的位置。

另一方面,当行为国将来会处于新兴习惯的接受一侧这一点确定无疑之时,源自互惠行为的收益就会处于它们的最高点。在这一情形中,救援国的最佳行动是在此刻设立一个较高的行为标准,从而期待同样较高的可获取收益。最优的行为将会平衡当下的收益与贴现的未来收益:$e^c = b/2ar$。最优的努力程度会严重地依赖于国家的贴现率。①

比较(11.2)中的社会最优努力程度与(11.4)中的私人最优努力程度,我们注意到如下情形:

$$e^c < e^s \Leftrightarrow \pi < \frac{1}{2}(1 + r) \qquad 11.6$$

$$e^c = e^s \Leftrightarrow \pi = \frac{1}{2}(1 + r) \qquad 11.7$$

为了使私人最优努力程度和社会最优努力程度相同,只要 π 小于或者等于1/2,贴现率 r 就必须小于或者等于零。但是,在正贴现率的现实情形中,除非 $\pi > 1/2$,否则私人最优将不会与社会最优等同。因

---

① 如果国家面对着一个100%的贴现率,所有的未来收益将会与这一时期的成本一样多。将当下的边际成本和未来的边际收益设定为相同会给出 $e^c = b/2a$。当 $r = 1$ 时,这正好是 $e^c = b/2ar$。在另一个极端之上,假定国家极为关注未来,由此贴现率 r 会变得非常小。此时所有未来收益的总和将会远远超出这一时期的成本,国家也会偏向于提供大量的努力,因为考虑到未来互惠的承诺。随着 r 趋近于零,$e^c = b/2ar$ 会无限增长的事实与这一直觉是一致的。

此,在以角色可逆性为条件的传统习惯形成过程之下,贴现率为正的对称国家将不会有最优的激励。对于 π 趋近于 1/2 的对称国家而言,它们只有在 r 趋近于零的有限情形中,才会付出社会最优的努力程度。也只有在这种有限的例子中,经典习惯法之下的私人最优才会与社会最优等同。此外,当 $\pi = 1$ 时,r 也必须为 1,才能使得私人最优和社会最优等同。

回到(11.4)所给定的私人最优努力程度,可以容易地看出如下的比较静态结果是成立的:

$$\frac{\partial e^C}{\partial a} < 0, \frac{\partial e^C}{\partial b} > 0, \frac{\partial e^C}{\partial r} < 0, \text{以及} \frac{\partial e^C}{\partial \pi} > 0 ①$$

因此,在其他条件相同时,在习惯规则的形成阶段,当活动的成本较高——由一个较大的 a 所代表——之时,国家的努力程度将会较低。另一方面,如果源自互惠遵守的收益 b 增加,且如果在未来的时间段成为习惯实践的受益方的可能性 π 也增加,则私人的最优努力程度将会提高。进一步来看,从 $\frac{\partial^2 e^C}{\partial \pi^2} > 0$ 这一事实中,我们可以推断,给定一个固定的贴现率 r,就未来成为新兴习惯的受益方的可能性 π 而言,最优努力曲线会以一个增长的速率而上升。②类似地,$\frac{\partial e^C}{\partial r} < 0$ 表明,随着贴现率下降,最优努力程度会提高,最优努力曲线也会提升。如果我们考虑到付诸一项新兴习惯实践之上的努力会产生预期有未来收益(其现有价值会被较低的贴现率提高)的当下成本的话,这一点就会很直观。

---

① 具体而言,比较静态结果为 $\partial e^C/\partial a = -\pi b/[2a^2(r+1-\pi)] < 0, \partial e^C/\partial b = \pi/[2a(r+1-\pi)] > 0, \partial e^C/\partial r = -\pi b/[2a(r+1-\pi)^2] < 0, \partial e^C/\partial \pi = b(r+1)/[2a(r+1-\pi)^2] > 0$。

② 特别是,$\partial^2 e^C/\partial \pi^2 = b(r+1)/[a(r+1-\pi)^3] > 0$。

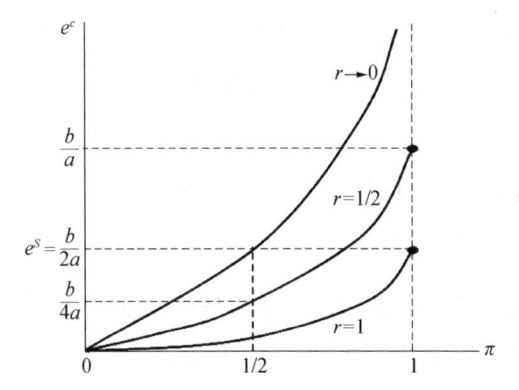

图 11.1　传统习惯法之下的最优努力曲线

图 11.1 呈现出了一部分最优努力曲线。回想一下,当 $\pi = 0$ 时,$e^c = 0$,且当 $\pi = 1$ 时,$e^c = b/2ar$。因此,当 $\pi = 1$ 时,所有的最优努力曲线都从原点出发,并终止于 $b/2ar$。在图中,最低的一条最优努力曲线代表着 $r = 1$。请注意,当 $r = 1$ 时,未来收益在每一个时间段都会百分之百地被贴现,并且所有未来收益的总贴现价值等同于当前时间段(时间段0)的收益。为了使国家愿意去付出社会最优的努力程度,它必须获得如下的保证:它将会在未来成为被救援的一方。因为它必须在当前的时间段预先付出努力来救援其他国家。也就是说,若 $r = 1$,只有在 $\pi = 1$ 之时,$e^c = e^s$ 才会发生。

随着贴现率下滑,比方说 $r = 1/2$,最优努力曲线会提升。在这一情形中,为了使私人最优能够与社会最优等同,就需要有一个较低的成为新兴习惯受益方的可能性。在图 11.1 中,很容易看到在效率之下我们的习惯法问题中各种要素之间的权衡。对于任何给定的努力程度而言,较低的贴现率 r 必然需要有较低的可能性 π 来实现效率。例如,我们可以发现,$r = 1/2$ 的最优努力曲线与 $e^s = b/2a$ 线的交汇点位于该条线与其他贴现率较高的努力曲线的交汇点的左侧。随着贴现率趋近于零

($r \to 0$)，最优努力曲线也就趋近于图中所显示的最高曲线。因此，随着 $r \to 0$，对于社会最优而言所需的在未来成为习惯受益方的可能性也就趋近于 $\pi = 1/2$。

请注意，正如在(11.7)中所看到的，我们之前已经呈现了，为了使私人与社会最优努力程度能够重合，$\pi = \frac{1}{2}(1 + r)$ 必须成立。图 11.1 中所显示的最优努力曲线与这一条件是相符的。从图中可以看到，为了使国家采取社会最优的努力程度，贴现率的提高必须伴随着在未来成为习惯受益方的可能性的提高。这一点是直观的，因为对未来贴现得越多，意味着对未来收益的关心越少，并且考虑到参与习惯实践会施加未来收益预期的当下成本这一事实，只有当行为国在未来成为习惯实践的受益方的可能性高于单纯的公平机会之时，社会最优的努力程度才有可能在私人意义上是理性的。

二、多边习惯、不确定性与迟延承认

在本节中，我们将前述的分析延伸至更为一般化的多边习惯的情形中。我们将考虑习惯法的形成与承认过程中不确定性和时滞（time lags）的影响。我们将会验证前文所讨论的参与和激励约束是如何被这些条件的存在所影响的。当国家的间接利益与规范利益没有完全保持一致时，这些延伸就具有特殊的重要性了。由此，这一分析将会帮我们识别传统的习惯过程在真实生活条件中的限制。

在这一分析所预设的情形中，国家无法经由自身的实践产生帕累托最优的习惯。在第三节中，我们将运用这些发现来观察在习惯法形成过程中多元化教义的运用是否能够弥补传统习惯法过程的缺陷。

(一) 多边习惯和大量参与问题

在前一节中,我们考虑了一个程式化的情形,在该情形中,国家总是会被卷入习惯的形成过程。在我们的例子中,我们假定国家在未来的时间段总是会以某个角色或者其他角色(例如,作为受害者或者救援者)被卷入其中。对于双边习惯而言,这是一个适当且现实的假定,但是对于多边习惯的情形而言,这一点就很难适用了。

将我们的基础模型拓展至如下的情形————一项习惯实践的参与者(例如,在我们的例子中,那些需要被救援的人以及他们的救援者)是随机地从一个较大的人群中抽取出来的————是有一些原因的。并非每一个单独的国家都是主动地或者被动地卷入习惯生成的实践之中。在每一个时刻,总会有一群未参与者(其数量必然为正)在没有参与的情况下观察其他人的行动。我们可以将这些未参与的个体设想为一项新兴习惯的默许观众(acquiescing spectators)。

考虑这样一个情形:成为一项救援冒险的参与者的可能性,取决于可用的国家数量。令 $N(N \geq 2)$ 为卷入其中的国家数量,则某个国家成为救援者的可能性为 $1/N$。类似地,某个国家需要从其他国家获取帮助的可能性是 $1/N$。这意味着某个国家在未来的每个时间段内只会是一个旁观者的可能性是 $1 - 2/N$。此时国家的问题就变成了:

$$\max_{e} P = -ae^2 + \frac{1}{r} \cdot \frac{1}{N}(\pi be - (1-\pi)ae^2)$$

请注意,N 扮演了类似于 r 在国家最优问题中所扮演的角色。因此,与我们在前面所发现的比较静态结果 $\partial e^c/\partial r < 0$ 和 $\partial P^c/\partial r < 0$ 相类似,此时 $\partial e^c/\partial N < 0$ 和 $\partial P^c/\partial N < 0$ 同样也成立。随着潜在参与者数量的增加,一个国家被卷入其中的可能性会下降。卷入其中的可能性的

下降会导致国家所付出的最优努力程度的下降。类似地，随着更多的参与者卷入其中，参与约束的满足变得更为困难，国家也不太可能参与到习惯实践之中。这两类结果都与如下的事实相关：初始的参与选择会给国家施加一个眼前的并且是确实的成本，而在未来被卷入新兴习惯的可能性以及由此所导致的净收益，则有可能随着参与者数量的增多而降低。

这些结果与社会学家和人类学家所得出的经验发现是一致的。根据他们的发现，紧密结合的环境和较小的参与者群体为生成有效率的习惯提供了最为适宜的环境（乌尔曼-玛格利特 1977；帕雷西 1998；埃里克森 2001）。这一结果进一步地支持了戈德史密斯和波斯纳（1999 和 2000）有关对于包含了两个以上国家的国际合作的互惠解释的怀疑。最终，这些结果对于习惯的裁决有着重要的影响。鉴于在这样的环境中更容易出现有效率的规则，法院应当对于在较小的或者紧密结合的社群中出现的习惯给予全面的关注和实施。类似地，相较于更为一般化和更为广泛的习惯实践而言，地方的、地区的或者具体的习惯应当获得较多的甚至是更多的承认。

（二）在习惯的形成中引入不确定性

到目前为止，我们的习惯形成模型都假定后来的习惯参与者总是会以互惠的行为遵循起始的实践。这使得我们可以将国家的策略性参与和努力程度选择的影响与有关其他国家的参与和未来遵守的不确定性之影响区隔开来。但是在真实生活的设定中，起始的习惯实践参与者并不能保证他们的行为真的能导致一项具有约束力的习惯。由此，一项起始付出的努力可能并不总是会得到互惠的待遇，这有可能会削弱起始行动的动机，降低对于他人互惠行为的期望。在我们的例子中，如果潜在救援者无法保证他所付出的努力将会在情形逆转之时得到类似行为的回报,他提供自愿救援的动机就有可能受到负面影响。

在这里,我们来考虑在何种条件之下最优的实践将会在不确定性存在之时产生,这种不确定性涉及一项具有约束力的习惯规则是否会从国家的初始努力中产生(即初始的参与者缺少对互惠的习惯实践将会被其他人所遵循的保证)。为了研究这一问题,我们将基础模型加以拓展,以便将习惯形成中的不确定性包含进来。特别是我们假定,在未来其他国家将会遵循由问题中的国家所采取的实践的可能性为 β($0 < \beta < 1$)。此时的私人最优问题相应地被调整为:

$$\max_e P = -ae^2 + \frac{1}{r}(\beta\pi be - (1-\pi)ae^2)$$

因为 β 所扮演的角色类似于 b 在最优问题中所扮演的角色,比较静态结果也是类似的:$\partial e^c/\partial \beta > 0$ 和 $\partial P^c/\partial \beta > 0$ 成立。正如直觉所表明的那样,当国家对自身的行为将会成功地固化为一项具有约束力的习惯有较高预期时,它们将会更有可能参与到实践之中,并且它们的初始行动也会具有较高的努力程度。①类似地,随着互惠习惯行为的可能性提高,更高的努力程度也就更有可能成为初始参与者的行为特征。

(三)在习惯的形成和承认中引入时滞

在有关我们的习惯法基础模型的最后一个拓展中,我们来考虑在习惯的出现和承认过程中时滞的影响。在我们的基础模型中,习惯承认中的时滞和迟延会在角色互换之时影响初始的参与者能够获取习惯的收益的时间。迟延会被实践的类型所决定,比方说罕见的事件(例如,在外太空或者深海所进行的救援),或者法律体系中的行为(例如,

---

① 注意,如果国家为了追求它们的间接利益而非规范利益从而参与到初始实践之中,相反的结果将会成立。在该种情形中,实践固化为习惯的较低可能性将会促进初始参与,因为国家将会从参与中获得完全的利益,而无需担忧此种习惯在未来的永久性影响。

某些法律体系会要求某一种用法在作为一项具有约束力的习惯规则被承认和实施之前经过一段长达 20 年或 30 年的实践）。令 T 为起始行动之后直至实践固化为一项具有约束力的习惯且互惠利益可以被预期到为止所需经历的时间段数量。从时间段 T 往后，国家将会基于一项互惠的、具有约束力的习惯规则而行动，此时某个国家将会以 π 的可能性获得规则的收益，或者会以 $(1-\pi)$ 的可能性面临此类规则的负担。在此种情形中，未来预期收益的当下贴现价值由如下的方程所给定：

$$\sum_{t=0}^{\infty} \frac{1}{(1+r)^{t+T}}(\pi be - (1-\pi)ae^2) = \frac{(\pi be - (1-\pi)ae^2)}{r(1+r)^{T-1}}$$

由此，国家所面对的问题就变成了：

$$\max_{e} - ae^2 + \frac{(\pi be - (1-\pi)ae^2)}{r(1+r)^{T-1}}$$

比较此刻的问题与 (11.3) 中所呈现的基础问题，r 被 $r(1+r)^{T-1}$ 所替代。从基础模型中，我们知道 $\partial e^c / [\partial(r(1+r)^{T-1})] < 0$ 为真。因为 $[\partial r(1+r)^{T-1}]/\partial T > 0$，我们现在有了 $\partial e^c / \partial T < 0$。也就是说，在习惯的形成或者承认过程中，迟延的时间越长，初始参与者将会理性地付出努力的程度也会越低。习惯形成过程中迟延和时滞的存在也会影响参与约束。从 $\partial P^c / [\partial(r(1+r)^{T-1})] < 0$ 中，我们有了 $\partial P^c / \partial T < 0$。这暗示着如果影响被迟延了的话，某些原本有可能在规范的情形中成功演化的实践将不会被采取。总的来说，当国家有一个积极的时间偏好，并且它们的间接利益和规范利益并不一致，习惯的形成或承认过程中的迟延有可能会对参与和激励产生消极影响。上述的结果进一步表明，那些涉及不常见的国家行为的习惯设定应当需要较少数量的观察者，以及在实践被允许固化为一项具有约束力的规则之前的一个较短等待

期。鉴于行动的不频繁和习惯形成中的迟延,国家将会对习惯的未来应用的收益进行很大的贴现。而这样的贴现将会同时对国家的参与和激励造成消极影响。

三、习惯形成中的信念和行为:时机与接合的相关性

在第二节中我们已经表明,在所有的国家间接利益与规范利益不一致的情形中,下述因素都有可能对国家的参与和激励造成负面影响:(1)参与者数量的增加;(2)习惯未来发展中的不确定性;(3)习惯形成和承认中的迟延。这些发现对于评估习惯法形成中的多元化机制有着重要的影响。在本节中,我们将来检验多元化的习惯法形成过程在弥补传统进路的前述缺陷方面的作用。

我们还会进一步考虑在习惯形成过程中的一个重要变量,我们将其称为接合理论。正如前文所讨论的,传统习惯法过程的这一变种允许国家在经由实践做出行为之前就表达它们有关潜在规则的共识。当国家所采取的行动与包含在它们先前或同时的接合中的信念表达相一致之时,习惯将会出现。① 我们在此类多元化的教义之下将习惯的形成过程予以模型化,并且识别了在不同的环境之中习惯形成的多元化框架的相关限制和优势。

(一)习惯形成中的规范利益和间接利益:接合的作用

知名学者已经研究了在何种条件之下,正义原则能够从一个团体的个体成员的自愿互动与交互之中自发地产生。在一个契约化的设定

---

① 达马托(1971)允许接合的替代序列在国家行为(实践)之前或者同时发生。但是,达马托并没有过多地强调实践和接合的实际,由于可以理解的原因,国际法将这两个元素在定性层面上视为是彼此不同的(一个是物理行为,另一个则是人类特征),这使得在实证国际法之下对于这两者之间先后顺序的任何讨论在绝大多数情况之下都沦为无关紧要的。

中,习惯法形成的现实性取决于一个自愿的过程,经由这一过程,一个社群的成员通过自愿地坚持新兴的行为标准,发展出管理他们的社会互动的规则。① 在法经济学的文献中,近期的研究成果帮助我们更好地理解了法律与社会规范之间的关系,这一关系可以进行一些类比,但是无法通过在习惯法之下被提出的问题加以确定。②

正如前文所讨论的,当国家的间接利益与规范利益不一致之时,习惯形成的这一过程将会有问题。法学的理论研究者和实务工作者已经通过考虑"法律意见"的要求在习惯法的语境中处理了这个问题。③ 法理学者已经提出要回顾"法律意见"的概念,聚焦于接合的要素之上。

---

① 在这一设定中,海萨尼(1955)提出最优的社会规范是那些能够在一个具有非个人化偏好的社会设定中经由个体行为者的互动而产生的社会规范。如果决策者有同等的机会发现他们自己置身于任一初始的社会位置之上,并且他们会理性地选择一组最大化其预期福利的规则,对于个体偏好的这一非个人化要求将得到满足。罗尔斯(1971)在他的正义理论中应用了海萨尼的随机无知模型。但是,罗尔斯式的"无知之幕"将一个风险规避的元素引入了世界各国之间的选择之中,从而改变了在海萨尼的原始模型之下所获得的结果,其倾向于平等的分配(即趋近于社会福利的纳什标准的结果)。有关道德规范和原则的自发性形成的进一步分析,可参见森(1977)、乌尔曼-玛格利特(1977)以及高蒂尔(1986)。

② 与那些依赖于私人和社会实施机制的社会规范不同,习惯规则被承认为是一种适当的法律渊源,其所享有的实施机制可以和那些适当的法律所享有的相提并论。关于社会规范的经济学的最为全面的分析,参见波斯纳(2000),他有趣地表明了法律规范和社会规范之间的关系是非叠加性的(nonadditive);有时法律可以增加一个法律制裁,但是这一法律干预并不必然会强化法外监管的先前存在形式的效应,反而会在事实上削弱它们。也可参见由格尼茨(Gneezy)和鲁斯蒂奇尼(Rustichini)(2000 和 2003)所呈现的这一有趣的证据。习惯法的法律实施机制的可获取性,并不必然会排除对于法院决定的事后遵守问题的存在。这在国际公法的体系中——这是一个严重依赖于习惯法渊源的体系——尤为明显。有关国际法中事后遵守问题的一个有充分证据的分析,参见金斯伯格(Ginsburg)和麦克亚当斯(McAdams)(2004)以及波斯纳(2004)。

③ 为了尝试解决与"法律意见"(opinio iuris)的概念相关的一个问题,即循环论证的麻烦问题,法学学者们(最引人注目的是达马托 1971)考虑了习惯规则形成中信念和行为的时机这一关键问题。传统的进路强调了这一尴尬的观念,即个体必须在一项实践可以变成法律之前相信它已经是法律。这一进路基本上要求有关习惯形成的一个错误的存在:认为一项正在实施的实践是被法律所要求的,反之,它就没有被法律所要求。显然,这一进路存在着缺陷。由于将这样的依赖置于系统性错误之上,这一理论无法解释在个体对于法律的状态拥有充分认识的情形中,习惯规则是如何出现并随着时间演化的。

接合理论把握住了习惯法的两个重要特征:(1)习惯法在性质上是自愿的;(2)习惯法是动态的。根据这些理论,在查明"法律意见"的定性要素的过程中,国家有关信念的陈述和表达应当被认真考虑。个体和国家接合可欲的规范,以此作为一种方式来表明他们打算遵循此类规则,并被这些规则所约束。通过这种方式,接合理论将猜测的过程从对"法律意见"的识别中移除出去,并且允许信念的表达在习惯行动之前或者同时表现出来。

我们考虑了一个假想的情形,在这一情形中,接合决定了新兴习惯的内容。在此种情境中,接合可能是国家对一项新兴习惯的内容和解释做出预先承诺的一种方式。习惯的固化和实施将会视未来国家实现的发展情况而定,但是接合将会促进国家间有关新兴实践的协调。进一步来看,接合可以被视为是国家承认一项新兴的国际法规范的一种方式,即便是在缺失与之并行的国家实践的情况下。①

与经济学模型的困境相一致,接合理论认为,应当给予那些在冲突的紧急情况之前就已经被表达的信念以更重的分量。② 当国家面对它们的间接利益和规范利益之间的紧张关系时,这意味着相关性应当被给予由国家所表达的信念陈述(即接合),即便接合并没有伴随着实际

---

① 对于接合概念的这一表述显然包含了不同的可能真实场景,这些场景并不都能够在实证国际法之下找到一个容易适用的待遇。在现有的法律之下,接合的要素就其本身而言并不足以构成习惯。如果从实践中分离,考虑到通过满足国家行为者的想法产生新的国际法规则的可能性,接合过程将会使得习惯的形成类似于一个非正式的立法过程。这一非正式的立法过程在一个多边设定中将难以实施,因为它会在监督和反对国家的接合方面潜在地给第三方国家施加过高的成本。但是,参见国际法院于在尼加拉瓜境内和针对尼加拉瓜的军事与准军事行动(尼加拉瓜诉美国案)一案中的声明,Merits, 1986 ICJ REP. 14(6月27号的判决),其很容易地被达马托所批评(1987:101)。

② 在这里,指出法律模型和经济模型之间的一个强烈的相似之处是很有意思的。在揭示冲突的意外事件之前做出的接合,可以被类比为在一个海萨尼式的不确定性之幕之下所选择的规则。

行为。

在得知相关的偶然情况之前,国家会接合那些与它们的事前规范利益相一致的规则。它们有激励因素去接合和拥护那些能够最大化它们预期福利的规则。这一规则可能并不必然与国家在具体情形中的事后间接利益相一致,并且在角色和情况向国家公布之时有可能并未最大化它们的真实收益。由此,相关行动的时机对于参与和努力激励而言都是重要的。为了展示这一点,重新思考我们有关相互救援的例子会有所帮助。鉴于事件的未来走向存在一定程度的不确定性,国家的规范利益容易被保持一致。如果一个相互救援的规则最大限度地最大化了整个国际社会的预期福利,国家将有可能拥护这样一个规则。如果被抽象地询问它们的社会是否应当被一个互相救援规范所约束,它们可能会因此同意被约束。

正如先前在第二节中所看到的,这可能并不必然是传统的习惯法形成过程之下的情形。当个体和国家只能通过与自身的行为结合在一起来表达他们(它们)的信念之时,参与和激励约束有可能被削弱。在做出行动之时,国家所具有的是片面的策略性激励,而这可能无法诱导相应情况之下的最优参与和有效率的激励。更为一般化地说,一旦向它们披露未来的情况,国家将会倾向于接合那些能够最佳地实现它们的间接利益与福利——而非源自一个不确定的未来的规范利益与预期福利——的规则。在我们的例子中,那些需要被救援的国家可能会收回过多的努力,那些被要求提供救援的国家则有可能会供给不足。在缺少一个先前被同意的行为标准的情况下,相互支援有可能会供不应求。在此种情形中,如果裁决者被要求在事前被潜在的参与者所接合的行为标准与事后由国家所主张的标准之间进行选择的话,他们应当会偏向于采纳和实施事前的行为标准。

(二) 一个接合的习惯形成模型

在本节中,我们将以前述的直观分析为基础,来考虑依赖于事前接合的习惯法过程的激励属性。我们将设想一个类似于第一节中所使用的设定,在该设定中,国家不必在初始的时间段就主动参与到习惯实践之中。在时间段0中,国家被允许通过接合的方式选择一个规则。在我们的例子中,设想国家被允许在它们的相应角色被公布之前表达它们有关救援规范的信念。国家的未来视野是未被改变的。像之前一样,在未来的时间段中,我们假定国家将会以 π 的可能性从规则中受益,同时会以 $1-\pi$ 的可能性被此类规则所约束。假定一个贴现率 r,国家所面对的问题是最大化总预期收益的当前贴现价值:

$$\max_{e}\widetilde{P} = \frac{1}{r}(\pi be - (1-\pi)ae^2) \qquad 11.8$$

现在我们可以来比较这一问题与(11.3)中所研究的基础习惯法问题。当前的最大化目标中少了一个负项(negative term),因为通过接合的方式对假想规则予以支持并不需要实践或者精力的付出。此时的最优努力程度 e^A 由如下的方程所给定:

$$e^A = \frac{\pi b}{2a(1-\pi)} \qquad 11.9$$

将 e^A 的最优价值代入目标函数 $\widetilde{P}$ 中,得到了如下的最大化收益 P^A:

$$P^A \equiv \widetilde{P}(e^A) = \frac{\pi^2 b^2}{4ar(1-\pi)} \qquad 11.10$$

1. 参与约束

接合的过程允许国家在避免与它们的间接利益产生任何潜在冲突

的情况下追求它们的规范利益。在一个传统的习惯法情形中,为了使参与约束被满足,从对于习惯实践的参与中需要能够预期到一个 $P^C \geq k$ 的收益。在接合的情形中,参与约束也会再次被一个固定的数值 k 所检验。比较静态分析表明,随着以下的参数发生变化,参与约束 $P^A \geq k$ 将会更有可能或更不可能得到满足:$\partial P^A/\partial a < 0, \partial P^A/\partial b > 0, \partial P^A/\partial r < 0$,以及 $\partial P^A/\partial \pi > 0$。也就是说,若其他条件相同,当采取行动所花费的成本越高——表现为一个更大的 a——或者国家的贴现率 r 更高之时,参与约束就越不可能被满足。另一方面,当源自互惠合作的收益 b 越高,或者在未来成为受益方的可能性 π 越高之时,参与约束就越有可能被满足。

2. 激励问题

从(11.9)中所给定的接合之下的最优努力程度中,我们有了如下的结果:$\partial e^A/\partial a < 0, \partial e^A/\partial b > 0, \partial e^A/\partial r = 0$,以及 $\partial e^A/\partial \pi > 0$。[①] 将这些敏感性结果与那些在传统的习惯法情形中所获取的结果进行比较,我们可以发现一个重要的定性层面的差异。在接合理论之下,国家的贴现率对于最优努力程度没有影响。但是,我们在此前已经知道,即便是在接合理论之下,贴现率确实会对参与约束有影响。贴现率越高,参与约束就越不可能被满足,国家也越不可能参与到习惯生成的接合之中(在我们的例子中,国家将更不可能在考虑到未来的突发事件的情况下主张一项规则)。这里有意思的地方是,即便较高的贴现率有可能会削弱参与,如果参与得到实现的话,最优的努力程度仍然会被选中,最优的规则也仍然会被主张。这是一个对于传统习惯法过程的实质改善。

---

① 具体而言,比较静态结果为:$\partial e^A/\partial a = -\pi b/[2a^2(1-\pi)] < 0, \partial e^A/\partial b = \pi/[2a(1-\pi)] > 0, \partial e^A/\partial r = 0$,以及 $\partial e^A/\partial \pi = b/[2a(1-\pi)^2] > 0$。

这一改善归因于如下的事实:接合的过程与传统的习惯法形成过程不同,它通过让国家在具体的间接利益被公布之前对于一个习惯规则做出遵守的承诺,从而消除了低估国家真正的规范利益的动机。

(三) 私人最优接合与社会最优接合

比较在(11.9)中所确定的私人最优努力程度 e^A 与(11.2)中的社会最优努力程度 e^S,很容易看出,只有当成为一个新兴规则的受益方的可能性 $\pi=1/2$ 时,这两者才会等同。这意味着即便是在接合理论之下,同质国家(homogeneous states)或者不偏不倚的角色可逆性对于习惯的形成过程来说也是重要的前提条件。

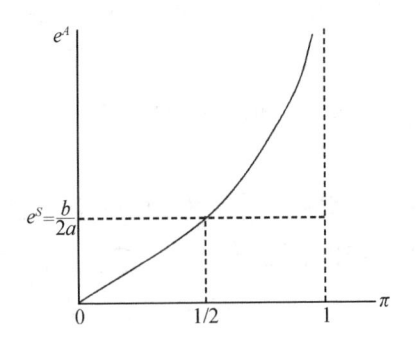

图 11.2　接合理论之下的最优努力曲线

图 11.2 展示了在接合之下作为 π 的一个函数的最优努力曲线: $e^A = \pi b/[2a(1-\pi)]$。注意,随着 $\pi \to 1, e^A \to \infty$。随着成为规则受益方的可能性趋近于确定,国家会接合一个较大的合作努力。图 11.2 也显示,当可能性被平均分配,即 $\pi=1/2$ 时,私人最优努力程度 e^A 会等同于社会最优努力程度 e^S。

在我们的例子中,当被救援的可能性等同于在未来成为救援者的可能性之时,两个国家将会面临去接合有效率的救援规则的激励。这确实会如此,因为国家将会给予未来救援任务的预期成本和收益以同等的重要性。但是当国家面临着成为救援者或者受害者的非对等的可能性之时,就不会如此了。当可能性不对等时,私人和社会激励将会偏离,而由此所导致的接合也会受到国家的分歧利益的影响。

私人激励和社会激励之间存在不一致,是由于如下的事实:一个私人的最优努力程度是通过平衡预期的私人边际成本和收益而获得的。这样的私人最优平衡会将接受利益或者被成本所束缚的个人可能性纳入考虑之中。对于一个社会最优而言,这样的贴现不应当被做出。国家的社会边际成本和社会边际收益应当被平衡,但是没有权重(weighing)会进入到计算之中或者进入一个社会最优之中,因为国家之间成本和负担的事后分配是不相关的。因此,只有当可能性对于所有参与者而言都统一之时,私人最优和社会最优才会等同。

(四)接合与习惯法的新边界

现在我们来考虑习惯形成过程的不同属性,评估接合的习惯形成过程在弥补第二节中所提出的传统习惯过程所存在的缺陷的能力。我们应当进一步去询问:哪一种形成过程更有可能促进习惯的形成?我们将首先比较接合过程(相对于传统过程)对于参与约束的影响,接下来研究其对于国家激励的影响。

我们比较了接合理论之下的参与约束 $P^A = \pi^2 b^2 / [4ar(1-\pi)] \geq k$——正如(11.10)所表明的,与习惯法之下的参与约束 $P^C = \pi^2 b^2 / [4ar(r+1-\pi)] \geq k$——正如(11.5)所表明的。我们看到 P^A 的分母要小于 P^C 的分母,因为前者比后者少了一项。因此 P^A 要大于 P^C。这意味着相较于传统的习惯法情形,在接合的情形之中参与约束更容易被满足。因此,允许潜在的参与者在事前宣布参与新兴习惯,并且付出他们认为对于这样的活动而言是合适且可欲的努力程度,促进了习惯法的形成。

对于新兴习惯的内容——由被选择的努力程度所象征——也可以进行类似的询问。我们可以来比较国家会在接合理论之下所主张的私人最优努力程度——从(11.9)中可以推导出来,即 $e^A = \pi b/[2a(1-\pi)]$,与在习惯法之下会被选择的私人最优努力程度——从(11.4)中可以推导出来,即 $e^C = \pi b/[2a(r+1-\pi)]$。通过分析,我们可以看到,由于 $r > 0$,e^A 的分母要小于 e^C 的分母。因此 $e^A > e^C$。也就是说,在接合之下国家将会理性地选取的最优努力程度,比同样的国家在传统的习惯法过程之下将会选取的努力程度要高。

(五) 接合与多边习惯问题

像之前一样,我们拓展了基础的接合模型,以考虑如下的情形:一项习惯实践的参与者(例如,在我们的例子中,被救援者和救援者)是从一个庞大的人群中随机抽选出来的。在这一情形中,我们假定并非每一个个体都主动或被动地卷入到习惯生成的实践中。在每一个时间段,都会有数量为正的非参与者在不参与其中的情况下观察着其他人的活动:成为一个积极的参与者的可能性取决于卷入其中的国家数量。在我们的例子中,想象成为救援中的一位参与者的可能性取决于可用的国家数量 $N(N \geq 2)$。特别是,在每一个时间段中,令成为救援者或被救援者的可能性为 $1/N$,国家成为旁观者的可能性为 $1 - 2/N$。此时的私人问题变为:

$$\max_e \widetilde{P} = \frac{1}{r} \cdot \frac{1}{N} (\pi b e - (1-\pi) a e^2)$$

由于 N 在其中扮演了一个类似于 r 在国家的最优化问题中所扮演的角色,因此其比较静态结果在定性层面上也类似于 $\partial e^A / \partial r$ 和

$\partial P^A/\partial r$。也就是说,我们可以得出$\partial e^A/\partial N = 0$ 和$\partial P^A/\partial N < 0$。

将这些结果与在传统的习惯法情形中所获得的结果进行比较,我们注意到一个重要的区别。在接合之下,潜在参与者数量的变化对于国家所付出的最优努力程度没有影响。但是国家数量的增长会降低一个国家被卷入接合过程中的可能性(在我们的例子中,这将会使得国家更不可能接合救援规则)。但是,即便国家数量的增长会使参与变得更不可能,一旦参与实际发生了,国家将会采取最优的努力程度并支持最优的规则。从中可以看出,这是一个相对于传统习惯法过程的实质改进,这一改进受到了多边设定中普遍存在的策略性问题的影响。

(六)不确定性与习惯形成中的接合

在第二节中,我们研究了当一个具有约束力的习惯规则是否会从国家的初始努力中演化出来这一点存在不确定性之时(即参与者并不能保证其他人的回馈将会遵循他们的接合和后续的习惯实践),在何种条件之下最优的实践将会产生。现在我们在接合过程的情形中考虑此类不确定性的影响。正如在习惯法的情形中,我们通过假定其他人会在将来以$\beta(0 < \beta < 1)$的可能性遵循问题中的实践来拓展我们的基础模型。因此,国家的问题就变成了:

$$\max_e \widetilde{P} = \frac{1}{r}(\beta \pi b e - (1-\pi)ae^2)$$

注意,可能性β在其中扮演了一个类似于b在私人最优问题中所扮演的角色,其相当于未来收益的一个乘数。由此β的比较静态结果与b的比较静态结果在定性的层面上是相似的,亦即$\partial e^A/\partial \beta > 0$且$\partial P^A/\partial \beta > 0$。习惯形成的可能性$\beta$的增加将会提升国家付出努力的意愿,并且它对于国家通过接合的方式支持习惯规范的意愿有着积极的影响。因此,在接合之下,习惯形成的可能性会同时影响参与和激励。

(七) 时滞与经由接合的习惯形成

我们的基础接合模型的最后一个拓展研究了时滞在习惯生成与承认过程中的影响。在第二节中,我们观察到,当角色发生转换时,习惯承认中的时滞与迟延会影响初始的参与者能够获取习惯收益的时间。在传统习惯法的情形中,此类迟延会同时削弱参与和努力的激励。因此,如果某一习惯着眼于规制极少发生的事件,那么传统的习惯法过程可能是没有效果的。类似地,如果法律体系通过要求寻找长期的实践来迟延习惯的形成过程,参与和努力的激励也有可能被削弱。

现在我们应当来思考发生在习惯形成的接合过程之下的相同问题。令 T 为初始的接合固化为一项具有约束力的习惯并且可以预期获得互惠利益所需的时间段的数量。在这一情形中,私人最优问题变成了:

$$\max_e \frac{(\pi be - (1-\pi)ae^2)}{r(1+r)^{T-1}}$$

将这一问题与(11.8)中所显示的不存在时滞情形的基础接合情形进行比较,我们可以看到,r 被 $r(1+r)^{T-1}$ 所替换。从基础模型中,我们知道 $\partial e^A/[\partial(r(1+r)^{T-1})] = 0$ 与 $\partial P^A/[\partial(r(1+r)^{T-1})] < 0$ 成立。由于 $[\partial r(1+r)^{T-1}]/\partial T < 0$,通过链式法则(chain rule),可知 $\partial e^A/\partial T = 0$ 且 $\partial P^A/\partial T < 0$。由此,和传统的习惯形成过程中的情况一样,在接合理论之下时滞的存在也会对参与的选择造成消极影响:任何接合规则的实施发生之前的迟延越长,国家就越不可能主动地参与到接合的过程中去。但是,这一迟延对于国家所支持的定性标准以及由此所导致的习惯规则没有影响。这些结果可以得到如下的解释:规则实施中的迟

延降低了未来收益的贴现价值,因此也削弱了参与到接合过程中的激励因素。另一方面,未来事件中的迟延也不会改变未来的预期收益和预期成本之间的平衡。因此,如果参与约束得到了满足,不管迟延有多久,国家都没有理由去改变它对于最优努力的选择。同样,在这一情形中,习惯形成的接合过程在国家的激励和由此所导致的新兴习惯的定性内容方面,相较于传统过程有了提升。①

四、习惯法的限制

在本章中,我们提出了一个有关习惯形成的模型,并且识别出了习惯法形成过程的一些长处和短处。在许多方面,习惯法都是一个有效的法律渊源,它在参与主体被揭示的选择(revealed choices)基础上生成了规则。对于习惯规则的演化而言,一些设定相较于其他设定来说是更为适合的。我们已经识别出了一些会削弱习惯法的效用的条件。在这些条件之中,如下的条件对于国家的参与和激励具有负面的影响:(1)参与者数量的增加;(2)习惯未来发展中的不确定性;(3)习惯形成与承认中的迟延。

我们拓展了我们的分析,以便将接合理论加以模型化。根据这些理论,当国家在习惯实践之前或者与之同时做出志同道合(like-minded)的接合之时,习惯就会出现。我们的分析识别出了习惯形成的这一多元化机制的潜在收益与剩余限制。最引人注意的是,如果接合有可能被优先做出,习惯规则将会更为容易地出现。类似地,习惯形成的接合过程虽然在不对称的设定之下仍然为次优习惯的出现保留

---

① 通过比较 $\partial e^C/\partial T = 0$ 的结果与 $\partial e^C/\partial T < 0$ 的传统习惯过程的情形中所获取的结果,可以很容易地看出这一点。

了空间，但是相较于传统过程而言，它始终能够提升参与国的努力激励。

这些发现要求我们对习惯法渊源相较于其他法律渊源的优势做进一步的思考。接合规范与条约法共享了如下的事实：规则可以在任何实践的实施之前形成。这消除了将会影响典型的习惯形成的先行者问题。接合规范与传统的习惯法都得以避免成本高昂且困难的条约谈判和批准过程。但是，正如我们的分析中可以看到的那样，接合规范和传统的习惯法都有可能偏离最优，即便在最优本身可行的情况下。正如本书的第四部分将会讨论的那样，在条约法之下会出现国家之间全面的讨价还价，而这有可能会导向最优的结果，即便是在存在不对称的国家偏好的情况下。

接合的习惯相较于传统习惯法的一个重要优势是，国家有能力针对一个给定的规范形成共识，而无需等待有足够多数量的国家行为被承认为统一的实践。这使规范的形成时间得以缩短，当国家行为的频率在本质上很低之时（例如，继续思考我们的救援例子，设想一个在外层空间救援太空船的假想的救援规范），这会是一个相当大的潜在收益。接合进路的一个与国家实践无关的可能缺陷是不协调的风险。在接合规范的进路之下，可能会出现初始协调问题。例如，如果国家做出了不一致的初始接合，各国是否会就由此所导致的规则最终应当是什么样的进行协调，这一点是不明显的。而传统的习惯法可以通过着眼于真实的实践来避免这样的风险。在传统的习惯法之下，先行者的初始行动成了后来者行动的一个焦点。这将会最终演化成一个习惯规范，被观察到的实践向参与国揭示了对于它们未来的预期。在存在此类协调问题的情况下，接合过程有可能无法有效地推动习惯的形成过程。

这些发现对于习惯法形成的最优机制的设计有着重要的政策影响,它们揭示了在不同的环境之中多元化机制的相关优势和劣势。在第十二章中,我们将把这一分析拓展至持久反对者与事后反对者,以便来确定促进习惯法的有效演化的最佳规则。

第十二章　习惯法中的稳定与变化[*]

习惯的形成过程一直在与如下这个令人烦恼的问题相斗争：如何促进习惯法的稳定性与依赖性，同时又能在流动的国际关系环境中保留对习惯法的自发支持？国际习惯法中稳定与变化之间的平衡在面对多样化的偏好和随时间变化的环境之时，变得尤为复杂。管理习惯法的形成与应用的规则自身就成了习惯演化的产品。习惯的形成过程能够生成具有普遍约束力的规则。与此同时，这一过程也为那些没有意愿的国家考虑了豁免于新兴的或者现存的习惯法规则的方式。

在本章中，我们将研究两类使得国家得以避免有约束力的国际习惯法的法律原则：持久反对者原则与事后反对者原则。第一类原则给了反对的国家一个通过反对某一项国际规范来部分或者全面地避免其约束力的机会。在事后反对者的原则之下，国家只能通过确保其他国家的默许来获得一项偏离既有习惯法规则的豁免。本章将会研究当异质的国家参与其中之时这两个原则所发挥的影响。经济学模型揭示了持久反对者原则和事后反对者原则最小化了策略性反对和对习惯法的偏离所造成的影响，与此同时还维持了对将习惯适用于随着时间而变化的环境而言是必要的灵活性。借此，这些国际法的原则有效地平衡

---

[*] 本章基于如下这篇即将发表的论文：文希·冯·弗朗西斯科·帕雷西：《国际习惯法中的稳定与变革》，《最高法院经济学评论》，2009年。该文的一个早期版本被加州大学伯克利分校授予了2004年度法经济学最佳工作坊论文加尔文奖。

了习惯演化过程中对于稳定和变化的对立需求,与此同时还维持了国际习惯法的自愿基础。

第一节提供了对于相关规则的一个程式化解释,这些规则管理着国际习惯法的形成以及持久反对者原则在习惯形成中的作用。第二节对于如下情形中的习惯形成进行了模型化:在这一情形中,国家有一个通过援引持久反对者原则来选择退出新兴的习惯的机会。第三节研究了事后反对者原则在习惯形成中的作用。第四节对该模型进行了拓展以检验持久反对者原则的运作。第五节比较了这两个原则对于习惯形成的影响。

一、国际习惯法与持久反对者原则

正如在第九章中所讨论的,当一个纠纷的解决方案需要适用国际习惯法之时,国际法庭将会对习惯的两类形成要素的存在与否进行验证。这些要素通常被称为实践的"定性"要素,以及"法律意见"的"定量"要素。当这两类要素都存在之时,这一国际实践就获得了国际习惯法的状态,国家也被认为会受到由此所导致的习惯的约束。

关于第一类形成要素,一个国际习惯法的出现需要有一个稳定且相当统一的国际实践的存在,这一实践需要得到许多国家的一致遵循。遵循的时间限制并未被界定,但是如果时间较长,则能够在一致实践的帮助下确立这一遵循,同时也能够帮助澄清实践的内容和含义。① 进一

---

① 参见维莱(Viller)(1985:24)。随着时间的推移,实践的稳定性会根据情况以一定的灵活性进行解释。没有普适的关于习惯规则出现的最短期间(要求)。习惯规则会同时从过往实践和单一行为中演化而来。法国学说传统上主张一项国际习惯的出现需要经历四十年时间,而德国学说通常则要求三十年(托金1961;马特斯科1947)。自然,形成一个有效的实践所要求的时间越长,习惯就越不可能成为条约法(或者正式立法——在国内法的设定中)的一个有效替代品并适应随着时间而改变了的环境。

第三部分 通过实践的立法:习惯法

步来看,这一事件应当产生自国家的自发的、非强制性的行为。国际法的重述指向了习惯实践的一致性和一般性。除非能够基于行为中的波动来识别一项一般化的实践,否则一致性要求是无法得到满足的。① 国际法中最近的案例在越来越广泛的接受方面重申了一致性的要求,允许对那些被预期会随着时间的发展而变得更为广泛的新兴习惯(或者多边实践的地方集群)加以特殊考虑。

正如同样也是在第九章中所讨论的,第二类形成要素通常被称作如下的术语——"必要的法律意见",其描述了这样的一项要求——习惯行为被国家以履行一项社会行为的基本规范的形式被感知。② 根据"法律意见"的要求,国家必须基于如下的信念来行动:被应用的实践被采取是为了履行一项潜在的法律义务,并且这一实践未被国家在具体的时间段内出于方便或者外交礼遇的考虑所遵循。这一要求旨在确保习惯法源自国家间的普遍共识,而非源自国家实践的偶然的、不合格的趋同。③

在一个多边的设定中,习惯的形成要素可能只针对国家的一个子集而存在,或者只针对国际实践的一个有限部分而存在。国际法已经发展出了相应的法律原则来管理具体情形下——有可能是国家对于习惯实践有着不同的参与程度,也有可能是国家公然反对一项新兴习

---

① 关于一致性或普遍性条件的解释,国际法理论是自相矛盾的。查尼(1986)提出国际关系体系可以类比为一个处于自然状态中的个体所组成的世界,并且驳斥了如下的理念,即在具有约束力的习惯法形成之前,需要所有参与者一致同意。
② 这一要素也经常被描述为必要且义务性的惯习(凯尔森1939和1945;达马托1971;瓦尔登1977)。
③ 庇护和外交豁免原则位列于那些按照这些要求而形成的习惯的最古老例子之中。在古希腊时期,基于政治理由给予庇护以及给予外交传教士的实践伴随如下这样一种信念,即考虑到对于它们的违反会严重地削弱国家和平关系的稳定性,这些实践实现了国际关系的一个基本必要性。参见凯利(Kelley)(1992)。

惯——习惯法的运作。尽管习惯法能够产生具有普遍约束力的规则，为了更全面地理解国际习惯法的形成过程，考虑如下这些情况的可能性是非常重要的：有些国家可能会通过完全地反对一项新生的习惯来试图豁免于一般化的习惯法的新兴规则，或者有些国家可能会通过部分地反对一项新生的习惯并且采取一个较低的遵循标准来触发一个具体的双边习惯。

  一些国家成功地论证了如果它们持续地反对一项习惯法的新兴规则，倘若该规则正式形成了，该规则就无法适用于它们。这些宣称导向了对于被称为持久反对者原则的逐渐承认，允许国家以持久反对者的身份选择退出一个新的、普遍性的国际习惯法规则［布朗利 1990；孔透（Kontou）1994；施泰因（Stein）1985；沃夫克（Wolfke）1993］。① 对于一项新兴习惯的反对可能是全面的，也有可能是部分的。全面的反对意味着国家不接受这一新兴的习惯，并且不希望被该习惯的任何一部分所约束。而部分的反对则意味着对于习惯中某些部分的接受。部分的反对通常会在如下的情形中被发现：此时国家通过接合或者实施一个它们认为要比新兴习惯更好的不同的规则来表示反对。全面且持久的反对会导向对于新兴习惯的完全豁免，而部分的反对则会导向部分的豁免。一旦习惯固化下来，习惯中未被反对的部分就会约束部分的持久反对者。

  持久反对者原则的可行性得到了由国际法院所判决的两起众所周知的案件的明确支持。在"哥伦比亚诉秘鲁案"（Columbia v. Peru）中，哥伦比亚大使馆为一名秘鲁公民提供了政治庇护，此公民是秘鲁国内

---

① 对国际习惯法中持久反对者原则的进一步讨论，也可参见阿克赫斯特（Akehurst）（1974—1975）和查尼（1985）。有关持久反对者对于习惯法的偏离的合法性与可欲性的一个不同观点，参见达马托（即将发表）。

的一位军事叛乱领导者。秘鲁政府指出,这一政治庇护的提供同时违反了1911年《引渡法》和一项习惯法规则。法院支持了秘鲁的主张,认为哥伦比亚未能确立这样一项习惯的存在,即允许国家提供外交庇护从而单方面地将一项犯罪(offense)定义为政治犯罪。法院提出,由于秘鲁并未批准这一有疑问的条约,特别是否定了其中的庇护条款,因此它只会受到国际习惯法的约束。但是有关庇护的习惯规则被发现并不适用于秘鲁,因为秘鲁在该习惯的形成阶段就持续地反对这一习惯。①类似地,在"英国诉挪威案"(United Kingdom v. Norway)中,法院在判决中指出,由于挪威政府持续地反对领土渔区制度(territorial fishing zone regime),因此挪威是一个持久反对者,不受此类习惯的约束。②

为了成功地援用持久反对者原则,有两个要素必须被满足。第一,反对国必须在相关的实践固化为具有约束力的习惯规则之前,通过使自身的反对广为人知来反对一项新兴的习惯实践。因此,该国必须从如下的时刻开始就明确地反对该(习惯)法:或者是从其开始孕育的那一刻,或者是从该国得知任何相关的实践的那一刻,或者是从该国得知有关可能导向习惯之确立的声明的那一刻。反对可以通过声明、投票或者抗议等形式做出,或者可以通过"放弃某一实践或转向坚持另一相异的实践"的形式表明(维莱1985:15)③。第二,对于实践的反对必须是持久的。因此,该国必须从一开始就明确地反对该(习惯)法,并且在它形成的全过程以及形成之后持续地反对它[洛斯汀(Loschin)1996]。一个国家可能在某些场合不会坚持一项实践,也可能在另一些场合反

---

① 庇护案("哥伦比亚诉秘鲁案"),1950 I. C. J. 266,272—278。
② 渔业案("英国诉挪威案"),1951 I. C. J. 116,124—131。
③ 根据施泰因(1985:458),为了适用该原则,一个国家使其反对"在规则出现的过程中表现出来"就足够了。也可参见渔业案("英国诉挪威案"),1951 I. C. J. 116(12月18日判决);庇护案("哥伦比亚诉秘鲁案"),1950 I. C. J. 266(6月13日判决)。

对这一实践。一致性要求使得其他国家可以依赖反对国的位置,避免反对国从自身行为中的歧义之处获益。

还有两个额外的原则影响持久反对者原则的可行性。第一个原则排除了持久反对者原则在强制性国际规范上的应用。如果一项习惯法已经达到了强行法(imperative law)的状态,那么一个国家可能就无法援用持久反对者原则了。① 第二个原则给新的国家提供了机会来选择退出一项既有的国际习惯法规则。新的国家,以及那些已经在一项习惯形成之后获得独立的国家,如果它们在一个合理的时间段内表示反对的话,那么它们将得以豁免于一项先前已经出现的习惯。②

传统上,持久反对者原则对于国际习惯法形成的影响是颇受限制的(施泰因 1985)。在过去,这一原则很少被适用,那些不想遵循规则的国家会简单地试图驳斥该规则的存在。近几十年来,我们看到了越来越多涉及习惯法的存在与内容的官方文件(国际法院的判决、公关人员的著述或者宣示性条约)。随着国际社会和非政府组织越来越多地意识到国际习惯的存在,国家无法再简单地驳斥一个既有的习惯规则,进而开始援用持久反对者原则以规避既有习惯的约束力。

一般习惯法在可接触性(accessibility)和可验证性(verifiability)方面的提升,在国际法的实践中给了持久反对者原则一个崛起的势头(洛斯汀 1996)。持久反对者原则为那些反对国提供了一种避免受到具体新兴习惯的约束的方式,同时又重申了潜在的习惯法过程的正当性。

---

① 强行法包含了如下的强制性规则,这些规则服务于国际社会的最根本利益,并且应当被所有国家没有例外地遵循(洛斯汀 1996:158—63)。强行法原则不能被持久反对者原则所覆盖,因为强行法代表了正义的基本和必要规范,没有国家被允许去违反这些规范[麦克莱恩(McClane) 1989:25]。

② 新独立的国家被给予时间去获取一个持久反对者状态的原因在于支持新独立国家的主权与平等的必要性(维莱 1985:16—17)。

二、伴随着持久反对者的习惯形成

在最近的法经济学文献中,学者们对于国际习惯法的产生、持续和变化给予了关注(戈德史密斯和波斯纳 1999 与 2000;康托罗维奇 2006;冯和帕雷西 2006)。本节希望推进相关文献的研究,分析当异质的国家被卷入其中之时,持久反对者原则对于习惯的形成过程产生了何种影响。正如前文所讨论的,习惯规则产生自过往的实践。在一项实践固化为具有约束力的习惯之前,国家基于纯粹自愿的基础,通过考虑相关行为的成本和收益,以及国家在确立一项将会对未来产生约束的习惯规则方面的利益,从而参与到相关的行为中去。① 在初始的时间段之后,从时间段 1 开始直至永恒,国家基于一个概率性的基础转换其角色,并且参与到重复的互动之中。每个国家 i 都面临着一旦习惯被确立之后它有可能从其他国家对于习惯的遵循中获利的可能性 α_i,同时还面临着被要求履行由该习惯所创设的义务的可能性 β_i。②

考虑从 M 个异质的国家中所产生的一项多边习惯。e 的参与程度表征了该习惯规则的内容。③ 遵守习惯所付出的努力会给实施国施加成本,同时给接受国带来收益。一个以 e_i 的程度参与到习惯之中的国

---

① 在实践成熟到成为习惯之前,国家面对着一个与冯和帕雷西(2006)研究过的问题相类似的自愿参与问题。他们调查了互惠之下的双边习惯,并讨论了习惯形成的能力,从而提出卡尔多-希克斯效率习惯。这篇论文将这些发现延伸至持久反对者原则和事后反对者原则。

② 对于可能性 α_i 和 β_i 的解释可以通过如下的例子加以展示。想象一个习惯规则给海岸国家施加了一项肯定义务,要求其在距离本国海岸线 200 英里的范围内救援外国船只。此时 α_i 代表了国家 i 的船只可能需要救援的可能性以及源自救援习惯规则的收益。这一可能性取决于在公海航行之时悬挂着 i 国国旗的船只数量。β_i 代表了国家可能被要求救援其他国家船只的可能性。这一可能性取决于国家 i 海岸线的范围以及在其附近的航行路线。

③ 在我们的救援例子中,努力程度 e 代表了国家在习惯实践之下救援其他国家船只时所采取的关心标准或者资源投资。

家 i 面临着 ae_i^2 的遵守成本,同时会给其他国家产生 be_i 的收益。一旦习惯被确立,该国就可以依赖于其他国家的回馈行为。假定国家有一个 $r(r>0)$ 的贴现率,对于国家 i 而言,理想的习惯参与程度可以通过解决如下的问题而加以确定:①

$$\max_{e_i} P_i = \frac{1}{r}(\alpha_i b e_i - \beta_i a e_i^2) \qquad 12.1$$

由此,国家 i 所选择的理想的习惯参与程度为:

$$e_i = \frac{\alpha_i b}{2\beta_i a} \qquad 12.2$$

且国家 i 在该习惯下能够获得的收益为:

$$P_i(e_i) = \frac{\alpha_i^2 b^2}{4\beta_i a r} \qquad 12.3$$

注意,如果国家是同质的,也就是说每个国家都面临着相同的可能性、成本、收益和参与约束,则所有国家的利益将会融合在一起。每个国家都会期望相同的习惯程度 $e_i = \alpha b/2\beta a$,并且没有国家会有成为持久反对者的激励。

异质国家的存在表明参与国对于习惯的可欲性和习惯的内容可能有着不同的观点。持久反对者原则提供了一个机制,经由这一机制,国家的不同行为和反对被汇集在一起,从而产生了习惯规则。②

---

① 贴现率反映了国家对于有关习惯的有效出现的不确定性的时间偏好。更多的讨论参见冯和帕雷西(2006)。

② 持久反对者国家可能会选择完全地或者部分地退出过多的习惯义务。对于持久反对者国家来说,它们没有一个对称的机会来强制实施高于新兴习惯的习惯义务程度。显然,基于不对称偏好的国家间差异可以通过为国家规定了具体条约义务的双边或者多边条约的方式加以解决。考虑到统一习惯实践的初始需求,像这样的根据国家需要对于国际义务的调整,在一般习惯法之下是不可能的。

当一个典型的异质国家 i 选择不参与到新兴的习惯之中,该国的另一个选择是在缺少一个公认规则的情况下继续其承诺。在许多情况中,这一无习惯的机制(no-custom regime)意味着采取一种"自助式"(self-help)的进路。在习惯缺失的情况之下,每当国家寻求为自身获取收益之时,它都会面临自身行为的成本,以及等同于 α_i 的提供和接受帮助的可能性。①

一般而言,我们假定在无习惯机制之中国家所面临的成本是 $\bar{a}_i e_i^2$,这与国家在习惯之下所面临的成本是不同的。② 我们假定国家所得到的收益是一样的,且等于 be_i。给定这些假设,国家 i 所面对的习惯-参与问题就取决于对如下问题的解决:

$$\max_{e_i} \bar{P}_i = \frac{1}{r}\alpha_i(be_i - \bar{a}_i e_i^2) \qquad 12.4$$

无习惯机制的最优努力程度选择为 $\bar{e}_i = b/2\bar{a}_i$。国家在习惯缺失的情况下所能得到的最优收益由如下的方程所给定:

$$\bar{P}_i(\bar{e}_i) = \frac{\alpha_i b^2}{4\bar{a}_i r} \qquad 12.5$$

国家 i 在无习惯机制中所能够得到的最优收益 $\bar{P}_i(\bar{e}_i)$ 决定了国家 i 对于习惯的参与。当国家 i 在习惯之下能够得到的最优收益大于 $\bar{P}_i(\bar{e}_i)$ 之时,它将会选择参与到习惯之中。

国家可能会通过持久地反对一项新兴的习惯实践来豁免于习惯

---

① 例如,关于我们假想的救援规则,对于习惯的拒绝意味着国家偏向于一种自助式的路径,在这种路径中每个国家需要在没有其他距离事故地点更近的国家的援助情况下面对救援本国船只的负担,即便船只远离该国自己的海岸线。在自助式的机制之下,每当一国的船只陷入困境之时,该国都必须自己进行救援。

② 在救援例子中可以很容易地理解这一点。救援一艘远离国家海岸线的船只的成本与该国在其海岸附近救援一艘外国船只的成本是不一样的。

法。反对可以是完全的,也可以是部分的。当国家完全不愿意参与习惯——无论其内容为何——之时,反对是完全的。当国家愿意参与习惯,但是更偏好于一个低于该新兴习惯所要求的努力程度之时,反对是部分的。① 考虑两组国家的行为:第一组国家期望一个低于习惯所要求的义务程度;与此相反,另一组国家所偏好的义务程度高于新兴习惯将会提供的程度。

首先,以如下的情形为例:此时国家 i 的理想的习惯参与程度 e_i 要低于新兴习惯的义务程度 e^c。如果国家 i 选择参与该习惯,考虑到经由持久反对者原则获得部分豁免的机会,它将永远也不会选择完全的参与。这一点为真,因为在私人最优程度 e_i 处所得到的收益要高于通过完全地支持习惯所获得的收益 e^c。由此,国家 i 或者通过成为一个部分的持久反对者部分地参与到习惯之中,或者通过完全的反对来完全地退出该习惯。在任何一种情形中,国家 i 都利用了成为一个持久反对者的机会。完全反对和部分反对之间的选择取决于 $P_i(e_i)$ 和 $\bar{P}_i(\bar{e}_i)$ 的相对大小。如果 $\bar{P}_i(\bar{e}_i)$ 大于 $P_i(e_i)$,则无习惯机制之下的收益要大于通过参与习惯所得到的收益。由此国家 i 将会完全地反对该习惯。将(12.3)和(12.5)中所得的值替换为 $\bar{P}_i(\bar{e}_i)$ 和 $P_i(e_i)$ 并加以简化,我们会看到,如果 $1/\bar{a}_i > \alpha_i/\beta_i a$,国家 i 将会做出完全的反对。因此,当不参与习惯的成本 $\bar{a}_i$ 相对较小,并且/或者概率比例 α_i/β_i 较小之时,作为持久反对者的国家 i 将会完全地反对新兴习惯。② 另一方面,当不参与习惯的成

---

① 作为一个次优的解决方案,在面对持久反对之时,其他国家会利用单方面反对的互惠效应以允许它们采用相同的习惯程度来对抗反对国。在这一情境中,持久反对者原则构成了冯和帕雷西(2003b)所研究的弱互惠的一个例子。

② 如果获得收益并在习惯之下履行的概率比例 α_i/β_i 较小,对于国家 i 而言,相比起面对未来履行习惯的负担,其更不可能获得收益。国家 i 可以被设想为是一个低收益或者高成本国家。由此,在这一情形中国家 i 更有可能完全地反对习惯。

本相对较大,并且/或者概率比例 α_i/β_i 较大之时,作为持久反对者的国家 i 将会部分地反对新兴习惯。

接下来,我们考虑如下情形:国家 i 理想的习惯参与程度 e_i 大于新兴习惯的义务程度。虽然国家 i 偏好有着更高义务程度的习惯的出现,但是持久反对者国家无法施加比新兴习惯更高的义务程度。因此,国家因参与习惯中而获得的收益由习惯义务程度 e^c 的收益所给定,即 $P_i(e^c)$。参与限制现在要求将无习惯机制下所获得的的收益 $\bar{P}_i(\bar{e}_i)$ 与 $P_i(e^c)$ 进行比较。如果 $P_i(e^c)$ 大于 $\bar{P}_i(\bar{e}_i)$,那么习惯就会获得完全的参与,国家 i 也不会成为一个持久反对者。如果 $\bar{P}_i(\bar{e}_i)$ 大于 $P_i(e^c)$,那么国家 i 会选择退出该习惯,并且会成为一个完全的持久反对者。

上述的分析揭示了一些有趣的结果。首先,不同类型的国家可能都会选择退出一项新兴习惯。完全的反对不仅仅对于那些认为新兴习惯负担过重的国家而言是一个理性的策略,对于那些虽然喜欢这一习惯但是想从中获取更多的国家而言同样也是一个理性的策略。一些国家同意习惯的内在精神,但是并不满足于新兴的规则,因为它们想要一项具有更高义务程度的习惯。对于其中一些国家来说,退出去选择一个无习惯的机制,并且自己来解决问题,可能更好一点。无习惯机制中的收益代表着(12.5)中所确定的习惯参与的机会成本。就面对着较低成本 $\bar{a}_i$ 的更为强大的国家,以及那些有更大的机会在缺少国际合作的情况下独立并为自己创造利益的国家而言,这一机会成本可能会更大。对于这些国家来说,习惯合作并不是那么必不可少的——相较于那些只有较小的机会通过自己的行动来解决潜在需求的国家。考虑到在无习惯机制之中所能够得到的收益较低,面对着更高成本的弱小国家,可能会更愿意追随一个并未达到它们理想程度的新兴习惯。

其次,参与一个不那么理想的习惯的可能性,取决于在未来成为习惯关系中接受一方的可能性与给予一方的可能性之比。那些更有可能从习惯中获益而非被习惯所约束的国家参与到习惯之中的可能性更大,即便该习惯没有达到它们理想的最优程度。

最后,如果国家必须在它们被要求遵守习惯之时提出反对,那么反对的程度将会产生分化。在这一模型中,我们并未将习惯遵守的初始成本纳入其中,因为持久反对者原则要求反对是"一致的"(也就是说,国家的反对应当提前做出,而非在国家被要求履行一项习惯义务之时才做出)。因此,"一致性"的法律要求有助于避免通过国家的短视策略性反对来操纵习惯的内容。如果允许在遵守到期之时做出反对,国家可能会试图侵蚀习惯的长期相互利益以避免即时的遵守成本。这将有损于习惯过程产生法律义务的可欲程度的能力。

三、国际习惯法中的事后反对者原则

根据传统的国际法,国家只能在一个国际习惯法规范出现之时对其表示反对。持久反对者原则要求国家对新兴习惯做出及时的反应。如果国家等到一项实践变成具有约束力的国际习惯法规则之后才提出反对,该国则不能要求获得豁免。国家在事后对于一项既定习惯的偏离将会构成一个国际性的错误(international wrong),除非其他国家默认了该国的事后偏离。一旦某个国家被一个习惯规则所约束,它不能单方面地偏离该习惯。①

---

① 参见沃尔夫克(Wolfke)(1993:66):"一个国家可能当然不会单方面拒绝其先前所同意的将一项实践接受为法律的法律后果。"

这一传统的进路在一项习惯的形成阶段提供了一个退出的机会,但是没有为后续的习惯调整——这些调整是为了适应随时间变化的国际社会需求——提供变通性。在多边习惯的情境之中,国际法的实践已经逐渐发展出了旨在避免国际习惯法过度僵化的原则。其中一个原则产生自长期存在的"情势变更"(rebus sic stantibus)原则在习惯法上的应用,该原则允许国家在面对导致原始法律义务的事态发生根本性变化之时偏离国际法(孔透 1994)。① 考虑到它们的有限可验证性,单个国家的成本与收益中的变化不会被情势变更原则所覆盖。类似地,国家不被允许援用内部法律或者政策中的变化作为单方面偏离国际习惯法的正当化理由。② 尽管如此,没有得到情势变更原则支持的对于习惯法的偏离,可能还是会在事后反对者原则(subsequent objector doctrine)中找到有限的依据(布朗利 1990)。

事后反对者原则指的是如下的情形:一个国家(作为"事后反对者"的国家)在一项习惯规则已经形成之后对其表示反对或者加以偏离。这与持久反对者的情形——一个国家在规则的形成过程中对其表示反对——不同。③ 一个国家偏离一项先前已经被承认的习惯所产生的影响,由背离过程的速度和传播所决定。在这一原则之下可能产生许多

---

① "情势变更"原则经常被称为是变动环境的法则。该原则允许一国基于环境中所发生的根本性的且不可预见的变化来终止一项现有的义务,只要这些变化不是由援用这一理由的国家所引发的(布朗利 1990)。

② 环境中的根本性变化只有在其增加了"履行义务的负担,并且达到了使相应的履行成为与原初状态下具有本质区别的事物的程度"之时,才有可能成为豁免于国际法的基础。参见渔业管辖权案(Fisheries Jurisdiction Case 1973)。

③ 维利格(Villiger)(1985:17)讨论了承认事后反对者的单方面偏离以及获得其他国家默许的需求的困难:"它们的立场是部分地站不住脚的,因为其他国家已经开始依赖最初符合规则的后反对者。另外,一般习惯法约束所有的国家,并且用法院的话来说,它不得受制于'任何国际社会成员依据自身利益所随意行使的任何单方面排除权'。"[引自1969年国际法院北海案(North Sea Cases)报告。]也可参见施泰因(1985:458)。

不同的结果。如果有大量的国家偏离一项古老的习惯,那么将会产生一种限制性的情形。如果广泛背离的势头得到了余下国家的一般性默认,那么一个新的规则可能就会生成。由此,如果事件迅速地展开,一个国家对于一项既有习惯的偏离可能会触发一项新习惯的出现以及对它的广泛适用。另一种限制性的情形发生在事后反对者对于习惯法的偏离遭到了其他国家的一般性反对之时。在这一情形中,事后反对者的行为被解释为对国际习惯法的一种违反,而远远谈不上创设了一项新习惯。事后反对者原则事实上并不允许单方面地偏离一项既有的习惯。

事后反对者原则提供了一系列规则来管理存在于这些情形之间的可能性的排列组合。特别是当背离并不广泛且确定一项新的一般性习惯是不可能的之时,事后反对者的行为效应就取决于和反对国之间的具体关系。事后反对者原则明确了在面对单方面地偏离一项既有习惯的情况之时,一个事后反对者只有在它的偏离未被其他国家所反对的情况下,才能够豁免于一项习惯法规则。由于和其他国家的互动可能在国家之间会有所不同,事后反对者原则的适用会创设"一张基于对立、默许和历史头衔的特殊关系网络"(布朗利 1990:5)。例如,一个事后反对者与一个对此完全默许的国家之间的关系受到了双边义务的约束,而此种义务与反对国所主张的规范是一致的。一个事后反对者与一个对此表示反对的国家之间的关系则仍然受到了先前习惯的约束。最后,当偏离只受到了部分的反对之时,对偏离国和部分反对国之间的双边关系加以约束的规则之内容会随着后一国家默许程度的变化而发生变化。

上述过程意味着当一个国家偏离了一个先前存在的习惯,而另一个国家对这样的偏离表示默许之时,事后反对者原则允许相应的规则在这些当事国之间被修正。① 习惯法中的变化只会影响这些国家之间的关系。其他国家必须做出选择:是成为一个新的或者被修正的习惯的当事人——这有可能影响它们在先前习惯规则之下的权利,还是继续坚持旧的机制并且要求偏离国遵守先前存在的习惯? 即便在面对第三国反对的情况下,偏离国与默许国之间的习惯法仍然会发生变化。② 在实践中,这一过程经常会把一个原本是统一的习惯规则碎片化成为若干组双边关系的网络,其中每一组双边关系的内容都由一个国家的偏离程度和另一个国家的默许程度所决定。③

四、伴随着事后反对者的习惯:理论上的考虑

在事后反对者原则之中,对于习惯的反对表现为偏离一个既定的、已经具有约束力的习惯规则的形式。为了将事后反对者的问题与持久

---

① 这一过程与约束国际条约法修正的规则具有一定的相似性。在《美国对外关系法第三次重述》第 334 条第 3 款之下:"第 334 条,国际协议的修正或者修改。(1)国际协议可以通过当事国之间的协商被修正……(3)一项多边协议中的两方或多方当事国可以同意在它们之间修改协议,只要这样的修改……不与该协议中其他当事国的权利或者协议的目标和目的不相容。"在这一规定之下,即便其他国家不同意某一修正,该修正仍然是可允许的,并且对那些同意修正的国家生效。也可参见 1969 年《维也纳条约法公约》第 41 条第 2 款。

② 习惯法中的变化会对偏离国和那些通过默许提供了隐含同意的国家生效,除非该习惯法规则是一个强行法,或者对于这两个国家的实践的变化对第三方国家的利益产生了不利影响。

③ 但是,请注意,当一组国家可以通过事后的实践修改一习惯规则的效应,或者通过事后的条约修正修改一个条约义务之时,国际法在通过事后实践修改条约的问题上仍然存在着矛盾。国际法委员会提出了一个具有如下内容的条文:一部条约可以被事后的实践所修改,只要实践意味着对于这样的修改的同意。正如在针对《美国对外关系法第三次重述》的报告者注释中所解释的那样,在美国代表团提出反对意见之后,前述的提议就被删除了。美国代表团的反对意见认为,国家官员的未授权行为会导致协议可能被视为已修改。参见科尔尼(Kearney)和道尔顿(Dalton)(1970:525)。通过事后实践进行修改的问题倾向于合并成通过第 325 条评论 c(§ 325,Comment c)之下的事后实践的解释问题。也可参见《仲裁法庭关于法国和美国之间国际航空运输服务协议的裁决》[*Decision of Arbitration Tribunal Concerning International Air Transport Services Agreement between France and the United States*, 16 R. Int'l Arb. Awards 5(1964)]。

反对者的问题相分离,我们从一组在既定习惯之下行为的同质国家开始。这一程式化的简化确保了当习惯产生之时,没有国家会有成为一个持久反对者的激励。特别是,每一个国家面对着相同的获利可能性 α、被习惯义务所约束的可能性 β、相同的贴现率 r,以及相同的源自参与习惯的收益 be 和成本 ae^2。由此,每一个同质国家 i 都在实践固化为习惯之前面临着前瞻性问题:

$$\max_e P_i = \frac{1}{r}(\alpha be - \beta ae^2) \qquad 12.6$$

并且每一个国家都会选择如下的努力程度:

$$e^* = \frac{\alpha b}{2a\beta} \qquad 12.7$$

考虑到国家的同质性,努力程度 e^* 表征了国家在习惯法之下相关义务的内容。

给定一个既有的习惯法规则,有许多原因可以说明为什么一个国家可能会成为事后反对者。[①] 一些原因纯粹是策略性的:一个国家有可能会反对一项既有的习惯法规则,以避免在该规则之下履行义务的成本。其他的事后反对则受到了习惯的成本与收益中变化的驱使。例如,如果遵守直观的成本 a 提高,或者从其他国家的遵守中获益的可能性 α 降低,一个国家可能就会对习惯的可欲内容提供不同的观点。[②]

为了理解其他国家会对一个事后反对者的偏离行为做出反应,将相关的国家分成三组是有益的。第一组由那些有理由成为事后反对者

---

① 与在习惯尚不具有约束力之时就在面临遵从问题之前提出反对的持久反对者不同,事后反对者通过偏离一个已经具有约束力的习惯法规则来表达它们的反对。
② 这一点可以从(12.7)中看出来。

国家的第一方国家所组成。第二组国家包含了那些将会从事后反对者对于习惯义务的履行中获益的第二方国家。最后,第三方国家在当下既不会花费精力去履行习惯义务,也不会从事后反对者的遵守中获得任何的直接收益。

正如一个国家可能会基于多种多样的原因成为事后反对者,同样会有不同的因素影响着第二方、第三方和其他第一方国家与一个事后反对者的既定偏离之间的互动关系。① 我们首先来考虑在所有国家身处的环境中没有外源性变化的情形,接着假定在这一环境中发生统一的变化,最后研究不对称变化之下的事后反对者原则。

(一)策略性偏离、事后反对者原则与其他国家的反对

考虑如下的情形:对于任何国家来说,与预期的习惯中的长期参与相关的可能性、收益和成本都不会发生变化。一个第一方国家仍然有可能基于策略性和短视的原因成为事后反对者。在一个时间段中,第一方国家面临着轮到它来履行习惯法之下的义务的情形。为遵守习惯付出即时成本的需要,可能会促使第一方国家援用一个不同于既有习惯法的标准并且成为一个事后反对者。由于即时行为的成本,此时的第一方国家面临着一个与先前有所不同但仍然是短视的问题:

$$\max_e P_1 = -ae^2 + \frac{1}{r}(\alpha be - \beta ae^2) \qquad 12.8$$

此时第一方国家的私人最优努力程度不同于既有的习惯义务:

$$e_1 = \frac{\alpha b}{2a(r+\beta)} \qquad 12.9$$

---

① 其他成为事后反对者的第一方国家也会对原始的事后反对者国家做出反应。两个都想要偏离现有习惯——也许程度有所不同——的第一方国家之间的习惯内容由事后反对者原则所约束,约束的方式类似于在本节中已经被明确考虑过的方式。

由于 $\alpha/(r+\beta) < \alpha/\beta$，从(12.9)和(12.7)中我们可以看到 $e_1 < e^*$。第一方国家希望偏离既有的习惯规则，并且基于目前的情况，它愿意降低所有参与者的未来习惯义务。尽管对于事后反对者国家来说，e_1 是最优的，但是任何低于原始的习惯规则 e^* 的值都要优于 e^*，只要它比 e_1 大。由此，在计划偏离既有的习惯之时，事后反对者将会有效地在可接受的习惯程度上设置一个 e_1 的下限。

如果事后反对者有自己的方式，习惯将会伴随着对于先前存在的习惯规则的部分侵蚀而演化至一个较低的程度。但是事后反对者所计划的偏离对于其他国家来说并不必然是可接受的。① 当另一个国家没有对事后反对者对于既有习惯的偏离提出反对（即默许），习惯的内容会从原始的 e^* 变成 e_1，这一改变同时适用于事后反对者以及表示默许的国家。当另一个国家对事后反对者对于既有习惯的偏离提出反对（即没有默许），在事后反对者和没有默许的国家之间，习惯的内容仍然维持在原始的 e^* 上。在偏离被部分地反对（即得到部分的默许）的中间情形之下，在这两个国家之间，习惯的内容会从原始的习惯值 e^* 变成其他国家所默许的较低值。

一个典型的第三方国家，只有在由第一方国家对既有习惯的偏离导致的改变所产生的总收益高于在当前规则之下所能够获取的收益之时，才会默许这一偏离。因为在当下没有需要遵循的义务，没有可获取的即时收益，没有变化发生，第三方国家的问题也不会发生变化。也就是说，第三方国家所面对的问题再次在(12.6)中被给定，同时(12.7)中所给定的既有的习惯努力程度对于第三方国家来说仍然是最优的。第

---

① 与那些能够通过单方面反对豁免于新兴习惯的持久反对者不同，事后反对者只有在它们对于新兴习惯的偏离没有被其他国家反对的情况下才能够豁免于一个习惯规则。

三方国家会继续发现,既有的习惯义务是私人最优的:

$$e_3 = e^* \qquad 12.10$$

这意味着在缺少外源性变量的变化的情况下,一个第三方国家将会反对事后反对者的偏离。

与第三方国家相类似,一个第二方国家也只有在由另一个国家对既有习惯的偏离导致的变化所产生的总收益至少等于在当前习惯之下能够获取的收益之时,才会默许这一偏离。虽然第二方国家的环境没有发生变化,但该国会从事后反对者在当前时间段内对于习惯义务的履行中获取一个直接的收益。由此,第二方国家所面对的问题就不再是(12.6)中所给定的情况。相反,这一问题表现为如下的形式:

$$\max_e P_2 = be + \frac{1}{r}(\alpha be - \beta ae^2) \qquad 12.11$$

这意味着第三方国家的可欲习惯由如下的努力程度所形塑:

$$e_2 = \frac{(r+\alpha)b}{2a\beta} \qquad 12.12$$

考虑到从其他国家对于习惯的遵守中获得一个即时收益的期望,对于第二方国家来说,可欲的努力程度 e_2 要大于既有习惯法所要求的程度 $e^* = \alpha b/2a\beta$。第二方国家将会反对事后反对者的偏离,如果这一偏离所导致的努力程度低于 e^* 的话。

受到策略性的和短视的考虑影响,第二方国家会比中立的第三方旁观者更为强烈地反对事后反对者的偏离,这一点可以从 $e_2 > e^* = e_3$ 的事实中看到。这些结果意味着,在所有国家身处的环境中缺少任何变化的情况下,事后反对者原则会有效地约束那些仅仅被避免遵守的即时成本的企图所驱使的对于既有习惯法的偏离。任何这样的策略性偏离尝试都会遭遇第二方国家和第三方国家的反对。

（二）策略性的不默许与习惯法的惯性

在习惯形成之后，那些影响国家行为的外源性因素可能会发生变化。我们接下来聚焦于一种针对所有国家的统一变化，这一变化给了第一方国家一个偏离习惯的额外理由。在不缺失一般性的情况下，假定对于所有国家而言，行为的成本均从 a 上升到 a'。将第一方国家所面对的问题加以更新，并且调整源自（12.9）的努力程度，此时的第一方国家会在 e'_1 满足如下方程的情况下选择偏离既有的习惯程度 e^* 而转向努力程度 e'_1：①

$$e'_1 = \frac{\alpha b}{2a'(r+\beta)} < e_1 < e^* \qquad 12.13$$

除了即时遵守成本的问题之外，此时的第一方国家还承担了一个更高的成本以履行其在习惯之下的义务。这为第一方国家成为事后反对者提供了一个额外的理由。② 事实上，比较此时的努力程度 e'_1 与（12.9）中的努力程度 e_1——彼时的行为成本中没有外源性的变化，此时的第一方国家有通过采用它将会在没有增加行为成本的情况下采用的较低努力程度来偏离习惯的激励。

考虑到行为成本的提高，第三方国家同样倾向于采用相较于之前较低的习惯程度。将（12.7）中的最优努力程度加以更新，此时第三方

---

① 当存在着针对国家的统一的外源性变化之时，最优努力程度被标记为素数。
② 自然地，针对所有国家的统一变化对于事后反对者的偏离会有一个减轻影响。例如，如果实施的成本降低了，第一方国家会被激发去采取一个较高的努力程度。这抵消了第一方国家通过尽量减少努力程度来降低遵守的即时成本的需求。类似地，成本的降低对于第二方国家和第三方国家也会有不同的影响。我们聚焦于现有习惯更有可能被侵蚀的情形。

第三部分 通过实践的立法：习惯法

国家期望的 e'_3 满足如下的条件：

$$e'_1 < e'_3 = \frac{\alpha b}{2a'\beta} < e^*\qquad 12.14$$

由此，被较高的成本所促发，第三方国家通过部分地默许 e'_3 对习惯中的变化表示同意。两个国家针对彼此的习惯义务只能在双方都明确地对变化表示同意之时才能够被修改。第三方国家对于事后反对者的部分默许由此导向了习惯法中的一个部分变化。两个国家之间的习惯内容从原始的习惯值 e^* 变为 e'_3。

对于第二方国家来说，其所面对的问题与前面讨论过的相类似，都有一个即时的利益期限。但是这一次，第二方国家与其他国家一样，面对着外源性成本变化。将(12.12)调整至一个高成本参数 a'，第二方国家所面对的最优努力程度就变成了：

$$e'_2 = \frac{(r+\alpha)b}{2a'\beta}\qquad 12.15$$

将(12.15)中的努力程度与既有的习惯程度 $e^* = \alpha b/2a\beta$ 进行比较，我们并不清楚 e'_2 和 e^* 哪一方更大；即时利益对于努力程度有一个积极的影响，而未来行为成本的提高则会产生一个消极的影响。当 e'_2 大于或等于 e^* 之时，第二方国家会反对事后反对者的偏离。这阻止了任何约束第一方国家与第二方国家之间关系的习惯发生变化。当 e'_2 小于 e^* 之时，考虑到(12.15)中的 e'_2 大于(12.13)中的 e'_1，第二方国家只会部分地反对事后反对者的偏离。由此，两个国家之间的习惯内容就从原始的习惯值 e^* 变为了 e'_2。

作为结论，当所有国家都面临着行为成本的统一提高时，事后反对者与第三方国家的利益会产生部分的交融。事后反对者对于当下习惯的偏离是试图降低即时遵守的成本,并且最小化未来的较高遵守成本所带来的影响。第三方国家则与之共享了降低未来的较高遵守成本所带来的影响这一激励因素。由此,事后反对者会有更为广泛地偏离既有的习惯的激励,这一偏离的程度会超越第三方国家允许的程度。

对于第二方国家来说,成本中的外源性变化的净影响取决于第二方国家的即时收益是否被未来行为成本中的提升所抵消。如果即时收益的影响占据主导地位,第二方国家要么会满足于当下的习惯规则,要么会期望一个比当下的程度更高的习惯程度。第二方国家会反对事后反对者对于当下习惯的任何偏离,并且这两个国家之间的关系仍然会受到既有习惯规则的约束。如果由未来行为成本中的提升所导致的影响占据了主导地位,第二方国家的私人最优将会滑至既有的习惯法之下。当然,第二方国家的私人最优仍然会比事后反对者所偏好的程度要高。在此种情形中,事后反对者与第二方国家的利益将会产生部分的交融。第二方国家通过提供部分的默许,放弃了源自习惯的部分即时收益。约束这两个国家之间关系的习惯会从既有的习惯法变为第二方国家所期望的程度。

上述分析揭示了一个存在于习惯形成过程之中的潜在惯性因素。当外源性变化对国家的理想习惯法程度造成影响之时,习惯法对于环境中此类变化的适应可能会受到来自第二方国家的反对的阻碍。第二方国家可能会反对事后反对者的偏离,这主要不是由于它们看重现有的习惯,而是因为它们被遵守习惯所产生的即时收益所吸引。这进一步正当化了事后反对者原则的运作,使得第一方国家和第三方国家的双边义务在面对第二方国家的反对之时仍然能够适应变化的环境。

(三)习惯对于变化环境的适应

我们将通过考虑不对称的外源性变化的情形来结束我们有关事后

第三部分 通过实践的立法：习惯法

反对者原则的分析。首先，我们假定事后反对者要么会基于策略性的理由，要么会基于环境变化所诱发的理由来选择一个低于现有习惯法 e^* 的偏离程度 e''_1。①

面对事后反对者对于现有习惯的偏离，第二方国家和第三方国家所面临的问题是相似的，除了第二方国家所享有的额外即时收益的因素之外。在不缺失一般性的情况下，我们只从细节上来考虑一个第三方国家所面临的具体问题。使用素数来表达参数的新值，第三方国家所面临的问题为：

$$\max_e P_3 = \frac{1}{r'}(\alpha'b'e - \beta'a'e^2) \qquad 12.16$$

第三方国家的最优努力程度由如下的方程所给定：

$$e''_3 = \frac{\alpha'b'}{2a'\beta'} \qquad 12.17$$

回想一下，一个国家会在另一个国家对于既有习惯的偏离所造成的影响而产生的总收益高于前者能够在当前规则下获得的收益之时，默许这一偏离。在本节中，由于该问题是更为一般化的，我们引入了默许约束（acquiescence constraint）的概念来帮助确定一个国家的偏离与另一个国家的默许之间的变动关系。给定 e^* 是现有的习惯努力程度，第三方国家只有在一个与之不同且要更低的努力程度 e（可能与 e''_3 也不同）满足了默许约束之时，才会对其表示默许：②

---

① 当存在着针对参数的不对称外源性变化之时，国家的最优努力程度被标记为一个双素数。

② 第二方国家相应的默许约束是：

$$b'e + \frac{1}{r'}(\alpha'b'e - \beta'a'e^2) \geqslant b'e^* + \frac{1}{r'}(\alpha'b'e^* - \beta'a'e^{*2})$$

$$\frac{1}{r'}(\alpha'b'e - \beta'a'e^2) \geq \frac{1}{r'}(\alpha'b'e^* - \beta'a'e^{*2}) \qquad 12.18$$

注意 e''_3 最大化了不等式(12.18)的左半边。由此，如果第三方国家遇到的外源性变化使得 e''_3 要大于既有的习惯法 e^*，则第三方国家将会把习惯义务的内容提升至它的私人最优值 e''_3。但这对于第三方国家来说并不是一个选项。当面对一个国家对于既有习惯法的偏离之时，第三方国家可以默许这样的偏离，也可以反对这样的偏离，但是它无法引发一个会导向更高的程度 e''_3 的习惯变化。因此，默许约束意味着，对于第三方国家来说，最低的可接受值就是现有的习惯值 e^*。在这一情形中，第三方国家不会表示默许。

接下来考虑这样的情形：第三方国家中的外源性变化引发了一个低于既有习惯法 e^* 的努力程度 e''_3。就像事后反对者一样，第三方国家也期望一个较低的习惯努力程度。显然，在对于第三方国家而言所有可能的习惯规则中，e''_3 是最为可欲的。落在 e''_3 与 e^* 之间的习惯义务偏离满足了(12.18)中的默许约束，并且在 e''_3 与 e^* 之间的习惯规则的所有变化相较于现状而言都提升了第三方国家的收益。特别是，习惯程度与私人最优 e''_3 越为接近，第三方国家的情况就会越好。另一方面，尽管也会有能够满足默许约束的低于 e''_3 的努力程度，但是对于第三方国家来说，它们不如 e''_3。由此，对于第三方国家来说，它没有理由去默许任何将会招致低于它的私人最优值 e''_3 的习惯义务程度的现有习惯中的变化。因此，与事后反对者类似，第三方国家对于可接受的习惯程度有一个下限，即 e''_3。

考虑到第三方国家愿意接纳任何与 e''_3 程度一样低的习惯中的预定变化，当事后反对者的所欲程度 e''_1 大于 e''_3 之时，第三方国家会给予完全的默许。在这一情形中，e''_1 成了约束第一方国家与第三方国家之间关系的双边习惯的内容。当事后反对者的所欲程度 e''_1 小于第三方国家的所欲程度 e''_3 之时,第三方国家只愿意给予部分的默许。在这一情形中,e''_3 形塑了第三方国家与事后反对者之间的双边习惯。

在这一点上,我们引入一个略微更为一般化的表示法(notation)。令 e_O 代表事后反对者国家所采用的努力程度。我们将任何面临事后反对者国家的偏离以及默许问题的国家称为国家 A。我们再进一步假定 e_A 是国家 A 的私人最优努力程度。我们将先前所发现的结果加以一般化,以展示事后反对者对于既有习惯法的偏离和其他国家对此的默许这两方面的联合效应,有可能在这两个国家之间的习惯中产生多种多样可能的变化。这样的变化在 $e_A < e^*$ 之时由 $max\{e_O, e_A\}$ 所给定。根据事后反对者原则,如果 $max\{e_O, e_A\} = e_O$,将会有完全的默许,并且双边习惯会演化至事后反对者所偏好的程度 e_O。如果 $max\{e_O, e_A\} = e_A$,将会有部分的默许,并且约束两个国家之间关系的习惯会演化至部分默许国的选择 e_A。当 $e_A \geq e^*$ 之时,在习惯法中不会发生变化。

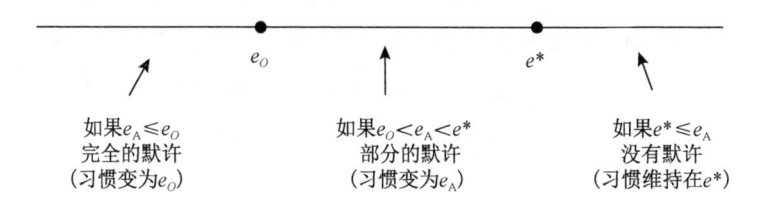

如果 $e_A \leq e_O$
完全的默许
(习惯变为 e_O)

如果 $e_O < e_A < e^*$
部分的默许
(习惯变为 e_A)

如果 $e^* \leq e_A$
没有默许
(习惯维持在 e^*)

图 12.1　事后反对者原则

图 12.1 标注出了不同的情境。在图中,事后反对者所选择的值 e_O 与既有的习惯规则 e^* 被维持在不变的水平。

图 12.1 确定了三个区域。在第一个区域中,$e_A \leq e_O$ 意味着国家 A 所希望的习惯程度是低于或等于事后反对者所提出的程度。在这一情形中,事后反对者原则的应用意味着国家 A 与事后反对者国家之间的

关系由一个双边的习惯规则 e_0 所支配。

第二个区域——$e_0 < e_A < e^*$——由国家 A 与事后反对者国家的利益之间的部分融合所形塑。尽管两个国家都不满意现有的习惯,但是国家 A 期望的是一个高于事后反对者所提出的习惯程度。在这一情形中,事后反对者原则的应用会导致一个发生在约束两国之间关系的习惯中的更受限制的变化——从 e^* 到 e_A。

在第三个区域中,$e^* \leq e_A$,国家 A 要么满足于现有的习惯规则——$e^* = e_A$,要么希望习惯程度高于现有程度——$e^* < e_A$。在这一情形中,国家 A 反对事后反对者对于现有习惯的任何偏离企图。默许的这一缺失意味着两个国家之间的关系仍然由现有的习惯规则 e^* 所约束,并且任何对于规则的偏离都会被视为对国际习惯法的一种违背。

五、习惯法中的变化与稳定

本章所提出的习惯形成的经济学模型展现了现有的法律原则如何有助于在习惯的形成和转变中达成共识。习惯规则不能被强制实施于那些从习惯成立伊始就对其表示反对的国家。类似地,对于既有习惯法的单方面偏离,只有在得到其他国家默许的情况下,才能豁免于法律义务。

持久反对者原则和事后反对者原则的重要性可以在异质国家的情形中得到充分的体现。广为接受的习惯原则在异质国家的实践中被实施之时,可能会需要不同的形式。某些习惯规则的内容可能对高成本国家来说非常不利。在本章中,我们对戈德史密斯和波斯纳(1998)的重要直觉进行了探索,根据这一直觉,国际习惯法的普遍规范是成对国家互动的结果。我们的探索通过研究持久反对者原则和事后反对者原则在习惯的形成与变化过程中的独特作用,推进了这一研究。这些原则避免了相应的危险——这些危险涉及向一个主权国家强加一项新规则或者转变一项既有的规则,而这个国家在表面上反对新规则或者规则的转变。任何针对那些不同意的国家在习惯法中进行强行改变的企图,都会开启一扇潜在的"多数人的暴政"的大门,在其中,任意多数的国家都能够向少数不同意的国家强加一个高成本的习惯义务。① 这将会减损习惯在一个主权国家的世界中作为一种国际公法渊源的正当性。

作为习惯形成的这些自愿机制的一个结果,习惯只有在由此所导致的规则至少略优于现状的情况下才会产生。持有异议的国家可以选择退出新兴的习惯法机制。类似地,现有习惯法中的变化只有在国家不会在此类变化中遭受偏见的情况下才会发生。反对的国家可以继续援用旧规则来对抗偏离的国家。

两类规则都保证任何新习惯规则或者对于既有习惯法的变化都只会对这样的国家——对于这些国家而言,新规则或者既有规则中的变化构成了一个帕累托改进——产生影响。如果一个国家在一项新出现的习惯中面临净偏见,那么它可以通过持久地反对该习惯来选择退出这一规则。类似地,任何国家如果在对于一个既有习惯的偏离中面临偏见,那么它可以反对这一偏离并执行既有的规则。但是,当异质的国

---

① 正如戈德史密斯和波斯纳(1999)所提出的,一个更为复杂的习惯关系公式应当考虑习惯实践会源自强迫或者被国家的相对实力所影响的可能性,从而阐明了习惯是如何被国家的利益以及相对实力中的变化所转化的。这一理念在他们更为晚近的著作(戈德史密斯和波斯纳 2005)中得到了进一步的发展,在其中,作者论证了习惯法可能在创造国家依赖方面发挥了一个重要的作用,国家遵从习惯的理由应当从别处加以搜寻。国家在任何给定的时间点都会寻求最大化自身的利益,它们对于习惯规范的遵从可能归结于多种多样的因素,从强迫到国家的利益导向行为的可持续合作与协调的形式,再到国家利益的融合。

家卷入其中之时,习惯的形成会有所限制。经由持久反对者原则的适用,高成本国家会有效地约束在它们与其他国家的关系中新习惯的出现。由此所导致的习惯形成程度可能是次优的,相比于在高成本国家和低成本国家能够有效地就价值最大化的习惯程度的选择进行谈判的替代性方案而言。事后反对者原则制造了相反的问题。通过允许其他国家的默许以约束的形式发挥作用,这一原则可能会产生过多的习惯义务,以便比对习惯义务的产生加以正当化的环境存活得更久。面对异质国家的存在,持久反对者原则和事后反对者原则在不同的国家之间分配了对于由此所导致的习惯法程度的控制。通过如此操作,这些原则促进了习惯关系中的稳定性,但是可能无法促发社会最优——社会最优可以经由折中方案获取。这些结果与传统智慧是一致的,在后者看来,当同质的国家卷入其中之时,习惯是一种有效的国际法渊源,但是当异质的国家卷入其中之时,对于最优结果的追求而言,替代性的渊源如条约法可能是更为重要的。[1]

对在持久反对者和事后反对者这两类机制之下所达成的结果所做的比较显示,当国家及时地行为时,高成本国家相较于低成本国家更有优势。持久反对者能够获取一个部分的或者完全的对于新兴习惯的豁免。高成本国家可以有效地控制习惯形成的程度,至少可以控制它们与其他国家的双边关系的网络。在面对一个持久的反对之时,低成本国家只能援用国际法中有关互惠的一般性原则,从而允许它们在角色互换之时采用相同的习惯程度以对抗反对国。在这一情境中,考虑到习惯义务的互惠程度对应于由持久反对者单方面期望的较低程度,持

---

[1] 最近,康托罗维奇(2006)对于在包含了多个异质国家的情形中是否能够有效地达成国际习惯法表示了怀疑。

久反对者原则构成了一个弱互惠的例子。

当反对国没能及时地表明其不同意见时,相反的结果将会成立。在这一情形中,高成本国家只有在对于习惯的偏离被低成本国家通过表达支持或者默示默许的方式所接受的情况下,才能够正当地偏离习惯。因此,低成本国家通过有机会反对其他国家对于一个具有约束力的习惯法规则的偏离,来控制习惯中的变化。在这一情境中,事后反对者原则构成了一个强互惠的例子,因为习惯义务被一些国家保持在高位,这些国家偏好较高程度并且抵制事后反对者国家的偏离。

通常认为,事后反对者原则的更为严格的条件促进了习惯法中的稳定与依赖。经济学模型则显示,事后反对者原则同样也避免了对于既有习惯的策略性偏离,这种偏离受到了避免由于遵守既有的习惯法而造成的即时成本的短视企图的激励。如果没有这样的限制,习惯法的可持续性将会被严重地削弱。但是当那些从习惯中获得即时收益的国家短视且策略性地行动以反对偏离既有习惯之时,这一原则的一般功能会暴露出其缺陷。这有可能导致那些不再与整个国际社会的价值相呼应的习惯被存留下来。

六、总结

考虑到世界立法(world legislature)和在形成与批准双边条约的过程中成本的缺失,习惯法无论是在历史上还是在现代,都在约束主权国家之间的关系方面发挥了重要的作用。尽管习惯法能够产生具有普遍约束力的规则,但是持久反对者原则和事后反对者原则仍然为国家豁免于新兴的或者既有的习惯法规则提供了方式。根据持久反对者原则,一个国家可以通过反对一项新兴的习惯实践来获取相对于新兴的习惯法规范的豁免。在此基础之上,事后反对者原则额外地允许一个国家在它对于习惯的偏离得到其他国家的默许之时豁免于一项具有约束力的习惯。

当异质的国家卷入其中之时,持久反对者原则和事后反对者原则尤其具有重要性,因为它们为决定具有约束力的习惯之内容提供了标准——此时国家在它们的互动过程中倡导了不同的习惯规则。经济学分析已经表明,这些习惯形成过程有效地阻碍了策略性的反对和对于习惯法的机会主义式的偏离,与此同时也给那些反映了国家偏好中的差异或者习惯遵守的成本与收益中的变化的反对和偏离留下了空间。这些机制——其本身是自发性演化的产物——为习惯逐渐适应随时间变化的环境提供了灵活性。

对于众多相关的问题,我们都没有在现有的分析中加以明确地研究。例如,声誉成本可能会影响习惯规范的形成。反对国可能会在反对习惯法之时面临声誉成本,而第二方国家和第三方国家也有可能在反对其他国家对于既有习惯的偏离之时面临声誉成本。习惯法的实践受到了外交和政治上的权宜考虑的严重影响,这些成本有可能在习惯形成的过程中产生值得加以考虑的摩擦和偏见。进一步来看,如果声誉成本随着国家的不同而发生变化,这可能会给那些不太看重声誉的国家创造一个系统优势。习惯的形成过程还会受到第二方国家和第三方国家的"搭便车"与机会主义行为的影响,其中没有任何一个国家能够将监控其他国家对于习惯的遵守(所产生)的收益加以内部化。由此,当国家在反对对于习惯法的偏离时面临着私人成本,且为国际社会产生了公共利益之时,有关公共物品的问题有可能产生。作为结果,相比于作为一个整体的世界社会所欲的(频率)而言,国家可能不会更为频繁地反对其他国家的偏离。进一步的研究应当来验证这一分析的相关性,以便理解其他的社会设定与法律设定——在这些设定之中,社会规范或者习惯法是经由社会中当事人之间的自发互动而被创设出来的。

第四部分

通过协商的立法：条约法

第十三章　通过协商的立法：导论

在接下来的三章中，我们将来研究条约在法律渊源中的作用，尤其是要特别关注那些对其形成和演化过程加以管理的规则。条约是一种特别的法律渊源，并且很难被类比于迄今为止在本书中被研究过的其他任何一种法律渊源。

此种立法形式的一个关键特征是它的协商一致性。条约法的形成受到了相互关系（notions of privity）概念的约束。与其他那些能够将自身的影响施加到并未参与（或者并未同意）其形成的个体身上的法律渊源不同，条约法只有在当事人肯定地同意受其约束之时，才具有约束力。

一、条约概说

条约是国际行为者——例如国家或者国际组织——之间的协议，它们能够对参与的主体产生立法影响。根据比尔根塔尔（Buergenthal）和迈尔（Maier）(1990)，"条约在国际层面发挥了多种多样的功能，这些功能在国内法中需要由多种不同形式的立法文件和文书来执行，其中包括了宪法、具有一般适用性的法律、合同、契据（deeds）、信托协议、公司章程等"。当条约以法律渊源的方式发挥自己的功能之时，它们就被称为立法条约（*lawmaking treaties*），也就是通过两个或者多个国家之间的协议来创设对它们具有约束力的规则这一形式所进行的立法（布朗利 1990)。

条约可以根据初始参与者的数量分为双边条约、诸边条约(plurilateral agreements)和多边条约。双边条约通常经由外交部门之间的谈判达成,其中偶尔也会有其他相关部门参与其中。草案会被准备和交换,直到达成一个最终版本的条约。诸边条约的达成过程是类似的,其中涉及相对较少的参与者。多边条约的谈判过程由于涉及较多的国家或者组织而显得颇为不同。外交代表团就所预期的条约的条款进行谈判,通常伴随着起草委员会的设立和法律顾问的辅助。有大量的准备工作、工作文件、草案提出、修正案以及调整,这些使得多边谈判成为一项高成本且难以管理的工作。进一步来看,多边国际条约成功形成并且实施的比率通常来说是较低的,鉴于要在带着不同的观点和期望来到谈判桌前的参与者之间达成普遍的一致,存在着显而易见的困难性。在当事国表明它们愿意接受条约约束的意愿之后,条约开始生效,但这还要受制于由国内的宪法规则所具体规定的批准要求。

一个国家有可能通过以下两种方式之一成为一部条约的一部分:(1)通过成为一部条约的原始签署国;(2)通过加入一部现有的条约。

二、《维也纳公约》之下的条约

约束国际条约法的形成和效果的规则在起初主要是习惯性的,但是现在已经被编纂成《联合国条约法公约》(U. N. Convention on the Law of Treaties),该公约于1969年5月23日在维也纳签署[即《维也纳公约》(Vienna Convention)]。《维也纳公约》自身代表了一种通过逐渐发展所达成的国际习惯法的编纂与新法律规范的创设这两者的结合,尽管这两者之间的界限并不必然清晰。在本书的这一部分中,我们主要来分析条约在《维也纳公约》之下的创设、加入和批准。因此,有关

《维也纳公约》的一些背景知识会是有帮助的。

(一)《维也纳公约》之下的条约创设与加入

正如上文所讨论的,国家或者可以通过成为条约的原始签署国,或者可以通过同意(即加入)一部已经被创设的条约,而成为条约的一部分。在《维也纳公约》之下确实如此,一如其在国际习惯法之下一样。

《维也纳公约》也解决了未签署的国家如何以及何时有可能加入一部条约,从而同意受到该条约约束的问题。《维也纳公约》的第15条确立了三种使得这一加入成为可能的方式:(1)条约自身提供了国家可以加入其中的方式;(2)由谈判这一条约的国家来决定哪些国家可以加入条约;(3)条约的所有签署国一致同意某个国家可以加入。①

当一部条约的签署国选择了第一个选项,并且没有给加入该条约附加任何进一步的限制时,该条约就被称为"开放条约"。当它们选择了第三个选项,也就是要求对于加入的一致同意时,该条约就被称为"封闭条约"。一部条约的签署国有时也会采用一个中间选项,例如只有在多数签署国批准的情况下才允许加入。具有此类规则的条约被称为"半开放条约"。

条约的创设和加入将会在第十四章中得到更为深入的讨论。

(二)《维也纳公约》之下的条约批准与保留

批准是国家正式地同意加入一部已经签署的条约的方式,因此条约会约束批准国。当批准一部条约之时,国家可以针对条约的具体条款引入保留,从而将自身排除在源自条约的某些义务之外。与先前的约束条约形成的习惯规则——其要求所有当事人一致同意才能够通过

---

① 《维也纳条约法公约》(1969年5月23日)第15条,可于 http://www.un.org/law/ilc/texts/treatfra.htm 获取。(《维也纳条约法公约》即正文中的《维也纳公约》。——译者注)

保留改变一部条约的法律效果——不同,《维也纳公约》允许批准或者加入条约的国家通过单方面声明针对具体条款引入保留。通过做出保留,一个国家可以修改或者排除条约具体条款的可适用性,由此将自己排除在此类条款的法律效果之外。条约保留的效果将会在第十五章中加以讨论,并且会在第十六章中得到更为深入的分析。

三、通过协商的立法:条约法的经济学

下文将提供第十四、十五和十六章的一个简要框架,这几章分别讨论了条约法的经济学的不同侧面。在第十四章中,我们提出了一个国际条约形成的程式化模型,并且分析了国家根据《维也纳条约法公约》所设定的程序得以成为一部国际条约的一部分的不同方式。我们研究了约束加入国际条约的规则,区分了以下三种情形:(1)此类条约对于一个新成员的接纳需要签署国的一致同意,并且需要对原始条约协议进行一个修正(封闭条约);(2)此类条约对于一个新成员的接纳可以经由现有成员国的多数同意得以实现(半开放条约);(3)此类条约的原始成员国已经同意让条约对其他国家的加入保持开放(开放条约)。

在第十五章中,我们研究了条约保留的过程。描述多边条约形成过程的困难解释了1969年《维也纳公约》对于多边条约在批准阶段的保留所给予的特别关注。为了使在签署国加入或者批准条约之时引入保留能够帮助推进多边协议的生效,《维也纳公约》创设了一种更为自由化的条约保留路径,正如前文所介绍的那样。公约所引入的新机制允许国家做出保留,只要签署国不会对此表示不同意,以及这一保留不会与条约的一般性目标相冲突。当被允许这样去做之时,国家可以在签署、批准、接受、同意或者加入条约之时做出保留。保留意在排除或

第四部分 通过协商的立法：条约法

者修改条约中具体条款在保留国的法律效果。《维也纳公约》的第21条创设了一种匹配保留（matching-reservations）机制，根据这一机制，保留对于条约的修改不仅仅有利于保留国，还有利于保留国与其他非保留国之间的关系。我们识别了这一由《维也纳公约》所引入的机制的若干优势与劣势。当国家面对不对称的激励之时，《维也纳公约》所引入的规则可能不会阻碍所有的保留。我们也对此类不对称激励发挥作用之时可能产生的结果的福利属性进行了分析。我们（的分析）表明，由《维也纳公约》设定的规则为国家试图通过保留机制获取单方面的收益的策略性行为之危险提供了一个有效的解决方案。但是，现有的保留机制并不总是能促发社会最优的批准程度。我们将会表明，只有在一组有限的情形中才能达成社会最优，此时签署国具有同质的收益函数。另一个能够达成社会最优的条件是所有的国家都无视存在于它们所面对的激励因素中的差异而偏好完全的批准。

在第十五章中，被讨论的保留机制的优势在复杂的多边条约中会变得尤为明显，在此种情形中，通过允许经由保留的微小偏差的存在，可以极大地节省谈判（或者再谈判）的成本。但是在此类设定中，互惠机制会显示出它的不足之处。在第十六章中，我们揭示了由《维也纳公约》所引入的条约批准过程的一个有趣的印象。在互惠原则的表面中立的背后，第21条之下的保留为发展中国家——更为一般化地来说，为那些面对着源自条约实施的高成本或者低收益的国家——创设了战略性优势。这一战略性优势反过来可以对条约法的内容造成潜在的影响。正如后面将会讨论的那样，偏差来自高成本国家和低成本国家在引入保留时的不平等机会。一个相对于其他国家从条约中获利较少的国家，有机会通过单方面的保留来削减它的国际条约义务。而相对称的机会并不会给予那些期望在一部条约中增加条款或者在一个现有的条款之下提升条约义务的内容的其他国家。在某些情形中，这一战略性优势可能有利于那些在条约实施中面临着较高的成本-收益比的贫困国家和发展中国家；而在另外一些情形中，它可能为那些较为强大的大国——这些国家的福利对于国际合作的依赖程度更小——创造优势。

第十四章 条约的形成和加入[*]

条约是国际合作的工具。尽管国家会独立自主地追求一些目标,但是经由条约的国际合作为更有效地达成这样的目标提供了机会。在本章中,我们将通过研究条约得以生效的初始步骤来开始对于条约法的分析。

正如在第十三章中所讨论过的,国家可以通过两种基础的方式成为国际条约的一部分:(1)成为条约的原始签署国之一;(2)加入一部现有的条约。原始的签署国经常会在条约的谈判和起草过程中面临大量的成本,而加入一部现有条约的成本通常来说会更低一些。但是,成为原始的签署国集团的一部分,而非在事后加入该条约,会有相应的收益。例如,创始国可以影响条约的内容。在本章中,我们将根据非签署国经由加入被给予一个参加现有条约的机会的可能性,来分析条约的形成过程。在何种条件之下,对于原始签署国来说,将条约设置为开放加入是可欲的?此类条约可能具有什么特征?

在本章中,我们提出了一个国际条约形成的模型,以分析国家得以成为国际条约一部分的不同方式。我们分析了原始签署国相较于后加入国所享有的优势,这些优势正当化了对于原始条约谈判成本的承担。第一节始自描述条约加入的主要类别:(1)封闭条约;(2)半开放条约;

---

[*] 本章基于如下这篇已经先前发表的论文:文希·冯、弗朗西斯科·帕雷西:《国际条约的形成》,《法经济学评论》第3卷,2007年,第37—60页。

(3)开放条约。第二节对于这些类别之下的条约形成过程进行了研究。第三节则讨论了这一基础模型的一些变量,并且提出了相关的结论。

一、国际条约的形成和加入

《维也纳条约法公约》允许由一部国际条约的原始参与国来决定非签署国在事后是否能够以及如何加入到条约的协议当中。《维也纳公约》的第 15 条授权一个国家在遇到如下情况之时,通过加入来表示其对接受条约约束之同意:

(a) 条约规定该国得以加入方式表示此种同意;

(b) 谈判国同意该国得以加入方式表示此种同意;

(c) 全体当事国事后同意该国得以加入方式表示此种同意。①

国际法由此要求签署国对于一个申请国加入现有条约做出事前或者事后的同意。正如第十三章中所讨论的,当签署国在签署原始条约之时就预先授权了申请国的加入,这一条约可以被描述为对加入是"开放的"。相反,如果在原始条约中没有给出这样的预授权,申请国的加入就需要有所有签署国的事后同意,此时条约是"封闭的"。中间情形是"半开放的"条约,它将新申请者的加入留给签署国的多数来决定。

根据默认规则,一部条约是封闭的,除非其中的条款提供了开放或者半开放的加入[比舍普(Bishop)1971]。签署国必须对于一个新国家的加入表示一致的同意,除非它们在条约中引入了一个开放或者半开放的加入条款。这确保了现有的当事人能够对成员中的变化做出同意,从而使得它们的权利和义务不会在没有它们同意的情况下被改变

---

① 《维也纳条约法公约》(1969 年 5 月 23 日)第 15 条,可于 http://www.un.org/law/ilc/texts/treatfra.htm 获取。

[施塔克(Starke)1989]。国际法委员会一直倡导改变默认规则,使得所有的多边条约都对加入保持开放,除非另有说明。一个类似的变化在诸边条约中被倡导,当一个国家被邀请参与到成为一个创始国的谈判之中时,如果它拒绝加入这一条约,条约将会对这类在事后申请加入的国家保持开放。那些不同意这一加入的签署国可以使条约在它们自身与加入国之间不起作用。

国际法委员会的上述修改意见体现在了尚未被通过的条约法草案文本中。① 第二节的分析将表明,支持封闭式条约的现行默认规则,可能是合理的。当国家面对条约参与之时,它们会面临激励问题。由于条约谈判会耗费成本,因此在默认的状态下让所有的多边条约对加入保持开放,会削弱在初始谈判和条约协议起草中进行投资的激励因素。

(一)封闭条约

根据《维也纳公约》第 15 条(c),某些条约是封闭条约。在这些条约中,对于一个新成员的接受,需要现有签署国的一致同意。绝大多数双边条约都是封闭的,因为它们关涉到两个主体之间的关系。尽管封闭条约并不允许自动加入,但是如果有现有签署国的一致同意,就可以对原始条约进行修正,以允许一个非签署国的加入。例如《东南亚国家联盟条约》就被修正了若干次,以允许文莱、越南、老挝、缅甸和柬埔寨加入。但是它并未被修正以允许巴布亚新几内亚加入[钦肯(Chinkin)1993]。②

一部封闭条约可能服务于一个要求排他性的目的。例如,于 1968

---

① 1962 年国际法委员会《关于条约法的条文草案》(Draft Articles on the Law of Treaties)第 8—9 条,载《联合国国际法委员会年鉴》(United Nations Yearbook of the International Law Commission)第 2 卷第 167—168 页,联合国文件 A/CN.4/144。有关国际法委员会提议的进一步分析,参见凯尔森(1966:479—480)。

② 参见东南亚国家联盟(ASEAN)网站,http://www.aseansec.org/64.htm。

年签署的《不扩散核武器条约》对于在 1967 年之前制造和引爆了核武器的国家给予了特权。① 这些国家成了"核武器拥有国"(nuclear weapons states)。② 为了限制享有与核武器相关的特权的国家数量,类似的特权在事后并没有被给予那些在条约生效日之后制造了爆炸性核装置的国家[比莫曼斯(Beemelmans) 1997]。

一些封闭条约对于具体的国家团体会是开放或者半开放的,但是对于世界上的大部分国家而言仍然是封闭的。例如,1928 年的《和平解决国际争端总议定书》(General Act of Arbitration)中包含了这样的一个条款:"现有的总议定书应当对所有的国际联盟成员国首脑或者其他主管部门的加入,以及国际联盟理事会已经就此目的传递了一份副本的非成员国的加入保持开放。"③这一议定书起初对于大部分非签署国保持开放,它们都是原始联盟的成员。但是随着条约成立之后更多的国家出现,这一条约变得更为封闭。关于印度和巴基斯坦,产生了一些有趣的问题,它们都在 1947 年从英属印度中获得了独立。巴基斯坦在 2000 年于国际法院针对印度提出的一起法律纠纷中声称其在该条约之下享有权力。④ 印度则声称其不受该条约的约束,因为它从未明确表示过同意受该条约的约束,并且事实上它也在 1974 年表达了不受约束的明确意图。⑤ 印度还进一步表示,巴基斯坦无法援用这一条约,因为它不是"英属印度的延续者",基于该条约的封闭性,巴基斯坦无法加入这

---

① 《不扩散核武器条约》(1968 年 7 月 1 日)第 9 条第 3 款,21 U.S.T. 483, 492—93, 729 U.N.T.S. 161, 174。
② 同上。
③ 《和平解决国际争端总议定书》(日内瓦,1928 年 9 月 26 日)。
④ 关于 1999 年 8 月 10 日空中事故的案件("巴基斯坦诉印度案"),《国际法院 2000 年判例集》第 12 页(2000ICJ 12)。
⑤ 同上,第 19 页。

一条约。① 法院发现印度在事前所做出的不受约束的意图是充分的,因此没有在此案中适用议定书。②

(二) 半开放条约

半开放条约指的是那些对于一个新成员的接纳取决于现有签署国的多数同意的条约。这些条约允许新成员加入,但是需要签署国的多数批准同意具体的加入行为。尽管半开放条约通常会在条约的条款中对加入条件予以规范,但是相比起在开放条件之下而言,规范化的需求并没有那么重要,因为考虑到签署国的多数必然会审查并接受加入条款。

有关半开放条约的一个传统例子是 1974 年的《国际能源计划协定》(Agreement on an International Energy Program),其旨在促进对于石油的安全获取。③ 这一条约设立了一个理事会,该理事会包括了参与国的代表,但是在原始的签署国之间进行了权力上的平衡。协定中的加入条款指出,一个寻求加入的国家必须获得理事会中的多数同意。④

半开放条约的一个变种是 1993 年的《国际林业研究中心条约》(Center for International Forestry Research Treaty),其"建立了一个国际林业研究中心(CIFOR),该中心将处理会使发展中国家受益的林业研究"⑤。该条约对于"原始"签署国保持两年的开放,此后寻求加入的国家必须得

---

① 巴基斯坦认为印度独立的时间表将印度和巴基斯坦的所有国际权利和义务转移到印度和巴基斯坦,但是其中不包括有关领土问题和国际组织的事项。同上,第19—20页。
② 同上,第25页。法院驳回了巴基斯坦所提出的每一个管辖诉请,并且发现其欠缺对于相关问题的管辖权。
③ 《国际能源计划协定》,TIAS 8278, 27 U. S. T. 1685; 1974U. S. T. LEXIS 278。
④ 同上,*45。
⑤ 国际林业研究中心(CIFOR),TIAS 11960, 1993 U. S. T. LEXIS16 *1(1993年3月5日)。

到该中心受托人董事会多数成员的同意。①

半开放条约的另一个变种源自 1951 年签订的、建立了欧洲经济共同体(EEC)的《罗马条约》(Treaty of Rome)。尽管该共同体成员的唯一正式标准是一个国家的"欧洲身份"(European identity),成员国仍然使用了多种不成文要求来衡量新加入者的资格。这给现有成员国在决定是否允许新申请者加入时留下了巨大的政治裁量空间。尽管条约的修正案要求每一个现有成员国的同意,但是加入的谈判是发生在候选国与欧共体委员会之间,而欧共体委员会是一个以多数国家为基础开展审议的代表机关。②

尽管我们在第二节中的分析聚焦于那些新国家的加入取决于现有成员国的简单多数同意的半开放条约,但是有一些半开放条约会要求超过简单多数。一个这样的条约是 1994 年的《关税与贸易总协定》(General Agreement on Tariffs and Trade);多边贸易谈判的最终法案体现了贸易谈判乌拉圭回合的结果,其建立了世界贸易组织(WTO)。它的加入条款规定,那些寻求加入该协定(并且成为世贸组织成员国)的国家,必须获得现有世贸组织成员国中三分之二国家的同意。③ 该条款同时也规定,部长会议(Ministerial Conference)可以就国家寻求加入的

---

① 国际林业研究中心(CIFOR),TIAS 11960, 1993 U. S. T. LEXIS16 *1(1993 年 3 月 5 日)。

② 欧洲经济共同体的例子是一个混合情形,其具有半开放条约的某些特征以及封闭条约的其他一些特征。尽管共同体的机关通过多数投票来批准加入,但是为了使一个新的加入变得有效,政府间的会议仍然是必要的(伴随着适当的国家批准)。在这一阶段,现任成员国有权力为新国家的加入设定条件。这些条件通常会参考:(1)扩展成员资格的模式以及在欧共体机构内的组成或代表;(2)对于所有过往条例(regulations)的接受以及在给定的时间段内实施所有过往的指令(通常不会是一个较长的时间段)。在这一阶段会发生一些谈判并做出一些修改。

③ Art. XII, 33 I. L. M. at 1150.

协议条款进行谈判,为那些可能在一开始无法获得三分之二支持的国家创造谈判的机会[卡拉西克(Karasik) 1997]。①

在新国家的加入过程中发挥作用的多数原则,凸显了在一部封闭条约的形成中受约束之同意和在半开放条约的情形中的同意之间的区别。《维也纳条约法公约》第二编第一节规定了当事国根据条约中的具体条款正式表达其接受条约拘束的过程。但是正如凯尔森(1966)所指出的那样,在半开放加入的情形中,一个原始的签署国是在知道条约的参与和内容可以在事后被签署国的多数所修改的情况下同意受条约约束的。少数签署国可能会在事后不同意由一个新国家的加入所带来的变化,但是仍然会受到被多数国家所修改的条约的约束。

(三) 开放条约

开放条约包含了这样的一种条款,在该条款之下,原始成员国给予了所有愿意同意条约条款的国家加入的权利,尽管有时也会给这一权利附加一些一般性的限制。开放加入条款在多边条约中是常见的,特别是那些旨在促进合作和推动国家间争端解决的普遍关注问题(相关的条约)。② 例如,1961年的《维也纳外交关系公约》(Vienna Convention on Diplomatic Relations)在第50条规定,该条约"应当对所有国家的加入保持开放",其中包括了联合国成员国、国际法院规约的成员以及其他被联合国大会邀请加入条约的国家。

许多条约在技术意义上没有原始签署者,但是会要求所有希望参与条约的国家通过加入来如此做[佩里(Perry)等 1996]。一旦具体数

---

① Art. XII, 33 I. L. M. at 1150.
② 参见比舍普(1971:119)和凯尔森(1966:478—479)。赫德兰(Hedlund)(1994: 295)观察到,一部旨在强化国际航空市场中竞争的条约的一个特征将会是一个开放加入条款。

量的国家批准了条约,它就可以生效(施塔克 1989)。成为原始签署国的一部分仅仅提供了能够影响条约内容的优势。一些条约在规定时间内会为原始签署国保留开放,在此之后的国家就必须通过加入才能进入条约。

开放条约并不需要原始签署国对一个额外国家的加入做出肯定的行动。这样的条约在内容形成上会更为严格,因为所有有关条约加入的条件都必须在事前确定下来。例如,1987 年 12 月 18 日签署的《打击国际商业交易中贿赂外国公职人员公约》[Convention on Combating Bribery of Foreign Public Officials in International Business Transactions,又称《经合组织公约》(OECD Convention)],对于那些"成为经合组织国际商业交易贿赂工作小组的完全参与者的非成员"保持开放。① 通过形成了加入的条件和前提,原始签署国就不再需要对条约进行正式的重新谈判,由此可以在不同时改变条约内容的情况下实现扩张。尽管在一部开放条约中,经由一致的同意对条约内容的修改是有可能的,但事实上原始国家可以实现对自身利益和条约完整性的更好保护,与此同时又能够把握开放加入条款所提供的加入自由。

二、国际条约的形成:一种经济学的分析

在决定是否要参与一部条约之时,理性的国家会比较没有国际合作时的净收益与经由国际合作在追求一个给定目标之时能够获取的净收益。我们将缺少国际合作之时国家可获取的净收益称为"自助式"收益。最高的自助式收益代表了国家在考虑加入一部国际条约时所面对

---

① 《阿根廷-巴西-保加利亚-智利-斯洛伐克共和国经济合作与发展组织:打击国际商业交易中贿赂外国公职人员公约》,1997 年 12 月 18 日,37 I. L. M. 1, 6(1998)。

的机会成本。国家在缺少国际合作的情况下可能或多或少具备了追求具体目标的能力,进而可能从这些追求中获得不同的净收益。也就是说,国家在条约参与中面临不同的机会成本。国家 i 在不参与条约之时可获取的收益为 $V_i^1(s)$,此时国家所采取的努力程度为 s,V_i^1 则被假定为是严格凹(strictly concave)的。上标 1 表明该国未与其他国家合作(只有 1 个国家参与其中,即该国自己)。每个国家在不参与条约之时所能够获取的最大收益是 $\hat{V}_i^1$,这同时也是该国在条约参与中的机会成本。

通过参与国际合作,国家可能会超出它们的机会成本。这可能归因于在追求共同目标之时的规模经济、源自贸易的所得的存在,或者源自协作与网络效应的收益。国际条约可能会服务于对这些收益的获取。在一部有 N 个国家的条约中,$\pi(s_{NT}, N)$ 代表了每个国家在参与条约时所享受到的收益。源自条约参与的收益 π 是 s_{NT} 和 N 的一个增长函数,其中 s_{NT} 代表了条约所要求的努力程度(以下简称为"条约内容"),N 代表了条约中参与国的数量。条约的变量 s 有两个下标:可变下标 N 代表了条约参与国的数量,固定下标 T 代表了条约的内容。① 没有实质内容的条约协议不会产生收益:$\pi(0, N) = 0$。类似地,一部没有其他国家的条约也不会产生收益:$\pi(s_{1T}, 1) = 0$。进一步来看,国家从更为实质的条约内容中获得的边际收益是非增长的:$\pi_{SS} \leq 0$。

我们将同时考虑条约内容和参与之间的互补性与替代性。互补性可能是如下国际协议的特征:这些国际协议采用了具有网络外部性的新技术标准,或者由最弱环节问题所区分的情形,例如遭遇恐怖袭击的航班。在这些情形中,条约的努力程度和参与国的数量是互补的:

---

① 变量 N 在收益函数 B 中出现了两次。它对于源自条约参与的收益既会有一个直接影响(即广泛的成员资格可能会影响收益),也会有一个经由条约内容的非直接影响(即成员资格中的变化可能会影响条约内容)。

$\pi_{SN} > 0$。在其他的情形中,比如环境清理或者在第三世界国家所进行的旨在对抗饥荒的金融援助,一个国家在努力程度方面的提升可以弥补另一个国家努力程度的减少。此时条约的努力程度和参与国的数量是可替代的: $\pi_{SN} < 0$。

当国家 i 参与到一部有 N 个国家的内容为 s_{NT} 的条约之中时,其总收益为 $V_i^N(s_{NT}) = V_i^1(s_{NT}) + \pi(s_{NT}, N) - c_i$。在这里,$V_i^1$ 代表国家采取条约所规定的努力程度的直接净收益:如果国家 i 在不参与条约的情况下自行采取 s_{NT} 的努力程度,则其收益为 $V_i^1(s_{NT})$。一旦国家参与到条约之中,π 就成了和其他参与国一起采取(条约所规定的)努力程度所产生的额外收益,c_i 代表了谈判和起草条约的成本,同时还有参与条约的政治成本。V 的上标指的是条约参与者的数量,其中的 1 代表着条约中没有参与时的收益。一个大于 1 的上标代表着国家的总净收益,其中包括了源自合作的所得和谈判成本。我们通过假定一个国家的谈判成本是恒定的并且独立于参与条约谈判的国家数量来简化符号。为了进一步减轻符号的负担,不管国家是通过谈判与其他国家达成一部条约,还是请求加入一部已有的条约,(我们都假定)谈判成本是一样的,尽管我们预期前者会高于后者。收益 V_i^1 和源自条约参与的收益 π 同时为未来收益的净现值是可能的。一部条约的谈判成本只需要承受一次。任何在未来要承受的成本——例如轻微的政治后果——都可以被归为收益 V_i^1 的一部分。

(一) 设置阶段:初始条约形成

正如前文所讨论的,国家可以作为原始签署国加入一部国际条约,也可以加入一部已有的条约。加入条约的前提是存在一部由一群创始国创制的条约。为了设置分析条约加入的阶段,首先来考虑由一群创始国创制条约的过程。创始国成了可以根据在初始的条约协议中设定的规则来控制新国家加入申请的现任国。

在不缺失一般性的情况下,我们来考虑由两个国家创制一部条约的简化情形。当两个国家创制一部内容为 s_{2T} 的条约时,每一个国家源自参与条约的收益成了 $V_i^2(s_{2T}) = V_i^1(s_{2T}) + \pi(s_{2T}, 2) - c_i$。我们通过一个纳什谈判博弈(Nash bargaining game)来研究内容为 s_{2T} 的条约的谈判。两个风险中立国家,即国家1和国家2的谈判能力分别为 θ 和 $1-\theta$。回想一下,$\hat{V}_1^1$ 和 $\hat{V}_2^1$ 是每个国家可以在不参与条约的情况下通过自己的努力获取的条约参与的机会成本。这些是它们在谈判问题中的威胁点或者它们对于一个谈判协议的最佳替代方案。对于这一两国条约谈判 s_{2T} 的纳什谈判解是如下问题的解:

$$s.t.\ V_1^2 \geqslant \hat{V}_1^1, V_2^2 \geqslant \hat{V}_2^1 \text{ ①} \qquad 14.1$$

这一纳什谈判解会随着不同的场景而发生变化。我们着重突出了不同因素在决定这一谈判解的结果时的重要性。

(1)我们应当强调源自条约参与的收益 π 和讨价还价及谈判成本 c_i 的大小的重要性。在国家同意开展国际合作之前,需要有较高的源自国际合作的收益和较低的谈判成本。否则的话,可能会缺少供国家达成可接受的条约内容的谈判空间,也没有条约会被签署。

作为一个简单的例子,考虑收益 $V_i^1(s) = b_i s - a_i s^2$ 和源自参与条约的收益 $\pi = \alpha s$,其中 B 对于条约参与者数量的依赖性被抑制了。此时,$b_1/2a_1 = \mathrm{argmax}\,V_1^1$ 且 $(b_1+\alpha)/2a_1 = \mathrm{argmax}\,V_1^2$。$b_1/2a_1$ 的最优程度由国

---

① s.t. 是 subject to 的缩写,表示"受限于",后面一般跟着若干约束条件。为简洁起见,保留缩略写法而不译为中文。——译者注

家1在缺少条约的情况下选定。$(b_1+\alpha)/2a_1$ 是国家1在没有考虑其他国家的约束或者任何谈判问题的情况下所欲的条约内容。这一所欲的条约内容要高于未参与条约的最优程度,因为更高的程度会导向更高的源自条约参与的互利。此外,国家1在没有条约时的机会成本是 $\hat{V}_1^1 = b_1^2/4a_1$。而在条约之下,国家1能够期望的最优收益是 $\tilde{V}_1^2 = [(b_1+\alpha)^2/4a_1] - c_1$。国家1只有在 $[(b_1+\alpha)^2/4a_1] - c_1 > b_1^2/4a_1$ 之时才会参与到条约之中。这意味着 $\alpha(2b_1+\alpha)/4a_1 > c_1$。由此,源自国际合作的收益 α 越高,以及/或者谈判成本 c_1 越低,这一不等式就越有可能成立,此时国家1就越有可能参与到一部条约的形成过程中。这恰好符合我们的直觉。

请注意,较高的源自合作的潜在收益和较低的参与条约的交易成本仅仅为参与条约的意愿提供了背景。一个国家事实上是否会参与到一部条约的形成之中,取决于谈判的过程和条约的内容。因此,在下文中,我们假定一个国家参与条约的形成是有利的,进而转向纳什谈判过程自身的结果。

(2) 考虑具有相同的偏好和谈判与起草成本以及相同的合作所得 $(V_1^2(s) - \hat{V}_1^1 = V_2^2(s) - \hat{V}_2^1)$ 的同质国家的情形。国家的谈判能力在这里是无关紧要的,因为它们的例子正好结合在了一起。条约的内容——$\operatorname{argmax} V_i^2(s) - \hat{V}_i^1 = (V_i^1(s) + \pi(s,2) - c_i - \hat{V}_i^1)$——最大化了每个国家的净收益,一个条约因此形成。①同质国家的利益的汇合导向了可能的最优结果。一般而言,当国家有类似的偏好以及类似的谈判和起草成本时,对于条约的内容几乎不会有不同意,一部条约也将

---

① 使用与情形(1)中相同的收益以及源自条约收益的函数,$(b_i+\alpha)/2a_i$ 的努力程度是两个国家都会期望的条约内容。

会形成。这解释了为什么很多区域性条约是在同质的国家间形成的。

（3）接下来，考虑具有截然相反的谈判能力的异质国家（的情形）。国家的偏好 V_i 会发生变化，一个国家——比方说国家1——拥有压倒性的谈判能力。在国家1拥有完全的谈判力量的有限情形中，谈判解必须满足 $\max V_1^2 - \hat{V}_1^1 s.t. V_2^2 \geq \hat{V}_2^1$。因此，由于其在谈判能力上的优势，国家1获得了绝大部分——如果不是全部的——源自合作的收益。条约的内容最大化了国家1的净收益，与此同时，说服力较弱的国家2则仍然接近于自己的威胁点。一个极端的例子是一个几乎没有潜在收益的国家会被强迫签署一部条约。①

（4）现在转到具有不同的偏好但是非常类似的谈判能力的异质国家的情形。② 并不令人惊讶的是，在此种情况之下，由不同的收益模式和相同的谈判能力所形成的"拉扯"条约内容的张力会是最大的。特别是当国家的谈判能力均等之时，在最优的条约内容之上，一个国家源自条约参与的净收益会增加，而另一个国家的净收益则会减少。这是因为条约的内容必须满足 $(V_1^2(s) - \hat{V}_1^1) \cdot \partial V_2^2 / \partial s + (V_2^2(s) - \hat{V}_2^1) \cdot \partial V_1^2 / \partial s = 0$。因为等式中的系数代表了每个国家从参与条约中的所得并且为正，等式中的两个部分必须符号相反。也就是说，当条约内容提高之时，为正的那一部分等式所代表的那个国家会有所得，而另一个国家则会有损失。我们能举出很多由"平等伙伴"国家所签订的条约满足了此种情

---

① 一个国家所签署的将某个城市或者港口割让给另一个国家的条约可能符合这一场景。在结束了鸦片战争的《南京条约》（1842）中，中国开放了额外的贸易港口，消除了贸易壁垒，将离岸的香港岛割让给英国，并允许英国在中国的禁令仍然存在的情况下继续开展毒品贸易。条约的签署使中国避免了与英国的进一步战争。

② 这是纳什（1950）所讨论的基础纳什谈判问题。在我们的标记法中，这是 2 = 1/2 时的情形。

形的描述，例如 1951 年建立了欧洲煤钢共同体（European Coal and Steel Community）的条约，1956 年建立了欧洲原子能共同体（European Atomic Energy Community）的条约，以及 1957 年建立了欧洲经济共同体（European Economic Community）的《罗马条约》。

对于这些不同情形的分析澄清了由不同国家所引发的条约形成。对于一部国际条约的形成而言，第一个重要的标准是源自合作的实质所得以及对于每一个参与国的合理谈判成本。在此之外，我们观察到同质国家最有可能形成一部国际条约以进行合作。在此种情形中，我们推测条约有可能是开放或者半开放的。任何愿意参加这一开放条约的国家——只要按原样接受条约内容——都将会被签署国所欢迎。类似地，签署国中的多数国家对于一个新国家加入一部半开放条约的接受，意味着其他所有具有类似偏好的国家中的利益得到了很好的满足。

在异质国家中的一方具有压倒性谈判能力的情形中，更为强大的国家享有了绝大部分的合作收益。而较弱的国家则几乎获得不了什么。我们推测这一条约很有可能是封闭的，因为强国可能会拒绝放弃任何源自其享有的谈判优势的利益。在更为一般化的情形中，一个非常强大的国家会维系一部有着若干弱国的封闭条约。例如，苏联可能强制要求了其他国家加入苏联版的"北约"。另一方面，如果一组弱国能够在条约谈判之时从一个强国中获得让步，则该强国可能会偏好于同每一个单独的弱国签署许多个分散的条约。①

当国家虽然为异质但是具有基本均等的谈判能力之时，为了使一部条约能够成立，具有源自合作的潜在所得的努力程度之区间必须对

---

① 参见第三节中所讨论的有关双边投资条约的相关问题。

所有参与国来说都是大的,否则就不会有足够的供国家进行谈判的空间。如果一个国家期望较高的条约内容,而另一个国家想要较低的内容,由此所导致的条约内容通常是妥协的。条约内容中的任何变化都会改变其中一些当事方的利益。因此,创始国几乎不会有什么理由去适应新的条约内容。但是,如果新加入的条约成员国在不改变条约内容的情况下为所有国家创造了大量的额外所得,则一部开放条约可能是有序的。如果创始国预计到将来会有大量的能够适应现有条约条款的申请加入者,情况就更是如此了。

不仅潜在加入者的预期数量会有影响,预期会请求加入的国家的类型也可能有影响。创始国有可能偏向于不接受来自某个国家的加入申请,与此同时却接受来自另一个国家的加入申请。例如,创始国会接受来自那些愿意提升条约所承诺内容的国家的加入申请,但是不会接受来自其他国家的申请。这些因素同样可以帮助确定条约究竟是封闭的还是对加入保持开放的。

到目前为止,我们已经聚焦于条约的形成和创始国的利益。而在条约形成之后,一个潜在的新加入国的利益以及新加入国与原签署国之间的互动就变得重要起来。在我们的符号中,一部条约形成之后,两个国家的收益被标记为 $\hat{V}_1^2$ 和 $\hat{V}_2^2$。以此为起点,现在我们转向对加入过程的讨论。

(二)条约的加入

一旦一部条约形成了,未签署的国家可能就会希望加入条约。通常而言,第三方国家加入一部现有条约的过程都是在原始的条约协议中就设定好的。我们接下来将分别讨论三种不同的加入模式。

1. "封闭"条约:一致同意

假设一个新的国家申请加入一部现有的条约,而条约(成员)的扩张需要签署国的一致同意并对条约进行修正。请考虑条约参与者的增加为所有国家提升了收益的区域($\pi_N > 0$)。在新的国家具有与现任签署国相同偏好的有限情形中,现任国会对加入表示欢迎,因为随着更多的国家参与条约,源自条约参与的收益会增加,并且无需修改条约的内容。但是当一个对于条约内容有着不同期望的第三方国家申请加入条约之时,就会产生一个更有问题的情形。

在一部要求所有现任国一致同意的封闭条约之中,如果条约扩张会必然要求对条约进行修改,并且此修改会降低自身收益(相较于原始的条约协议而言)的话,任何国家都不会同意新国家的加入。由此,现任国在面对新的加入申请之时,首先会计算额外的条约参与者是否能带来收益,假定加入者接受了由它们所提出的条约内容(有可能是经由先前的内容修正而来):

$$\max_s (V_1^3 - \hat{V}_1^2)^\theta (V_2^3 - \hat{V}_2^2)^{1-\theta} \quad s.t. \ V_1^3 \geq \hat{V}_1^2, V_2^3 \geq \hat{V}_2^2 \quad 14.2$$

此刻暂且把新国家——国家3的利益搁置在一边,这一条约修正问题与国家1和国家2在就原始条约协议进行谈判时所面对的谈判问题是类似的。其中的一个差异是原始签署国所面对的机会成本在它们参与条约之后发生了变化。当考虑一个第三方国家的加入申请之时,现任国会将由原始条约创造的较高收益($\hat{V}_1^2$和$\hat{V}_2^2$)而非较低的最优自助收益($\hat{V}_1^1$和$\hat{V}_2^1$),视为自身的机会成本。尽管允许第三国的加入会给两个国家都创造额外的增值机会,但是新的谈判可能会需要付出类似于在原始条约形成阶段那样的新成本。如果条约的扩张没有给现任国提供帕累托更优的条约内容,那么它们会更加偏好于现有的条约安排,第三国的加入申请也会因此被拒绝。

另一方面,源自更多国家参与条约的收益提升以及低重复谈判成

第四部分 通过协商的立法：条约法

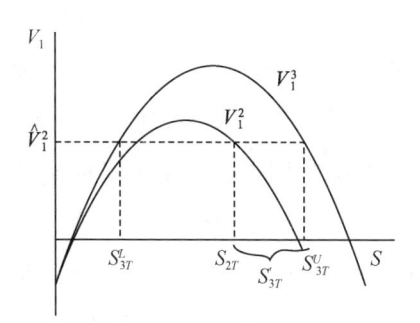

图 14.1 现任签署国能够达成合意的条约内容

本，能够产生一个包含了第三方国家加入的帕累托更优条约安排区间。令 s'_{3T} 为扩大的条约环境中(14.2)的纳什谈判问题的一个解。更多的条约参与者提升了源自条约参与的净收益，同时对于单个的现任国而言，适合其的条约义务范围也拓宽了。图 14.1 展示了国家 1 的这一情况。国家 1 和国家 2 之间的现有条约内容由 s_{2T} 所给定，使得 $\hat{V}_1^2$ 成了国家 1 从这一原始的两个国家之间的条约中获得的收益。随着一个第三方国家加入条约，国家 1 的一般净收益函数从 V_1^2 提升至 V_1^3。① 这使得国家 1 至少能像在原始条约下一样好的条约内容范围从 s_{3T}^L 延伸至 s_{3T}^U。任何落入这一区间的条约修正都能够被现任国所接受。现任国的谈判问题的解产生了针对第三方国家加入申请的建议条约条款。

旨在扩张条约成员的条约修正有可能提升或者降低实质的条约义务。现有的国家提出的条约修正案 s'_{3T} 所包含的条约义务究竟是会高于还是低于原始的条约内容，取决于条约参与者的数量和条约内容是

---

① 图 14.1 做出了一个隐含的假定，即一个额外加入的谈判成本等同于创建条约的原始谈判成本。例如，如果在第三方国家加入的情形中，现任国的谈判成本要低于形成条约的情形中的成本，则 V_1^3 的垂直截距应当高于 V_1^2 的垂直截距。

否互补或者可替代。一般而言,暂且搁置任何由希望加入条约的其他国家所引发的谈判问题和约束,考虑在一部有 N 个成员的条约中一个现有国家的最优收益最大化问题,比方说国家 1 的 $\max_s V_1^N$。国家所期望的最优条约内容 s_T^* 必须满足净边际收益为零的条件。简单的比较静态结果表明,如果条约内容和条约参与者的数量是可替代的,那么 $ds_T^*/dN < 0$。① 如果条约内容和条约参与者的数量是互补的,条约参与国数量的提升将会增加努力程度对于收益的边际影响。当更多的国家加入条约之时,单个国家将会偏好一个更高的条约义务(更高的努力程度)。由此,当条约内容和条约参与者数量是可替代的之时,由现任国所提出的条约内容将会落入图 14.1 中由大括号所确定的区域之中(反过来则对互补的情形成立)。

假定此时的情形为可替代的,则当更多的国家加入条约之时,每个参与国都会愿意承担更高的条约义务。当面对由一个第三方国家的加入申请所带来的条约扩张前景之时,两国都会希望提升条约义务的程度,并对条约进行修正以允许申请。在这一情形中,现任国之间的谈判结果必须以一个包含了比原始条约更高的条约义务的修正建议而告终。在我们的符号中,所提出的条约内容 s'_{3T} 要高于两个现任国之间的现有条约内容 s_{2T}(当条约参与和条约内容是可替代的之时,这一情形会获得相反的结果)。

当条约修正案 s'_{3T} 被提出给国家 3,国家 3 需要验证这一条约修正案所设定的义务是否提供了一个能够改善其收益现状的机会。对于一个没有可替代的条约机会的第三方国家而言,其收益现状等同于在未

---

① 根据一阶条件,$ds_T^*/dN = -\pi_{SN}/(\partial^2 V_1^1/\partial s_T^2 + \pi_{SS})$。因为当 $\pi_{SN} > 0$(补充的情形)时,$\partial^2 V_1^1/\partial s_T^2 < 0$ 且 $\pi_{SS} \leq 0$,并且当 $\pi_{SN} < 0$(替代的情形)时,$ds_T^*/dN < 0$。

参与条约之时获得的机会成本。国家3必须考虑 $V_3^3(s'_{3T}) \geq \hat{V}_3^1$ 是否成立。如果成立，国家3将会加入原始签署国，而原始条约内容也随之被修正为 $s_{3T} = s'_{3T}$。另一方面，如果 $V_3^3(s'_{3T}) < \hat{V}_3^1$，计划的条约修正将会给国家3带来低于其机会成本的收益，国家3将不会愿意在这些条款之下参加条约。在这一情形中，国家3可能有机会跟现任国进行讨价还价，提出有关修正条约的不同条款。

回想一下，条约修正案 s'_{3T} 是现任国之间谈判问题的解。但是，在具体的条约内容 s'_{3T} 之外，国家3加入的可能性为国家1和国家2创造了一个作为替代方案的帕累托更优范围。因此，缺少国家3对于条约内容 s'_{3T} 的接受，可能仍然为两个现任国留下了一个潜在的可接受的替代性条款范围。也就是说，国家3所提出的还价（counteroffer）可能并不会是徒劳的。图14.2聚焦于这一新加入国的选择。其展示了如下的情形：第三方国家发现一开始所提出的条款 s'_{3T} 不可接受，并做出了一个还价，请求现任国让步。当（一开始）所提出的条款之下的收益 $V_3^3(s'_{3T})$ 小于第三方国家的机会成本 $\hat{V}_3^1$ 之时，其对于初始提议的拒绝是不可避免的。反过来，（此时）现任国需要接受这一还价并对其进行评估。

（1）子情形一：第三方国家申请加入并请求较小的让步

在图14.2中，左边的图展示了第三方国家在申请加入时请求一个较小的让步的情形。现任国所提出的条约条款 s'_{3T} 要求提升在原始条约 s_{2T} 中所采取的义务程度。对于国家3来说，这一修正是不可接受的，因为由此所产生的收益将会低于其在不加入条约之时所能够获得的收益。为了产生参与条约的正回报，国家3应当提出一个低于 s''_{3T} 的条约内容替代方案。事实上，任何低于 s''_{3T} 并高于 s_{2T} 的条约内容，都会使加

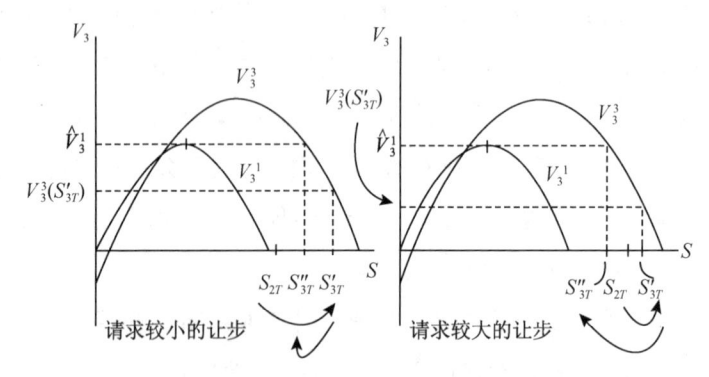

图 14.2　第三方国家在加入条约时请求让步

入国和所有的现任国同时受益。我们用 s''_{3T} 作为这一双边受益条约修正的代理,并且从加入国和现任国之间进一步的谈判问题中抽象出来。(国家 3 所提出的)还价 s''_{3T} 提供了一个高于原始条约 s_{2T} 的义务,但又低于(由现任国)在一开始所提出的修正(中的义务)的条约。由于国家 1 和国家 2 在有更多参与者的情况下会偏好更高的条约内容程度,它们发现这一较小的让步请求是可接受的,因此会允许国家 3 加入。在这一情形中,一部三个国家的条约会在条约义务被设定为 $s_{3T} = s''_{3T}$ 的情况下形成。

(2)子情形二:第三方国家申请加入并请求较大的让步

图 14.2 中右边的图展示了作为申请者的第三方国家请求获得一个较大的让步的情形。由现任国所提出的初始条约修正 s'_{3T} 再次设定了高于原始条约 s_{2T} 中义务程度的义务。对于国家 3 来说,这一修正是不可接受的。为了使加入条约变得值得,国家 3 进行了一个还价,提出了一个较低的条约义务 s''_{3T}。其中不仅包含了一个对于原先条约修正案 s'_{3T} 的偏离,同时还将条约义务降至原始条约值 s_{2T} 之下。国家 3 所提出的这一还价代表了一个需要现任国做出较大让

步的请求,因为后者会偏好于在扩张条约成员的同时提升条约的内容。

原始签署国是否会愿意做出这一较大的让步,取决于此种情形的具体情况。在成员扩张能带来正收益的相关范围中,允许国家 3 加入所带来的潜在收益可能会使现任国就条约条款做出妥协。也就是说,尽管现任国更偏好于随着成员的增长来提升条约义务,但是只要源自条约扩张的收益高于源自原始条约的收益,它们将愿意就条约内容做出妥协。亦即,如果 $V_1^3(s''_{3T}) \geq \hat{V}_1^2$ 且 $V_2^3(s''_{3T}) \geq \hat{V}_2^2$,现任国就能做出让步。当这些条件成立之时,原始条约即被修正,此时这些国家会达成一部条约义务被设定为 $s_{3T} = s''_{3T}$ 的三国条约。

另一方面,如果 $V_1^3(s''_{3T}) < \hat{V}_1^2$ 且 $V_2^3(s''_{3T}) < \hat{V}_2^2$,此时国家 1 或国家 2 或两国都将会反对由国家 3 提出的条约修正 s''_{3T}。对于现任国和新加入国而言,不存在能够达成合意的条约内容。在这一情形中,第三方国家的加入申请会被拒绝,条约的扩张也不会发生。

考虑到在一部有 N 个成员的条约中的多个现任国,旨在谋求一个新成员国加入的条约修正过程同样需要进行类似的考虑。我们在这一点上进行两点额外的观察。第一,一个申请国有可能在并不愿意接受现有条约内容的情况下申请成为该条约的成员。这有可能是因为作为申请者的第三方国家知道现任国将会从条约成员的扩张中受益,因此它的加入申请开启了对现有条约条款进行重新谈判的机会之门。即便是在一个任何国家都有可能拒绝新国家加入的封闭条约机制之中,条约扩张所带来的净收益也有可能足够高,以至于使每一个现任国都就其立场做出妥协,以便推动第三方国家的加入。

第二,当多个国家都对申请加入感兴趣之时,如果第三方国家组团申请而非逐个逐个地申请,那么它们的立场可能会被强化。尽管这一新团体的谈判能力会有提升,收益中的所得还是可能造成影响。如果一个较大的让步请求是由单个申请者提出的,那么这对于一个或多个现任国可能是不可接受的。当多个第三方国家组团申请加入之时,源自大规模扩张的更大收益可能会正当化对于条约内容的更大让步。这也许可以解释如下的程式化事实:欧盟成员的每一次条约扩张都包含了多个新国家。

2. 半开放条约:中间选民国家的同意

对于半开放条约来说,一个新成员国的加入需要得到现有签署国中的多数同意。我们假定条约扩张的过程是经由多数投票进行的。由此,中间选民理论(Median Voter theorem)的一个应用使得中间选民国家——比方说国家 m——对于福利的影响成了我们分析中的关注焦点[唐斯(Downs) 1957;布莱克(Black) 1958]。① 假设条约义务的内容是关键变量,中间选民国家对于条约内容会有中间的偏好,将此记为 s。对于来自一个新国家的加入申请,中间国家会决定该申请是否能被接受,由此使得条约从 N 个成员扩张至 $N+1$ 个成员。在达致这一决定的过程中,中间国家面对着如下的问题:

$$\max_s V_m^{N+1}(s) = V_m^1(s) + \pi(s, N+1) - c_m \quad s.t. \; V_m^{N+1} \geq \hat{V}_m^N$$

与前述的封闭条约的情形相类似,我们假定当有国家申请加入,且现任国享有是否准予加入的自由裁量空间之时,关于条约内容的谈判将会发生。现任国可能会使用这一机会来修改(原始)条约所确

---

① 中间选民理论的假定包括了单次挑选偏好和非异化。在这一语境中,单次挑选偏好简单而言指的是国家偏好于那些离它们理想的最优点更近而非更远的条约义务。非异化指的则是所有国家都有兴趣通过投票参与到审议之中,并且即便是那些持有极端偏好的国家,也不会退出集体审议或者远离决策过程。

定的条约义务程度,而新加入国则可能请求一个让步。假定 $s'_{(N+1)T}$ 是向新加入国家 $N+1$ 所提出的建议条约内容。国家 $N+1$ 会比较在这一预期的条约安排之下的收益与在不加入条约的情况下能够获得的收益。如果条约收益高于其机会成本,那么国家 $N+1$ 会加入。当条约内容为 $s_{(N+1)T} = s'_{(N+1)T}$ 之时,一部有 $N+1$ 个国家的条约将会形成。

另一方面,如果对于国家 $N+1$ 来说,向其提出的条约条款是不可接受的,那么它可能会请求让步。根据中间选民理论,有关这一加入的审议结果将会反映中间国家 m 的偏好。如果加入国 $N+1$ 所请求的让步对国家 m 来说是可接受的,则前者的加入申请将会被同意,一个拥有 $N+1$ 个国家的扩大条约将会形成。否则,现有条款的扩张将不会发生。

3. 开放条约:加入它或退出它

开放加入的条约为非签署国提供了一个开放的邀请(有时会附加一些限制)来加入这一由创始国所签订的原始条约。在加入之时,现任国与新加入国之间无需进行谈判。尽管开放加入条款在那些旨在促进国家间合作的多边条约中更为常见,我们仍然以只有两个创始国的简单情形为例进行检验。这一问题包括两个方面。第一,创始国通过谈判来观察,假定条约不开放的话,双方是否都能从条约的形成中获利。令这一建议的封闭条约内容为(14.1)的谈判解,其会给这两个国家带来收益 $\hat{V}_1^2$ 和 $\hat{V}_2^2$。接下来,如果创始国期望在将来有加入条约的申请,那么它们就面临着另一个谈判问题。它们可能会调整条约内容,将条约保留为开放,以反映它们对于扩大的期望,并且降低未来谈判的成本。让我们设 N^E 为将会申请加入的国家的预期数量。创始国将会进行谈判,以达致一个能够在扩大的条约之下最大化它

们预期所得的条约义务程度。特别是,一个开放条约的谈判问题变成了:

$$\max_s (V_1^{N^E} - \hat{V}_1^2)^\theta (V_2^{N^E} - \hat{V}_2^2)^{1-\theta} \quad s.t. \ V_1^{N^E} \geq \hat{V}_1^2, V_2^{N^E} \geq \hat{V}_2^2 \quad 14.3$$

请注意,现任国在第二个纳什谈判问题中的默认位置是由作为替代方案的两个国家的封闭条约之下的最优收益所给定的。只有当条约扩大的前景同时提升了两个现任国的预期收益之时,创始国才会将条约保留为开放的,同时基于对此种扩大的预期来设置条约内容。如果没有条约的内容能够满足(14.3),则现任国不会支持条约的扩张,作为结果,它们将会设置一个封闭的条约结构。这有可能发生在如下的情形中,即国家察觉到一部双边或者诸边条约将会给成员国创造优势,但如果条约经由第三方国家的加入而扩张的话,这样的优势就会消失。

另一方面,如果 $s_{N_T^E}$ 是(14.3)的解,则一部开放条约将会以 $s_{N_T^E}$ 作为条约内容而形成。创始国将条约保留为开放这一决定,允许了新国家加入这一原始形态的条约,而无需就加入进行谈判或者获得来自现任国的同意。当加入国同意受原始条约约束之时,其加入就得到了许可。如果条款不可接受,新国家仍然可以申请加入,并请求对条款进行修改。但是这样的修改应当经由条约修正来进行,就好像这一条约是封闭的一样。①

---

① 开放加入的条约通常会对加入时保留的可接受性做出限制。这一预先承诺的策略限制了策略性行为,并且阻止了第三方国家在加入时(所产生的)问题。希望加入一部现有的开放条约的国家几乎没有什么机会就条约条款进行重新谈判,或者请求单方面的豁免或让步。

三、条约法的形式和实质

在本章中,我们提出了一个有关条约形成和加入的程式化模型来研究条约形成的选择对于条约的实质内容可能造成的影响。我们已经考虑了国家可以根据《维也纳条约法公约》所设定的程序成为一部国际条约的一部分的三种模式:(1)封闭条约——条约的成员扩张需要现有签署国一致同意;(2)半开放条约——条约的扩张可以由签署国的多数加以同意;(3)开放条约——给第三方国家提供了通过表达它们接受现有条约条款之约束的意图来加入其中的选项。

我们的分析很容易被拓展以便纳入相关的变量,例如在原始条约之中加入最惠国待遇条款——在这一条款之下,双方签署国都同意,如果国家2与一个第三方国家缔结另一部相关的条约,则第二部条约的条款同样适用于国家1。如果第二部条约中的类似条约内容同样能够提升其收益的话,国家1将会得到由国家2和国家3之间的新联盟所创造的同等的额外收益的保证。最惠国待遇条款还可以降低国家2的诱惑,使得国家3要诱惑国家2绕过在它们的原始条约中所确定的先前协议而达成一部新条约变得更为困难。这些压力使得原始签署国坚持缔结一部包含了最惠国待遇条款的封闭条约是有利的。封闭条约的一种更为严格的形式可以帮助一个国家抵御未来令人不快的"惊喜",并且在一个第三方国家试图操纵签署国之一退出合作之时提升其谈判能力。

双边投资条约(Bilateral investment treaties, BITs)已经成了许多新兴经济体吸引外国投资的重要工具。通常,位于母国的投资者对于潜在东道国的投资环境都没有什么信心。潜在的东道国相信它能够从签署一部双边投资条约中获利,这一条约会承诺有利的投资条件,为在东道国所进行的外国直接投资交易设定稳定而有利的框架。在双边投资条约中,签署国就一组规则达成合意,这些规则会约束由来自母国的投资者在东道国的管辖范围内所进行的投资。我们的分析可以帮助解释为什么双边投资条约的数量在不断增长,而多边投资条约的数量却不多。与我们的模型的预测一致,双边投资条约是典型的不对其他国家的加入开放的条约,因为它们往往是在相对异质的国家之间(一个发达的经济体和一个欠发达国家)达成的。由于更为发达的国家享有更具优势的贸易和谈判能力,条约内容会偏向于优势国家。它们试图复制双边投资条约的条款,在与不同伙伴的不同双边条约中使用相同的条约内容。许多部双边投资条约相对于一部多边条约的优势在于,优势国家不会被许多欠发达国家的多数票给否决掉。它不需要做出让步,并且可以维持其优势力量,决定每一部双边投资条约的条款。

在实践中,当国家面对一部双边国际协议的前景之时,有两个相互关联的选择需要被做出。首先,国家必须决定是否要成为国际条约的推动者之一,从而参与到条约的起草和签署谈判中。其次,签署国必须决定是否开放条约,以及如果开放的话,在何种条件之下开放。我们的分析揭示了在给定由多样化的制度所设定的不同扩张机制的情况下形成条约的选择对于条约内容演化的影响。反过来,这些发现能够帮助预测什么时候国家可能会加入原始创始国之列,以及什么时候国家会更偏好于等待并在稍晚的时候再加入条约。

我们的分析还进一步揭示了存在于被选定的条约形式与其实质内容之间的一个重要互动关系。当一部条约是开放的,且来自其他国家的加入是可预期的之时,条约的内容会基于现任国对条约扩大的预期而被最优地设定。这有可能将条约内容从在其他条约形式之下被选择的条约内容,或者预期不会发生扩大之时的条约内容,调整至现在的条约内容。开放条约简化了这一扩张的过程,但是给现任国家施加了不确定性的成本。创始国会基于它们对扩大的预期来校准条约的内容,但是这样的预期可能不会实现,或者有可能会延迟实现。在这一情境中,时间偏好有可能成为一个相关的因素,它会决定具体国家参与条约的时机。

另一个有趣的洞见是一个悖论式的结果,封闭条约有时比开放条约更有利于更大的扩张。尽管通过条约修正来扩张一部封闭条约会产生更大的交易成本,但是它允许量身定制的谈判,这可能会使得条约对于一个新加入国而言是可接受的,而同样的条约在原始条款之下——如果该条约被保留为对加入开放的话——可能不会被接受。

进一步的研究应当通过收集数据对我们的结果进行检验,这一检验应当超越本章所提供的传闻证据。为了在多边条约的情境之下进行这样的经验检验,聚焦于具体类型的条约——由条约所创设的国际义务被限定在一个狭窄且准确界定的活动领域(例如,引渡、对医学学位的相互承认、进入彼此的领海、非熟练工的出入境自由)会是有益的。一个在更为宽泛的条约——例如世界贸易组织、《罗马条约》以及后续的《欧盟条约》——的情境下所进行的定量分析,可能不会那么具有启发性,因为此类合作中的多个层面容易被混淆,使得要确定"同质"和"异质"的程度变得很困难。对于具体国际法领域的经验分析将允许通过使用数据来支持或者反对我们的模型所提出的预测。

在第十五章和第十六章中,我们将进一步研究内源性条约参与的动态过程。在条约的内容和参与之间,存在着一个不可避免的权衡。异质国家中,国家数量的增加会提升所有参与国的网络收益和协调收益,但是会加剧多样性,从而使得选择能够反映每个国家理想情况的条约内容变得更为困难。我们的结果可能提供了一个基础,这个基础能够帮助理解何时去预期普遍性的多边条约,何时去预期同质国家之间在更为有限的参与之下的多边条约的形成。对于条约内容和参与的调整,可能会导致国家的渐进式集群,在此过程中,会形成许多不同的条约,这些条约能够最优地平衡扩张的收益和由参与中异质性的提升所带来的成本。

第十五章　批准和保留：互惠的影响*

在本章中，我们将研究条约形成过程中第二个重要的步骤：条约的批准。正如在第十三章中所讨论的，批准是对一部已签署的条约给予官方确认或认可的行为。在批准一部条约的过程中，国家可以引入保留，以摒除或者修改条约的法律义务以及对于保留国的法律效果。对于多边条约中保留的研究，揭示了一个惊人的悖论。尽管存在着如下事实——在《维也纳公约》中所设定的约束保留的规则创设了一个有利于保留国的天然优势，但是附加在国际条约上的保留数量是相对较低的[甘博(Gamble)1980；格里格(Greig)1994；帕雷西和瑟甫琴科(Sevcenko)2003]。为了寻求对于这一现象的一个可能解释，本章对于《维也纳公约》第19—21条所设定的约束条约保留的机制所发挥的可能作用进行了分析。①

在本章中，我们提出了一个有关条约批准的简易博弈论模型来理解《维也纳公约》第19—21条在经由国际条约协议促进合作方面的效用和界限。在《维也纳公约》所引入的约束条约保留的规则之下，一部条约签署之后，国家有机会于批准之前在条约上附加一个保留。例如，一部由国务卿签署的美国条约在被参议院批准之前是不会生效的，而

---

* 本章基于如下这篇即将发表的论文：文希·冯、弗朗西斯科·帕雷西：《条约批准的经济学》，《法、经济学与政策杂志》，2008年。

① 《维也纳条约法公约》，1969年5月23日签订，1980年1月27日生效，1155 U. N. T. S. 331(以下简称为《维也纳公约》)。美国并不是《维也纳公约》的成员国，但是国际社会通常都接受该公约作为一条约法的权威编纂。

且在批准之时可以针对原始条约引入保留。在缺少由政治或外交的权宜所决定的约束的情况下，单个的国家可能会被激励去利用批准过程来引入能够创造单方面优势的保留。这些主导策略有可能会削弱多边条约的效用，给所有国家制造囚徒困境。①

我们对1969年《维也纳条约》之下的约束条约批准和保留的规则进行了分析。② 我们对先前文献所提出的直觉进行了形式化处理，根据该直觉，《维也纳公约》第21条所引入的匹配保留机制为前述的囚徒困境提供了有效的解决方案。一个想要使自身豁免于条约义务的国家，必须允许其他国家也脱离相同的约束（帕雷西和瑟甫琴科 2003）。国家知道这一匹配保留机制将会使得它们的抢手优势被其他国家自动获取。当国家以对称的激励因素进入谈判之时，它们没有理由给条约附加纯粹策略性的保留。在这样的设定中，由第21条所设定的匹配保留约束就会导向条约批准的社会最优程度。但是近期的博弈论模型对于当国家面对不对称的激励因素之时匹配约束（例如由第21条所设定的匹配约束）的效用提出了一些怀疑（冯和帕雷西 2003b）。

我们提出了一个有关条约批准的经济学模式，来研究在国家面对潜在的不对称激励因素之时，《维也纳公约》第21条在推动条约批准的最优程度方面所发挥的作用。鉴于国家可能会预测到由其他签署国所做出的保留策略，本章的结果阐明了条约形成的过程，这一过程反映了国家的事后批准策略。这有可能会帮助解释为什么在保留国具有天然优势的情况下，附加在国际条约之上的保留数量仍然相对较少。这一

---

① 有关多边条约弱点的一个近期分析和解释，参见波斯纳（2006）。
② 条约原文的准确表述如下：
第21条第1款　依照第19条、第20条及第23条对另一当事国成立之保留：(a) 对保留国而言，其与该另一当事国之关系上照保留之范围修改保留所关涉及条约规定；(b) 对该另一当事国而言，其与保留国之关系上照同一范围修改此等规定。

点将在第十六章中得到更为深入的讨论。

一、《维也纳公约》关于条约保留的规定

1969年《维也纳条约法公约》的目的在于构建一个制定国际条约的框架,编纂一套完整的约束条约法重要方面的原则和规则。该公约在20世纪80年代生效,而这是始于1949年的国际努力的成果。正如先前在第十三章中所提及的,《维也纳公约》主要是将既定的有关如何达成、应用和解释条约的国际实践加以编纂。但是在某些问题上,《维也纳公约》在约束条约形成的规则中引入了一些变化。尽管这两组规则之间的界限经常是模糊的,人们通常还是认为公约中约束条约保留的具体条款(第19—23条)与先前的习惯法不一致。公约的起草历史以及在公约谈判过程中围绕着保留问题所进行的激烈辩论揭示了这些规定的创新性。在这一方面,《维也纳公约》脱离了先前被遵循的"对保留的一致接受"规则,这一规则由国际法院在《防止及惩治灭绝种族罪公约》(Genocide Convention)中提出[辛克莱尔(Sinclair) 1984]。①

《维也纳公约》中的新机制之所以会被选择,是为了在面对签署国完全批准条约的过程中所偶然出现的障碍之时,促进多边条约能够生效。为了在多边条约的形成过程中注入更大的灵活性,《维也纳公约》引入一种相对自由的路径,该路径借鉴了互惠的概念,后者是国际法的基本原则之一。②

《维也纳公约》第2条③第1款(d)将保留界定为"一国于签署、批

---

① 有关《维也纳公约》关于条约保留的第21条的一个更为详尽的讨论,参见帕雷西和瑟甫琴科(2003)。在他们的讨论中,下文的概要已经被勾勒出来。

② 关于互惠在国际法和国际关系中所扮演的角色,参见基欧汉(Keohane)(1986)、格里格(1994),以及帕雷西和盖伊(2002)。

③ 原文误作第21条第1款(d)。——译者注

准、接受、赞同或加入条约时所做之片面声明,不论措辞或名称如何,其目的在摒除或更改条约中若干规定对该国适用时之法律效果"①。为了脱离早先的一致性原则,《维也纳公约》第19条允许国家在接受条约义务时引入保留,除非条约本身明确禁止保留,或者保留与条约的目的和宗旨不合。② 尽管反对一个国家的保留是可能的,但是对于一项保留的反对并不会妨碍条约在两国之间的生效。③ 相反,第21条通过一种匹配保留机制,量身定做了保留国与未保留国之间的关系。如果一个国家不反对一项保留,它可以根据保留的范围修改两国之间的条约关系,并且由保留国施加的限制平等地应用于双方。如果一个国家反对一项保留,则整个条款不适用于双方之间。反对国也有可能声明整部条约在两个国家之间不予生效。

尽管由《维也纳公约》引入的这一针对保留的更为自由化的路径有可能使得一个国家期待着将会有许多保留被附加在多边条约之上,但事实上只有很少的国家会在它们加入条约之时附加保留(帕雷西和瑟甫琴科 2003)。④ 一个论据是,比起通过使用保留来促进本国的特殊利

---

① 有关保留的有争议定义的一个简史,参见佩莱特(Pellet)(1998)。

② 保留"对于条约的目标和目的"的兼容构成了对其可接受性的一个基准测试。签署国会就它们自己来决定保留是否能够被认为与条约的目标和目的相兼容。如果一个国家认为另一个国家的保留与条约的目的和目标不兼容,它可以通过异议来反对这样的保留。作为一个国家的反对结果,相关的条约规定在保留国和反对国之间将不会适用。最终,有关保留可接受性的分歧会使得一个争议解决机制成为必要,并且也确实有很多条约考虑了这样的争议解决程序。

③ 第20条勾勒了保留必须被其他当事国接受的条件;否则,如果一个国家没有在具体的时间内反对来自另一个国家的的保留,则它的沉默会被视为默认接受。

④ 尽管在第二次世界大战之后,附有保留的条约所占比率有所上升,但是截至1980年,其最高点仍然只有现行有效条约的6%。这意味着一个国家平均每十年针对一部多边条约做出保留。令人印象深刻的发现是,在所有允许保留的多边条约中,有85%的条约没有国家引入任何保留,并且只有61%的条约有三个以上的保留。参见甘博(1980:378—379)。

益,国家会更为关心条约的完整性。我们则针对这一事实,即针对条约保留的更为自由化的路径并未引发条约保留数量的激增,提出了一个替代的同时也是更为合理的解释。在接下来的几节中,我们提出了一个有关条约批准的模型来验证先前文献所提出的意见。根据这些意见,第 21 条的匹配保留机制阻止了策略性的保留,因为其他的签署国同样也会在保留的程度上获得对于条约义务的豁免。第 21 条的这一匹配保留机制有可能被那些预估其他签署国的保留策略并据此调整条约条款的签署国所考虑。我们将研究当存在具有不对称利益的国家时,在何种程度上这样的约束会是有效的。

二、 一个批准国际条约的模型

正如前文所讨论的,《维也纳公约》的第 19—21 条对于一个多边条约设定中的国家保留的效果进行了规制。对于一部条约的单方面保留所产生的双边效果的多重性,使得研究保留如何影响两国之间的互动变得必要。由此,我们对于两个同为一部多边条约成员的代表性国家之间的单方面保留的影响进行了模型化。

我们考虑了这样的两个国家,它们的收益独立于各自的条约批准程度,同时它们也面对着囚徒困境的问题。条约的批准程度代表着国家在国际合作中投资的意愿。对于国家 1 和国家 2,我们分别将其批准程度标记为 s_1 和 s_2,其中 $s_1, s_2 \in [0,1]$。当两个国家的 s_i 均为 0 之时,条约的批准不会发生;当 s_i 均等于 1 之时,对于条约的批准是完全的。中间程度,即 $0 < s_i < 1$ 意味着部分批准的情形,此时国家 i 引入了保留以限制其在条约之下的义务。在一个两国条约的情形中,国家 1 的收益函数取决于国家 1 和国家 2 的批准选择—— $P_1(s_1, s_2) = - as_1^2 +$

bs_2，国家 2 的收益函数可以被类似地写作 $P_2(s_1,s_2) = -cs_2^2 + ds_1$。请注意，如果一个国家所采取的条约批准程度较高，就会给批准国施加一个成本，同时给其他国家带来收益。尽管条约批准问题并不必然需要反映这一属性，但如果假定国家通常而言会从其他国家对于条约的遵守中获益，并且不会从自己的遵守中获得任何直接的净收益，这样的假定仍然是安全的。如果它们能够利用其他国家对于条约义务的履行而无需履行自己的义务，它们将会很乐意这样去做。

条约批准问题的这一特征导向了一个潜在的囚徒困境。在缺少其他约束的情况下，两个国家都面对着主导性的不批准（叛逃）策略。无论国家 2 选择了何种批准策略 s_2，国家 1 都会偏好于避免在国际合作中投资，并且选择 $s_1 = 0$。为了制造这样的一个囚徒困境，并且保证不批准的策略对于两个国家而言都是主导性策略，我们假定 $a > 0$ 且 $c > 0$。进一步而言，囚徒困境设定了一个国家源自完全的双边条约批准的收益[其为 $P_1(1,1) = -a + b$ 和 $P_2(1,1) = -c + d$]要大于该国在两个国家均未能批准条约时的收益[其为 $P_1(0,0) = 0$ 和 $P_2(0,0) = 0$]。由此，$-a + b > 0$ 和 $-c + d > 0$ 也被假定。比较这些要求，为了把握囚徒困境的本质，即联合叛逃（joint defection）的纳什均衡（$s_1 = 0, s_2 = 0$）是低效的，我们假定 $0 < a < b$ 且 $0 < c < d$。

在这些假定之下，两个国家都不会愿意在国际合作中投资。然而，国家只有通过合作才能够享有正收益。例如，在一个理想的世界中，国家 1 采取一个具体的批准程度 s_1 的意愿促使国家 2 也采取一个相同的批准程度，则 $s_2 = s_1$，此时国家 1 的匹配保留收益函数则为 $P_1(s_1,s_2) = P_1(s_1,s_1) = -as_1^2 + bs_1$。作为结果，在一个匹配保留机制中，国家 1 的批准的边际收益为 b，相应的批准边际成本为 $2as_1$。这是国家 1 能够预期的最优情境。在可欲度较低的例子中,会包含如下的情形:国家2采取了较低的批准程度。

因此,两个国家都可以从双边合作中诱发一些收益并予以内部化。在从单个国家的视角出发的最优情境之下,当批准被其他国家所匹配时,b 和 d 是批准的边际收益,而 $2a$ 和 $2c$ 是在完全的条约批准程度($s_i=1$)之上的相应边际成本。在匹配批准的情况下,国家1和国家2的边际收益/边际成本比可以相应地被标记为 $b/2a$ 和 $d/2c$。在不失一般性的情况下,我们假定国家1的收益-成本比较低:$b/2a < d/2c$。为了简明起见,我们将国家1称为高成本合作者,因为它从合作中所得到的净收益较低。由于国家1是高成本合作者,它所期望的条约批准匹配程度(正好是 $b/2a$)要比国家2的相应程度($d/2c$)低。在由《维也纳公约》所设定的规则之下,国家1的这一低批准程度成了两个国家事实上的条约批准程度,这一点会在后文中进一步澄清。现在我们转向不同的匹配保留均衡以及可能的社会最优。

(一)匹配保留均衡

在《维也纳公约》第21条所设定的机制之下,每个国家都知道,在彼此能够达成合意的合作程度的限制范围内,任意两个给定的国家所选定的较低的条约批准程度将成为在被批准的条约之下事实上的国际合作程度。这样的一种约束对于两个国家的批准、保留策略以及后续均衡所造成的影响,将会(在后文中)得到分析。在此之前,我们来观察每一个国家在考虑到匹配要求之后的个体批准收益。正如前文所表明的,我们的模型聚焦于批准的程度之上。最高的批准程度 $s=1$ 意味着国家在没有保留的情况下完全地接受了条约义务。当国家引入一个保留之时,条约义务就只得到了部分的批准,即 $s<1$。

国家 1 的匹配批准收益函数由如下的方程所给定：$\pi_1(s_1,s_2) = \begin{cases} -as_1^2 + bs_1, \text{如果 } s_1 \leq s_2 \\ -as_2^2 + bs_2, \text{如果 } s_1 > s_2 \end{cases}$。在上半分支中，假定国家 1 期望了一个国家 2 将会愿意去采取的条约批准程度。在这一情形中，国家 1 确实对于条约的批准程度有一个选择，并且它选择了 $s_1 = b/2a$，这一比率将会最大化国家 1 的收益 $\pi_1(s_1,s_1) = -as_1^2 + bs_1$。国家 1 对于条约批准程度的这一选择会同时约束两个国家。在下半分支中，国家 1 所期望的条约批准程度要比国家 2 高，但是这不可行，因为国家 2 所适宜的条约批准程度是具有约束力的。国家 1 所能做的就是去匹配国家 2 的条约批准程度 s_2。在这一分支中，国家 1 的收益是 $\pi_1(s_2,s_2) = -as_2^2 + bs_2$。类似地，国家 2 的匹配批准收益函数由如下的方程所给定：$\pi_2(s_1,s_2) = \begin{cases} -cs_2^2 + ds_2, \text{如果 } s_2 \leq s_1 \\ -cs_1^2 + ds_1, \text{如果 } s_2 > s_1 \end{cases}$。在上半分支中，国家 1 更愿意去匹配国家 2 所期望的任意条约批准程度，国家 2 选择 $s_2 = d/2c$ 以最大化自身的收益，这一选择也就成了对于两个国家而言都有效的条约义务。在下半分支中，国家 1 的批准程度选择作为有效条约义务的上限而发挥约束作用，国家 2 只能够利用第 21 条的匹配效果，跟随国家 1 所决定的较低批准程度。国家 2 的收益由此变成了 $\pi_2(s_1,s_1) = -cs_1^2 + ds_1$。

很明显，当两个国家来自批准的边际收益-成本比都超过 1（$1 \leq b/2a \leq d/2c$）之时，两个国家都愿意在第 21 条之下完全地批准该条约。在这一情形中，究竟是哪个国家所期望的条约批准程度具有约束力并不重要，因为双方的偏好会汇聚于或者超越完全的条约批准。① 完

---

① 大于 1 的批准程度可以被解释为，当一个国家面临着批准一部将会产生比现有条约更高的义务程度的条约的机会之时，其做出此种批准的假想意愿。

全的条约批准成为两个国家共同的均衡策略($s_1^* = 1, s_2^* = 1$)。

在不对称国家的情形中,不太可能会看到上述的偏好汇聚现象。尽管在第21条之下,保留会有互惠的效果,但是不对称国家可能仍然会偏好于不同的条约批准程度。一个国家在第21条之下所偏好的批准选择,可能不会被其他国家的同等批准意愿所匹配。显然,对于国家1和国家2来说,最为可欲的部分合作程度$b/2a$和$d/2c$是它们愿意去采取的最高条约批准程度。每一个最大可接受的条约批准程度的值取决于在完全批准之时,在匹配保留之下边际收益与边际成本的比较。假定国家期望部分的条约批准,我们现在需要来分析这两个国家的个体反应。

(现在我们)考虑当国家1最为可欲的条约批准程度低于完全批准程度($b/2a < 1$)之时,国家1会如何对国家2做出反应。如果国家2所期望的条约批准程度s_2要低于$b/2a$,国家1无法无视自身的偏好来选择$b/2a$。国家1被迫跟随国家2的条约批准程度:$s_1 = s_2$。另一方面,如果国家2的条约批准程度预计会超过或等于$b/2a$,国家1就可以自由地决定其私人最优的部分条约批准程度,它的反应将会是选择$s_1 = b/2a$。①

接下来考虑当国家2最为可欲的条约批准程度低于完全批准程度($d/2c < 1$)之时,国家2会如何对国家1做出反应。当国家1的预期条约批准程度低于$d/2c$之时,国家2必须无视自身的偏好去匹配国家1的条约批准程度($s_2 = s_1$)。但是,如果国家1的预期条约批准程度要高于或者等于$d/2c$,则国家2可以自由地做出反应并选择$s_2 = d/2c$,即

---

① 由此,国家1的反应函数由如下的公式所给定:如果$s_2 < b/2a$,则$s_1 = s_2$,且如果$s_2 \geq b/2a$,则$s_1 = b/2a$。

其私人最优的部分批准程度。①

因此,假定其他国家愿意合作,并且单个国家能够选择其所欲的批准程度,则国家 1 会选择 $b/2a$,而国家 2 会选择 $d/2c$ 。考虑到两个国家的不对称性,两个国家的私人最优批准值并不会在非常特殊的情形中汇合。② 考虑到第 21 条之下保留的匹配效果,这两个国家仅仅是被约束针对这两个国家所欲的较低条约批准程度去履行条约义务。由于国家 1 是高成本国家,且我们假定 $b/2a \leq d/2c$,国家 1 所选定的最大可接受的批准程度——$b/2a$——成了对于两个国家而言具有约束力的策略。由此,匹配保留的均衡策略是 $s_1^* = b/2a$, $s_2^* = b/2a$ 。

概括一下这一匹配保留均衡:如果 $1 \leq b/2a \leq d/2c$,两个国家都期望完全的批准,并且都提供了可能的最大程度批准($s_1^* = 1, s_2^* = 1$)。两个国家的收益均为正[$\pi_1^*(1,1) = b - a > 0$ 且 $\pi_2^*(1,1) = d - c > 0$]。如果 $b/2a < 1$,则由高成本国家(国家 1)所选定的部分批准程度同样也会约束其他国家。在这一由第 21 条的互惠效应所触发的均衡中,国家 1 所欲的部分批准程度成了对于两个国家而言都具有相互约束力的批准程度($s_1^* = b/2a$, $s_2^* = b/2a$)。在这一情形中,两个国家的收益同样均为正。③

匹配均衡的这些结果应当与替代性的纳什均衡进行比较。在缺少匹配均衡的约束的情况下,纳什均衡的策略为 $s_1 = s_2 = 0$,且两个国家的收益降至 $P_1(0,0) = P_2(0,0) = 0$ 。因此,由《维也纳公约》第 21 条所设

---

① 国家 2 的反应函数由如下的公式所给定:如果 $s_1 < d/2c$,则 $s_2 = s_1$,且如果 $s_1 \geq d/2c$,则 $s_2 = d/2c$ 。

② 两个国家所期望的合作程度并不相同,除了在如下的特殊情形中:即便两个国家的收益函数不对称,但是它们有相同的边际收益-成本比。

③ 收益为 $\pi_1^*(b/2a, b/2a) = b^2/4a$ 以及 $\pi_2^*(b/2a, b/2a) = [b(2ad - bc)]/4a^2$ 。

定的匹配均衡的存在,促使国家采取比它们在没有任何约束的情况下将会采取的程度更高的条约批准程度,而这会导向一个相对于纳什均衡之下的收益的实质改善。在这一方面,第 21 条构成了一个通过条约形成来推动国际合作的富有价值的工具,同时为签署国在事后的必要保留提供可欲的灵活性。

(二) 社会最优

接下来,我们将我们的注意力转向两个国家的联合收益被最大化的社会问题,假定可行的批准程度为:

$$\max_{s_1,s_2}\bar{P}(s_1,s_2)=\bar{P}_1(s_1,s_2)+\bar{P}_2(s_1,s_2)=(-as_1^2+bs_2)$$
$$+(-cs_2^2+ds_1)\,s.\,t.\,0\leqslant s_1\leqslant 1,0\leqslant s_2\leqslant 1$$

我们通过比较,比如说一个国家的策略 s_1 的边际成本($MC_1 = 2as_1$)与另一个国家所享有的社会边际收益($MB_1^S = d$)——而非与第一个国家在匹配保留之下所享有的私人边际收益($MB_1^R = b$)——来发现社会最优。① 因此,在无需考虑可行性的情况下,社会可欲的条约批准程度是由社会边际收益-边际成本的比率 $d/2a$(针对国家 1)和 $b/2c$(针对国家 2)所给定的。显然,这两项收益-成本比可能并不会汇合,而且它们可能也并不可行(其中的任何一项收益-成本比都能够超过另一项)。如果这两个边际收益-成本比中的任意一项或者两项都不可信,则一个国家或者两个国家都会被要求采取完全的条约批准。

因此,取决于条约的社会边际成本和收益的相对大小,社会最优可

---

① 注意,边际成本 MC 和边际收益 MB 的下标 1 指的并不是国家 1。相反,它指的是国家 1 所提供的条约批准程度。显然,私人边际成本和社会边际成本在条约批准成本被批准国尽可能多地承担之处重合在一起。另一方面,国家 1 所享有的私人边际收益由国家 2 的批准选择所提供,反之亦然。

能会表现为如下几种情况。(1) 两个国家均会完全地批准条约：$\bar{s}_1 = 1$，$\bar{s}_2 = 1$。(2) 一个国家会部分地批准条约，而另一个国家会完全地批准条约：$\bar{s}_1 = d/2a < 1$ 且 $\bar{s}_2 = 1$，或者 $\bar{s}_1 = 1$ 且 $\bar{s}_2 = b/2c < 1$。(3) 两个国家均会部分地批准条约：$\bar{s}_1 = d/2a < 1$ 且 $\bar{s}_2 = b/2c < 1$。值得注意的是，尽管国家 1 是高成本合作者，但是国家 1 可能会被要求采取完全的批准，而国家 2 可能只需采取部分的批准（在前述的第二种情况中）。这种情况只有在 s_1 的社会边际收益远远高于 s_1 的私人边际收益之时才会发生。

考虑到在不同的情境之下所存在的替代性社会最优策略，匹配保留均衡与社会最优之间的关系也会发生变化，这一变化取决于国家批准条约的成本和收益。

(三) 第 21 条和社会最优的条约批准

到目前为止，我们的经济学模式确认了如下的一般性直觉：由第 21 条所创设的单方面条约保留的互惠效应，为囚徒困境问题提供了一个可行的解决方案。条约保留的匹配效应总是能够促使国家采取比起它们在纳什均衡中会采取的程度更高的条约批准程度。但是，第 21 条除了在纳什均衡的基础之上做出改善之外，它还能够在何种程度上产生社会最优程度的条约批准呢？

首先且最为重要的是，考虑到两个国家之间的不对称性，社会最优只有在社会边际收益-边际成本比率 $d/2a$ 等于 $b/2c$ 这一不太可能发生的情形中，或者在两个国家都需要采取完全的条约批准以最大化它们源自条约的联合盈余这一更为可能的情形中，才会要求两个国家采取相同的条约批准程度。因此，如果社会最优要求两个国家采取不对称的条约批准程度，一个具有约束力的匹配约束的存在——其被第 21 条所要求,并且会导致相同的条约批准程度——显然将会阻止这样一个理想的最优情况的实现。为了使匹配保留均衡的结果能够成为社会最优,在社会最优之下,使两个国家的条约批准程度相同是必要的。这意味着一个匹配保留约束促发社会最优策略的效应可能会在异质国家参与其中之时受到减损。在策略性参与者的世界中,由第 21 条所促发的均衡可能是次优的,但是当不对称的激励发挥作用之时,它们必然不会是最优的结果。

第 21 条所设定的匹配保留约束有两种方式会导致社会最优的结果。第一,如果所有的私人和社会边际收益足够大,以至于单个国家的社会边际收益-边际成本比率($d/2a$ 和 $b/2c$)以及私人边际收益-边际成本比率($b/2a$ 和 $d/2c$)都大于或者等于 1,则社会最优和匹配保留均衡都会被一个完全的条约批准程度所形塑。在此种情形中,收益已经足够大,以至于即便两个国家可能期望不同的大于可行值的数额,在实践中真正能够发生的只有完全的批准。

其次,正如稍早前曾经谈到的,在部分的条约批准的情形中,偏好的汇合不太可能发生。即便是有匹配条约批准的保证,高成本国家——国家 1——仍然将会偏好于一个较低的条约批准程度($b/2a$)。在《维也纳公约》第 21 条所设定的机制中,这一较低的条约批准程度将会在事实上形塑双边的条约义务。为了使部分条约批准的这一匹配保留均衡成为社会最优,它必须使两项社会边际收益-边际成本比率($d/2a$ 和 $b/2c$)相同。这意味着 $b=d$ 和 $a=c$ 必须成立。换言之,如果由匹配保留约束所促发的部分条约批准的均衡是社会最优的话,则这些国家必须是同质的。

这是一个重要的结果:如果社会最优要求两个国家部分地批准条约,在一个匹配保留的规则之下,只有当两个国家拥有对称的收益函数之时，才可能达成这样的均衡。在不对称国家的情形中，当针对至少一个国家的条约批准之私人最优程度未能达到完全的条约批准程度之时，由第 21 条所促发的匹配保留程度将不会与社会最优相汇合。因此，伴随着不对称的参与国，部分的条约批准将总是由高成本国家所决定。由此所导致的第 21 条之下的条约义务均衡仅仅对于这些国家（即高成本国家）而言是私人最优的；对于低成本国家而言，此种均衡永远也不会是私人最优的；对于整个国际社会而言，其也不会构成社会最优。

三、《维也纳公约》第 21 条对条约批准的影响

在本章中，我们研究了《维也纳公约》第 21 条对于国家的批准激励的影响。条约批准的经济学模式明确了由第 21 条引入的匹配保留机制的优势和弱势。单方面保留的激励被实质性地削减了，因为第 21 条所产生的匹配保留的效应基本上将单方面保留的情形转化为互惠保留的情形。当国家有对称的激励之时，最优的条约义务有可能被包含在原始的条约协议中。被其他国家匹配的策略性单方面保留将会给所有卷入其中的国家造成相互损失，因此其不会被引入。国家会将克制引入策略性的单方面保留作为一种最大化它们源自条约关系的预期回报的方式。

当国家面临不对称的激励之时，由《维也纳公约》所引入的规则可能不会阻碍所有的保留。在这样的情形中，一些国家可能会引入单方面的保留，即便存在第 21 条的匹配保留效应。对于原始条约内容的侵蚀可能是不可避免的，除非签署国通过在条约中预先排除保留来选择退出由第 21 条所设定的机制。

我们也对第 21 条所产生的匹配保留结果的福利性质进行了检验，

第四部分 通过协商的立法：条约法

我们的检验从具有不同收益函数的国家开始。特别地，我们考虑了两个不对称的国家，它们的收益函数在其批准选择中引发了囚徒困境。我们确定了匹配保留的均衡——在这一均衡中，国家在知晓第21条允许其他非签署国针对它们的优势提出相同程度的保留的情况下引入保留——并且展现出第21条为囚徒困境问题提供了一种非常有效的解决方案。但是，匹配保留均衡并不总是会促发社会最优程度的批准。模型表明，在第21条之下，只有在签署国具有同质的收益函数，或者所有的国家即便在面对不同的激励因素之时仍然偏好于完全的批准等有限的情形子集中，才会达成社会最优。

可以通过本章的这一框架来分析真实生活中的例子，从而评估匹配保留机制相对于在原始条约协议中明确排除保留的效用。例如，考虑一个对于自由贸易条约的保留，该保留限制了针对某一具体种类商品（例如，糖）的贸易。有可能引入此类保留的国家是那些试图保护其国内产业的净进口的国家。此类保留的匹配效应几乎给不了非保留国什么利益。从针对此类产品进口的限制中，那些糖生产大国事实上从保留国那里几乎获得不了什么优势，因为此类进口将不可能开始。正如将在第十六章中被更为深入讨论的，我们有关非对称国家的分析揭示了匹配保留机制在这些真实生活情景中的局限性。

考虑到此类预期批准策略在条约谈判的早期阶段的影响，这些结果应当与第十四章中所讨论的发现结合在一起被加以评估。例如，当国家之间的不对称性有可能在第21条设定的机制之下导致单方面保留之时，我们很自然地会猜想，国家将会预料到未来的保留策略，并且做出相应的调整和/或反应。在这一方面，本章的结果可能为更完整地理解一部条约的形成过程——包括它的形成和批准阶段——提供了基础。

第十六章　条约法的隐藏偏见*

正如在此前几章中所讨论的,由1969年《维也纳公约》所引入的约束条约加入、批准和保留的机制,代表了国际法中的一个变化。在《维也纳公约》之前,国家在加入或者批准条约之时引入的单方面保留,需要得到所有签署国的同意才能生效。为了在签署国于加入或者批准条约之时引入保留的情况下帮助推动多边协议生效,《维也纳公约》针对条约保留采取了一种更为自由化的路径。如果一个国家引入保留的话,该国与其他任何非保留国之间的条约关系就会根据保留的范围做出修正:保留国所声明的预期或者限制会同等地适用于所有国家。①

基于第十五章中所讨论过的原因,即使有《维也纳公约》中这一针对保留的(更为自由化)路径的存在,只有相对很少的保留会实际地附加在多边条约之上。其中的一个原因——在先前的文献中被讨论过——是,比起通过使用保留来根据自身的需要定制协议而言,国家更为看重条约的整体性。② 在本章中,我们将提出,即使互惠原则具有显

---

* 本章基于如下这篇会议论文:文希·冯·弗朗西斯科·帕雷西:《国际条约法上〈维也纳条约法公约〉中的隐藏偏见》,《美国法律与经济学会年会论文》第21期,2004年。

① 《维也纳条约法公约》第21条第1款的原文表述为:"依照第19条、第20条及第23条对另一当事国成立之保留:(a)对保留国而言,其与该另一当事国之关系上,照保留之范围修改保留所涉及的条约规定;(b)对该另一当事国而言,其与保留国之关系上,照同一范围修改此等规定。"

② 帕雷西(1998),帕雷西和盖伊(2002),以及帕雷西和瑟甫琴科(2002)提出,《维也纳公约》第21条第1款引入的单方面保留的互惠效应创造了一种富有价值的对抗策略性保留的约束。

而易见的中立性,《维也纳公约》的隐藏偏见仍然会给那些高成本、低收益的国家创造系统性优势。这一分析阐明了《维也纳公约》第21条陷入困境的演化,并且解释了为什么有时在经济上不具有优势的国家会偏好于《维也纳公约》所采用的互惠原则。

本章的第一节讨论了约束条约保留过程的规则,以及由《维也纳条约法公约》所带来的变化。第二节提出了一个有关条约保留的经济学模型,以揭示在《维也纳公约》第21条之下由异质国家所生成的潜在偏见。第三节对主要的发现进行了归纳。

一、《维也纳条约法公约》之下的保留

正如前面所讨论过的,《维也纳公约》主要对此前存在的约束条约形成、加入和解释的习惯实践,以及条约管理的程序新规则进行了编纂。[①] 但是,在条约保留这一具体问题上,《维也纳公约》引入了一种新的机制,对此前存在的国际习惯法做出了实质性的改变——从《维也纳公约》的准备工作所揭示的情况来看,这一变化远非没有问题。在接下来的内容中,我们通过调查这一渐进式发展在国际条约法领域所产生的影响,为国家在这一问题上的强势立场找到了一种解释。

(一)先前的国际习惯法之下的条约保留

国际法的一个基本前提是国家不能在没有自身同意的情况下被条约所约束。传统的一致性原则要求所有国家都通过一部多边条约的文本。这确保了参与条约谈判的国家不会被任何它发现是不可接受的条

---

① 《维也纳公约》结合了对国际习惯法的编纂以及经由渐进式发展的新法律规范的创设,尽管这两者之间的界限并不必然是清晰的。

约或者这类条约之部分所约束。进一步而言,任何生效的条约都会获得其所有组成者的明确支持,从而形成了一个强大的遵守基础。直到19世纪晚期,这一同意原则仍然严格地适用于条约的加入、批准和保留过程。① 约束单方面保留的规则紧密地遵循由绝大多数法律体系所采用的私人合同法的原则。一个国家对于一部条约的保留被视为对一份原始协议的单方面修正,该修正在没有得到其他当事国同意的情况下不应当对其他国家具有约束力。允许条约保留的一致同意因此被视为是条约形成的一致同意要求的逻辑推论。

对于一致性原则的严格适用在第一次世界大战之后逐渐开始松动。在这一机制之下,一个不愿意批准某一具体条约条款的国家只有有限的选择:或者接受作为一个整体的条约,或者不成为整个协议的一方当事国。主导的欧洲国家继续支持这一规则,即一个国家只有在所有当事国都同意的时候才能给一部条约附加保留。但是其他国家开始认识到,在一个由愈发广阔的国际行动者之参与所形塑的世界中,例如在第一次世界大战结束和国际联盟建立之后的世界中,有关条约保留的一致性原则变得行不通。多边协议涉及数量激增的国家,由此也提升了条约谈判的难度与成本。这引发了一种对于更为灵活的规则的需求,这样的规则能够促进多边协议的形成,即便是在面对签署国批准条约过程中的保留之时。开启第 21 条的"现代配方"之大门的一个重要事件是印度在 1959 年申请加入国际海事组织(International Maritime

---

① 马尔金(Malkin)(1926:141—162)参考了分别于 1892 年在威尼斯、1893 年在德累斯顿以及 1894 年在巴黎举行的国际卫生会议(International Sanitary Conferences),提供了多个一致性原则是如何经由国家实践在国际条约的形成和批准中发展的例子。辛克莱尔(1984:55)提供了存在于多个"一战"前条约中的严格适用一致性原则的一个额外的例子,正如在 1899 年海牙和平会议(The Hague Peace Conference)中对于单方面保留的反对所显示的那样。

Organization)，印度最初提出这一申请是在 1948 年。（该组织）秘书长想要适用一致性原则。① 印度的这一特殊情形在第 1452 号大会决议（XVI）中得以解决。印度对于批准的附录被视为一个"政策声明"（policy declaration），从而避免了与一致性原则之间的冲突。②

对于国际条约的保留问题，不存在简单的解决方式。尽管给予保留一些余地被视为是必要的，但是如何限制其范围的问题仍然有待讨论。无须要求其他国家的同意即可引入单方面保留的能力，将会不公平地使平衡偏向于保留国一侧。反过来，这会激发对于保留策略性的且频繁的使用，而后者将会削弱条约协议的稳定性。另一方面，一个条约协议的存在也不应当被有关保留的过分严格的规则所阻碍。有关条约形成的国际规则应当促进条约的保全，避免有关某些技术性规定的少数分歧破坏整个条约的情形发生。

（二）《维也纳公约》第 21 条的起源

在《维也纳公约》的谈判过程中，有待解决的最为困难的问题之一就是在条约形成的灵活性与稳定性之间找到一个合适的平衡。③ 在忠实于"协议必须被遵守"（pacta sunt servanda）的一般原则的同时，《维也纳公约》（第 19—23 条）也通过偏离一致性原则对单方面保留问题做出了处理，并且呼吁提出互惠的概念——这是国际法中一个基本的并且

---

① 文档可于 GAOR, 14th session, annexes, a. i. 65(1959) 获取。印度的立场在 A/4188 中被加以描述，秘书长的立场则在 A/4235 中被加以描述。揭示了国家关于保留问题的不同立场的辩论可于 A/4311 第 5—24 段获取。
② 根据罗斯尼（Rosenne）(1989)，"联合国大会的 1959 年辩论很重要，因为它强烈重申了不管是基于任何幌子都不可能回归到一致同意的实践"，尽管一直到 1962 年的沃尔多克委员会（Waldock Commission）才有了进一步的进展。
③ 有关从 19 世纪到《维也纳条约法公约》这一时期条约保留机制发展的一个更为详尽的描述，请参见辛克莱尔（1984）和罗斯尼（1989）。

广为接受的原则。① 这有效地平衡了对灵活性与完整性相互冲突的需求,这种冲突在此前的保留机制之下始终存在。② 有关更为自由化的机制的论证取决于如下的事实:绝大部分保留都不会包含对于条约的实质性改变,但是会因为条约的程序性或者管辖权条款与签署国的宪法或者行政规则不相容而被触发。在这样的情形中,允许保留能够使国家参与到具体的多边条约之中;在此前的情形中,它们可能不会参与其中。

《维也纳公约》有关保留的第19—23条代表了对于先前国际习惯法的创新。它们将保留定义为"一国于签署、批准、接受、赞同或加入条约时所做之片面声明,不论措辞或名称如何,其目的在摒除或更改条约中若干规定对该国适用时之法律效果"。第19条允许国家在接受条约义务之时提出保留,除非条约本身明确禁止保留,或者保留与条约的目的及宗旨不相符。第20条勾勒了保留必须被其他国家所接受的情形,如果一个国家没有在具体的一段时间内反对来自另一个国家的保留,则它的沉默就会被视为一种默示接受。但是,对于一个保留的反对并不会阻止两国之间条约的生效。相反,第21条允许国家通过互惠机制来调适相关的关系。

单方面保留的互惠效应提供了一个对抗策略性保留的保护机制。正如在前面的章节中所讨论的,第21条之下的单方面保留成了一把"双刃剑",因为其他国家同样可以在保留的程度上豁免于条约义务。考虑到保留对于保留国的互惠效应,以及原始条约义务在非保留国与其他国家间关系中的可适用性,第21条经常将多边条约的义务转化成零散的双边条约义务的网络。

---

① 互惠是外交豁免、战争法以及违反条约规定的处理机制的基础。有关国际法中互惠的一般性分析,参见帕雷西和盖伊(2002)。

② 找到此问题的可行解决方案的困难被《维也纳公约》之前的辩论和工作所证明。有关进一步的历史性分析,参见帕雷西和瑟甫琴科(2002)。

(三)《维也纳公约》之下的条约保留

在《维也纳公约》第 14 条之下,一部有待批准的条约只有在被立法机关批准之后才会具有约束力。在第 15 条之下,加入是一个国家——该国并非该条约的原始签署国——成为一部现有条约的当事国的方式。《维也纳公约》允许批准或者加入一部条约的国家通过单方面声明针对具体条款引入保留。在有保留的情况下,一个国家可以忽略或者修改条约的条款,由此将自己排除在条约的具体条款之下,或者更改此类条款的法律效果。被保留所修改的条约会在保留国和不反对保留的国家之间生效。至于那些不接受该保留的国家,无论是保留国还是非保留国,都不会被那些被忽略的条款所约束。反对国可能也会声明整部条约在两国之间不生效。进一步而言,非保留国在它们与另一非保留国之间的关系中仍然受到原始条约规定的约束。类似地,修改后的条款会适用于所有的保留国与非保留国之间的双边关系,而原始条约的条款则会约束非保留国之间的关系。

尽管《维也纳公约》中没有明确规定,但是条约保留机制应该允许不止一个的国家引入针对条约的保留。在如下这样一个程式化的设定中——多个国家可以在承诺的单一维度上针对条约中的同一个条款引入保留,国家保留的效果应当被区分成以下几种情形:(1)保留国在它们与非保留国间的关系中受到被它们各自的保留所修改的条约之约束;(2)保留国在它们与另一保留国间的关系中受到被更大程度的保留所修改的条约之约束;(3)非保留国在它们与另一非保留国间的关系中受到原始条约之约束。①

---

① 只要条约的批准程度是单维度的,保留国受到由更高程度的保留所修改的条约约束的主张就会遵循第 21 条第 1 款(b)之下的保留互惠效应(例如,减少的程度、执法中的支出)。

二、异质国家间的条约保留

《维也纳公约》的第 19—21 条考虑了一个国家的保留在一个多边条约设定中的影响。① 正如在稍早前所讨论的,当一个国家在加入或者批准之时针对一部条约引入保留,它就产生了多重的双边影响,并且将单方面保留转变成了对于条约内容的多重双边更改。在保留国和非保留国之间,条约被保留所修改。而在保留国与另一个保留国之间,条约被两国所同意的较低的批准程度所修改。最后,单方面保留并不会阻止原始的条约规定在非保留国之间的适用。

对于一部条约的单方面保留所产生的双边效应的多重性,使得研究保留是如何影响国家间的互动关系(将基础条约视为外源性的)变得必要。(现在)考虑一下单方面保留在任意两国——它们都是一部多边条约的成员国——之间的影响。这为后续有关单方面保留——此时有一个以上的国家引入了保留——的多重影响的分析提供了基石。② 我们考虑了面对着源自条约实施的不同成本-收益比的异质国家。这些不同的成本-收益比可以被解释为国家在国际合作中各自的比较优势。例如,较为贫穷的或者发展中国家可能会在条约实施中面临较高的成本-收益比,而较为富有的大国与强国则可能更少地依赖于国际合作。

---

① 在一个具有条约承诺的单维度的简易两国设定中,保留没有存在的理由。在这一环境中进行谈判的国家知道保留是可能的,因此会就条约的实质性条款进行谈判,排除了事后单方面保留的机会。这使得最终条款更为透明,确保任何一方都不会惊讶于另一国家的保留。基于这一理由,《维也纳公约》第 20 条第 4 款(c)暗示了在双边条约中不允许单方面保留。

② 单个国家所面对的多边问题可以被视为国家所面对的多个双边问题的累积。由此,双边问题是一个代表性国家在多边条约关系中所面对的典型问题。

（一）国家 H 与 L 之间的双边互动

为了研究单方面保留在一部多边条约中的双边影响，考虑两个代表性的国家 H 和 L。其中每一个国家都会从其他国家对于条约的接受和批准中受益，同时也会在批准条约和履行义务时给其他国家制造成本。尽管《维也纳公约》同时适用于条约的加入和批准，我们将批准的选择视为一个策略性变量，并将其标记为 s，$s \in [0,1]$。批准国可以完全地接受条约义务，或者通过单方面保留的形式引入限制。s 的程度越高，意味着国家批准和履行条约义务的意愿越高。保留会在原始的条约义务和被批准的条约义务中制造出差异。保留越大（由一个较小数值的 s 所代表），意味着条约批准程度越低。从国家 $H(L)$ 延伸至国家 $L(H)$ 的批准策略程度被标记为 $s_H(s_L)$。

国家 H 从 s_L 中享受的收益，以及国家 L 对于条约的批准程度，是 $b_H s_L$。① 由国家 H 选择的批准程度 s_H 所产生的成本是 $a_H s_H^2$。国家 H 进入与国家 L 的条约关系所获得的收益由 $P_H^L = b_H s_L - a_H s_H^2$ 所给定。② 我们假定 $b_H > a_H$，因此，相较于无条约批准而言，正的条约批准程度是更优的选择。类似地，国家 L 进入与国家 H 的条约关系时所获得的收益是 $P_L^H = b_L s_H - a_L s_L^2$，其中 $b_L > a_L$。

现在，假定国家 H 选择了一个期望经由条约从国家 L 处获得无条件互惠（unconditional reciprocity）的批准程度。也就是说，国家 H 期望国家 L 以同等的程度批准条约：$s_L = s_H$。面对着最大化 $b_H s_L - a_H s_H^2$ 之问

---

① 这一模型援用自冯和帕雷西（2003b）所发展的非对称非线性模型。收益和成本的函数形式保证了边际成本最终会超过边际收益。该模型假定了边际收益是恒定的，边际成本是增长的。

② 下标指的是国家。下标 L 在这里是冗余的，但是当每个国家与不止一个国家互动之时，这一标记使得概括变得更容易。

题的国家 H 选择了 $s'_H = b_H/2a_H$ 的批准程度。类似地,假定国家 H 互惠了批准程度,国家 L 选择 $s'_L = b_L/2a_L$ 以最大化 $b_L s_H - a_L s_L^2$。由此,如果两个国家都假定了无条件互惠,则最优的批准程度为:

$$s'_H = b_H/2a_H \text{ 及 } s'_L = b_L/2a_L \qquad 16.1$$

如果国家被允许在没有第 21 条所产生的互惠效应的情况下引入单方面保留,它们就可以选择任意的低于现有条约义务的批准程度。每个国家都试图降低条约批准程度,并且利用其他国家对于较高程度的条约义务的遵守。由此所导致的国家 H 的批准程度是 $s_H = 0$,因为对于任何给定的 s_L 而言,$s_H = 0$ 都最大化了 $P_H^L = b_H s_L - a_H s_H^2$。类似地,给定任何 s_H,国家 L 的批准程度均为 $s_L = 0$。因此,在没有第 21 条所施加的互惠约束的情况下,纳什均衡为 $(s_H = 0, s_L = 0)$。这构成了囚徒困境,因为两个国家都能够从一个正的条约批准程度中获益。

《维也纳公约》所设定的保留机制有两个重要的特征。一个特征在于保留自身——一个国家可能会在批准或者加入一部条约的同时选择一个低于原始条约所规定的义务程度。另一个特征是保留在第 21 条之下具有互惠效应。将这两个因素结合在一起,考虑一个国家所面对的无条件互惠问题。如果其他国家的批准程度低于条约义务 s_T,鉴于互惠的存在,一个国家会期望两个国家所选择的较低批准程度成为具有约束力的保留程度。

特别地,假定国家 L 引入了一个低于条约义务的批准保留程度:$s_L \leqslant s_T$。考虑到被引入的保留中的互惠效应,国家 H 所面临的问题取决于任一选择了较低批准程度的国家:

$$\max_{s_H} \pi_H^L = \begin{cases} b_H s_H - a_H s_H^2, \text{ 如果 } s_H \leqslant s_L \\ b_H s_L - a_H s_L^2, \text{ 如果 } s_H \geqslant s_L \end{cases} \text{ 给定 } s_L \leqslant s_T \qquad 16.2$$

回想一下,在无条件互惠之下条约批准的最优程度是 s'_H。假定国家 L 选择的批准程度 s_L 要低于国家 H 的私人最优 s'_H。尽管国家 H 期望一个更高的相互条约义务程度,它所能够做出的最优选择是利用国家 L 的保留的互惠效应,并且援用相同的保留程度。如果反过来,国家 L 选择的批准程度 s_L 要高于国家 H 的私人最优 s'_H,则国家 H 最好选择 s'_H,因此它将不会同意一个高于 s'_H 的批准程度。由此,考虑到批准程度 s_L 和第 21 条所引发的互惠,国家 H 的反应函数可以被写作如下的形式:

$$s_H = \begin{cases} s_L, & \text{如果 } s_L \leq s'_H, s_L \leq s_T \\ s'_H, & \text{如果 } s'_H \leq s_L, s_L \leq s_T \end{cases} \quad 16.3$$

类似地,假定 $s_H \leq s_T$,并且给定批准程度 s_H,国家 L 在互惠保留之下的反应函数为:

$$s_L = \begin{cases} s_H, & \text{如果 } s_H \leq s'_L, s_H \leq s_T \\ s'_L, & \text{如果 } s'_L \leq s_H, s_H \leq s_T \end{cases} \quad 16.4$$

假定国家 H 是高成本国家,它的成本-收益比要高于低成本国家 L,即 $a_H/b_H > a_L/b_L$。鉴于国家 H 为高成本,在无条件互惠之下的最优批准程度应当满足 $s'_H < s'_L$。也就是说,高成本国家在无条件互惠之下的选择总是会低于低成本国家的选择。

如果一个国家在无条件互惠之下的最优批准程度超过了原始条约之下的义务程度,则该国就没有机会引入一个过量规定(over-provision),进而成了非保留国。另一方面,如果一个国家在无条件互惠之下的最优批准程度低于条约的义务程度,则该国不会情愿去完整地批准条约,而会选择引入保留并成为保留国。在无条件互惠之下,高成本国

家 H 总是会选择一个低于低成本国家的批准程度,因此对于任何条约义务而言,它都更有可能成为保留国。更为一般化地说,给定任何条约义务 s_T,如果 $s'_H < s_T < s'_L$,则国家 H 会是保留国,国家 L 会是非保留国;如果 $s'_H < s'_L < s_T$,则两个国家都会是保留国;如果 $s_T < s'_H < s'_L$,则 H 和 L 都会是非保留国。

(二) 双边均衡中的条约批准

在《维也纳公约》第 21 条的互惠机制之下,在双方能够达成合意的条约批准程度范围之内,每个国家都意识到较高的相互义务程度要优于较低的程度,并且会做出相应的选择。由此,如果在互惠之下有多个可相互接受的均衡,最高的相互批准程度将会被选择。① 根据 s'_H 和 s'_L 的相对大小,以及原始条约义务 s_T 的内容,每个国家都可能会做出保留或者完整地批准条约。接下来,考虑如下的多元化情形。

1. 情形一:双边保留

这一情形会发生在两个国家所偏好的义务程度低于原始多边条约中所规定的义务程度之时($s'_H < s'_L < s_T$)。图 16.1 展示了两个国家的反应函数。从国家 H 的角度来看,如果国家 L 偏好的批准程度过低,则国家 H 所能做出的最优选择是采用相同的批准程度,即 $s_H = s_L$。如果另一国家选择的批准程度过高,则国家 H 将不会被强制要求在任一高于其私人最优的程度上做出批准,即 $s_H = s'_H$。国家 H 的反应函数首先会沿着 45 度线变化,接着会变成水平。类似地,国家 L 的反应函数也会首先沿着 45 度线变化,接着变成垂直。两个反应函数会在条约所规定的程度 s_T 处停止。面对这些反应函数,两个国家相互都能够接受

---

① 我们借助了任(Cho)和克雷普斯(Kreps)(1987)以及拉斯姆森(Rasmusen)(1989)所提出的直观标准,以假定在多重均衡之中,当事国永远会朝着参与者互相偏好的均衡进行协调。

第四部分 通过协商的立法:条约法

的最高的批准程度 s'_H 会是两个国家的均衡批准程度。

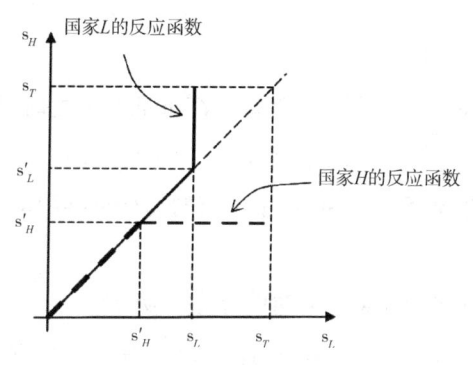

图 16.1 双边保留策略均衡批准:s'_H

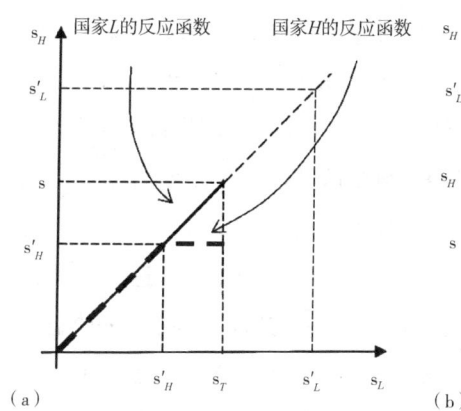

图 16.2(a) 单方面保留策略

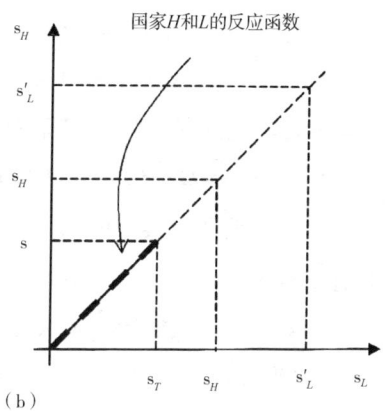

图 16.2(b) 无保留

2. 情形二:单方面保留

这一情形发生在一个国家(国家 H)偏好一个低于条约规定的义务程度,而另一个国家(国家 L)则同意条约的原始规定之时($s'_H < s_T < s'_L$)。图 16.2(a)表明国家 H 的反应函数与情形 1 中的相类似,而国家 L 的反应函数则不再有一个向垂直的扭转,因为国家 L 所偏好的批准程

度过高了。考虑到这些反应函数,两个国家的均衡批准程度依然是 s'_H。

3. 情形三:无保留

这一情形发生在两个国家都偏好高批准程度之时,即 $s_T < s'_H < s'_L$。图16.2(b)展示了两个国家的反应函数。在这一情形中,两个国家都会完整地批准条约,并且两个国家的均衡批准程度与原始条约的义务程度 s_T 一致。

(三)第21条之下双边互惠的分配效应

现在我们来检验《维也纳公约》第21条所引入的保留过程对于两个代表性国家的分配效应。我们聚焦于受制于互惠机制的保留所产生的不对称影响,对第21条所引发的结果和先前即已存在的机制——在这一机制之中,不会有任何不受欢迎的保留被引入——进行比较。按照与此前相同的展示顺序,我们对每一种情形中的效应进行了观察。

1. 情形一:双边保留——H 和 L 均为保留国

正如之前所观察到的,只要原始条约规定了一个像 $s'_H < s'_L < s_T$ 这样的高义务程度,两个国家都会对条约引入保留,并且达成一个相互批准程度 s'_H。由于 s'_H 最大化了国家 H 在无条件互惠之下的收益函数,在批准过程之后国家 H 的境况比在任何的条约义务程度之下都更好。尚不清楚国家 L 的境况在批准之后会更好还是更糟。回想一下,s'_L 在无条件互惠之下最大化了国家 L 的收益函数。$s'_H < s'_L < s_T$ 的关系意味着 s'_H 会落在收益函数最大值的左边,而 s_T 会落在右边。因此,由另一国家所选择的从原始条约义务 s_T 向较低批准程度的移动,要么会改进,要么会恶化国家 L 的福利。因此,当两个国家都引入保留之时,高成本国家的境况会更好,但是低成本国家的福利变化则是不确定的。

2. 情形二:单方面保留——H 为保留国,L 为非保留国

原始条约义务落在两个国家的私人最优条约程度之间,即 $s'_H < s_T < s'_L$。在这里,高成本国家引入了一个保留。低成本国家没有激励因素引入保留,但是它至少可以援用高成本国家的保留所带来的互惠效应来对抗这样的国家。① 在这一双边的子条约关系中,均衡批准 s'_H 是由高成本国家所决定的。正如在上一个情形中,高成本国家 H 的境况在批准过程之后变得更好了,因为它能够在互惠之下达成它的最优条约程度。但是对于国家 L 来说,与上一个情形不同,它的境况会更糟,因为均衡批准 s'_H 比起条约义务程度 s_T 来说,与国家 L 的最优程度偏离得更远了。因此,当存在单方面保留之时,保留国的福利总是被改善了,而非保留国的福利总是恶化了。

3. 情形三:无保留——H 和 L 均为非保留国

条约义务低于相应国家的私人最优程度,即 $s_T < s'_H < s'_L$,因此没有国家会有激励因素去引入一个保留,即使两个国家都有这样做的选项。两个国家都会均衡且完整地批准条约。当任一国家都不会引入保留之时,福利也不会在批准过程之后发生变化。

(四) 多边设定

到目前为止,我们已经考虑了作为一部多边条约当事方的两个代表性国家 H 和 L 的双边关系。现在我们来考虑在《维也纳公约》第 21 条之下,当存在 N 个参与国之时条约批准的多边效应。每个国家都会从其他国家对于条约义务的接受和批准中受益,同时也会通过批准条约并同意履行条约义务而产生成本。当一个统一的条约义务散落成一

---

① 在这一情境中,非保留国获得了一个低于其理想程度的条约程度,但是避免了在面对其他国家的部分批准之时完全遵守条约的成本。

系列双边条约义务的网络之时,一个参与国的整体收益就由其所参与的每一个子条约关系中的收益总和所决定。国家 i 的收益 P_i 是所有 P_i^j 的总和, P_i^j 是由国家 i 在与国家 j 的双边子条约关系中的互动所产生的收益——与前文所介绍的相类似。将国家 j 的条约批准程度对于国家 i 的影响标记为 s_{ji},国家 i 的条约批准程度对于国家 j 的影响标记为 s_{ij}。国家 i 从国家 j 的条约批准程度中所享受的收益为 $b_i s_{ji}$,国家 i 因其与国家 j 的条约批准程度所引发的成本为 $a_i s_{ij}^2$。国家 i 源自与国家 j 的条约关系的净收益 P_i^j 为 $b_i s_{ji} - a_i s_{ij}^2$,其中 $b_i > a_i$。因此,国家 i 通过参与多边条约所获得的总收益是由多个子条约关系中的双边收益的总和所给定,相应的方程如下:

$$P_i = \sum_{\substack{j=1 \\ j \neq i}}^{N} P_i^j = \sum_{\substack{j=1 \\ j \neq i}}^{N} (b_i s_{ji} - a_i s_{ij}^2) \qquad 16.5$$

(16.5)中国家收益的形成假定了国家 i 通过进入与国家 j 的条约互动而获得的收益是独立于它与其他国家之间的互动的。这一条件意味着两个非保留国之间的理想批准程度会维持在 s_T(完全遵守条约)上,而不管其他国家是否会引入保留。条约批准的选择是策略性独立的,这一点在许多情形中是合理的。例如,一部旨在减少两国之间贸易壁垒的条约所产生的收益通常而言不会取决于其他国家是否批准这一贸易条约。类似地,一个国家从与另一个国家之间的庇护条约中所获得的收益也不会取决于第三方国家的选择。①

---

① 这一模型的扩展可以考虑策略性的替代和补充。一个国家偏离完全遵守条约的决定会改变其他仍然完全遵守条约的国家的成本-收益计算。如果遵守程度是策略性替代,非保留国可能会将它们的义务程度提升至条约所规定的程度之上。相应的例子包括了一些环境条约,在这些条约中,一些国家批准条约的失败可能需要参与国的更高保留努力加以平衡。如果遵守程度是策略性补充,非保留国可能会将它们的义务程度降至(转下页)

同前面一样,在国家 i 与其他任何国家——比方说国家 j——的关系中,对于国家 i 而言,相互批准的最优程度可以通过最大化在无条件互惠假定之下的收益 $b_i s_{ji} - a_i s_{ij}^2$ 而得出。为了最大化这一收益,国家 i 将会选择 $s'_i = b_i/2a_i$,即在无条件互惠之下的最优批准程度。

参与到条约形成和批准之中的 N 个国家按照从 1 到 N 的顺序排列,其中国家 1 是最高成本国,而国家 N 是最低成本国。①

$$\frac{a_1}{b_1} > \frac{a_2}{b_2} > \cdots\cdots > \frac{a_N}{b_N}, 或者, s'_1 < s'_2 < \cdots\cdots < s'_N \qquad 16.6$$

在就一个相互可以接受的条约程度展开谈判的过程中,国家有可能会同意一个中间程度的条约义务。这一点为真,因为国家期望一直谈判到它们在互惠之下的收益总和被最大化为止。当国家所采取的条约义务程度 s_T 落在了处于成本分配两端的国家,即国家 1 和国家 N 的私人最优批准程度之间时,所有签署国的总收益函数被最大化。② 换言之,存在着一个位于国家 1 和国家 N 之间的国家 M,其能够使得条约义务程度 s_T 满足:

$$s'_M = \frac{b_M}{2a_M} < s_T < \frac{b_{M+1}}{2a_{M+1}} = s'_{M+1} \qquad 16.7$$

(接上页)条约所规定的程度之下。这可能会是如下的情形:一些国家的不参与减少了其他国家参与的收益。相应的例子包括了创造网络外部性的协调条约(例如,技术标准)。这些条约的价值取决于参与的程度和由此所导致的扩散。

① 为了方便起见,我们为成本-收益比的排序假定了严格的不均等。如果包含了弱不均等,这些结果就可以被修改。

② 作为一个极端简化的例子,来看先前讨论过的国家 H 和 L 的收益函数。互惠之下的累积收益函数为 $b_H s - a_H s^2 + b_L s - a_L s^2$ 。最大化这一收益的条约义务程度为 $s_T = (b_H + b_L)/2(a_H + a_L)$ 。可以证明 s_T 大于 $b_H/2a_H$ 且小于 $b_L/2a_L$ 。关于其他的细节,参见冯和帕雷西(2007)有关互惠性社会最优的讨论。

回想一下前文所述，如果无条件互惠之下的最优批准程度高于或者与原始条约义务程度 s_T 相同，国家将会成为非保留国。因此，从 $M+1$ 到 N 的所有国家都会是非保留国。另一方面，从国家 1 一直到 M 都会有引入条约保留的激励因素。为了研究这一多边情境中《维也纳公约》第 21 条所提供的互惠保留机制，我们分别考虑三种情形。

（五）非保留国

在第一组情形中，国家 i 是一个非保留国。在这里，$i \geq M+1$ 且 $s'_i = b_i/2a_i > s_T$。非保留国 i 与另一个国家 j 之间的条约关系的内容取决于 j 自己是保留国还是非保留国。如果 j 是非保留国（$j \geq M+1$），这两个国家之间的双边子条约关系就会由完全的批准（s_T）所形塑，因为没有国家有引入保留的激励因素。因此，当国家 i 在经历与另一个非保留国的批准过程之时，由于《维也纳公约》第 21 条而变为可能的引入单方面保留的机会不会对其福利产生影响。

另一方面，当 i 是一个非保留国，而 j 是一个保留国之时（$j \leq M$），相较于国家 i，国家 j 必然是一个高成本国。国家 j 引入的单方面保留会导向一个条约批准的均衡程度 s'_j。国家 i——非保留的低成本国——的福利会受到《维也纳公约》第 21 条所提供的引入单方面保留之可能性的消极影响。

回想一下，国家 i 源自多边条约的总收益由其与所有其他的签署国之间的多样化双边收益的总和所给定，正如在（16.5）中所展示的那样。国家 i 在第 21 条之下的批准过程之后的均衡收益应当被自然地分成两个部分。第一个部分代表了与保留国（从 1 至 M）之间的互动所产生的收益，第二个部分代表了与其他非保留国（从 $M+1$ 至 N）之间的互动所产生的收益。回想一下，非保留国是那些从 $M+1$ 至 N 的国家，对于一个非保留国 i 而言，它的均衡收益由如下的方程所给定：

第四部分　通过协商的立法:条约法

$$P_i = \sum_{j=1}^{M}(b_i s'_j - a_i s'^2_j) + \sum_{\substack{j=M+1 \\ j \neq i}}^{N}(b_i s_T - a_i s_T^2) \qquad 16.8$$

$$[i\text{ 为非保留国}, i \geq M+1]$$

(16.8)中的均衡收益表明,国家 i 在情形 M 中承受了一个不充分的批准程度,但是仍然在剩下的 $N-M-1$ 的双边子条约关系中获得了完全的条约收益。

(六) 保留国

在第二组情形中,国家 i 是一个保留国,即 $i \leq M$ 且 $s'_i = b_i/2a_i < s_T$。保留国 i 与另一个国家之间的互动取决于后者是保留国还是非保留国。如果另一个国家 j 是非保留国,则国家 i 是一个相较于国家 j 的高成本国,$j \in \{M+1, \cdots\cdots, N\}$。条约批准的相互关联程度由高成本国家 i 在 s'_i 程度上的批准所决定。保留国 i 的福利由《维也纳公约》第 21 条之下引入单方面保留的机会所提升。①

当国家 i 与另一个保留国 j 互动之时,由此所导致的批准均衡程度取决于国家 i 和国家 j 中的哪一个是高成本国。② 因为所有国家在相对成本上以降序排列,当国家 i 落入 $j = i+1, \cdots\cdots, M$ 的序列之中时,其相较于国家 j 而言是相对的高成本。这些情形中的批准均衡程度 s'_i 由高成本国家 i 所决定。在这里,保留国 i 的福利也会由引入针对其他保留国以及更低成本国的保留的机会所提升。

当国家 i 是一个相对于其他保留国——从 1 到 $i-1$——的低成本国之时,我们会得到不同的结果。尽管都运用了保留,但是每一个双边子条约关系都由批准的均衡程度 s'_i 所形塑,而均衡程度又由相对的高

---

① 这在前述的"情形二:单方面保留——H 为保留国,L 为非保留国"中已经加以讨论。在 i 为保留国的这一具体情形中,国家 i 扮演了 H 的角色,国家 j 则扮演了 L 的角色。

② 这在前述的"情形一:双边保留——H 和 L 均为保留国"中已经加以讨论。

成本国 $j, j \in \{1, \cdots, i-1\}$ 所决定。在与这些相对高成本国的每一个互动关系中，低成本国 i 的福利变化在第 21 条所设定的保留和批准过程之下是不确定的。这一结果反映了已经在前述的"情形一：双边保留——H 和 L 均为保留国"中所观察到的不确定性。

依循了第 21 条之下多样化保留的国家 i 的均衡收益应当被再次分成两个部分。第一个部分由与其他保留国和相对高成本国（从 1 到 $i-1$）的互动而产生的收益所给定，第二个部分由与其他保留国和相对低成本国（从 $i+1$ 到 M）或者非保留国（从 $M+1$ 到 N）的互动而产生的收益所给定。回想一下，保留国是那些从 1 到 M 的国家，保留国 i 的均衡收益由如下的方程所给定：

$$P_i = \sum_{j=1}^{i-1}(b_i s'_j - a_i s'^2_j) + \sum_{j=i+1}^{N}(b_i s'_i - a_i s'^2_i) \qquad 16.9$$

$$[i\text{ 为保留国}, i \leq M]$$

（16.9）中的均衡收益表明，国家 i 在情形 $i-1$ 中承受了一个不充分的批准程度，但是仍然在剩下的 $N-1$ 的双边子条约关系中获得了完全的条约收益。

比较一个非保留国在（16.8）中的收益和一个保留国在（16.9）中的收益，我们看到相比于非保留国，保留国面对着来自更少国家的自身不期望的保留，因为（16.9）的第一个求和中的项要比（16.8）的第一个求和中的项更少。与此同时，在剩下的双边关系中，保留国在大多数情形中控制了条约义务程度，而非保留国则被条约程度 s_T 所约束，并且仅在较少的情形中得到了完全的条约收益。这意味着第 21 条所设定的条约保留过程给保留国提供了一个相对于非保留国的优势。

(七) 最高成本国

基于我们对国家进行排列的标准,国家 1 是最高成本国。如果给定一个条约义务 s_T,最高成本国将会是保留国。国家 1 在《维也纳公约》第 21 条之下引入单方面保留的可能性意味着该国的保留将会影响其与所有其他国家关系中的条约批准程度。因此,最高成本国的福利会由在每一个单边子条约互动中引入保留的机会所提升。作为针对一个保留国的一般情形所形成的均衡收益的一个具体例子,等式(16.9)中的第一项消失了,因为没有其他的保留国具有高于国家 1 的成本。所以国家 1 在保留的互惠效应之下的均衡收益表现为如下:

$$P_i = \sum_{j=2}^{N} (b_1 s'_1 - a_1 s'^2_1) \qquad 16.10$$

(16.10)中的均衡收益表明,国家 i 在所有的 $N-1$ 的子条约关系中都获得了它的最优收益,并且从未遭遇到其他国家的过度条约保留。

比较(16.10)中最高成本国的收益与(16.9)中代表性保留国的收益,我们看到,最高成本国从未面对来自其他国家的自身不期望的保留。这一点可以从(16.9)的第一个求和在(16.10)中消失这一事实中看出。最高成本国有效地控制了批准的程度,因此它的最优条约成本在所有与其他国家的双边条约关系中都占据优势。这表明第 21 条所设定的条约保留不仅为保留国提供了一个相对于非保留国的优势,同时还为那些偏好较低的国际条约义务程度的国家提供了一个增长性的优势。

(八) 其他考虑

作为理解第 21 条对于国家可获取收益的影响的第一步,我们的模型将基础条约的内容和成员资格视为外源性的。单方面保留的前景影响了基础条约的条款,并且经常会影响国家就条约进行谈判的激励。

当国家能够预期到其他国家的批准策略时，它们可能会将这些影响纳入决定条约的内容和参与的考虑之中。考虑到第21条的突出工作，异质国家在一部多边条约中有多种不同的方式对保留机制做出反应。

首先，国家可能会预期到第21条之下单方面保留的偏见效应，并选择不进入与高成本国家的多边条约安排之中。高成本国家会通过在批准阶段降低承诺水平来"侵蚀"低成本国家的收益。这帮助解释了为什么在许多情况下条约的成员资格被限定为具有类似的成本-收益比、共享了共同目标的相对同质的国家。因此，不同的国家组别形成了不同的有限参与的多边条约，而非尝试合并成为普遍参与的多边条约。此类例子包括经济发展的区域条约、工业化国家之间的贸易条约和外层空间的探索协议。通过进入仅有少数几个具有类似利益的参与者的条约，各国确保了较高的同质性程度，并且降低了由单方面保留所导致的条约被侵蚀的风险。

其次，国家可能会意识到可以从延伸至异质国家的国家合作中获取利益。但是国家的异质性经常意味着不同的国家有着不同的理想条约批准程度。第21条所设定的保留机制给了高成本国家一个相较于低成本国家而言更大的机会来达到它们的理想点。最大化了联合收益的安排经常落在高成本国家和低成本国家的理想程度之间。在这些情形中，条约安排是妥协而非合意的结果。高成本国家经常会被诱惑以单边支付（side payments）或者横向让步（lateral concessions）的方式采取较高的条约参与程度。在这些情形中，我们可以从一个国家在条约谈判过程中针对另一或更多其他国家所做出的单边支付中发现一个隐含价格。例如，那些私人最优条约义务程度低于总体最优的国家，可能会被诱导接受较高的义务程度以交换某些形式的单边利益。充分的单边收益可以通过将一个高成本国转变成一个相对低成本国（或者反过来）

来降低国家之间的异质性程度。一旦联合收益的最优程度被达成,条约的内容仍然会被那些偏好较低义务程度的国家的事后保留所破坏。因此,排除事后的单方面保留是符合所有国家的利益的。我们的分析展示了为什么在实践中,当条约包含了单边支付或者横向让步之时,当事国经常会选择退出第 21 条的机制,并且明确排除《维也纳公约》第 19(a)条之下的事后单方面保留。

再次,异质国家可能会预期到第 21 条的效应,但是仍然希望将参与延伸至一个在可行范围内尽可能大的国家群体。这可能指的是如下的情形:条约的目标在广泛参与的情况下能够被更好地达成,例如环境、经济一体化以及人权条约。在这里,妥协使得参与国采取不对称的义务,例如实施新排放标准的不同时机、对于发展中国家的部分豁免,以及在解释人权原则时对于不同文化传统的适应。

一个具体的例子是世界贸易组织的机制,在这一机制中,许多的异质国家就大量的议题——从货物贸易到知识产权——达成了协议。世界贸易组织包含了若干有利于发展中国家的特殊与差别(s'n'd)待遇的规定。这相当于条约对谈判国施加了不对称义务的情形。世界贸易组织通过预测事后保留的潜在影响,并且同意达成一个降低高成本国家负担的均衡,来避免保留。由此,条约的结果可以被视为是预测到了第 21 条的偏见,并将初始的条约安排调整至被事后保留所侵蚀的一部统一条约的可能结果。特殊与差别式的规定有着双重优势,这些规定既允许当事人在事前最大化联合优势,又可以通过明确的谈判来提升最终结果的透明度和可预测性。在类似环境和人权保护条约的例子中,广泛的条约参与要比国际义务的统一性更为重要,并且允许偶尔的、非策略性的保留——参与国的内部政治或者宪法约束使这种保留成为必需——可能是适当的。

最后，即便国家有可能预见到其他国家的可能批准选择，对条约的实质条款进行调整以便预期这样的结果仍然可能是困难的。条约的规定是针对一般和统一的适用而起草的，即便效应的一般性和统一性可能会受到事后保留的破坏。起草能够预期到单方面保留复杂的双边和多边效应的条约规定，是困难的。在条约保留已被观察的国际法实践中，并不是每一个保留都能够被归因于签署国缺乏理性的远见。

三、《维也纳公约》之下保留的不对称效应

在《维也纳公约》之前具有效力的保留机制之下，一致性原则约束着单方面保留在条约加入和批准之时的效应。在这样的一种机制之下，保留只有在所有其他国家都表示同意的情况下才会生效。这避免了非保留国的境况因另一个签署国在条约批准之时所引入的单方面保留而变得更糟。

《维也纳公约》所引入的保留机制的优势体现在复杂的多边条约之中，当协议中的微小变动可以通过保留做出时，谈判（以及再谈判）的成本能够得到显著的节约。我们的调查揭示了《维也纳条约法公约》所引入的条约批准过程的一个有趣影响。在互惠原则的表面中立性背后，第21条之下的保留制造了一种偏见，使得那些在条约实施中具有比较劣势的国家能够享有一种系统优势。考虑到引入保留的机会，第21条将平衡偏向于那些能够利用互惠机制的高成本、低收益国家。在条约保留中引入互惠原则所带来的这一偏见由此在不同的国家群体之间产生了潜在的分配效应。①

---

① 从一个经济学的视角来看，国家被期望在对条约协议进行"定价"之时将这些分配效应纳入考虑之中。但是，尽管条约和合同之间有很多相似之处，多边条约义务通常而言是由国家在没有任何单边支付的情况下所履行的。在这些情形中，没有价格系统能够捕获保留规则的分配效应。

在制定有关条约保留规则之前的若干年的筹备工作中,第21条的这些效应从未成为一个公开争论的问题。对先前存在的保留规则进行更改所引发的主要争论基于多边条约在世界政治中不断扩大的传播所带来的对于更高灵活性的需求。在国家接受条约的条款时给予其更大的灵活性,能够避免批准过程中不可欲的延滞,最终能够促进更为广泛的国家参与。另一方面,那些反对条约保留法中的改变的国家,担心任何对于一致性原则的偏离将会与过往的实践相抵触,并且面临着对于条约语言产生歧义阴影的风险。① 为了应对和克服这一难题,联合国大会请求国际法院就保留问题提供它的指引,并且也向国际法委员会请教了专业知识。② 这些官方意见没有一个明确地提及了互惠原则的偏见效应。

尽管缺少有关这一问题的公开讨论,回顾第21条的支持者与反对者之间的特有分裂仍然是很有意思的。第21条之下的互惠得到了欠发达国家的强烈支持,例如印度和其他非欧洲国家,同时则被更为成熟的欧洲国家和美国所反对。③ 根据我们的发现,我们注意到更为贫穷的或者发展中的国家通常面临着更高的条约实施和遵守成本,或者享有

---

① 联合国大会请求国际法委员会"同时从编纂和渐进式发展的角度来研究针对多边公约的保留问题"[决议478(V)1950年11月16日]。也可参见帕雷西和瑟甫琴科(2002)讨论过的《国际法委员会第49次工作会议报告(5月12日—7月18日)》,U. N. GAOR, 52nd Sess., Supp. No. 10, U. N. Doc. A/52/10(1997)。

② 即便在法院提出其意见之后,国际法委员会的意见仍然具有相关性,因为法院——依赖于咨询意见的抽象性质——留下了许多未解答的问题,这些问题是有关一个机制要如何在不要求一致接受保留的情况下运作。

③ 在印度请求加入国际海事组织之后发生的辩论,提供了各国对于保留的一般性问题所持立场的信息。正如前文所讨论过的,这一文档可于GAOR, 14th session, annexes, a. i. 65(1959)获取。印度的立场在A/4188中被加以描述,(该组织)秘书长的立场则在A/4235中被加以描述。罗斯尼(1989)提出,一致性原则的跌落和对于保留的允许是欧洲在国际关系中主导地位消亡的产物。美国最终未能批准《维也纳条约法公约》。实践中,美国在签署多边条约之前会仔细地审查其中的保留条款,以避免保留的其他默认机制的适用。

更低的来自国际义务履行的收益,而更为富有的国家一般而言则会支持并且愿意采取更高的国际义务程度。例如,一些条约明确地对富裕国家或者工业化国家施加了更为严格的义务。《蒙特利尔破坏臭氧层物质管制议定书》(The Montreal Protocol on Ozone-Depleting Substances)将之发挥到了极致,它要求富裕国家对贫穷国家的遵守成本进行百分之百的补贴。这一条约的结果是对我们的"隐藏偏见"假说的一个绝佳展示,因为贫穷国家没有承担任何成本,还享受了一些收益。

本章在引入保留的不均等机会中识别了偏见的来源。一个高成本国家——比起其他国家,它所获得的收益要少于它所承担的成本——希望避免适用具体的条约规定,或者减少该规定的内容,这个国家有机会通过单方面保留来如此作为。但是对称的机会并没有被给予其他那些希望在条约中增加规定或者在一个现有规定之下提升条约义务内容的国家。因此,高成本国家在塑造多边条约关系的内容方面享有了相对于低成本国家的内在优势。这一优势在不同类别的国家之间的真实分配状况在很大程度上取决于情境。尽管这一偏见可能会经常偏向于那些在条约实施中面临着更高的成本-收益比的贫穷国家和发展中国家,但是在其他情形中,它也有可能偏向那些大国和强国——它们的福利状况更少依赖于国际合作。例如,自从《北美自由贸易协议》签署以来,美国在与其他国家分享知识产权方面就变得更为保守了。进一步的研究应当对这些结果在其他情形中的可适用性进行检验,在其他情形中,互惠约束了不同参与者的策略性行为,例如最惠国待遇规定。不同的替代性机制也应当得到考虑和研究,这些机制可能有助于避免或者减少《维也纳公约》第 21 条中那些已经被确定的限制。

结　论

根据宪法设计的基本原则,应把权力分配给能够最优地行使它们的社会或者政府的分支和层级。这一原则可以应用于立法问题,以便在法律的产生过程中选择那些能够利用不同的法律制度和社会制度的比较优势的法律渊源。在本书中,我们研究了四种不同的立法方式,我们将之描述为:(1)通过法律制定的立法;(2)通过裁判的立法;(3)通过实践的立法;(4)通过协商的立法。

我们考虑了这些多样化的法律渊源的各种显著特征,评估了它们在法律产生过程中的相对优势。先前有关立法的经济学的研究聚焦于多样化立法过程的公共选择面向,在其他事项中考虑了最小化立法成本的问题——以代理问题为代表,同时也包括了集体决策结果的稳定性问题。在本书中,我们将新古典主义和公共选择的理论工具进行了结合,希望架起一座衔接法经济学文献和公共选择文献的桥梁。除了这一研究计划的方法论努力之外,它在智力层面也是最有意义的,并且阐明了法律渊源的一些有趣特征,这些特征在以往的文献中仍然是不明晰的。

一、立法成本

评估多样化法律渊源的一个传统标准是规则制定成本的最小化。根据这一标准,对于法律生成机制的选择,应当减少集体决策和政治谈判的交易成本。这一成本最小化问题包含了对于两类成本的评估：(1)决策的直接成本,例如在一个政治情境中达成多数同意的成本,以及/或者在一个司法情境中进行诉讼或者裁判的成本;(2)间接或者外部成本,例如由多数联盟选择的规则施加在少数群体身上的成本。成本最小化的目标再一次与经由政治代表形成集体决策的不完善过程的集体决策公共选择考虑联系在一起。在本书中,我们识别出了在我们所考虑的多元化类别之下可能影响立法成本的额外因素。

在第一部分中,我们借助运用投资理论的系统框架对通过法律制定的立法进行了研究。立法者可以被视为是在做出投资决定,这些投资决定会产生当下的立法成本和未来的收益。在这一框架中,我们研究了法律具体化的最优程度,以及规则或者标准在不确定性条件之下的功能性(第二章)。具体的规则可能会需要更大的预先投资,因为它们在初始的信息获取中需要大量的支出,但是选择被较好地具体化的(well-specified)规则可能会降低后续的操作成本。一个较为宽泛的标准所需要的初始投资较少,但却可能会在它的解释和实施过程中需要大量的支出。在分析中,我们讨论了一个经常被忽视的成本要素。立法成本至少是部分沉没的,并且当外源性变化随着时间对监管环境造成影响时,立法投资会随之消散。但是规则和标准被不同的沉没投资所形塑。法律规则有可能因为外源性变化而变得过时,因此最优的立法设计应当考虑到法律废弃的成本。

我们还进一步将现代投资理论的工具应用于研究法律干预的最优时机问题(第三章),并且识别出了若干对于净现值计算的误导性应用。法律体系可以被视为是在做出投资决定,其中,时机是一个重要的决定性因素。同样是在第三章中,我们将公共选择理论中所考虑的通常问题搁置在一边,例如在不确定性之下成本-收益计算中不可避免的政治贴现率的影响。以期权定价理论的见解为基础,我们考虑了立法中最优时机的选择如何能够从立法决策的类期权(option-like)特征中被推导出来。

如果我们将立法过程类比于市场中的一个生产过程,在第二部分中所讨论的通过裁判的立法渊源看起来可能就会是一个相当低效的生产过程。普通法的过程通过将部分立法功能转移到司法机关,委托法院在裁决具体案件的同时设计和完善法律。从产品生产的视角来看,这样一个过程放弃了可能被专门的立法机关所利用的规模经济和范围经济。但是,普通法的过程通过依赖于当事人的对抗性努力,利用了当事人在诉讼中可获取的信息。当事人对于多样化规则的成本和收益拥有直接的信息,考虑到法官从诉讼当事人在案件中的选择推断其偏好的机会,相较于中央立法机关而言,法院可能被视为具有信息优势。在观察当事人所透露出来的有关可适用法律的偏好方面,法院有着进一步的信息优势。现代法律体系通常会提供一组默认规则,从而在没有当事人自己的相反决定之时,对他们的关系予以约束(例如,在合同法中)。在当事人选择退出这些默认规则(通过事前的选择)时,他们就揭示了自己有关替代性法律的偏好。如果法院观察到有大量的当事人常规性地选择退出默认规则,很明显,此类规则没有完成它们的成本最小化任务,它们没有贴近多数人的意愿。在此类情形中,法院在设计和修订默认法律规则方面就享有了比立法者更大的信息优势。

在第三部分中,我们讨论了通过实践的立法的情形,其中我们可以区分出两类不同的成本:(1)习惯法的去中央化所生成的成本;(2)对于这样一个既有习惯的司法获知成本。习惯法生成的成本相对而言是较小的。大部分习惯法规则都是从观察社会中的个体所遵循的广泛实践中衍生出来的。在这一语境中,习惯规则是社会中个体的经济与社会互动的一个无成本的副产品。这样的实践并非以创设具有约束力的法律为目的而进行的,并且在法律上承认这种实践是具有约束力的法律,也不会给相关的活动增加成本。但是,法院辨识一项习惯法规则的成本却可能相当大。习惯是无形的法律渊源,它们的内容并不会在成文法中得到客观的表达。由此,对于习惯的识别就需要过往实践的知识,以及对那些参与实践者所共享的信念的调查研究:这是一个很难被实施因此成本高昂的过程。法律的习惯渊源的一点优势与以下的事实相关:习惯是经由社会中个体的独立行动而形成的,不需要他们对于新兴规则表达同意。由于大部分习惯规则——虽然需要很高的参与度——并不要求一致性,因此在习惯法律规则的形成过程中,套牢问题以及其他和交易相关的成本都得以避免。社会中的任何单个个体都不能阻止一种普遍性习惯的生成以及对它的承认。

在第四部分中,我们考虑了通过协商的立法的情形,例如条约以及其他国际行为主体之间具有立法效应的协议。考虑到条约严格的协商一致属性,它是一种独特的法律渊源。与其他能够被适用于那些积极反对其适用的个体的法律渊源不同,条约只能约束那些明确同意接受其约束的主体。一般而言,此类法律渊源会与大量的创造成本联系在一起。多边条约的谈判很难进行,并且可能会花费漫长的时间。多边条约的成功形成与批准率较低,这归因于在具有多样化的需求和预期的参与者之间达成一致的困难性(第十四章)。

这些多样化的法律渊源同样也会有不同程度的外部成本。正如公共选择理论在政治决策的例子中所展示的那样,立法的直接成本和外部成本是负相关的[布坎南(Buchanan)和托洛克 1962]。直接成本和外部成本之间的平衡很容易通过考虑在一个投票情境中有关一致同意和独裁统治的两种极端情形加以呈现。如果审议需要一致同意的投票,外部成本的风险将会消失(每一个投票者都有对抗不可欲计划的否决权),但是交易成本会居于最高点。而在独裁统治的情形中则相反,外部成本的风险要高很多(一个独裁者可以单枪匹马地对其他所有人施加成本),但是直接的立法成本是最低的,鉴于任何的共识和政治谈判都是不必要的。

在本书中,我们展示了存在于我们所考虑的各类法律渊源中的直接成本与外部成本之间的类似权衡,尽管这些成本的内容和解释在单个情形中都会有巨大的变化。正如公共选择理论所指出的,在评估不同的法律渊源之时,从这一成本最小化标准的制高点来仔细考虑各种立法过程的不同表现是很重要的。本书的结果推进了这一脉络的研究,阐明了这些重要的问题。在第二部分所讨论的通过裁判的立法的情形中,我们已经看到了当下的诉讼当事人经由先例的创造给未来的诉讼当事人施加外部成本的可能性(第七章),并且研究了不同的先例原则对于法律演化动态的影响(第八章)。第三部分所研究的通过实践的立法渊源需要非常高的参与和共识程度。这降低了——尽管并没有消除——给不情愿的少数群体施加外部成本的风险。但是,作为这样一种高参与门槛的结果,习惯法在它们的生成和演化过程中是相对较慢的。第四部分所研究的通过协商的立法渊源则与其他所有的法律渊源都不同,因为通过条约协商所产生的规则通常而言只会影响和约束签署国。与合同法中的相对性约束类似,第三方主体不能受到一部它们没有签署或者批准的条约协议的消极影响(至少不能被直接影响)。由此,立法的外部成本被排除在此类法律渊源之外。

二、代理成本与政治代表

在公共选择理论中,一个众所周知的关切点与代表中的代理问题相关。立法机制应当被设计以最大程度地减少这样的问题,确保受法律约束的个体的潜在偏好在立法过程中有所反映。对于通过法律制定的立法的情形而言,这就需要有一个能够推动政治代表和被代表公民的激励因素相一致的集体决策的选择程序。当激励因素能够完美地结合在一起时,政治代表中的代理问题就会消失。类似地,在通过裁判的立法的情形中,法官法应当贴近于私主体如果参与到有关可适用法律的事前选择中,他们将会选择的那些规则。在这些分析的基础之上,有关普通法的效率假说被发展出来。这一假说的支持者提出,普通法规则在避免代理问题和其他公共选择的失败方面享有相对于制定法的比较优势,从而推动了有效率的法律的演化选择。

但是,本书第二部分的讨论表明,经由对抗性裁判的法律生成并没有摆脱其自身的偏见和缺陷。这些结果支持了由公共选择学者和理论家针对效率假说所提出的疑虑[鲁宾、卡兰(Curran)和卡兰 2001;泽维基 2003]。在通过裁判的法律生成过程中,被辨识的偏见并不是代理问题或者司法机关缺少政治代表的结果。相反,即便存在无偏见且具有政治代表性的司法机关,这些偏见和缺陷仍然被制造出来了(第六章),而且即使是在法官一方没有意识形态(偏见)的情况之下也是如此(第七章)。

类似地,在第三部分中,我们讨论了习惯法形成过程中惯性的存在(第十章),以及在习惯法后续演化过程中一些可能出现的扭曲(第十二章)。这些影响同样由那些确实取决于公共选择失败的因素所导致。习惯法避免了与第三方决策者(例如,立法者和法官)的对接,并且直接地从对于社会中个体行为选择的观察中被推导出来。在一个习惯法的设定中,立法者恰好就是法律的主体,因此代理问题通常而言不会存在。然而,即便搁置有关代表的问题,我们的讨论仍然辨明了另一组影响习惯法形成过程的不同问题。

在第四部分中,我们讨论了在通过协商的立法的情形中被观察到的另一个偏见(第十六章)。条约形成过程中的偏见源自国家缺少引入保留的平等机会。在这一情形中,此种偏见同样不应归因于公共选择的失败,它的影响应当被附加在可能的额外扭曲之上,这些扭曲产生自条约谈判过程中国家代表里的代理人问题。

三、法律稳定性

与立法的制度性设计相关的第三个问题关心的是集体决策的不稳定性与非传递性[伊斯特布鲁克 1983;里佐(Rizzo) 1987;库特 2000]。尽管稳定性不能被用来代表效率性,但是当孔多塞替代者(Condorcet alternatives)①存在之时,在立法过程中应当允许其占据优势。当孔多塞胜者(Condorcet winners)不存在之时,"民主政治成了一种竞争,不再是为了满足独特多数的偏好,而是为了确定何种多数的偏好会被满足"(库特 2000)。正如文献中可以观察到的那样,当政治合作失败且不稳定性产生之时,就会有一些法律制度和原则出现以减少不稳定性,并在周期性的替代者中进行选择[斯特恩斯(Stearns) 1994]。在这类情形中,立法过程应当被设计,以便最大程度地降低法律不稳定性的福利成本。特别是,库特(2000)解释了民主宪法如何通过将权力分配在政府的不同分支之间、保障个人权利以及创设一个政治官僚竞争的框架来

---

① 孔多塞是 18 世纪法国的政治学家、哲学家、数学家。他提出了所谓的孔多塞投票制,在这种投票方法中,所有候选人需要进行两两比较,如果某个候选人能够在所有与其他候选人的两两比较中获胜,那么他就成为最后的赢家,即下文中所称的"孔多塞胜者"。当能够产生孔多塞胜者之时,意味着存在下文所称的"孔多塞多数共识"。但是这种两两比较的投票方式有可能产生没有一个候选人能够胜过其他所有候选人的悖论,此时具有相对优势的候选人即为此处所称的"孔多塞替代者"。——译者注

追求这些稳定性的目标。在一个存在政治谈判的世界中,政治内部的实施机制的存在将会有助于稳定性,并且降低集体结果的高成本的非传递性。

在第一部分中,我们思考了通过法律制定的立法的情形以及法律中创新的最优速率(第三章)。立法者可以同时就时机和法律规则的具体性做出选择。这些相互关联的立法问题的解决方案有可能被法律、社会和经济条件所影响。在第二部分中,我们考虑了通过裁判的立法,检验了不同的先例原则在促进稳定性方面的影响(第八章)。我们的结论补充了斯特恩斯(1994)的分析,后者将常设原则与遵循先例的作用视为是在缺少孔多塞多数共识(Condorcet majority consensus)之时旨在减少不稳定性的演化制度。在第三部分中,我们考虑了通过实践的立法,讨论了习惯法的形成与演化过程,揭示了其在不同的博弈论情形中产生稳定规则的能力。我们还研究了习惯规则随着时间而演变的过程(第十二章)。我们对于持久反对者原则和事后反对者原则在习惯法的形成与改变中的影响进行了模型化。在第四部分中,我们思考了通过协商的立法,讨论了条约法的形成与演化过程。我们模型化了国际条约的形成过程,分析了条约法的内容为了回应加入国的请求而随着时间变化的不同模式。我们还思考了影响加入国际条约的规则,并且区分了封闭条约、半开放条约和开放条约三种情形(第十四章)。

四、迈向立法的制度性设计

在本书中,我们通过经济学理论的棱镜回顾了与立法的制度性设计相关的重要问题。多样化的法律渊源在生成法律方面的优势和劣势被加以评估。我们的发现阐明了法律形成的过程,提出多样化法律渊源的比较评估需要对存在于原始环境之中的结构过程进行适当分析。

尽管具有复杂的经济分析的数学技术，以往的学者仍然缺少对于多样化法律渊源的效率性的系统评估。本书沿着这一方向迈出了第一步，考察了考虑中的立法过程背后的激励结构。在形成规范性的推论之前，考虑到市场制度和非市场制度对于法律机制的影响，我们的发现应当和那些已经在公共选择和宪政经济学的广泛文献中所达成的结果联系在一起被加以评估。毫无疑问，这一领域还远远称不上成熟。我们的贡献为理解多样化的立法过程在提供有效率的法律方面的比较优势提供了一些基石，并将有望推进立法的制度性设计的一些有效标准的发展。

参考文献

Abbott, Kenneth W. 1989. "Modern International Relations Theory: A Prospective for International Lawyers." *Yale Journal of International Law* 14: 335-411.

Akehurst, Michael. 1974-75. "Custom as a Source of International Law." *British Yearbook of International Law* 47: 1-54.

Alesina, Alberto F., Ignazio Angeloni, and Federico Etro. 2005. "International Unions." *American Economic Review* 95: 602-15.

Alesina, Alberto, Ignazio Angeloni, and Ludger Schuknecht. 2005. "What Does the European Union Do?" *Public Choice* 123: 275-319.

Arce, Daniel G. 2001. "Leadership and the Aggregation of International Collective Action." *Oxford Economic Papers, Oxford University* 53: 114-37.

Aristotle [350 b. c.] 2000. *Nicomachean Ethics*. Edited and translated by Roger Crisp. New York: Cambridge University Press.

Axelrod, Robert M. 1981. "The Emergence of Cooperation among Egoists." *American Political Science Review* 75: 306-18.

———. 1984. *The Evolution of Cooperation*. New York: Basic Books.

Baird, Douglas G., and Edward R. Morrison. 2001. "Bankruptcy Decision Making." *Journal of Law, Economics and Organization* 17: 356-72.

Barro, Robert J. 1991. "Economic Growth in a Cross Section of Countries." *Quarterly Journal of Economics* 106: 407-43.

Beemelmans, Hubert. 1997. "State Succession in International Law: Remarks on Recent Theory and State Praxis." *Boston University International Law Journal* 15: 71-123.

Benson, Bruce L. 1989. "The Spontaneous Evolution of Commercial Law." *Southern*

Economic Journal 55: 644-61.

———. 1990. *The Enterprise of Law: Justice without the State.* San Francisco: Pacific Research Institute.

———. 1992a. "Customary Law as a Social Contract: International Commercial Law." *Constitutional Political Economy* 3: 1-27.

———. 1992b. "The Evolution of Values and Institutions in a Free Society: The Under-Pinnings of a Market Economy." *International Journal on the Unity of Sciences* 5: 411-42. Reprinted in *Values and the Social Order*, Vol. I, ed. G. Radnitzky and H. Bouillon, 87-125. Aldershot: Avebury, 1995.

Bentham, Jeremy. [1776] 1977. "A Fragment on Government." In *A Comment on the Commentaries and a Fragment on Government.* Edited by J. H. Burns and H. L. A. Hart, 393-501. London: University of London Althone Press.

Berman, Harold J., and Charles J. Reid, Jr. 1996. "The Transformation of English Legal Science: From Hale to Blackstone." *Emory Law Journal* 45: 437-522.

Berman, Harold J., and Felix J. Dasser. 1990. "The 'New' Law Merchant and the 'Old': Sources, Content, and Legitimacy." In *Lex Mercatoria and Arbitration: A Discussion of the New Law Merchant*, 21-36. Dobbs Ferry: Transnational Juris Publications.

Bermann, George A. 1994. "Taking Subsidiarity Seriously: Federalism in the European Community and the United States." *Columbia Law Review* 94: 331-456.

Bernstein, Lisa. 1993. "Social Norms and Default Rules Analysis." *Southern California Interdisciplinary Law Journal* 3: 59-90.

———. 1995. "Opting Out of the Legal System: Extralegal Contractual Relations in the Diamond Industry." *Journal of Legal Studies* 21: 115-57.

———. 1996. "Merchant Law in a Merchant Court: Rethinking the Code's Search for Immanent Business Norms." *University of Pennsylvania Law Review* 144: 1765-1821.

———. 2001. "Private Commercial Law in the Cotton Industry: Creating Cooperation through Rules, Norms, and Institutions." *Michigan Law Review* 99: 1724-90.

Binmore, Ken, and Larry Samuelson. 1994. "An Economist's Perspective on the Evolution of Norms." *Journal of Institutional and Theoretical Economics* 150: 45-63.

Bishop, William W., Jr. 1971. *International Law: Cases and Materials*. 3rd ed. Boston: Little & Brown.

Black, Duncan. 1958. *The Theory of Committee and Elections*. Cambridge, UK: Cambridge University Press.

Blackstone, William. [1764] 1979. *Commentaries on the Laws of England*. Chicago: University of Chicago Press.

Bowles, Samuel, and Herbert Gintis. 2001. "The Evolution of Strong Reciprocity." *Journal of Theoretical Biology* 213: 103-19.

Brownlie, Ian. 1990. *Principles of Public International Law*. 4th ed. Oxford: Clarendon Press.

Brunsson, Nils. 1989. *The Organization of Hypocrisy. Talk, Decisions, and Actions in Organizations*. Chichester, UK: Wiley.

Buchanan, James M., and Gordon Tullock. 1962. *The Calculus of Consent. Logical Foundations of Constitutional Democracy*. Ann Arbor, MI: University of Michigan Press.

Buergenthal, Thomas, and Harold G. Maier. 1990. *Public International Law*. St. Paul, MN: West Group.

Calabresi, Guido. 1979. "Access to Justice and Substantive Law Reform: Legal Aid for the Lower Middle Class." In *Access to Justice, Vol. III: Emerging Issues and Perspectives*. Edited by Mauro Cappelletti and Bryant Garth, 169-256. Varese: Sijthoff and Noordhoff.

Calamandrei, Piero. 1965. *Opere Giuridiche*, (Edited by Mauro Cappelletti). Naples, Italy: Morano.

Carbonara, Emanuela, and Francesco Parisi. 2007a. "The Economics of Legal Harmonization." *Public Choice* 132: 367-400.

——. 2007b. "Choice of Law and Legal Evolution: Rethinking the Market for Legal Rules." *Minnesota Legal Studies Research Paper* No. 07-38.

Carbonnier, Jean. 1974. "Authorities in Civil Law: France." In *The Role of Judicial Decisions and Doctrine in Civil Law and in Mixed Jurisdictions*. Edited by J. Dainow, 91-118. Baton Rouge, LA: Louisiana State University Press.

Carozza, Paolo G. 2003. "Subsidiarity as a Structural Principle of International Human Rights Law." *American Journal of International Law* 97: 38-79.

Charney, Jonathan I. 1985. "The Persistent Objector Rule and the Development of Customary International Law." *British Yearbook of International Law* 56: 1-24.

Chinkin, Christine. 1993. *Third Parties in International Law*. Oxford: Clarendon Press.

Cho, In-Koo, and David M. Kreps. 1987. "Signaling Games and Stable Equilibria." *Quarterly Journal of Economics* 102: 179-221.

Coase, Ronald H. 1960. "The Problem of Social Cost." *Journal of Law and Economics* 3: 1-44.

Cooper, Ian. 2006. "The Subsidiarity Early Warning Mechanism: Making It Work." *Intereconomics* 41: 254-57.

Cooter, Robert D. 1992. "Against Legal Centrism." *California Law Review* 81: 417-29.

——. 1994a. "Decentralized Law for a Complex Economy. Hayek Symposium." *Southwestern Law Review* 23: 443-51.

——. 1994b. "Structural Adjudication and the New Law Merchant: A Model of Decentralized Law." *International Review of Law &Economics* 14: 215-27.

——. 1996. "Decentralized Law for a Complex Economy: The Structural Approach to Adjudicating the New Law Merchant." *University of Pennsylvania Law Review* 144: 1645-96.

——. 2000. *The Strategic Constitution*. Princeton, NJ: Princeton University Press.

Cooter, Robert D., and Lewis Kornhauser. 1980. "Can Litigation Improve the Law without the Help of Judges?" *Journal of Legal Studies* 9: 139-63.

Cooter, Robert D., and Daniel L. Rubinfeld. 1989. "Economic Analysis of Legal Disputes and Their Resolution." *Journal of Economic Literature* 27: 1067-97.

D'Amato, Anthony A. 1971. *The Concept of Custom in International Law*. Ithaca: Cornell University Press.

——. 1987. "Trashing International Customary Law." *American Journal of International Law* 81: 101-5.

———. Forthcoming. *A Groundwork for International Law*. Unpublished manuscript (on file with author).

Dainow, Joseph, ed. 1974. *The Role of Judicial Decisions and Doctrine in Civil Law and Mixed Jurisdictions*. Baton Rouge, LA: Louisiana State University Press.

Dari-Mattiacci, Giuseppe, and Bruno Deffains. 2005. "Uncertainty of Law and the Legal Process." Working Paper No. 2005-10, Amsterdam Center for Law & Economics. SSRN. http://ssrn.com/abstract=869368.

Daughety, Andrew F., and Jennifer F. Reinganum. 1999. "Stampede to Judgment: Persuasive Influence and Herding Behavior By Courts." *American Law and Economics Review* 1: 158-89.

David, Renè. 1972. *French Law: Its Structure, Sources, and Methodology*. Baton Rouge, LA: Louisiana State University Press.

De Cremer, David, and Geoffrey Leonardelli. 2003. "Cooperation in Social Dilemmas and the Need to Belong: The Moderating Effect of Group Size." *Group Dynamics: Theory, Research, and Practice* 7: 168-74.

Dennis, James L. 1993. "The John Tucker, Jr. Lecture in Civil Law: Interpretation and Application of the Civil Code and the Evaluation of Judicial Precedent." *Louisiana Law Review* 54: 1-17.

Depoorter, Ben, and Francesco Parisi. 2003. "Legal Precedents and Judicial Discretion." In *Encyclopedia of Public Choice*. Edited by C. K. Rowley and F. Schneider, 343-47. Boston: Kluwer Academic Publishers.

Dixit, Avinash. 1989. "Entry and Exit Decisions under Uncertainty." *Journal of Political Economy* 97: 620-38.

———. 1992. "Investment and Hysteresis." *Journal of Economic Perspectives* 6: 107-32.

Dixit, Avinash K., and Robert S. Pindyck. 1994. *Investment under Uncertainty*. Princeton: Princeton University Press.

Downs, Anthony. 1957. *An Economic Theory of Democracy*. New York: Harper and Row.

Easterbrook, Frank. 1983. "Statutes' Domains." *University of Chicago Law Review* 50:

533-52.

Ehrlich, Isaac, and Richard A. Posner. 1974. "An Economic Analysis of Legal Rulemaking." *Journal of Legal Studies* 3: 257-86.

Eisenberg, Melvin A. 1988. *The Nature of the Common Law*. Cambridge, MA: Harvard University Press.

Ellickson, Robert C. 1991. *Order without Law: How Neighbors Settle Disputes*. Cambridge, MA: Harvard University Press.

———. 1994. "The Aim of Order without Law." *Journal of Institutional and Theoretical Economics* 150: 97-100.

———. 2001. "The Market for Social Norms." *American Law and Economics Review* 3: 1-49.

Ellinghaus, Manfred P., and Edmund W. Wright. 2005. "The Common Law of Contracts: Are Broad Principles Better Than Detailed Rules? An Empirical Investigation." *Texas Wesleyan Law Review* 11: 399-420.

Evans, Jim 1987. "Change in the Doctrine of Precedent during the Nineteenth Century." In *Precedent in Law*. Edited by L. Goldstein, 35-72. Oxford: Clarendon Press.

Farzin, Y. Hossein., Kuno J. M. Huisman, and Peter M. Kort. 1998. "Optimal Timing of Technology Adoption." *Journal of Economic Dynamics and Control* 22: 779-99.

Feess, Eberhard, and Erich Schanze. 2003. "Reciprocity-Induced Cooperation: A Comment." *Journal of Institutional and Theoretical Economics* 159: 93-96.

Fon, Vincy, and Francesco Parisi. 2003a. "Litigation and the Evolution of Legal Remedies: A Dynamic Model." *Public Choice* 116: 419-33.

———. 2003b. "Reciprocity-Induced Cooperation." *Journal of Institutional and Theoretical Economics* 159: 1-17.

———. 2003c. "The Hidden Bias of the Vienna Convention on the Law of Treaties." Law and Economics Working Paper Series No. 03-08, George Mason University.

———. 2004. "Judicial Precedents in Civil Law Systems: A Dynamic Analysis." Law & Economics Research Paper No. 04-15, George Mason University. http://ssrn.

com/abstract = 534504.

———. 2006. "Customary Law and Articulation Theories: An Economic Analysis." *International Law and Management Review* 2: 201-232.

———. 2007. "Matching Rules." *Managerial and Decision Economics* 28: 1-14.

Fon, Vincy, Francesco Parisi, and Ben Depoorter. 2005. "Litigation, Judicial Path-Dependence, and Legal Change." *European Journal of Law and Economics* 20: 43-56.

Fuller, Lon L. 1969. *The Morality of Law*. Revised edition. New Haven: Yale University Press.

Gamble, John K. 1980. "Reservations to Multilateral Treaties: A Macroscopic View of State Practice." *American Journal of International Law* 74: 372-94.

Gauthier, David. 1986. *Morals by Agreement*. Oxford: Clarendon Press.

Gersen, Jacob, and Eric A. Posner. 2007. "Timing Rules and Legal Institutions." *Harvard Law Review* 121: 543-90.

Ginsburg, Thomas, and Richard McAdams. 2004. "Adjudicating in Anarchy: An Expressive Theory of International Dispute Resolution." *William and Mary Law Review* 45: 1229-1339.

Gintis, Herbert M. 2000. *Game Theory Evolving: A Problem-Centered Introduction to Modeling Strategic Behavior*. Princeton, NJ: Princeton University Press.

Gneezy, Uri, and Aldo Rustichini. 2000. "A Fine Is a Price." *Journal of Legal Studies* 29: 1-17.

———. 2003. "Incentives, Punishment and Behavior." In *Behavioral Economics*. Edited by Colin Camerer, George Loewenstein, and Matthew Rabin. Princeton, NJ: Princeton University Press.

Goldsmith, Jack L., and Eric A. Posner. 1999. "A Theory of Customary International Law." *University of Chicago Law Review* 66: 1113-77.

———. 2000. "Understanding the Resemblance between Modern and Traditional Customary International Law." *Virginia Journal of International Law* 40: 639-72.

———. 2005. *The Limits of International Law*. New York: Oxford University Press.

Goodman, John C. 1979. "An Economic Theory of the Evolution of the Common

Law." *Journal of Legal Studies* 7: 393-406.
Grady, Mark F. 1995. "Legal Evolution and Precedent." *Annual Review of Law &Ethics* 3: 147-82.
Greif, Avner. 1989. "Reputation and Coalitions in Medieval Trade: Evidence on the Maghribi Traders." *Journal of Economic History* 49: 857-82.
Greig, Donald W. 1994. "Reciprocity, Proportionality, and the Law of Treaties." *Virginia Journal of International Law* 34: 295-403.
Grossman, Gene M., and Elhanan Helpman. 1996. "Electoral Competition and Special Interest Politics." *Review of Economic Studies* 63: 265-86.

Haag, Matthew, and Roger Lagunoff. 2003. "On the Size and Structure of Group Cooperation." Working Paper No. 03-02, Georgetown University. http://papers.ssrn.com/sol3/papers.cfm?abstract_id=335160.
Hadfield, Gillian K. 1992. "Biases in the Evolution of Legal Rules." *Georgetown Law Journal* 80: 583-616.
Hale, Matthew. [1713] 1971. *The History of the Common Law of England*. Chicago: University of Chicago Press.
Harsanyi, John C. 1955. "Cardinal Welfare, Individualistic Ethics, and Interpersonal Comparisons of Utility." *Journal of Political Economy* 63: 309-21.
Hatzis, Aristides N. 2003. "Having the Cake and Eating It Too: Efficient Penalty Clauses in Common and Civil Contract Law." *International Review of Law and Economics* 22: 381-406.
Hayek, Friedrich A. 1967. "The Results of Human Action but Not of Human Design." In *Studies in Philosophy, Politics and Economics*, 96-105. Chicago: University of Chicago Press.
——. 1973. "Nomos: The Law of Liberty." *Law, Legislation and Liberty* 1: 94-123.
He, Hua, and Robert S. Pindyck. 1992. "Investment in Flexible Production Capacity." *Journal of Economic Dynamics and Control* 16: 575-99.
Heckathorn, Douglas D. 1993. "Collective Action and Group Heterogeneity: Voluntary Provision versus Selective Incentives." *American Sociological Review* 58: 329-50.
Hedlund, Daniel C. 1994. "Toward Open Skies: Liberalizing Trade in International

Airline Services." *Minnesota Journal of Global Trade* 3: 259-99.

Heiner, Ronald A. 1986. "Imperfect Decisions and the Law: On the Evolution of Legal Precedent and Rules." *Journal of Legal Studies* 15: 227-61.

Héritier, Adrienne 1999. *Policy-making and Diversity in Europe: Escaping Deadlock.* Cambridge, UK: Cambridge University Press.

Hirshleifer, Jack. 1983. "From Weakest Link to Best Shot: The Voluntary Provision of Public Goods." *Public Choice* 43: 371-86.

Hylton, Daniel N. 1994. "Default Breakdown: The Vienna Convention on the Law of Treaties: Inadequate Framework on Reservations." *Vanderbilt Journal of Transnational Law* 27: 419-51.

Immergut, Ellen M. 1992. *Health Politics: Interests and Institutions in Western Europe.* Cambridge, UK: Cambridge University Press.

Inman, Robert P., and Daniel L. Rubinfeld. 1998. "Subsidiarity and the European Union." *NBER Working Paper* No. 6556.

Johnston, Jason S. 1995. "Bargaining under Rules versus Standards." *Journal of Law, Economics, and Organization* 11: 256-81.

Kaplow, Louis. 1986. "Private versus Social Costs in Bringing Suits." *Journal of Legal Studies* 15: 371-85.

——. 1992. "Rules versus Standards: An Economic Analysis." *Duke Law Journal* 42: 557-629.

——. 1994. "The Value of Accuracy in Adjudication: An Economic Analysis." *Journal of Legal Studies* 23: 307-401.

——. 1995. "A Model of the Optimal Complexity of Legal Rules." *Journal of Law, Economics, and Organization* 11: 150-63.

——. 2000. "General Characteristics of Rules." *Encyclopedia of Law and Economics.* Edited by Boudewijn Bouckaert and Gerrit De Geest. Cheltenham, UK: Edward Elgar.

Karasik, David R. 1997. "Securing the Peace Dividend in the Middle East: Amending GATT Article XXIV to Allow Sectoral Preferences in Free Trade Areas." *Michigan Journal of International Law* 18: 527-64.

Kearney, Richard D., and Robert E. Dalton. 1970. "The Treaty on Treaties." *American Journal of International Law* 64: 495-561.

Kelly, John M. 1992. *A Short History of Western Legal Theory*. Oxford: Clarendon Press.

Kelsen, Hans. 1939. "Théorie du Droit International Coutumier." *Revue Internationale de la Théorie du Droit*, New Series 1: 253-74.

——. 1945. *General Theory of Law and the State*. Cambridge, MA: Harvard University Press.

——. 1966. *Principles of International Law*. Edited by Robert W. Tucker. New York: Holt, Reinhart, & Winston.

Keohane, Robert O. 1986. "Reciprocity in International Relations." *International Organizations* 40: 1-27.

King, Gary, Robert O. Keohane, et al. 1994. *Designing Social Inquiry: Scientific Inference in Qualitative Research*. Princeton, NJ: Princeton University Press.

Klein, Benjamin. 1996. "Why Hold-Ups Occur: The Self-Enforcing Range of Contractual Relationships." *Economic Enquiry* 34: 444-63.

Klick, Jonathan, and Francesco Parisi. 2003. "The Disunity of Unanimity." *Constitutional Political Economy* 14: 83-94.

Kobayashi, Bruce H. 1996. "Case Selection, External Effects, and the Trial/Settlement Decision." In *Dispute Resolution: Bridging the Settlement Gap*. Edited by D. A. Anderson, 17-49. Greenwich, CT: JAI Press.

Kobayashi, Bruce H., and Larry E. Ribstein. 1997. "Federalism, Efficiency and Competition." Presented at the Center for the Study of Public Choice, George Mason University (November 1997). http://papers.ssrn.com/sol3/papers.cfm?abstract_id=110071.

——. 2001. "A Recipe for Cookies: State Regulation of Consumer Marketing Information." Working Paper No. 01-04, George Mason University. http://www.law.gmu.edu/faculty/papers/docs/01-04.pdf.

Kontorovich, Eugene. 2006. "Inefficient Customs in International Law." *William and*

Mary Law Review 48: 859-922.

Kontou, Nancy. 1994. *The Termination and Revision of Treaties in the Light of New Customary International Law*. Oxford: Clarendon Press.

Kornhauser, Lewis. 1989. "An Economic Perspective of Stare Decisis." *Chicago-Kent Law Review* 65: 63-92.

——. 1996. "Conceptions of Social Rule." In *Social Rules: Origin, Character, Logic, Change*. Edited by David Braybrooke, 203-16. Boulder, CO: Westview Press.

——. 1992. "Modeling Collegial Courts I: Path Dependence." *International Review of Law and Economics* 12: 169-85.

Kornhauser, Lewis, and Lawrence G. Sager. 1986. "Unpacking the Court." *Yale Law Journal* 96: 82-117.

Lambert, Edouard, and Max J. Wasserman. 1929. "The Case Method in Canada and the Possibilities of Its Adaptation to the Civil Law." *Yale Law Journal* 39: 1-21.

Landes, William M. 1971. "An Economic Analysis of the Courts." *Journal of Law and Economics* 14: 61-107.

Landes, William M., and Richard A. Posner. 1975. "The Independent Judiciary in an Interest-Group Perspective." *Journal of Law and Economics* 18: 875-901.

——. 1976. "Legal Precedent: A Theoretical and Empirical Analysis." *Journal of Law &Economics* 19: 249-307.

Lawson, F. Harry. 1955. *Negligence in the Civil Law*. Oxford: Clarendon Press.

Lawson, F. Harry, and Basil S. Markesinis. 1982. *Tortious Liability for Unintentional Harm in the Common Law and the Civil Law*. Cambridge, UK: Cambridge University Press.

Levy, Gilat. 2005. "Careerist Judges." *Rand Journal of Economics* 36: 275-97.

Loschin, Lynn. 1996. "The Persistent Objector and Customary Human Rights Law: A Proposed Analytical Framework." *U. C. Davis Journal of International Law & Policy* 2: 147-72.

MacCormick, Neil D., Robert S. Summers, and Arthur L. Goodhart, eds. 1997. *Interpreting Precedent: A Comparative Study*. Aldershot: Ashgate Publishing.

Mahoney, Paul, and Chris William Sanchirico. 2005. "General and Specific Legal Rules." *Journal of Institutional and Theoretical Economics* 161: 329-46.
Majd, Saman, and Robert S. Pindyck. 1987. "Time to Build, Option Value and Investment Decisions." *Journal of Financial Economics* 18: 7-27.
Majone, Giandomenico. 2001. "Nonmajoritarian Institutions and the Limits of Democratic Governance: A Political Transaction-Cost Approach." *Journal of Institutional and Theoretical Economics* 157: 57-78.
Malkin, William H. 1926. "Reservations to Multilateral Conventions." *British Yearbook of International Law* 7: 141-62.
Mateesco, Nicholas M. 1947. *La Coutume dans les Cycles Juridiques Internationaux.* Paris: A. Pedone.
Mattei, Ugo. 1988. *Stare Decisis*. Milano, IT: Guiffre.
——. 1997. *Comparative Law and Economics*. Ann Arbor: University of Michigan Press.
McClane, J. Brock. 1989. "How Late in the Emergence of a Norm of Customary International Law May a Persistent Objector Object?" *ILSA Journal of International Law* 13: 1-26.
McDonald, Robert, and Daniel R. Siegel. 1985. "Investment and Valuation of Firms When There Is an Option to Shut Down." *International Economic Review* 26, no. 2: 331-49.
——. 1986. "The Value of Waiting to Invest." *Quarterly Journal of Economics* 101: 707-28.
McGinnis, John O., and Ilya Somin. 2007. "Should International Law Be Part of Our Law?" *Stanford Law Review* 54: 1175-1247.
Menell, Peter S. 1983. "A Note on Private versus Social Incentives to Sue in a Costly Legal System." *Journal of Legal Studies* 12: 41-52.
Merryman, John. 1969. *The Civil Law Tradition: An Introduction to the Legal Systems of Western Europe and Latin America*. Palo Alto: Stanford University Press.
Moore, Kimberly A., and Francesco Parisi. 2002. "Forum Shopping in Cyberspace." *Chicago-Kent Law Review* 77: 1325-58.
Moreno, Richard D. 1995. "Scott v. Cokern: Of Precedent, Jurisprudence Constan-

te, and the Relationship between Louisiana Commercial Laws and Louisiana Pledge Jurisprudence." *Tulane European &Civil Law Forum* 10: 31-60.

Mueller, Dennis C. 1989. *Public Choice II*. Cambridge, UK: Cambridge University Press.

Nash, John F. 1950. "The Bargaining Problem." *Econometrica* 18: 155-62.

Neven, Damien J. 1992. "Regulatory Reform in the European Community." *American Economic Review* 82, no. 2: 98-103.

Niblett, Anthony, Richard Posner, and Andrei Shleifer. 2008. "The Evolution of a Legal Rule." *NBER Working Papers* No. 13856, National Bureau of Economic Research.

Nicholson, Michael. 1989. *Formal Theories in International Relations*. Cambridge, UK: Cambridge University Press.

Ogus, Anthony. 1999. "Competition between National Legal Systems: A Contribution of Economic Analysis to Comparative Law." *International and Comparative Law Quarterly* 48: 405-18.

Olson, Mancur. 1965. *The Logic of Collective Action*. Cambridge, MA: Harvard University Press.

——. 1971. *On the Logic of Collective Action: Public Goods and the Theory of Groups*. Cambridge, MA: Harvard University Press.

Parisi, Francesco. 1992. *Liability for Negligence and Judicial Discretion*. 2nd ed. Berkeley: University of California Press.

——. 1995. "Toward a Theory of Spontaneous Law." *Constitutional Political Economy* 6: 211-31.

——. 1998. "Customary Law." In *The New Palgrave Dictionary of Economics and the Law*, 572-78. London: Macmillan Reference.

——. 2000a. "The Cost of the Game: A Taxonomy of Social Interactions." *European Journal of Law and Economics* 9: 99-114.

——. 2000b. "Spontaneous Emergence of Law: Customary Law." In *Encyclopedia of*

Law &Economics. Vol. 5, 603-630. Northampton: Edward Elgar Publishing.

Parisi, Francesco, Vincy Fon, and Nita Ghei. 2004. "The Value of Waiting in Lawmaking." *European Journal of Law and Economics* 18: 131-48.

Parisi, Francesco, and Nita Ghei. 2003. "The Role of Reciprocity in International Law." *Cornell International Law Journal* 36: 93-123.

———. 2005. "Legislate Today or Wait Until Tomorrow? An Investment Approach to Lawmaking." *Journal of Public Finance and Public Choice* 23: 19-42.

Parisi, Francesco, and Erin O'Hara. 1998. "Conflict of Laws." *New Palgrave Dictionary of Economics and the Law*. Vol. 1, 386-95. London: MacMillan Publishing.

Parisi, Francesco, and Larry Ribstein. 1998. "Choice of Law." *New Palgrave Dictionary of Economics and the Law*. Vol. 1, 236-41. London: MacMillan Publishing.

Parisi, Francesco, and Catherine Sevcenko. 2003. "Treaty Reservations and the Economics of Article 21 of the Vienna Convention." *Berkeley Journal of International Law* 21: 1-26.

Pelkmans, Jacques. 2006. "An EU Subsidiarity Test Is Indispensable." *Intereconomics* 41: 249-54.

Pellet, Alain. 1998. "Special Rapporteur, Third Report on Reservations to Treaties." UN Doc. A/CN.4/491/Add. 1, 1998.

Perry, Clive, et al. 1996. *Perry and Grant Encyclopaedic Dictionary of International Law*. New York: Oceana Publications.

Pindyck, Robert. S. 1988. "Irreversibility Investment, Capacity Choice, and the Value of the Firm." *American Economic Review* 78: 969-85.

———. 1991. "Irreversibility, Uncertainty and Investment." *Journal of Economic Literature* 29: 1110-48.

Posner, Eric A. 1996. "Law, Economics, and Inefficient Norms." *University of Pennsylvania Law Review* 144: 1697-1744.

———. 2000. *Law and Social Norms*. Cambridge, MA: Harvard University Press.

———. 2004. "The Decline of the International Court of Justice." *University of Chicago Law &Economics*, Olin Working Paper No. 233.

———. 2006. "International Law: A Welfarist Approach." *University of Chicago Law Review* 73: 487-544.

——. 2007. *Social Norms, Nonlegal Sanctions, and the Law*. Cheltenham Glos, UK: Edward Elgar.

Posner, Richard A. 1973. "An Economic Approach to Legal Procedure and Judicial Administration." *Journal of Legal Studies* 2: 399-458.

——. 1981. "A Reply to Some Recent Criticisms of the Efficiency Theory of the Common Law." *Hofstra Law Review* 9: 775-94.

——. 1989. "Legislation and Its Interpretation: A Primer." *Nebraska Law Review* 68: 431-53.

——. 1994. "What Do Judges and Justices Maximize? (The Same Thing Everybody Else Does)." *Supreme Court Economic Review* 3: 1-41.

——. 2006. "The Role of the Judge in the Twenty-First Century." *Boston University Law Review* 86: 1049-68.

Posner, Richard A., and Francesco Parisi. 1997. "Law and Economics: An Introduction." In *Law and Economics*. Edited by R. A. Posner and F. Parisi. International Library of Critical Writings in Economics Series. Lyme, NH: Edward Elgar Publishing.

Priest, George L. 1977. "The Common Law Process and the Selection of Efficient Rules." *Journal of Legal Studies* 6: 65-82.

Priest, George L., and Benjamin Klein. 1984. "The Selection of Disputes for Litigation." *Journal of Legal Studies* 13: 1-55.

Rabin, Matthew. 1995. "Moral Preference, Moral Constraints, and Self-Serving Biases." Economics Working Papers, University of California at Berkeley.

Rachlinski, Jeffrey J. 2000. "A Positive Psychological Theory of Judging in Hindsight." In *Behavioral Law and Economics*. Edited by Cass R. Sunstein, 95-115. Cambridge, UK: Cambridge University Press.

Rasmusen, Eric. 1989. *Games and Information: An Introduction to Game Theory*. 2nd ed. Cambridge, MA: Blackwell Publishers.

Rawls, John. 1971. *A Theory of Justice*. Cambridge, MA: Harvard University Press.

Ribstein, Larry E. 1993. "Choosing Law by Contract." *Journal of Corporation Law* 18: 245-300.

Rizzo, Mario J. 1987. "Rules versus Cost Benefit Analysis in the Common Law." In *Economic Liberties and the Judiciary*. Edited by J. A. Dorn and H. G. Manne, 865-84. Fairfax, VA: George Mason University Press.

Roberts, Kevin, and Martin L. Weitzman. 1981. "Funding Criteria for Research, Development, and Exploration Projects." *Econometrica* 49: 1261-88.

Roemer, John E. 1996. *Theories of Distributive Justice*. Cambridge, MA: Harvard University Press.

——. 1998. *Equality of Opportunity*. Cambridge, MA: Harvard University Press.

Romano, Roberta. 1985. "Law as a Product: Some Pieces of the Incorporation Puzzle." *Journal of Law, Economics &Organization* 1: 225-83.

Rose-Ackerman, Susan, and Mark Geistfeld. 1987. "The Divergence between Social and Private Incentives to Sue: A Comment on Shavell, Menell, and Kaplow." *Journal of Legal Studies* 16: 483-91.

Rose-Ackerman, Susan, and Jennifer Tobin. 2005. "Foreign Direct Investment and the Business Environment in Developing Countries: The Impact of Bilateral Investment Treaties." Law & Economics Research Paper No. 293, Yale University.

Rosenne, Shabtai. 1989. *Developments in the Law of Treaties* 1945-1986. Cambridge, UK: Cambridge University Press.

Rowley, Charles K. 1989. "The Common Law in Public Choice Perspective: A Theoretical and Institutional Critique." *Hamline Law Review* 12: 355-83.

Rubin, Paul H. 1977. "Why Is the Common Law Efficient?" *Journal of Legal Studies* 6: 51-63.

——. 1982. "Common Law and Statute Law." *Journal of Legal Studies* 11: 205-23.

——. 2006. *Evolution of Efficient Common Law*. Cheltenham Glos, UK Edward Elgar.

Rubin, Paul H., and Martin J. Bailey. 1994. "The Role of Lawyers in Changing the Law." *Journal of Legal Studies* 23: 807-31.

Rubin, Paul H., Christopher Curran, and John Curran. 2001. "Litigation versus Lobbying: Forum Shopping by Rent-Seekers." *Public Choice* 107: 295-310.

Sandler, Todd. 1998. "Global and Regional Public Goods: A Prognosis for Collective

Action." *Fiscal Studies* 19: 221-47.

Schäfer, Hans-Bernd. 2006. "Rules versus Standards in Rich and Poor Countries: Precise Legal Norms as Substitutes for Human Capital in Low-Income Countries." *Supreme Court Economic Review* 14: 113-34.

Schäfer, Wolf. 2006. "Harmonization and Centralization versus Subsidiarity: Which Should Apply Where?" *Intereconomics* 41: 246-49.

Schelling, Thomas C. 1980. *The Strategy of Conflict*. Cambridge, MA: Harvard University Press.

Schwartz, Alan, and Robert E. Scott. 1995. "The Political Economy of Private Legislatures." *University of Pennsylvania Law Review* 143: 595-654.

Sen, Amartya K. 1977. "Rational Fools: A Critique of the Behavioral Foundations of Economic Theory." *Philosophy and Public Affairs* 6: 317-44.

Shavell, Steven. 1982. "The Social versus the Private Incentive to Bring Suit in a Costly Legal System." *Journal of Legal Studies* 11: 333-39.

——. 1993. "Suit versus Settlement When Parties Seek Nonmonetary Judgments." *Journal of Legal Studies* 22: 1-13.

——. 1997. "The Fundamental Divergence between the Private and the Social Motive to Use the Legal System." *Journal of Legal Studies* 26: 575-612.

——. 1999. "The Level of Litigation: Private versus Social Optimality of Suit and of Settlement." *International Review of Law and Economics* 19: 99-115.

Sherif, Muzafer, and Carl I. Hovland. 1961. *Social Judgment, Assimilation and Contrast Effects in Communication and Attitude Change*. New Haven: Yale University Press.

Sherif, Muzafer, and Carolyn W. Sherif. 1969. *Social Psychology*. New York: Harper and Row.

Sinclair, Ian. 1984. *The Vienna Convention on the Law of Treaties*. 2nd ed. Manchester: Manchester University Press.

Spier, Kathryn E., and Michael D. Whinston. 1995. "On the Efficiency of Privately Stipulated Damages for Breach of Contract: Entry Barriers, Reliance, and Renegotiation." *Rand Journal of Economics* 26: 180-202.

Starke, Joseph G. 1989. *Introduction to International Law*. 10th ed. London:

Butterworth's.

Stearns, Maxwell L. 1994. "The Misguided Renaissance of Social Choice." *Yale Law Journal* 103: 121.

Stein, Ted L. 1985. "The Approach of the Different Drummer: The Principle of the Persistent Objector in International Law." *Harvard International Law Journal* 26: 457-82.

Sturgis, Robert. 1995. *Tort Cost Trends: An International Perspective*. Weatogue, CT: Tellinghast, Towers and Perrin.

Sugden, Robert. 1984. "Reciprocity: The Supply of Public Goods through Voluntary Contributions." *Economic Journal* 94: 772-87.

Sullivan, Kathleen M. 1992. "The Justices of Rules and Standards." *Harvard Law Review* 106: 22-123.

Swaine, Edward T. 2001. "Subsidiary and Self-Interest: Federalism at the European Court of Justice." *Harvard International Law Journal* 41: 1-128.

Troper, Michel, and Christophe Grzegorczyk. 1997. "Precedent in France." In *Interpreting Precedents: A Comparative Study*. Edited by D. MacCormick and R. Summers, 103-40. Dartmouth: Dartmouth Publishing Co.

Tsebelis, George. 2002. *Veto Players: How Political Institutions Work*. Princeton, NJ: Princeton University Press.

Tullock, Gordon. 1980. *Trials on Trial: The Pure Theory of Legal Procedure*. New York: Columbia University Press.

——. 1997. *The Case against the Common Law*. Blackstone Commentaries Series, Vol. 1. Cheltenham, UK: Edward Elgar Publishing.

Tunkin, Gregory I. 1961. "Remarks on the Juridical Nature of Customary Norms in International Law." *California Law Review* 49: 419-30.

Ullmann-Margalit, E. 1977. *The Emergence of Norms*. Oxford: Clarendon Press.

Villiger, Mark E. 1985. *Customary International Law and Treaties*. The Netherlands: Martinus Nijhoff Publishers.

Von Wangenheim, Georg. 1993. "The Evolution of Judge Made Law." *International Review of Law and Economics* 13: 381-411.

Wagner, Richard E. 1998. "Common Law, Statute Law, and Economic Efficiency." *New Palgrave Dictionary of Economics and the Law*. Vol. 1, 313-17. London: MacMillan Publishing.

Walden, Raphael M. 1977. "The Subjective Element in the Formation of Customary International Law." *Israel Law Review* 12: 344-64.

Wegner, Gerhard. 1997. "Economic Policy from an Evolutionary Perspective: A New Approach." *Journal of Institutional and Theoretical Economics* 153: 485-509.

Wolfke, Karol. 1993. *Custom in Present International Law*. 2nd ed. Netherlands: Kluwer Academic Publishers.

Young, H. Peyton. 1993. "The Evolution of Conventions." *Econometrica* 61: 57-84.

——. 1998. *Individual Strategy and Social Structure*. Princeton: Princeton University Press.

Zywicki, Todd. 2003. "The Rise and Fall of Efficiency in the Common Law: A Supply-Side Analysis." *Northwestern Law Review* 97: 1551-1634.

索 引

(此处页码均为原书页码,即本书边码)

A

abrogative custom,习惯废除,132
adjudication,裁判
    "permanent",永久性裁判,81
    specificity and,具体性和裁判,22
adjudication cost of lawmaking, variable,可变的立法裁判成本,14–16
adverse selection theory of litigation, and legal evolution,诉讼的逆向选择理论和法律演化,85–88
adverse selection and the decision to litigate,逆向选择与诉讼决定,90–92
marginal cases and judicial discretion,边缘案件和司法裁量,88–90
precedent and the expansion of legal remedies,法律先例和法律救济的扩张,92–94
agency, law of,代理法,28
agency costs and political representation,代理成本与政治代表,275–276
agency problems,代理问题,23。也参见 political agency problems,政治代理问题
Agreement on International Energy Program,《国际能源计划协定》,218
Alesina, Alberto,阿尔贝托·阿莱西那,52
alignment theorem,相容定理,140
allocative inefficiency,低配置效率,4
Angeloni, Ignazio,英纳兹奥·安杰洛尼,52
Aristotle,亚里士多德,9
arrêt de principe,指导性判决,81

Article 21 of Vienna Convention,《维也纳公约》第 21 条,252,305 页注 1
 distributive effects of bilateral reciprocity under,《维也纳公约》第 21 条之下双边互惠的分配效应,258 - 260
 matching-reservations equilibrium and,匹配保留均衡和《维也纳公约》第 21 条,242 - 245
 treaty ratification and,条约批准和《维也纳公约》第 21 条,245 - 248
 treaty reservations and,条约保留和《维也纳公约》第 21 条,238 - 240
articulated customs,接合的习惯,158。也参见 articulation,接合
 vs. traditional customary law,接合的习惯 *vs.* 传统习惯法,180 - 181
articulated norms,接合规范,180
articulation,接合
 in custom formation,习惯形成中的接合,132 - 133,157 - 158,171 - 174,177 - 178,180,297 页注 18
 new boundaries of customary law and,接合与习惯法的新边界,176
 private *vs.* socially optimal,私人最优接合与社会最优接合,174 - 176
 and the problem of multilateral custom,接合与多边习惯问题,177
 time lags and custom formation through,时滞与经由接合的习惯形成,178 - 179
articulation theory(ies),接合理论,132 - 133,170 - 172,176,179
 optimal effort curve under,接合理论之下的最优努力曲线,175 页图
Association of Southeast Asian Nations Treaty(ASEAN),东南亚国家联盟,217
asymmetric revolution theory of legal evolution,法律演化的不对称革命理论,288 页注 8

B

benevolent lawmaker,仁慈的立法者,24
 beyond the,超越仁慈的立法者,23 - 24
Bentham,Jeremy,杰里米·边沁,9
Benthamite social welfare function,边沁式的社会福利函数,140 - 142
bilateral custom model,双边习惯模型。参见 customary law(custom)formation, mod-

els of,习惯法(习惯)的形成模型

bilateral investment treaties(BITs),双边投资条约,234

C

case selection,案件选择,98-100
 and formation of precedents,案件选择与先例形成,100-101
Center for International Forestry Research Treaty,《国际林业研究中心条约》,218
centralization,中央集权化,51-54,57,59,60,63,68
 paradox of progressive,渐进式中央集权化的悖论,64-67
 rule competition as barrier to,将规则竞争视为中央集权化的阻碍,68-69
"centralized federalism","中央集权化联邦主义",60
circumstantial interest,间接利益,159
civil codes,民法典。参见 codification(s),法典化
civil law systems,大陆法系。也参见 codification(s) with specialized courts and complex regulated environments,具有专门法院和复杂监管环境的法典化,18-21
codification(s),法典化,19-20
 conception of,法典化的概念,19
 evolving structure of,法典的演化结构,25-29,26页表
Columbia v. Peru,哥伦比亚诉秘鲁案,185-186
common law,普通法,73。也参见 efficiency of common law hypothesis,普通法的效率假说
 rethinking the evolution of,反思普通法的演化,94-96
common law adjudication,普通法裁判,73
common law *vs.* civil law systems,普通法系和大陆法系,3
competition, rule,规则竞争,54
Condorcet,孔多塞,276,277
conservative *vs.* liberal judges,保守主义法官与自由主义法官,88-94
"consistency"requirement(objection to custom),"一致性"要求(指向习惯),191
cooperation,合作,140-142

group size and,团体规模与合作,295 页注 14
Cooter,Robert D.,罗伯特·D. 库特,76,140
customary law(custom),习惯法(习惯),297 页注 16。也参见 multilateral custom(s),多边习惯
 adaptation to changed circumstances,习惯法(习惯)对变化环境的适应,199 – 202
 change and stability in,习惯法(习惯)中的变化与稳定,183,202 – 205
 defined,定义习惯法(习惯),129
 economics,习惯法(习惯)的经济学,134 – 136
 formative elements,习惯法(习惯)的形式要素,184 – 185
 limits,习惯法(习惯)的限制,179 – 181
 optimal effort curves under,习惯法(习惯)之下的最优努力曲线,165 页图,165 – 166。也参见 articulation theory(ies),接合理论
 partial *vs.* full objection to,对习惯法(习惯)的部分反对 *vs.* 完全反对,185,189
 persistent objector doctrines and international,持久反对者原则与国际习惯法(习惯),184 – 187,202 – 204。也参见 persistent objector doctrines,持久反对者原则
 strategic nonacquiescence and the inertia of,策略性的不默许与习惯法(习惯)的惯性,196 – 199
 subsequent objector doctrines in international,国际习惯法(习惯)中的事后反对者原则,191 – 193
 with subsequent objectors,伴随事后反对者的习惯法(习惯),193 – 202
 time lags in recognition of,习惯法(习惯)承认中的时滞,169 – 170
 types of,习惯法(习惯)的类型,158
 as voluntary and dynamic,作为自愿和动态的习惯法(习惯),171
customary law(custom)formation,习惯法(习惯)形成,137 – 140,298 页注 1。也参见 articulation,接合
 belief and action in,习惯法(习惯)形成中的信念和行动,170 – 179
 for bilateral custom,双边习惯的习惯法(习惯)形成,161 – 162
 coordination problems and evolutionary traps in,习惯法(习惯)形成中的协调问题与演化陷阱,150 – 152
 costs,习惯法(习惯)形成成本,273 – 274
 discount rates in,习惯法(习惯)生成中的贴现率,152

"first mover" for,习惯法(习惯)形成的"先行者",158

group size and,习惯法(习惯)形成与团体规模,150

incentive problem,习惯法(习惯)形成的激励问题,139-140,163-166,174

limits,习惯法(习惯)形成的限制,152-153

models of,习惯法(习惯)形成的模型,159-166,173-174。也参见 multilateral custom(s),多边习惯

normative and circumstantial interests,习惯法(习惯)形成中的规范利益和间接利益,171-173

participation constraint,习惯法(习惯)形成中的参与约束,162-163,176,188-189

with persistent objectors,伴随着持久反对者的习惯法(习惯)形成,187-191。也参见持久反对者原则

under role-reversibility,角色可逆性之下的习惯法(习惯)形成,137-140,142-145,149,152-153

under stochastic ignorance,随机无知之下的习惯法(习惯)形成,137-140,145-149,152-153

time lags in,习惯法(习惯)形成中的时滞,169-170

uncertainty in,习惯法(习惯)形成中的不确定性,168-169,177-178

customary rule of rescue,救援的习惯规则,141,143,144,175,299 页注 12,300 页注 16

custom-participation problem,习惯-参与问题,188-189。也参见 participation constraint,参与约束

custom(s),习惯,273

change in,习惯中的变化,133-134

defined,定义习惯,130

efficiency under role-reversibility,角色可逆性之下习惯的效率,145

efficiency under stochastic ignorance,随机无知之下习惯的效率,147-148

how it works,习惯如何发挥作用,131-134

nature of,习惯的性质,129-131

optimal, for a cooperation problem,对于合作问题的最优习惯,140-142

qualitative element,习惯的定性要素,131

quantitative element,习惯的定量要素,130-131

D

D'Amato,Anthony A.,安东尼·A. 达马托,295 页注 1,296 页注 14
demand-side theories,需求侧理论,113。也参见 efficiency of common law hypothesis,普通法的效率假说
devolution,权力下放,7,51-54
discount factor,贴现因素,294 页注 5
diseconomies of scale and scope,非规模经济与范围经济,65-66

E

early-warning mechanism,早期警告机制,286 页注 13
economies of scale and scope,规模经济与范围经济,52-54,58,60,65-66
economies of scale in adjudication, relevance of,司法中规模经济的相关性,16
efficiency hypothesis,效率假说,7-8,285 页注 3
efficiency of common law hypothesis,普通法的效率假说,73-74,86,98-99
 demand-side explanations,对普通法效率假说的需求侧解释,74-77。也参见 demand-side theories,需求侧理论
 supply-side explanations,对普通法效率假说的供给侧解释,77-78。也参见 supply-side models,供给侧模型
Ehrlich,Isaac,伊萨克·埃利希,4,284 页注 27
equilibrium level of ratification,均衡批准程度,258,259,262,263
equilibrium payoff,均衡收益,262-264
Etro,Federico,费德里科·艾绰,52
European Commission,欧盟委员会,52,55
European Economic Community(EEC),欧洲经济共同体,218-219,303 页注 15
European national codes,欧洲国家所编纂的法典,25-27

European Union(EU),欧盟,8,52 - 54,57,69。也参见 Treaty on European Union,《欧盟条约》
ex ante legal rules,事前的法律规则,6,9,11,106
ex post interpretation of laws,事后的法律解释,6,11
ex post regulation by courts,法院的事后监管,22

F

federalism, centralized *vs.* decentralized,中央集权化联邦主义与去中央集权化联邦主义,60
French *Code Civil*,法国《民法典》,25 - 27

G

General Act of Arbitration of 1928,1928 年《和平解决国际争端总议定书》,217 - 218
General Agreement on Tariffs and Trade(GATT),《关税与贸易总协定》,219
German national code,德国国家法典,25 - 27
Goldsmith,Jack L.,杰克·L. 戈德史密斯,134 - 135,202

H

harmonization,统一,7,52,64 - 66。也参见 centralization,中央集权化
　subsidiarity principle and,辅助性原则和统一化,59 - 63
Harsanyi,John C.,约翰·C. 海萨尼,297 页注 15
human rights and subsidiarity,人权和辅助性,56

I

ideological decision making(judicial discretion),意识形态决策(司法裁量),88-94

incentives,激励。也参见 under customary law(custom) formation,激励之下的习惯法(习惯)形成

    alignment of private and social cooperation,私人与社会合作激励之间的相容,140

incremental legal intervention,增量法律干预,34-35,47-48

India,印度,218

institutional design of lawmaking, toward an,迈向立法的制度性设计,277-278

International Law Commission,国际法委员会,216-217

interpretive standards,解释标准,91。也参见 judicial discretion,司法裁量

investment,投资

    lawmaking as,作为投资的立法,33-37

    lawmaking compared with,与投资相比较的立法,31

Italian *Codice Civile*,意大利《民法典》,26

J

judge-made law,法官法,73,288 页注 7

    economics,法官法的经济学,81-83

judicial discretion,司法裁量,88-94

judicial path dependence,司法路径依赖,107,290 页注 6

    defined,定义司法路径依赖,78

    under different doctrines of precedent,不同先例原则下的司法路径依赖,78-81,101

    dynamic subsidiarity and,动态辅助性和司法路径依赖,63-68

    and legal evolution,司法路径依赖和法律演化,101-109

jurisprudence constante(doctrine),法院惯例(原则),78-81,100-101,106,291 页注 2

dynamics,"法院惯例"的动态,119页图

legal evolution under,"法院惯例"原则之下的法律演化,113-124

jus cogens,强行法,299页注9

K

Kaplow,Louis,路易斯·卡普洛,76-77,284页注27

Klein,Benjamin,本杰明·卡尔文,86

Kornhauser,Lewis,刘易斯·科恩豪泽,290页注6

L

law,法律

  value of,法律价值,34-35

law-as-a-product metaphor,将法律作为一种产品的比喻,7

lawmaking,立法。也参见其他具体主题

  cost components,立法成本构成,13-16

  cost of waiting in,立法中的等待成本,36-37

  methods of,立法方式,271

  with obsolescence and economies in adjudication,伴随着废弃的立法与司法中的经济学,12-13,17-18。也参见optimal specificity of laws/legislation,法律/立法的最优具体性

  sunk costs in,立法中的沉没成本,35-36

  through agreement,通过协商的立法,209-213

lawmaking costs,立法成本,271-275

  direct *vs.* indirect/external,立法的直接成本和间接/外部成本,271-272,274-275

laws,法律。也参见其他具体主题

  frequency of application, and optimal specificity,法律应用的频繁性和最优具体性,16

obsolete,法律废弃,12-13,17-18

League of Nations,国际联盟,217

legal evolution,法律演化,75-76。也参见 adverse selection theory of litigation,诉讼的逆向选择理论;customary law(custom) formation,习惯法(习惯)形成;judicial path dependence,司法路径依赖

 asymmetric revolution theory of,法律演化的不对称革命理论,288页注8

 and changing boundaries of remedies and liability,法律演化和救济与责任的变动边界,98-100

 of common law,普通法的法律演化,94-96

 of judge-made law,法官法的法律演化,124-125

 under *jurisprudence constante*,"法院惯例"之下的法律演化,113-124

 litigation, case selection, and,诉讼、案件选择与法律演化,86-87,100-107

 path dependence and,路径依赖与法律演化,101-109

 path dependence under different doctrines of precedent,法律演化:不同的先例原则之下的司法路径依赖,78-81

 through adjudication,通过裁判的法律演化,81-83

legal experimentation,法律实验

 benefits of,法律实验的收益,34-35

 legislative information and,立法信息与法律实验,21-22

legal intervention,法律干预

 long-run benefit,法律干预的长期收益,34-35

 short-run benefits,法律干预的短期收益,35

legal stability,法律稳定性,276-277

 and evolution of judge-made law,法律稳定与法官法的演化,124-125

legislative lawmaking, dimensions of,制定法式立法的面向,3-4。也参见 specific dimensions,特定面相

liability, changing boundaries of,责任的变动边界,98-100

liability threshold,责任门槛,89-91

liberal *vs.* conservative judges,自由主义法官与保守主义法官,88-94

litigation,诉讼。也参见 adverse selection theory of litigation;*specific topics* 诉讼的逆向选择理论;其他具体主题

costless,无成本的诉讼,103-104
costly,有成本的诉讼,104-105
and legal change,诉讼和法律变化,106-107
model of,诉讼的模型,115-124
necessary conditions for,必要的诉讼条件,101-103
probability of success for,诉讼成功的可能性,104
selection of disputes for,针对诉讼的纠纷选择,95
lobbying,游说,23

M

Maastricht Treaty of 1991,1991年《马斯特里赫特条约》。参见 Treaty on European Union,《欧盟条约》
majoritarian principle(treaties),多数原则(条约),219
matching-reservations equilibrium(treaty ratification),匹配保留均衡(条约批准),240-247
Median Voter theorem,中间选民理论,231,232
Menell,Peter S.,彼得·S. 梅内尔,76
multilateral custom(s),多边习惯,185
articulation and,接合与多边习惯,177
and problem of large number participation,多边习惯和大量参与问题,166-168
and uncertainty and delayed recognition,多边习惯、不确定性与迟延承认,166-170
multilateral treaties,多边条约,260-262
multistage legal intervention,多阶法律干预,47-48
mutual recognition,principle of,相互认可原则,54,69-70

N

Nash bargaining solution to two-state treaty negotiation,两国条约谈判的纳什谈判解,

222–223

Non-Proliferation of Nuclear Weapons, Treaty on,《不扩散核武器条约》,217

normative interest,规范利益,159

Norway, *United Kingdom v.*,英国诉挪威案,186

nuclear weapons, treaty on,核武器条约,217

O

obsolescence,废弃,12–13,17

    economies of scale in,废弃中的规模经济,17–18

opinio iuris,法律意见,132–134,159,171,184,185,297页注17

optimal detail of legal rules in civil law systems,大陆法系中法律规则的最优细节,18–21

optimal effort curves,最优努力曲线,165页图,165–166,175页图

optimal specificity of laws/legislation,法律/立法的最优具体性,4–5,10–13,21。也参见 codification(s),法典化;optimization models,最优模型

optimal specificity of legal rules, changes in,法律规则最优具体性程度中的变化,18,19页图

optimal territorial scope of legislation,立法的最优地理范围,6–8

optimal territorial scope of rules,规则的最优地理范围,57

    rethinking the,反思规则的最优地理范围,68–70

optimal timing in lawmaking/legal intervention,立法/法律干预的最优时机,5–6,31–33,37–38,48–49。也参见 timing,时机

    basic model,立法/法律干预的最优时机的基本模型,38–41,40页图,48–49

    timing of legal intervention and option price analogue,法律干预的时机与期权定价模拟,42–43

optimal waiting, determinants of,最优等待的决定因素,41–42

optimization models,最优模型,4,12–17,26

    implications in complex institutional scenarios,最优模型在复杂制度环境中的影响,21–25

P

Pakistan,巴基斯坦,218,302 页注 9

participation constraint(custom formation),参与约束(习惯形成),162 - 163,176,188 - 189

path dependence,路径依赖。参见 judicial path dependence,司法路径依赖

persistent objector doctrines,持久反对者原则,133,183 - 185,299 页注 15。也参见 under customary law,习惯法之下的持久反对者原则

    applicability,持久反对者原则的可适用性,186

    feasibility,持久反对者原则的可行性,185 - 186

    necessary elements for invoking,援用持久反对者原则的必要因素,186

Peru, *Columbia v.*,哥伦比亚诉秘鲁案,185 - 186

Pindyck,Robert S.,罗伯特·S. 平迪克,283 页注 16 - 17

policy responsibilities, allocation of,政策责任分配,51 - 54

political agency problems,政治代理问题。也参见 agency problems,代理问题

    and the rush to legislation,政治代理问题与急于立法,45 - 46

political compromise and subsidiarity,政治妥协和辅助性,56

political discount rates,政治贴现率,24,25

political representation and agency costs,政治代表与代理成本,275 - 276

Posner,Eric A.,埃里克·A. 波斯纳,134 - 135,202,284 页注 27,288 页注 7

Posner,Richard A.,理查德·A. 波斯纳,4,77 - 78

powers, allocation of,权力分配,271

pragmatism, legal,法律实用主义,3

precedent(s),先例

    doctrines of,先例原则,98,111 - 112。也参见 judicial path dependence, under different doctrines of precedent,不同的先例原则之下的司法路径依赖;*jurisprudence constante*,法院惯例;*stare decisis*,遵循先例

    dynamic paths in civil law,大陆法系的先例中的动态路径,120 - 121,121 页图

    effect of past decisions on current cases,先例的过往决定对当下案件的影响,93,

94 页图

positive vs. negative,积极先例与消极先例,106-107,113-114,120-122

role under *jurisprudence constante*,先例在"法院惯例"原则之下的作用,100-101

Priest,George L.,乔治·L. 普利斯特,74,75,86,99

promulgation cost of lawmaking,立法的公布成本,13-14

public choice theory,公共选择理论,274

public choice viewpoint,公共选择视角,23

R

Rawls,John,约翰·罗尔斯,293 页注 1,297 页注 15

reasonableness concept,合理性概念,17

reasonableness standard,合理性标准,10-12

rebus sic stantibus,情势变更,191

reciprocity,互惠,239。也参见 treaties,条约

    conditional vs. unconditional,有条件互惠 vs. 无条件互惠,255-256

    distributive effects of bilateral,双边互惠的分配效应,258-260

reciprocity principle,互惠原则,213,252,267-268

regionalism,区域主义,7

rescue(customary law),救援,150-151,154,161,162,167,177,299 页注 12

    cost,救援成本,141,143,146,150-151

    mutual,互相救援,172

rescue rule(customary law),救援规则(习惯法),141,143,144,175,299 页注 12,300 页注 16

resource allocation,分配资源,98

role-reversibility,角色可逆性

    efficiency of custom under,角色可逆性之下习惯的效率,145

    formation of custom under,角色可逆性之下的习惯形成,137-140,142-145,149,152-153

    private problem under,角色可逆性之下的私人问题,143-144

problem facing representative rescuers with,在角色可逆性的条件之下,作为代表的救援者所面临的问题,154
Rome,Treaty of,《罗马条约》,218-219
Rubin,Paul H.,保罗·H. 鲁宾,74-75,98
rule competition,规则竞争,54,68-70
rule formulation, costs of,规则形成的成本,4
rules,规则,10-12
 vs. standards,规则与标准,9-11,23-24,28-29,279页注1,279页注5
 under- and over-inclusive effects of,规则的包容不足效应和过度包容效应,4

S

Schuknecht,Ludger,路德格·舒克内希特,52
Schwartz,Alan,阿兰·施瓦茨,4,284页注27
Scott,Robert E.,罗伯特·E. 斯科特,4,284页注27
selection hypothesis,选择假说,290页注5
"self-help" payoff (treaties),"自助式"收益(条约)220
separation of powers,权力分立,80
sequential lawmaking decisions,连续立法决策,47-48
"settled jurisprudence","既定法学"。参见 *jurisprudence constante*,法院惯例
Shavell, Steven,斯蒂芬·沙维尔,76,77
social choice viewpoint 社会选择的视角,23
social discount rates,社会贴现率,24,37
social norms and law,社会规范与法律,293页注2
social optimum (treaty ratification),社会最优(条约批准),244-247
specialization of courts,法院的专门化,20
"split" case law,"分裂的"判例法,118,120-123
standards,标准,10,21-24
stare decisis (doctrine),遵循先例(原则),77-80,83,109
status quo bias,现狀偏差,66-68

stochastic ignorance,随机无知
  efficiency of custom under,随机无知之下习惯的效率,147-148
  formation of custom under,随机无知之下的习惯形成,137-140,145-149,152-153
  private problem under,随机无知之下的私人问题,146-147
subsequent objector doctrines,事后反对者原则,134,183-184,201页图。也参见 customary law,习惯法
  in international customary law,国际习惯法中的事后反对者原则,191-193,202-204
  strategic departures and opposition from other states,策略性偏离、事后反对者原则与其他国家的反对,194-196
subsidiarity,辅助性,7,8,69
  concept of,辅助性的概念,55
  dynamic,动态化的辅助性,63-68
  effects of,辅助性影响,63-68
  model of,辅助性模型,57-59,70
  philosophy of,辅助性的哲学,55-56
subsidiarity principle,辅助性原则,52-57,68
  centralization and,中央集权化和辅助性原则,64-67
subsidiarity test,辅助性测试,59-63,65,67,70,286页注20-21
  steps in,辅助性测试的步骤,59-60
supply-side models,供给侧模型,77-78,113。也参见 efficiency of common law hypothesis,普通法的效率假说
switching costs,转换成本,59

T

time-preference, social *vs.* political,社会性时间偏好与政治性时间偏好,24-25。也参见 social discount rates,社会贴现率
timing,时机。也参见 optimal timing in lawmaking/legal intervention,立法/法律干预中的最优时机

of belief and action in custom formation, 习惯形成中的信念和行为时机, 297页注17

vs. specificity trade-off, 时机与具体性的权衡, 46-47

timing rules, 时机规则, 281页脚注1

treaties, 条约, 48, 209-210

 accession to, 加入条约, 226-233

 amendments to, 条约修正, 227-230

 bilateral, plurilateral, and multilateral, 双边、诸边和多边条约, 209-210, 260-262

 closed, 封闭条约, 211, 216-218, 226-231

 economic analysis of the formation of, 条约形成的经济学分析, 220-233

 formation and accession to international, 国际条约的形成和加入, 215-220

 initial formation, 初始条约形成, 222-225

 lawmaking, 立法条约, 209

 open, 开放条约, 211, 219-220, 232-233

 semi-open, 半开放条约, 211, 216, 218-219, 231-232

 third-party state requests at time of accession, 第三方国家在加入条约时请求, 229页图, 229-230

treaty content and participation, 条约内容和参与

 complementarity and substitution between, 条约内容和参与之间的互补性与替代性, 221

treaty content for incumbent signatory state, agreeable, 现任签署国能够达成合意的条约内容, 227页图, 227-228

treaty law, 条约法

 economics of, 条约法的经济学, 211-213

 form and substance/content of, 条约法的形式和实质, 233-236

treaty negotiation, 条约谈判

 cost, 条约谈判成本, 303页注25

 Nash bargaining solution to two-state, 两国条约谈判的纳什谈判解, 222-223

Treaty on European Union (TEU),《欧盟条约》, 52, 55, 56

treaty ratification, 条约批准

 Article 21 of Vienna Convention and,《维也纳公约》第21条和条约批准, 245-248

in bilateral equilibrium, 双边均衡中的条约批准, 257-258

model of international, 批准国际条约的模型, 240-247

treaty reservations, 条约保留, 239-240, 258。也参见 Vienna Convention on the Law of Treaties, 《维也纳条约法公约》

 among heterogeneous states, 异质国家间的条约保留, 253-267

 asymmetric effects under Vienna Convention, 《维也纳公约》之下条约保留的不对称效应, 267-269

 bilateral, 双边条约保留, 257, 259

 bilateral effects of unilateral, 单边条约保留的双边效应, 254-256

 defined, 定义条约保留, 239

 highest-cost state and, 最高成本国和条约保留, 264-265

 nonreserving states and, 非保留国和条约保留, 262

 no reservation, 无保留, 258, 258 页图

 under prior customary international law, 先前的国际习惯法之下的条约保留, 250-251

 reserving states and, 保留国和条约保留, 263-264

 unanimous consent for admissibility of, 允许条约保留的一致同意, 250-252

 unilateral, 单边条约保留, 254-256, 258, 258 页图, 259

 ways states may react to, 国家对于条约保留的可能反应方式, 265-267

trial and error, 试行与错误, 44-45

two-tiered legal system, 双层法律系统, 9

"tyranny of the majority", 多数人的暴政, 202

U

unanimity rule, 一致性原则, 61, 250-252

uncertainty, 不确定性, 47-48

unification, 统一, 7

uniformity, legal, 法律统一, 7-8

United Kingdom v. Norway, 英国诉挪威案, 186

Uruguay Round Agreement, 《乌拉圭回合协议》, 284 页注 31

V

Vienna Convention on the Law of Treaties,《维也纳条约法公约》,216,233,238 - 240,249。也参见 Article 21 of Vienna Convention,《维也纳公约》第 21 条
    Article 19,《维也纳条约法公约》第 19 条,239,252
    Article 20,《维也纳条约法公约》第 20 条,252
    asymmetric effects of reservations under,《维也纳条约法公约》之下保留的不对称效应,267 - 269
    matching-reservations equilibrium,《维也纳条约法公约》的匹配保留均衡,240 - 247
    modified provisions,《维也纳条约法公约》修改后的条款,253
    omitted provisions,《维也纳条约法公约》被忽略的条款,253
    origins,《维也纳条约法公约》的起源,251 - 252
    ratification under,《维也纳条约法公约》之下的批准,211
    reservation mechanism set forth by,《维也纳条约法公约》所设定的保留机制,255
    reservations under,《维也纳条约法公约》之下的保留,211,250 - 253。也参见 treaty reservations,条约保留
    treaties under,《维也纳条约法公约》之下的条约,210
    treaty creation and accession under,《维也纳条约法公约》之下的条约创设与加入,210 - 211

W

waiting in lawmaking, value of,立法中等待的价值,43 - 48
"weak precedent," doctrine of,"弱先例"原则,78
World Trade Organization(WTO),世界贸易组织,219,266

Z

Zywicki,Todd,托德·泽维基,78

图书在版编目（CIP）数据

立法的经济学／（美）弗朗西斯科·帕雷西，（美）文希·冯主编；赵一单译．—北京：商务印书馆，2022.10
（2023.7 重印）
（立法学经典译丛）
ISBN 978-7-100-21653-1

Ⅰ．①立⋯　Ⅱ．①弗⋯ ②文⋯ ③赵⋯　Ⅲ．①立法—研究　Ⅳ．① D901

中国版本图书馆 CIP 数据核字（2022）第 182354 号

权利保留，侵权必究。

立法学经典译丛
立法的经济学
弗朗西斯科·帕雷西　文希·冯　主编
赵一单　译

商 务 印 书 馆 出 版
（北京王府井大街36号　邮政编码100710）
商 务 印 书 馆 发 行
南京新世纪联盟印务有限公司印刷
ISBN 978-7-100-21653-1

2022年10月第1版　　开本 880×1240 1/32
2023年7月第2次印刷　　印张 13

定价：78.00 元